国家出版基金项目
NATIONAL PUBLICATION FOUNDATION

国家社科基金重大项目结项成果

“十四五”国家重点出版物出版规划项目

二十世纪东亚抗日叙事文献整理与研究丛书

丛书主编——牛林杰

文学编·诗歌卷 I

分卷主编——王延红　牛林杰

山东大学出版社
SHANDONG UNIVERSITY PRESS
·济南·

图书在版编目(CIP)数据

二十世纪东亚抗日叙事文献整理与研究丛书. 文学编. 诗歌卷. Ⅰ / 牛林杰主编 ; 王延红, 牛林杰分卷主编. 济南 : 山东大学出版社, 2025. 8. -- ISBN 978-7-5607-9012-1

Ⅰ. K152;I310.2

中国国家版本馆 CIP 数据核字第 2025TQ4763 号

策划编辑　张铭芳
责任编辑　陈海伟
方案编辑　孙燕红
封面设计　卡古鸟设计

二十世纪东亚抗日叙事文献整理与研究丛书·文学编·诗歌卷Ⅰ

ERSHI SHIJI DONGYA KANGRI XUSHI WENXIAN ZHENGLI YU YANJIU CONGSHU·WENXUEBIAN·SHIGEJUAN Ⅰ

出版发行　山东大学出版社
社　　址　山东省济南市山大南路20号
邮政编码　250100
发行热线　(0531)88363008
经　　销　新华书店
印　　刷　山东新华印务有限公司
规　　格　720毫米×1000毫米　1/16
　　　　　62.75印张　1121千字
版　　次　2025年8月第1版
印　　次　2025年8月第1次印刷
定　　价　350.00元(诗歌卷全2卷)

二十世纪东亚抗日叙事文献整理与研究丛书

编 委 会

国家社科基金重大项目『二十世纪东亚抗日叙事文献整理与研究』结项成果

二十世纪东亚抗日叙事文献整理与研究丛书

编辑说明

“二十世纪东亚抗日叙事文献整理与研究丛书”由文学编、史料编、研究编及总目组成，其中文学编及史料编为文献整理部分。该部分内容卷帙浩繁、体裁众多，整理难度较大。现将整理编辑原则说明如下。

一、收录原则

“二十世纪东亚抗日叙事文献整理与研究丛书”文献整理卷册系统整理并收录了国内外有关东亚抗日叙事的重要文学作品及相关史料。收录作品的国别范围包括中国、朝鲜、韩国、日本、苏联等国家。苏联在传统意义上是一个横跨亚欧大陆的欧洲国家，但其远东地区位于东北亚，并且在第二次世界大战期间曾与日本直接发生战争。因此，我们将苏联列入了东亚抗日叙事文献收录的国别范围。同时，丛书也收录了抗战时期来华的一些欧美人士创作的有关东亚国家抗日叙事的作品。丛书所录中国抗日叙事作品原则上仅限于涉及东亚国家抗日或反战主题的作品。对于东亚各国战争期间创作的作品和战后创作的作品采取了区别对待的原则。战争期间创作的作品十分珍贵，能收尽收。战后创作的作品，由于各国社会制度和意识形态不同等原因，抗日记忆和叙事内容出现了一些较为复杂的变化，对此，我们坚持历史唯物主义原则，甄选并收录了各国较具代表性或影响力较大的作品。其中，篇幅较长的部分文本，视内容的不同情况，或全文收录，或节选部分重要章节。

二、所据版本

为再现东亚抗日的历史现场、确保文献的真实性，丛书收录的文献以20世纪前半期（1900—1950年）创作和发表的文献为主，部分回忆录、传记、翻译等文本则兼顾20世纪后半期发表或出版的文献。所录文献原则上以初刊本或初版本为准，以保留初始版本叙事的语境、意义和风格。对于一些初刊本难以查阅到的文献，则收录较早的转载本。在每篇文献之后均标注了文献的详细出处。

三、关于文献作者和国籍

文献作者及其国籍原则上以原始文献为准进行标注。作者不详或没有注明作者的文献均以“佚名”标注。民国时期，关于朝鲜半岛国家的名称有“朝鲜”“韩国”“高丽”等多种标记方式。因此，朝鲜民主主义人民共和国和大韩民国正式成立（1948年）以前的文献保留原始文献的国籍标记方式，1948年以后的文献则根据作者的实际国籍分别标注为“朝鲜”“韩国”。

四、编排顺序

丛书文献部分按小说、诗歌、戏剧、散文、传记、史传、书信、日记、纪实、评论等分卷编辑，各类下篇目主要以公开发表时间为序进行排列，个别未公开发表的文献按作品中标注的创作时间列入。为了方便读者阅读，部分卷册在目录中对文献进行了时段区分。

五、文字和格式处理

为尊重原文献的历史语境，不尽符合现行语法规范的字句，在不影响文意的情况下一般不予改动。原文疑似错字后加［　］标出拟改文字，无法辨识的文字用□表示，衍字用〔　〕表示，漏字加〖　〗表示。小说、散文和诗歌已有分段、空格的按原刊格式，个别明显不当的略有调整。戏剧的人物称谓和格式按原刊。旧体诗词、散文和小说原文无标点或只标句读，大部分无分段，为便于阅读，本书编者增加了标点和分段，其中或有不当，望识者指正。

六、其他

其他未尽事项及特殊情况参见正文相关注释或按语。

二十世纪东亚抗日叙事文献整理与研究丛书

总序

“二十世纪东亚抗日叙事文献整理与研究丛书”是国家社科基金重大项目“二十世纪东亚抗日叙事文献整理与研究”(15ZDB090)的最终结项成果。在纪念中国人民抗日战争暨世界反法西斯战争胜利80周年之际,本丛书付梓出版,为我们提供了一个重新认识东亚抗日叙事文化内涵、深入思考和平与发展的契机,具有重要的学术价值和现实意义。

当今世界正面临百年未有之大变局,坚持和平与发展,携手构建人类命运共同体已成为国际社会的广泛共识。但在东亚地区,由于20世纪上半期日本军国主义发动侵略战争而遗留的一些问题,如对侵略战争的认识问题、殖民统治问题、“慰安妇”制度问题、战时强征劳工问题等仍没有得到妥善解决,人们对于战争的记忆难以磨灭,这种情况甚至还在影响东亚国家关系的正常发展。

从文化史、文学史的层面上,深入挖掘和整理东亚国家抗日叙事的文本资料,可辨析东亚抗日叙事中丰富的历史文化信息,还原历史真实。通过阐释东亚抗日叙事的历史价值和美学价值,可为阐明20世纪东亚精神的本质和意义、建构和谐东亚提供理论依据。同时,通过跨文化、跨学科的全面系统研究,阐述东亚抗日叙事的独特性和内在关联,进而阐明东亚文学与文化交流的历史发展规律和特征,并深入探讨文学与时代精神、文学与身份认同、文学与意识形态等文学的理论和实践问题。因此,20世纪东亚抗日叙事文献整理与研究无论在理论方面还是现实方面都具有重要的意义。第一,从东亚抗日的视角出发，深入发掘和整理20世纪中国、朝鲜、韩国、日本、苏联等国以及部分来华欧美作家的东亚抗日叙事文献资料，可从东亚文学史的角度为阐明“中国的抗日战争是世界反法西斯战争的重要组成部分”“中国抗日战场是世界反法西斯战争的东方主战场”提供文献资料支撑。第二，东亚各国的抗日叙事并非各自孤立的存在，而是在抗日语境下作家们相互交流、传播思想、译介作品中展开的。深入探讨抗日语境下东亚各国作家之间的人文交流、作品译介和传播及其对东亚抗日叙事的影响，对于阐明20世纪上半期东亚文学的形成和发展、特点和规律具有重要意义。第三，通过对东亚各国抗日叙事的比较文学研究，阐明东亚诸国作家的民族认同、国家认同、东亚认同，进而可以从跨文化的视角探讨东亚抗日叙事在世界反法西斯文学乃至世界文化史中的价值及地位。第四，以新时代习近平中国特色社会主义思想为指导，基于“东亚抗日叙事”的性质和特点，在研究过程中尝试提出并应用“抗日叙事与反战叙事”“跨国体验与跨界叙事”“东亚认同与身份认同”“意识形态与抗日记忆”等一系列创新性学术话语，为构建中国特色学术话语体系做出贡献。第五，东亚抗日叙事研究蕴含了“让历史说话，用史实发言”“还原历史，以史为鉴”的精神，有利于推动爱国主义教育、民族认同、国家认同，有利于正确认识东亚抗日的历史和本质。

“二十世纪东亚抗日叙事文献整理与研究丛书”共34卷，由文学编（13卷）、史料编（11卷）、研究编（9卷）及总目（1卷）组成。其中，文学编和史料编属于文献整理部分，文学编按照小说、诗歌、戏剧、散文等分卷编辑，史料编按照传记、史传、书信、日记、纪实、评论等分卷编辑。丛书系统整理了中国近现代文学史料中的东亚抗日叙事文本，重点发掘整理了中国、朝鲜、韩国、日本、苏联等国的抗日叙事文献资料，并对一些重要的外语文本进行了中文翻译。

中短篇小说卷（共2卷）选录了90余篇短篇小说和4部中篇小说，其中不乏新发掘的文本，短篇小说如歌颂朝鲜义士英雄壮举的《韩儿舍身记》（泪人，1915）、批判日本殖民台湾惨状的《一位台湾女子的谈话》（白薇，1931）、以鬼的口吻讽刺德军罪行的《一九三八年的鬼》（A. ABRAMOV，1938）、赞颂苏联红军在哈桑湖区域击退日军的《哈桑湖畔》（莫什梁克，1942）等作品；中篇小说则包括以安重根义举为主线的《朝鲜血》（黄世仲，1909—1910）、以朝鲜亡国为蓝本的《朝鲜亡国演义》（1921）等。

长篇小说卷（共4卷）选录了17部长篇小说作品，其中包括以朝鲜亡国为蓝本的《亡国影》（倪轶池、庄病骸，1915）、《朝鲜遗恨》（沈桑红著、蓝剑青评，1932），无名氏以韩国爱国志士李范奭为原型创作的《荒漠里的人》（1942—

1943)、《北极风情画》(1943—1944),以朝鲜抗日事迹为主题的《历史》(韩雪野,1957)等。小说卷收录的作品反映了抗日语境下东亚文人的集体记忆,展现了国家民族危亡状态下人民的困苦生活与精神渴求,对于研究东亚各民族联合抗战与东亚认同具有重要的文献价值。

诗歌卷(共2卷)收录了近700首东亚抗日诗歌作品,涉及的国家包括中国、朝鲜、日本、韩国、苏联等。所录诗歌的体裁与形式多种多样,既有古体诗、词、曲、赋,也有自由体、新格律体、散文诗等形式的新诗作品。其中,很多国内诗歌作品都是第一次被发掘出来,很多外国诗歌则是第一次被翻译成中文。这些诗歌作品,或叙事、或抒情、或言志,承载并生动反映了20世纪上半期东亚各国人民反抗日本侵略的坚定立场和大无畏精神,是东亚现代诗歌文学研究的重要资料。

戏剧卷(共2卷)收录了近60篇东亚抗日戏剧作品。收录作品的国别主要有中国、朝鲜、韩国、日本、苏联等。戏剧卷所录戏剧既有抗战时期就多次公演并引起较大反响的作品,也有编者新发掘和直接从外文翻译成中文的一些鲜为人知的珍稀作品。如侯曜创作的《山河泪》、文靖珍创作的《阿里朗》、鹿地亘创作的《三兄弟》等作品,在中国抗战期间公演时获得了文化界知名人士艾青、林林、王莹、力扬、杨朔等人的高度评价。而戏剧卷所录反映朝鲜半岛抗日斗争的中国戏剧《海牙剖腹记》《炸皇宫》,反映日本反战意识的日本戏剧《正义血战》《骷髅的跳舞》,反映朝鲜半岛人民抵抗殖民压迫的戏剧《朝鲜的女儿》等则都是新发掘的文学史料。长谷川海太郎创作的《安重根——十四场面》、金春光创作的《安重根史记》、乌鸦创作的《血海之唱》《战斗的密林》等作品,则都是第一次被翻译成中文介绍到国内。

散文卷(共3卷)收录了近300篇东亚抗日散文作品。收录作品的国别包括中国、朝鲜、韩国、日本、苏联等国家。同时,也收录了史沫特莱、约士登等抗战时期来华的一些欧美作家创作的有关东亚国家抗日叙事的散文作品。东亚抗日叙事中的散文丰富多彩,其中既有中国成名大家之作,如郭沫若的《鸡》、卞之琳的《一个敌军小队长》等。也有日本、韩国、苏联等国的散文作品,如鹿地亘的《过香港》、金在天的《亡国痛史》等。鹿地亘的《回忆录:在抗日战争中》、金台俊的《延安行》等文献都是第一次被翻译成中文。

传记卷(共1卷)收录的抗日人物传记作品涉及中国、朝鲜、韩国等国家。其中记录东北抗联李红光烈士事迹的《李红光传》(澹,1936)、《东北抗日联军第一军第一师师长李红光烈士传》(1937),以及《安义士重根》(李斗山,1941)、《韩国同志李斗文传》(贺彪,1945)等传记作品,反映了东亚人民不屈不挠的抗日斗争精神，以及对民族独立、祖国光复的强烈诉求。

史传卷(共2卷)收录了17部作品，多为朝鲜亡国史相关著述。除梁启超的《朝鲜亡国史略》《日本并吞朝鲜记》等经典作品外，《朝鲜亡国史略》(尚中，1910)、《日本合并朝鲜始末记》(长舆，1910)、《朝鲜亡国鉴》(刘彦，1915)等均为新发掘的近代中国人撰写的朝鲜亡国史传作品。这些作品反映了当时日本吞并朝鲜半岛的暴行，表现出中国对朝鲜亡国的深刻同情，具有十分重要的文本价值。

书信卷(共1卷)选录了1919年至1945年间东亚各国人士与抗日有关的私人信件、公函、公开信等。东亚不同国籍人士之间的官方或民间书函往来，真实反映了抗日语境下东亚人士频繁的跨国交流情况。其中，中方书信中有巴金、吴石等著名人士与国际友人的书信，也有桂林儿童团体、贵阳书店工人、中华全国文艺界抗敌协会等致国际友人的慰问信；国际人士信件则包括日本反战人士鹿地亘、池田幸子、绿川英子，韩国抗日独立运动家金九、申圭植、安昌浩、赵素昂、金若山，以及各在华抗日团体与中国友人之间的信函。书信卷所录在华从事抗日或反战活动的国际人士之间的交往信件是不可多得的贵重资料，如日本反战人士绿川英子致朝鲜义勇队的信函、日本俘虏觉醒后与鹿地亘的书信交流等。此外，书信卷还收录了一部分战时中方缴获的日本士兵的家书，这些书信对研究战时日本国情、士兵心理以及对战争的态度等均具有重要文献价值。

日记卷(共1卷)搜集并选编了抗战时期中国报刊、书籍中登载的部分日记及日记评论，涉及中国、日本、苏联、韩国等国的60余位作者。这些日记资料都与“东亚抗日”这一主题相关，其中既有中国普通民众的日记，也有韩国独立运动家、日本反战人士及苏联战士的日记，而更多的日记资料则来自战时中方缴获并翻译刊行的日本士兵日记。中国人日记方面，《春生日记》记录了一名普通中国学生与韩国流亡抗日志士遗孤的交往片段，《编辑室日记》反映了战时《黄河》杂志与韩国青年战地工作队、日本俘虏的交流，这些都是值得关注的资料。朝鲜义勇队队员的《阵地工作队日记》《中条山反扫荡日记》、日本反战人士池田幸子的《武汉行》、苏联西尔倩考的《冲上张鼓峰去》、格罗金的《一个空军战士的手记》等国际反法西斯人士的战斗日记，为我们拓宽了东亚抗日叙事研究的国际视野。此外，本卷选录的日本士兵日记中译本与日记评论，对了解战时中国文艺抗战和军中敌工工作、战时日本军队情况等都是可资参考的重要资料。

纪实卷(共3卷)收录了1909年至1948年间有关东亚抗日的报告文学、

长篇通讯、人物采访、历史纪实等文献资料。这些资料涉及中国、日本、朝鲜、韩国、苏联等国家。其中有对安重根、尹奉吉、李奉昌、朝鲜义勇队等朝鲜抗日志士或团体的真实记录和描写,有对日本铁蹄践踏下的朝鲜社会现状之控诉,也有对各国抗日情形之真实再现,还有绿川英子、鹿地亘等在华日本反战人士的深情回忆。上述文献资料散见于20世纪上半期的报纸、期刊和图书,内容多为真人真事,是研究东亚抗日不可多得的宝贵资料。

评论卷(共3卷)收录了400余篇东亚抗日相关评论文献。所录文献既包括文学评论,如鹿地亘的《创作方法之现实的基础》、金光洲的《朝鲜文坛的最近状况》等;也包括一部分政论和史论,如申睆观的《吾人今后之责任》、杜洛斯基的《苏俄政府何以不对日宣战》、金奎光的《朝鲜民族反日革命总力量问题》等。这些评论资料紧紧围绕抗日的时代主题,或从世界大势的宏观视角,或从东亚各国内部的微观视角,深入分析了当时东亚抗日战场的现状、动态和趋势。

丛书的文献整理部分几乎每一卷都包含了一些尚未引起国内外学界关注的珍贵文献资料,这些文献不仅是研究20世纪东亚国别文学的重要资料,也是从宏观上研究抗日语境下东亚文学交流与互动的重要史料。

"二十世纪东亚抗日叙事文献整理与研究丛书"研究编由9部专题著作组成。《抗日语境下的东亚跨界叙事研究》围绕20世纪上半期抗日语境下东亚文学中的跨界叙事进行研究,重点分析了中国现代文学和日本反战作家文学中的抗日叙事。《抗日语境下的东亚文学交流研究》聚焦抗日语境下东亚各国的作家交流、文本译介及其对抗日叙事的影响。《东亚抗日叙事比较研究》则通过比较东亚各国抗日叙事的发展脉络,阐明其特殊性和普遍性。《中朝韩当代抗日叙事研究》以第二次世界大战后中朝韩当代抗日叙事为中心,对东亚文学中的当代抗日记忆进行了比较研究。《朝鲜半岛来华留学文人的跨国体验与文学书写研究》《申圭植的中国体验与文学创作研究》《朴殷植的文坛活动与文学创作研究》《赵素昂的跨界体验与文学创作研究》《金学铁抗日文学研究》等5部著作则分别从作家研究的角度深入阐述了抗日语境下朝鲜半岛作家在中国的跨国体验与文学创作。

在开展20世纪东亚抗日叙事文献整理和研究的过程中,编者团队就东亚抗日叙事文献的资料价值、东亚抗日叙事的主要特点等相关问题形成了一系列的学术观点,现将其中几个重要观点简要介绍如下。

第一,20世纪东亚抗日叙事是东亚现代文学研究值得深入挖掘的一个丰富的资源宝库。从目前整理的20世纪东亚抗日叙事相关文献资料来看,其数量之多、范围之广、体裁之全面、内容之丰富、价值之重要，都远远超出了我们的预想。东亚抗日叙事相关资料反映了侵略与反侵略、正义与邪恶、进步与反动的人类斗争，充分体现了20世纪的东亚精神和文人的文化自觉。这些珍贵的文献资料无疑是20世纪东亚文学的重要组成部分。但令人遗憾的是，其中很多文学史料尚未被纳入东亚现代文学的研究视野。

第二，中国抗日战场是东亚抗日叙事生成的重要历史场域和空间场域。在抗日的大背景下，东亚被殖民国家和地区的抗日志士纷纷流亡中国，在中国开展抗日斗争。中国政府也适时提出了支持东方弱小民族抗日独立运动的口号。日本人民反战同盟、朝鲜义勇队等抗日、反战组织先后在中国抗日大后方成立。来自东亚各国的抗日志士除少数人直接参加武装斗争，大多数人主要从事写作、宣传活动。他们在和中国文人、作家积极进行交流互动的同时，以抗日或反战为主题，创作了丰富多彩的抗日叙事作品。这些抗日叙事作品的内容往往超越国家、超越民族，反映的是东亚人民共同的心声。这些作品在中国创作、在中国发表，甚至在中国舞台演出。

第三，跨界叙事是20世纪东亚抗日叙事的一个重要特征。20世纪上半期，面对残暴的日本帝国主义侵略，中国作家与日韩流亡文人就反抗日本帝国主义这一时代主题进行了共同书写，并在叙事内容上表现出鲜明的“跨界”特征。跨界叙事包括跨界体验叙事、跨界题材叙事、跨界共同叙事。跨界叙事是文本价值实现超越与重构的重要途径之一。叙事时间和空间的变化可以直接带来思想观念、叙事结构的变化。抗日语境下，东亚抗日文学的跨界叙事极大地强化了东亚国家之间的东亚身份认同，密切了东亚国家人民之间的传统文化关系。

第四，跨界体验是20世纪东亚抗日叙事的一个主要特点。跨界体验也称跨国体验。首先，跨界体验的意义在于通过跨界的政治体验、文化体验、教育体验等获得反思、反观的机遇，从这个意义上讲，跨界体验可以有效地促进作家对本国的深度体验。其次，跨界体验包括人际交流、文本交流以及政治、外交等领域的交流。跨界体验是文学生产的主要创新机制。通过对话与交流呈现相互叙事，通过相互叙事不断地发现和建构自我与他者。抗战时期，朝鲜半岛的大批知识分子和日本的反战人士长期在中国学习、战斗和生活，他们在跨界体验的过程中重新认识中国，重新认识本国，重新认识东亚。这些新的认识在他们的抗日叙事中得到了真实的反映。

第五，抗战背景下，中国一度成为东亚抗日戏剧交流的中心舞台。国家危难之际，戏剧是唤醒民众、动员国民、鼓舞士气最有效的艺术形式之一。抗战时期，东亚各国的剧作家在中国进行了密切的交流与互动，创作了一大批东亚抗日戏剧并在中国舞台上成功公演。其中既有反映朝鲜半岛抗日斗争的戏剧，如《亡国泪》《爱国魂》《图们江边》《朝鲜的女儿》等，也有反映日本反战意识的戏剧，如《三兄弟》《正义血战》《胜利在前头》《侵略战争之罪恶》等。这些在中国舞台上公演的东亚抗日戏剧，在当时的中国社会引起了强烈反响，鼓舞了东亚各国抗日民众的士气，是东亚抗日文学的宝贵财富。

第六，20世纪东亚抗日叙事是东亚各国现代文学史的重要补充。抗战期间，日本反战人士在华创办了很多报刊，创作并发表了大量反战叙事文学作品。但由于战乱，这些资料没有得到很好的搜集和整理。同样，朝鲜半岛来华从事独立运动的仁人志士在华创办了百余种中文或朝鲜文报刊，积极宣传抗日主张，并通过文学创作发出他们的抗日呼声。朝鲜半岛文人大多精通汉语，他们创作的中文作品带有十分鲜明的抗日文学性质，是东亚抗日文学的宝贵财富。刊载这些作品的报刊由于都在中国发行，至今尚未引起韩国学术界的关注。可以说，上述文献资料是日本反战文学史、韩国抗日文学史的重要补充。

本丛书依托的国家社科基金重大项目“二十世纪东亚抗日叙事文献整理与研究”2015年立项，参与研究的国内外学者历时十年，在国内外发表了70余篇学术论文，最终整理出1000余万字的结项成果。本丛书的创新性主要表现在以下两个方面。

第一，在数据资料方面的创新性。从整体上来看，本丛书是国内外迄今为止收录范围最广、数量最多、体裁最全、内容最丰富的20世纪东亚抗日叙事文献资料。从局部来看，几乎每一卷都包含一些珍稀的文学史料。在收录范围方面，不仅包括中国、朝鲜、韩国、日本、苏联等国家的作品，还包括抗战时期来华的一些欧美作家创作的有关东亚国家抗日叙事的作品。在史料价值方面，丛书所录苏联作家关于1938年发生的苏日远东张鼓峰战斗的小说、散文、日记、报告文学等作品，可以说是世界反法西斯文学的重要组成部分，极大地鼓舞了抗战初期中国军民的抗日斗志。丛书所录日军日记以及中国作家创作的日军“慰安妇”题材诗歌和纪实作品，不仅从文学史料的角度印证了日本军国主义在华实施“慰安妇”制度的事实，而且将“慰安妇”现象的出现时间追溯到1938年初。此外，抗战时期在中国舞台上演的反战、抗日戏剧等文学史料都是第一次得到全面系统整理。

第二，在解决实际问题方面的创新性。编委会认为，为了深刻阐明“中国的抗日战争是世界反法西斯战争的重要组成部分”“中国抗日战场是世界反法西斯战争的东方主战场”等历史事实，我国的抗日文学创作应积极拓展国际题材。丛书文献整理部分收录的有关朝鲜半岛人民在华与中国人民并肩抗战的历史故事、日本反战同盟在华从事反战运动的史实、抗战时期在华欧美人士支持和同情中国人民抗日斗争的故事等都是很好的历史素材。特别是抗战时期中国政府支持朝鲜半岛人民在华开展抗日独立运动以及联合抗日的史实，在一定程度上可以增进彼此间的友好认知。

“二十世纪东亚抗日叙事文献整理与研究丛书”是编委会集体智慧的结晶，编委会成员由来自山东大学、中国海洋大学、延边大学、南开大学、山东师范大学、哈尔滨理工大学、江西师范大学等国内高校以及来自日本、韩国的共计 30 余位学者组成，在东亚地区形成了一支以中国学者为主体的跨国学术团队。

在丛书编写期间，延边大学金柄珉教授应邀担任学术顾问，给予了宝贵的学术指导。吉林大学张福贵教授、清华大学王中忱教授、北京大学王丹教授、南京大学尹海燕教授、北京外国语大学韩梅教授、中央民族大学金明淑教授、延边大学朴银姬教授等对丛书编写提出了很多中肯的建设性意见。山东大学出版社的领导和编辑认真负责、精益求精，为丛书的出版付出了辛勤的劳动。在此，我谨代表全体编委会成员，向所有为丛书出版做出贡献的专家、学者、编辑表示衷心的感谢。

在丛书编纂过程中，编委会高度重视著作权人的合法权益。通过中国作家协会等官方渠道及多方努力，我们已与大部分文献的版权所有人（或其继承人、代理人）取得联系，并依法获得了作品收录授权。出于各种原因，截至出版时，我们未能与本套丛书的全部著作权人取得联系，敬请作品的著作权人或与著作权有关的权利人与山东大学中日韩合作研究中心联系，以便奉上稿酬和样书。

20 世纪东亚抗日叙事文献的整理是一项十分艰难的工作，由于战争期间资料保存不易，很多文献遗失或不完整，再加上外文文献的搜集和翻译有一定的局限，本丛书中的文献资料在选篇、翻译、录入、编辑等方面难免存在遗漏或错误之处，恳请广大读者批评指正。

牛林杰

2025 年春写于济南

目录

旧体诗·1900—1910年

旧体诗·1911—1920年

旧体诗・1921—1930年

旧体诗·1931—1940 年

旧体诗·1941年以后

新诗・1915—1920 年

新诗·1921—1930 年

新诗·1931—1940年

旧体诗

1900 — 1910年

朝鲜叹*

黄遵宪

有北有北鄂罗斯，展翼巨秃鹫张牙狮，欲囊六合鞭四陲；梦中伸脚直东下，谅尔无过土耳其。吁嗟乎朝鲜！吾为朝鲜危。一解

雌王宝剑猴王刃，迩来又唱征韩，踌躇四顾权且忍；有人欲杀西邻牛，宰肉平分先一分。吁嗟乎朝鲜！何以待日本？二解

四夷交侵强邻逼，皇皇者华黯无色，保藩字小有何力！黄龙府又黑龙江，方醢小龙供鸟食。吁嗟乎朝鲜！汝毋恃上国！三解

前有檀君后卫满，夜郎自大每比汉，几经内属几外叛；黄幄拜天九叩头，受降又留百世患。吁嗟乎朝鲜！恨不改郡县。四解

尊汉如天使如父，前儿在子求保护，四邻环伺眈眈虎；不能鸡口作牛后，高下句骊定谁土！吁嗟乎朝鲜！奈何不自主？五解

山中之天海中市，中央如砺可辟世，列强画作局外地；嬴颠刘蹶百兴亡，任我华胥闭门睡。吁嗟乎朝鲜！安得如瑞士！六解

峨冠博带三代前，蜷伏蠓息海中间，犹欲锁港坚闭关；土崩瓦解纵难料，不为天竺终波兰。吁嗟乎朝鲜！朝鲜吾忍言！七解

（原载于《新民丛报》第 27 号，1903 年）

丁未举事时有感

［韩国］沈南一

林下书生振铁衣，乘风南渡马如飞。蛮弟若未扫平尽，一死沙场誓不归。

（1907 年作，转载于严万洙编著《抗日文学的再照明——以诗歌为中心》，弘益斋，2001 年）

---

* 本书编者注：《诗歌卷》因诗歌数量较多，创作时间、发表时间情况复杂，原则上以创作时间和第一发表时间的先后排序。同一作者出自同一文献的诗歌集中排列，并以诗人的卒年为下限排入书中次序。又，《诗歌卷》的页下注多数为底本原注，有个别需要特殊说明的情况，本次编辑中以“本书编者注”的形式加注说明。

义兵蜂起

［韩国］崔益铉

皓首奋畎亩，草野愿忠心。乱贼人皆讨，何须问古今。

（原载于崔益铉《勉庵集》第二卷，1908 年）

李忠武公龟船歌

［韩国］黄玹

天狗蚀月沧溟竭，罡风万里扶桑折。主屹雄关已倒地，舟师十万仍豕笑。
元家老将一肉袋，孤甲栖岛虬蜉绝。封疆重寄无尔我，苇杭讵可秦视越。
左水营南门大开，渊渊伐鼓龟船出。似龟非龟船非船，板屋穹然碾鲸沫。
四足环转为车轮，两肋鳞张作枪穴。二十四棹波底舞，棹夫坐卧阳侯窟。
鼻射黑烟眼抹丹，伸如游龙缩如鳖。蛮子喁喁哭且愁，露梁闲山涨红血。
赤壁少年逢时幸，采石书生夸胆决。孰能横海经百战，截鲸斩鳄铓不缺。
二百年来地球绽，轮舶东行焰韬日。熨平震土虎入羊，火器掀天杀机发。
九原可作忠武公，囊底恢奇应有术。创智制胜如龟船，倭人乞死洋人灭。

（原载于《梅泉集》卷一，1911 年）

云峰访朴凤阳大捷碑

［韩国］黄玹

读书不必成文章，任官不必居玉堂。男子昂昂七尺奇，临危要当慨以慷。
君看云峰朴注书，十年不调须眉苍。天生壮士不虚老，狱底终发冲霄光。

封疆无人向忍说，逆贼横驱千狐狼。云峰健儿铁为胆，义鼓一槌争赴汤。
池中鼓角天上火，颠崖坠谷崩雷硠。方丈饥乌啄啄饱，横涂恶脑交匈[胸]肠。
始出区区桑梓计，指顾湖岭作保障。定知古来立功人，救死往往铭旗常。
良史因之笔生兴，鼓舞异代成怅望。耳目不远论最公，野叟导我看战场。

（原载于《梅泉集》卷三，1911 年）

塞下曲寄朴锦士慈城任所

[韩国]黄玹

北虏连年马畜凋，又闻移帐过临洮。汉家兵力疑天降，追到黄河铁作桥。
银瓢酒热肉堆盘，醉饱连营将士欢。雪中夜选三千骑，令箭明朝过贺兰。
绣旗连飐角声干，日夕龙河战血殷。回首受降城不远，万人歌吹月中还。
结发从军鬓已疏，风云万里护储胥。武夫不识和戎利，又上中朝请战书。

（原载于《梅泉集》卷三，1911 年）

闵罗州种烈讨平碑

[韩国]黄玹

甲午年间事大危，罗州城外贼千旗。民兵义色风云变，儒将高名草木知。
竟有银铛驰驿急，可怜琴舄弃官迟。战尘如梦秋山冷，红树斜阳路左碑。

（原载于《梅泉集》卷四，1911 年）

闻变（三首）

［韩国］黄玹

幽兰轩毁亦奇哉，万岁亭摧宇宙哀。屈指千秋亡国史，几人能得快心来。
庙堂磨墨日寻盟，一夜天崩七庙惊。瞻彼齐山松柏老，遗民歌哭不成声。
洌水吞声白岳嚬，红尘依旧簇簪绅。请看历代奸臣传，卖国元无死国人。

（原载于《梅泉集》卷四，1911 年）

赵政丞秉世

［韩国］黄玹

大臣死国难，尤异庶僚殉。砰訇动地维，有似山岳陨。
圣朝爰立多，未必无英俊。嶙峋二十三，下逮沈李尹。
维公处台垣，名论未甚峻。一自登黄阁，棘棘刳肠肾。
上殿凛风采，矫厉霜天隼。其奈一薛宋，稍疏三昼晋。
婆娑杨江曲，杞忧雪两鬓。重入兴仁门，非眷中书印。
老臣何所求，宗社一发仅。捶胸有尺疏，啮指无寸刃。
方匕鸦片烟，浩然命受顺。奕世忠翼后，无愧泉台觐。
人生重晚节，树立谅难慎。长松故磊砢，脂香可千闰。

（原载于《梅泉集》卷四，1911 年）

血竹

[韩国]黄玹

闵忠正公泳焕殉义之明年四月，有竹生于灵筵之后轩，盖其自裁之刀及血衣所藏处也。凡四丛九干，抽叶三十三。

竹根于空不根土，认是忠义根天故。山河改色夷虏瞠，圣人闻之泪如雨。
四丛九干绿参差，三十三叶何猗猗。衣香未沫刀不锈，恍复重见含刃时。
刎颈报国古多有，亦有烈烈如公否。全身义愤刺不痛，一连三割加钜朽。
精灵所化现再来，惊天动地何奇哉。昼哭声断素屏卷，蛛丝旖旎尘为苔。
青葱扶疏森似束，百回拭眼看是竹。残春窅窱解锦绷，一气凄凛摇寒玉。
分明碧血喷未干，点点洒作青琅玕。为厉杀贼张睢阳，复生剿胡文文山。
空然化竹不济事，此恨空留天地间。

（原载于《梅泉集》卷四，1911 年）

哭勉庵先生

[韩国]黄玹

英年抱贽蘗溪门，救火人家位偶尊。程氏三魂推赵鼎，考亭一脉赖希元。
文章不出经纶业，名节原从道学源。宰相儒林都结局，海东千载有公言。
义鼓声摧血雨斑，孤臣判命笑谈间。腐心万里南冠絷，屈指三霜赤舄还。
海外光阴来雁少，天涯消息落星寒。招魂且莫登高望，厌见青苍马岛山。
扶桑忽倒海茫茫，雪窖虹腾万丈长。观化正应期厉鬼，憖遗胡不作灵光。
铜驼委地罡风劲，华鹤冲天缺月凉。故国有山虚影碧，可怜埋骨向何方。
风霜炼发白毵毵，剑树刀山嗜若甘。宗社关情遗表半，英雄赍恨过河三。
天寒大鸟来新垄，月黯神蛟返故潭。欲借兰成词赋妙，千秋哀怨写江南。
裹革沙场事已违，殊邦呼复尚儒衣。精灵不散风霆肃，颜貌如生日月辉。
天定幸无柴市痛，人怜死自冷山归。过年七十来千岁，历数如公命好稀。
鱼龙呜咽鬼神愁，猎猎红旌海上浮。巷哭相连三百郡，国华满载一孤舟。

握拳岂待还丹力，藏血翻惊化碧秋。酒尽西台寒日暮，谢参军亦雪盈头。

（原载于《梅泉集》卷四，1911 年）

燕谷战场吊高义兵将光洵

［韩国］黄玹

千峰燕谷郁苍苍，小劫虫沙也国殇。战马散从禾陇卧，神乌齐下树阴翔。
我曹文学终安用，名祖家声不可当。独向西风弹热泪，新坟突兀菊衣傍。

（1907 年作，原载于《梅泉集》卷四，1911 年）

闻金沧江去国作

［韩国］黄玹

春暮，得沧江正月出书，云"新年来，颇有万里之想。倘借天灵得终老于苏浙之间，则不犹愈于作岛儿之奴耶？老兄闻此，亦当仙仙欲举。但我辈俱羸弱人，办此岂易易"。余执书叹息，遂不告家人，潜办资斧，拟待秋凉北上。六月初，忽哭宗家从侄。侄本孑然无近亲，其孤寡视余为命，由是行计自辍。喟然叹曰："万里破浪，亦有命乎？"然于沧江之行则未之深信。岁将穷，有人自京师来者，为余言，曰与沧江往还殆半载，尝不见旬日，一日往，则家易主。询之，已尽家向上海去矣。未几，十月之变作，殆不俟终日。知几其神者乎。以吾视之，真所谓壤虫之于黄鹄也。一日雪作，峭［悄］然掩户，缀长歌一篇，焚香西向而读之，以见万里外停云之思。

少小我作中州梦，白头坐在醯鸡瓮。有时历历黄卷中，卧想吴楚与秦陇。
兴来欲随黄鹄举，云海茫茫不可控。沧江身老才未老，笔源浩荡江涛涌。
帽蝉塌垂驴如狗，十年齿冷书局俸。汉水波沸南山崩，普天雾霾左衽恸。
庙堂肉食尽穿鼻，絷缚辕下鞭不动。惟君有眼炳先几，死也无地生无用。
忽劈吴淞快剪刀，体不胜衣夸大勇。云帆灭没映斗牛，行色翩然妻女共。
不是寻真蓬莱岛，不是避世桃源洞。行年六十只影单，亦非区区觊遗种。

生当痛哭西台秋，死当埋骨要离冢。上海东南天尽头，山川不殊汉唐宋。
黄浦水滟烟鸥舞，玄墓花堆香雪拥。扁舟短棹作寓公，到处选胜吟肩耸。
江汉南纪古犹今，地灵尚应英髦众。酒酣落笔赋江南，见我东国文章凤。

（原载于《梅泉集》卷四，1911 年）

入都

［韩国］黄玹

一上终南俯帝畿，望中云物转凄微。九街轮织秋尘涨，双阙煤昏昼漏稀。
皮币有盟人自误，铜驼无恙局还非。古来亡国多如鲫，亡得分明不足悲。

（原载于《梅泉集》卷五，1911 年）

黄玹先生殉国四首

［韩国］黄玹

黄玹先生，字云卿，全罗道求礼人，文章气节冠士林，有《梅泉集》行于世，梅泉其号也。有绝命词四首，授其门人后，饮药而尽。

乱离滚到白头年，几合捐生却不然。今日真成无可奈，辉辉风烛照皇天。

楚氛掩翳帝星移，九阙沉沉昼漏迟。诏敕从今无复有，琳琅一纸泪千丝。

鸟兽哀鸣海岳嚬，槿花世界已沉沦。秋灯掩卷怀千古，难作人间识字人。

曾无支厦半椽功，只是成仁不是忠。止竟仅能追尹榖，当年愧未蹑陈东。

（原载于《革命公论》第 6 期，1935 年）

追感本国十月之事

[韩国]金泽荣

半夜狂风海上来，玄冬霹雳汉城摧。朝衣鬼泣嵇公血，犀甲天悭范蠡才。
炉底死灰心共冷，天涯芳草受难回。阑成识字如何用，空赋江南一段哀。

（1905 年作，原载于金泽荣《韶濩堂集》，1927 年）

赠朝鲜关军龙镐

伯翔

杞人久抱忧天恨，今日逢君又客场。
话到国亡民种弱，几回呜咽感沧桑。

（原载于《牖报》第 7 号，1907 年）

朝鲜近事

南昆仑生

眼见诸姬尽汉阳，箕邦憔悴白衣郎。春风一去李花落，麦秀离离君断肠。
昌德宫中迎大使，舞筵低唱后庭花。那知泪落青衣婢，说与兴亡去主家。
八道风云照旭旗，河山坐付剧堪悲。党碑未仆铜驼圮，亡国空存绝命词。
帝已无家悲雀冻，臣犹赐墓葬龙仁。而今箕子陵边路，野草幽花总不春。
望断尘飞汉使幡，象贤禋祀绝汤孙。迎思门外平时柳，秋露涓涓浥泪痕。

（原载于《云南》第 5 期，1907 年）

倡义诗

［韩国］李锡庸

冤血仇天碧剑痕，枕边不睡痛胸门。野马独夫将系颈，枭悬我国市南门。

（1907 年作，转载于严万洙编著《抗日文学的再照明——以诗歌为中心》，弘益斋，2001 年）

劝国人勿笑韩人

启明

齿寒自古痛亡唇，道重亲仁与善邻。箕子为奴吴亦沼，天涯同是可邻［怜］人。

（原载于《河南》第 2 号，1908 年）

旅次朝鲜釜山

鲁戈

一山孑立万山寒，满目愁云不忍看。海上危樯悲落日，腔头热血竞狂澜。
国权已失君犹乐，兵力难伸种亦残。早识依人成枉事，旗翻独立健登坛。
文明保护虚前事，亡国千秋付浩叹。蹈海客伤奴隶苦，移山人作马牛看。[1]
荒城鬼哭西风紧，枯树猿啼夜月寒。回首乡关云雾里，扁舟一系思漫漫。

（原载于《云南》第 13 号，1908 年）

① 日人开拓釜山，皆用韩人。

狱中吟

［韩国］全海山

书生何事着戎衣，太息如今素志援。痛苦朝廷臣作孽，忍论海外贼修围。
白日吞声江水逝，青天咽泪雨丝飞。从今别却荣山路，化作啼鹃带血归。

（1908 年作，原载于《爱国汉诗选》，国立文学艺术书籍出版社，1960 年）

己酉九月十三日感韩人安重根事

陈懋鼎

怨毒成无告，凭陵至不仁。阴谋从有咎，狙击忽如神。
贯日将孤愤，飞星动四邻。箕封犹禹甸，忍谓国无人。
连秦殊太急，盟卫已先寒。汝幸复仇了，人方□智殚。
不虞蜂虿毒，可胜虎狼残。歧海舆尸去，悲风拥夕澜。
许国身何有，贪天喜可知。岂辞行李累，且诵急难诗。
冰雪连东道，神灵守艮维。犹惊死诸葛，宴息恐无时。

（原载于陈懋鼎《槐楼诗钞》，铅印本，1940 年）

吊伊藤

笑

三韩死士气如虹，一弹倾此矍烁［铄］翁。惹得蜻洲怀抱恶，苍生妓女哭相公。

（原载于《时报》1909 年 10 月 29 日）

赋得韩亡子房愤（为安重根作也）

陈去病[1]

慨昔三韩地，于今一旦休。俄然来大侠，犹解报深仇。
博浪椎重奋，辒辌血迸流。翻怜寂寞士，难斩郅支头。

（原载于陈去病《浩歌堂诗钞》，上海古籍出版社，2016 年）

己酉杂诗之三：秦淮旅邸闻伊藤死耗

天马

其一

夕阳山色相珍重，寥落江关拭涕过。愿力未填文字海，眼前一勺又风波。

其二

朔风吹海入江津，似挟潮声哈尔滨。叹息相公原自误，节旄未落海成尘。

其三

博浪伤心说报韩，功成犹得强为宽。相逢敢说朝鲜辱，交与黄奴郑重看。

（原载于《新闻报》1909 年 11 月 1 日）

① 原刊 1909 年 10 月 31 日《民吁日报》，题作《赋得韩亡子房奋》，署名“去病”。——本书编者注

丈夫歌

［韩国］安重根

丈夫处世兮，其志大矣。时造英雄兮，英雄造时。
雄视天下兮，何日成业。东风渐寒兮，壮士义热。
忿慨一去兮，必成目的。鼠窜伊藤兮，岂肯比命。
岂度至此兮，事势固然。同胞同胞兮，速成大业。
万岁万岁兮，大韩独立。万岁万万岁，大韩同胞。

（原载于安重根撰《安应七历史》，1909—1910 年）

哈尔滨即事（安重根刺伊藤）

［韩国］申圭植

白日青天霹雳声，六洲诸子胆魂惊。英雄一怒奸雄毙，独立三呼祖国生。

（1909 年作，原载于朴殷植编《安重根》，上海大同编辑局，1914 年）

闻义兵将安重根报国仇事

［韩国］金泽荣

平安壮士目双张，快杀邦仇似杀羊。未死得闻消息好，狂歌乱舞菊花傍。
海参港里鹘摩空，哈尔滨头霹火红。多少六洲豪健客，一时匙箸落秋风。
从古何尝国不亡，纤儿一例坏金汤。但令得此撑天手，却是亡时也有光。

（1909 年作，原载于朴殷植编《安重根》，上海大同编辑局，1914 年）

三韩大侠行

杨鼎昌

安重根，朝鲜人。甲午之役，痛心国难，仇视日臣伊藤博文，欲得而甘心焉。匿迹俄学堂，阴结排日会。己酉冬，以火器毙诸途。

元黄血战天地否，金海水枯孽龙死。板荡泯棼十六年，精英郁作奇男子。
曩者滔天烽火传，王师十万救唇齿。将军未薄南廷城，咄陆先夷钵罗垒。
阳存国祚阴羁累，藏垢蒙羞古无比。天之所废不可支，狂澜既倒柱谁砥。
三韩大侠崛草茅，学堂萌蘖会根柢。三洞之湾清且涟，所不同仇如白水。
卧薪尝胆人不知，霹雳一声袖中起。宰相头颅嘘气吞，肉雨不飞血风紫。
平生积愤一朝伸，六尺昂藏事毕矣。罪状烺烺十四条，倭酋胆碎惊魂褫。
沧海椎贻副车误，秦廷剑被药囊抵。若将成败绳古人，对此惶然汗有泚。
乃知培塿无松柏，一孔之儒目论耳。模金愿铸安重根，名姓流辉照青史。
从来有志事竟成，振臂一挥雪国耻。噫嘻吁，振臂一挥雪国耻，安得华人尽如此。

（原载于杨鼎昌《贻清白斋诗钞》，长安思过斋，1935 年）

日本伊藤博文在哈尔滨为韩人击死

陈止[①]

东征十万化沙虫，成汝平生一寸功。喜有会稽封少伯，恨无妲己赐周公。
殉身谁为歌黄鸟，贯日今偏见白虹。流血伏尸休论值，殷奴遗胤亦英雄！

（原载于陈衍编辑《近代诗钞》，上海：商务印书馆，1935 年）

① 陈止（1868－1925），原名霞章，字孝起，别号大灯、大澄，江苏仪征人。

刺伊藤*

钱名山①

怨在心，仇在骨，是何狗彘来入吾室？

国为之亡，家为灭，使我男为臣女为妾，此仇不报不用生，皇天后土鉴此诚。

荆轲匕首渐离筑，一击不成千载哭。不及此君好身手，手屠仇人若屠狗。

一丸飞出正当心，四海同声快倾酒。嗟哉尔国亿万民，后子而起知有人。

君不见，齐人伐燕燕已亡，一朝报齐怨，七十二城相继降，但愿尔曹为乐毅，为昭王。

君不见，始皇昔灭无罪楚，一朝复秦仇，火赭咸阳作灰土，但愿尔曹为范增，为项羽。

不愿尔曹刺彭岑刺来歙。敌来益多防益密，八道河山不得收，杀一老兵何足说。

对君一长拜，范君以黄金。作诗不独伟君志，愿激中原壮士心！

［转载于《益世报》(北京)1932 年 3 月 7 日］

---

* 此诗作于 1909 年，署名谪星，原载于《砭群丛报》1909 年第 3 期。两次刊登，字句略有不同，实为同一首诗。——本书编者注

① 钱名山(1875—1944)，名振锃，字梦鲸，号谪星，一署星影庐主人，后号名山，江苏常州人，著名诗人和书法家，江南大儒。自幼聪慧，16 岁应试即中秀才，19 岁中举人，1903 年中进士，授翰林院编修，官至刑部主事。宣统元年(1909)辞官归乡，在常州东门外开办书院“寄园”，培养了大批书画诗词方面的泰斗，如谢玉岑、谢稚柳、马万里等。晚年寓居沪上，别署海上羞客，著有《名山集》《名山诗集》等。

感安重根事和钝剑韵

俞锷[①]

国破犹余壮士规，韩终不复剧堪悲！留城借箸舞刘季，燕市和歌有渐离。

尽日书空成底事？三年饥走未探奇。一椎酬得刺蛟志，自是平生最欲师。

（1909年12月作，原载于柳亚子主编《南社诗集》第2册，开华书局，1936年）

朝鲜儿歌

——哀安重根刺伊藤博文也（己酉作）

陈嘉会

朝鲜儿，朝鲜儿，千年旧版图，一旦摧为奴。北入宫，南守衢，国君囚废臣民诛。草木亦死海水泣，犬不敢吠鸡无雏。洸洸烈士衔枚走，气涌素霓胆如斗。不为赵客缦胡缨，办得宜辽弄丸手。

东窜海，西入峦，偶狙要道侦骑难。张良椎，荆轲匕，不共汝死心更耻。忽然一声光电驰，仇人心裂无完皮。不共仇人生，宁共仇人死。

国亡与亡本天职，矧见仇死死缓耳。呜乎，汝祖开国死佯狂，当时仗义尚周王。乌有狼心狐媚如彼狡，含沙射影国祚亡。流血千里索壶浆，不有此死海不黄。

呜乎！朝鲜儿，真男儿，莫轻国弱可任欺。达官肉食何能为，由来国士出卑微。早晚裹尸同凛凛，救国须及未亡时。天堂玉宇魂何处，鸭绿潮声风雨悲。

［作于1909年，原载于《船山学刊》（长沙）壬申第1册，1932年］

---

① 俞锷（1887—1936），原名俞侧，字则人，后字剑华，江苏太仓人。1902年留学日本，在日本加入同盟会。1906年归国后，在上海《民国时报》、北京《民国新闻》等处从事编辑工作。1909年组织参加南社，研究文学，鼓吹革命，与高旭（钝剑）、潘飞声（剑士）、傅屯艮（君剑）并称“南社四剑”。1912年曾任临时政府秘书。1918年后历任福建省图书馆馆长、教育局局长等职。1936年病逝。著有《翩鸿记传奇》《荒冢奇书》《剑华集》等。

诀故国江山

［韩国］沈南一

文明日月此江山，忽入腥尘暗瞬间。未睹一晴归地下，千秋化碧血痕斑。

（1900 年代作，转载于严万洙编著《抗日文学的再照明——以诗歌为中心》，弘益斋，2001 年）

哀朝鲜赋：拟杜牧阿房宫体

清天一鹤生

王道毕，霸术一。韩人兀，韩皇出。建国三千余年，共戴天日。釜山铁路而西折，直视沈阳，二江（混同、鸭绿）溶溶，流逼边墙（长城）。五年一变（自主五年而设统监），十年一割（自主至今十有余年）。虎视狼贪，鲸吞鹰喙［啄］。防美慑欧，钩心门角。扰扰焉，攘攘焉，四面楚歌，直有似乎千丈一落。三韩八道，旗不见龙。舆图一角，色已变红。前日拱北，今忽徂东，中外未合，日韩乃融。宣诏之日，天地愁凄，一国之内，得失之间，而哀乐不齐。太王世子，臣庶公孙，辞韩入日，如罹暴秦，朝悲夜啼，惨不知人。日光荧荧，日本旗也；宫殿巍巍，总督府也；臭雾弥漫，舒愁惨也；哭声呜咽，诉哀怨也；雷霆乍惊，京釜车也。侧视倾听，茫茫不知其用心之所之也。一得一失，颇费钻研，分明废灭，曰幸福焉。箕子之遗封，义王之中政（宋时有义王掘起，改高丽为朝鲜）。李民之经营，几世几年。苞苴藩服，倚若泰山。一旦求自主，统监其间。土地人民，玉帛珠砾，流徙赂遗，弃掷迤逦，日人视之，亦不甚惜。嗟呼！仗义之心，一变而为得利之心也。日念虽奢，人亦有国家，奈何玩之于股掌，取之如泥沙，使烈士热血溅于变法之元勋。学生孤愤，死及捐躯之士女；恶饥之民，困于枵腹而绝粒；号寒之士，窘于周身无帛缕；荒凉之土，空于八道之城郭；流离之民，散于四方之言语。致列国之人，不生羡而生怒，吞噬之心，能否自固。乱民门，义旗举，协约一散，执保疆土。呜呼！灭韩者韩也，非日也；助日者协约也，非韩人也。嗟夫！使韩能早爱其国，则足以拒日；日复爱韩国之人，则与自主。何设统监，又借合邦为其君，以及于灭亡也。韩人不暇自哀，而似韩人者哀之；似韩人者哀之，而不鉴之，将使似日人者，群起而窥测，夫似韩人也。

（原载于《奋兴》第 3 卷第 2 期，1910 年）

己酉九月十三日书事

闵尔昌

大忧深耻集孤臣，绝脰縻躯矢一伸。眼底英雄那足数，道旁兵卫竟虚陈。
朱旗日丽天方醉，黑水风寒草不春。千载子房应抚掌，报仇今又见韩人。

（摘自张寅彭《民国诗话丛编二》，2002 年）

秋风断藤曲

沧江（梁启超）

秋茄吹落关山月，释路青磷照红雪。大国痛归先轸元，遗民泣溅成公血。遗民哀哀箕子孙，筚路褴褛开三韩。避世已忘秦甲子，右文还见汉衣冠。鲲鳍激波海若走，四方美人东马首。汉阳诸姬无二三，胸中云梦吞八九。其时海上三神山，剑仙畸客时往还。陈抟初醒千年梦，陶侃难偷一日闲。中有一仙擅狯变，术如赤松学曼倩。移得瑶池灵草来，种将东海桑田遍。楼台弹指已庄严，年少如卿固不廉。脱颖锥宁安旧囊，发硎刀拟试新铦。呜呼箕子帝左右，听庳不恤充如褎。天外愁云尽楚歌，帐中乐事犹醇酒。逼阳自幸僻在戎，虞公更恃晋吾宗。谓将牺玉待二境，岂有雀角穿重墉。频年一郑斗晋楚，两姑之间难为妇。宁闻鹬蚌利渔人，空余鱼肉荐刀俎。大鸡铩冠小鸡雄，追啄虫蚁如转蓬。事去已夷陈九县，名高还拥翼诸宗。北门沉沉扃严钥，卧榻宁容鼾声作。赵贳方留太子丹，许疆旋成公孙获。皤皤国老定远侯，东方千骑来上头。腰悬相印作都统，手搏雕虎接飞猱。狙公赋茅[芧]恩高厚，督我如父煦如母。谁言究树靡西柯，坐见齐封作东亩。我泽如春彼黍难，新亭风景使人疑。人民城郭犹今日，文武衣冠异昔时。笑啼不敢奈何帝，问客何能寡人祭。秦廷未返申子车，汉宫先拥上皇彗。十万城中旭日旗，最怜沉醉太平时，蔡人呼舞迎裴度，宛马骎驰狎贰师。不识时务谁家子，乃学范文祈速死。万里穷追豫让桥，千金深袭夫人匕。黄沙卷地风怒号，黑龙江外雪如刀。流血五步大事毕，狂笑一声山月高。前路马声声特特，天边望气皆成墨。阁门已失武元衡，博浪始惊仓海客。万人攒首看荆卿，从容对簿如平生。男儿死耳安足道，国耻未雪名何成？独漉漉水水深浊，似水年年恨相续。咄哉勿谓秦无人，行矣应知蜂有毒。盖世功名老国殇，冥冥风雨送归樯。九重撤乐宾襄老，士女空闾哭武乡。千秋恩怨谁能讼，两贤各有泰山重。尘路思承晏子鞭，芳邻拟穴要离冢。一曲悲歌动鬼神，殷殷霜叶照黄昏。侧身西望泪如雨，空见危楼袖手人。

（原载于《国风报》第1卷第1号，1910年）

朝鲜哀词五律二十四首

沧江（梁启超）

时运有代谢，人天无限悲。哀哀箕子祀，恻恻《黍离》诗。
授楚天方醉，存邪事尽疑。苍茫看浩劫，绝域泪空垂。

自昔四夷守，惟闻我武扬。玄菟开汉郡，圭冕廓明疆。
高庙初膺箓，东藩首挎裳。山川不改旧，怀古倍凄惶。

卅五年前事，抢攘启祸门。衅钟秦客贱，拥彗汉公尊。
比户无安堵，西邻有责言。谁令一星火，熠熠竟燎原。

朝鲜之祸，起于前王李熙之父大院君昰应。熙即后此之太皇帝，今次日本封为李太王者也，系出支孽。昰应结托女谒，遂使入继大统，乃自专政。大戮耶稣教徒万余人，兼及外国传教师，且税敛烦苛，民不聊生。法、美皆尝兴师问罪，以吾为之解纷，得无事。

王迹何年熄，人臣有外交。楼兰方贰汉，郑伯不朝周。
歃血迎蕃使，攻心误庙谋。岂闻典属国，空自责包茅。

光绪元年，朝鲜与日本结条约，其第一条有“朝鲜为自主之邦”“与日本平等”等语，非徒大悖国际法法理，即与我国经义中“人臣无外交”之训亦不相容。

当时政府不察，贸然听之，实为后此中日战役之祸胎。及战事将起，我交涉文牍尚云："朝鲜为中国属国，天下所共知；朝鲜为自主之邦，亦天下所共知。"持义矛盾，腾笑全球。

上相能忧国，持筹亦苦辛。护羌驰校尉，讯丑献陪臣。
势逼成争郑，谋疏失县陈。六州谁铸错，愁绝问苍旻。

光绪八年，李文忠以兵袭朝鲜，俘大院君以归，命吴武壮率师驻汉城。其时日本内忧正剧，必不敢与我启衅，我之兵力实足以收朝鲜为郡县，则祸机可永绝。计不出此，而光绪十一年与日本结《天津条约》，反有彼此出兵互相知照之晤，朝鲜遂成中日公保之邦，自兹益多事矣。

祸絷滔上国，赫怒命元戎。嘶马关山黑，翻鲸海水红。
伐谋怯蜂虿，养士付沙虫。痛绝殽函路，秦师不复东。

甲午败后，我遂撤汉城戍兵，认朝鲜为独立平等国。

奇福无端至，天贻受命符。夜郎能自大，帝号若为娱。
誓庙丝纶诰，交邻玉帛图。千秋万岁寿，朝野正欢虞。

乙未，和议成，朝鲜即以独立宣告万国，自称皇帝，誓太庙，作大诰，以李成桂篡位之岁为开国纪元。

古有殷忧启，时危亦可乘。岂无忧曲突，其奈锢甘陵。
瓜蔓抄何酷，《蝗螭录》竟成。非贤谁与立，流涕说亡征。

朝鲜二十年来，屡兴党狱，前后以国事获罪，逋逃于外者百余人，锢于狱者六百余人。虽流品不齐，要之多爱国之士。

蛇龙腾陆起，燕雀处堂安。恩泽倾丁傅，萧墙阋范栾。
烂羊名器贱，使鹤国防单。刻骨诛求尽，民生亦苦艰。

朝鲜二十年来，外戚擅政，世族相轧。女子小人，杂进宫禁。政以贿成，民穷财尽。

梃击何公案，蛾眉泣马嵬。召戎有贵胄，靖难乏长才。
南内埋荆棘，行人庇葛藟。旄丘琐尾子，早晚好归来。

光绪二十一年，日本公使三浦梧楼与朝鲜宫中失势者相结，露刃入宫，戕其妃闵氏。朝皇走避俄使馆，数月乃出。

振海风将至，轩然乍起澜。有鸱吓腐鼠，得虎卫穷山。
赢负成孤注，笑啼兼二难。息肩何日是，长夜正漫漫。

自中日战役后至日俄战役，十年间朝鲜为日俄竞争之鹄，国中亦分日党、俄党。

旅雁悲胡越，连鸡斗赵秦。诸侯兵在壁，四海水扬尘。
地险崇朝尽，天骄受命新。捧盘载书定，良会最酸辛。

日俄战起，日军首自仁川上陆，旋破俄海军于黄海，围攻旅顺，即与朝鲜缔结《日韩议定书》，朝鲜主权之一部移于日本矣。

干戈渐苏息，尊俎转频繁。得主通东道，劳师管北门。
指囷邻谊重，守府主权尊。微管吾安托，深深再造恩。

菩孜玛士约既定，俄人认日本在朝鲜有宗主权，日人遂置统监于汉城，管其内政，且以一师团戍焉。又使第一银行贷巨金与朝鲜政府，助之清理财政。日人自谓此战专以保朝鲜独立为主，千古之义战也。

覆水谁能挽，王风已不雄。军容烧越甲，疆理易齐封。
持节皇华落，讥关夜士空。多艰何足道，束湿太匆匆。

日本既置统监，以次解散朝鲜军队，撤退来往使节，将皇室土地收诸国库，管其警察权、裁判权。

闻说葵丘会，声容盛海涯。由来兴废绝，应不汝疵瑕。
好事无皇戍，陈情负子家。噬脐更安及，前事剩堪嗟。

朝皇派密使求援于荷京之万国平和会，列强笑存之。

已怜同缚虎，况复漏多鱼。否德传于子，多凶疢在余。
列戟移兴庆，腾书慑右渠。宫娥垂泪对，此别意何如。

海牙密使事发，日人迫韩皇退位，禅于其子，号之曰太皇帝。

廿载逋亡客，归来马角生。急应求烛武，今始识真卿。
具位徒观变，勤王不好名。空闻宋谢胐，挟玺卧前楹。

韩太皇让位之前一月，始赦还国事犯朴泳孝，任以宫内大臣。变起，盈廷诺诺，伺统监颜色，独泳孝佩宫内大臣印绶，随扈前皇，不肯交出，卒辞职。泳孝为人，心术如何不敢知，兹举殊见气骨也。

三韩众十兆，吾见两男儿。殉卫肝应纳，椎秦气不衰。
山河枯泪眼，风雨閟灵旗。精卫千年恨，沉沉更语谁。

韩亡之前一年，韩义民安重根狙击前统监伊藤博文于哈尔滨，毙之。旋被逮，从容就死。韩亡后三日，忠清南道金山郡守洪奭源仰药死。

末劫兴人妖，行尸愧鬼雄。党争牛李剧，容悦赵胡工。
卖国原无价，书名更策功。覆巢安得卵，嗟尔可怜虫。

合并之举，日人虽处心积虑已久，而发之者实为朝鲜之一进会。一进会者，假政党之名，欲以猎官者也。主之者为宋秉畯、李容九，会员十余万人，与现内阁李完用一派不相能，献媚日本，欲取而代之。李完用派亦工谀固宠，一进会不得逞，乃倡合并论，宁同归于尽。今兹事成，一进会首领及现内阁员皆欣欣然拜爵新朝矣。所谓国家将亡，必有妖孽，此辈是也。

地老天荒日，图穷匕见时。猿虫消并尽，牛马应何辞。
涛咽仁川水，云埋太极旗。只应旧时月，曾照汉官仪。

乘传降王去，伤离应黯然。行宫花自发，故国月长圆。
幸免牵机药，遑论少府钱。飞鸟啄大屋，留取后人怜。

日本既并朝鲜，将朝皇降爵为王，安置东京，给以岁费，而籍其皇室财产。

昔有死社稷，今闻乐祸殃。赐酺百户酒，建极万年觞。
公合名安乐，人疑别肺肠。由来国自伐，不信有天亡。

合并协约，以阳历九月二十四日议定画诺。韩人以二十八日为今皇即位四年纪念日，请行祝典，后乃发表。日人许之。是日，举国悬旗称庆。翌日，则国旗与皇冕同时澌灭矣。而韩民方谓自今进为一等国民，欣欣相告。

弱肉宜强食，谁尤只自嗟。几人争失鹿，是处避长蛇。
殷鉴何当远，周行亦匪赊。哀哀告我后，覆辙视前车。

槁饿还忧国，奇愁欲问天。迁流观物化，孤愤托诗篇。
梦断潮空咽，神伤月悄然。劳歌杂涕泪，今夕是何年。

（原载于《国风报》第 1 卷第 21 号，1910 年）

童蒙小唱：哀朝鲜

佚名

哀哀朝鲜，哀哀朝鲜，一命竟难延。高丽参味十分甜，今吾上口悲。吾与你古国千年，你亡耶，吾心悲。

［原载于《女学生》（上海）第 28 期，1910 年］

赠仙境先生

［韩国］安重根

东洋大势思杳玄，有志男儿岂安眠。和局未成犹康概，政略不改真可怜。

（1910 年作，转载于安重根义士崇慕会主编《民族魂：安重根义士遗墨写真集》，火炬社，1972 年）

生查子·吊安重根

胡月

美哉安重根，爱国心何热。不忍见韩亡，露宿榆关雪。
血溅哈尔滨，死矣真英杰。暗杀震东方，千秋名不灭。
烈哉安重根，断指怀利匕。誓杀老伊藤，秋雨秋风里。
素志一朝酬，四海无可比。从容入囚车，笑说功成矣。
壮哉安重根，此举良不易。放下手中刀，三呼韩万岁。
子房博浪椎，千载美青史。昔人今见之，赫赫有生气。
往者不可追，来者犹堪留。愿我神明裔，勿步韩人后。

国会及时开，股肱卫元首。覆辙戒前车，整理江山旧。

（原载于《沧浪杂志》第3期，1910年）

哀朝鲜

北

晴空霹雳出安生，百尺藤摧薄海惊。自是群公工卖国，燕亡从不罪荆卿。

（原载于《申报》1910年9月28日）

吊朝鲜侠士安奉节

硕甫（梁焕奎）

荆卿报国仇，一死功无成。遥遥千载下，乃今得安生。
名邦索礼让，百城不备兵。雌伏非一朝，震耳忘雷霆。
岂知被迫胁，巢覆卵先倾。土宇已不属，君长犹虚名。
转侧无生理，万众徒匍行。元勋代国柄，意向由纵横。
死我皆此獠，刀剑为不平。西风扑车轮，决眦流杀声。
勿复悔亡国，烈士须臾情。

［原刊于《帝国日报》（北京）1910年10月11日］

哀朝鲜

金兆銮

白头老臣道旁哭，颓鬓斜簪衣惨绿。自伤流荡无所归，话到君亡气欲促。
妖氛满地胡尘起，一朝故国成虚垒。我为鱼肉人刀俎，一千万人长已矣。
高鹂[丽]称雄始淮岱，山为襟兮海为带。如此江山入画清，花鬓柳眼都无赖。
箕子东行辟石田，海上蜿蜒一脉延。黑子弹丸居不陋，声名文物三千年。
卫满枭雄不世出，魋结蛮夷作三窟。搏虎搏兔逞狮威，真屯临藩齐栗栗。
高琏略地都平壤，抚有辽东称雄长。数传秣马日不遑，渡海无功嗤杨广。
泉氏枋国作鸱吓，旁侵百济日猖獗。唐设安东置都护，垂头拱手称藩国。
大明天子真神勇，救邢复卫人歌颂。尔时国势危复安，从此包茅勤入贡。
我武维扬辽海边，李宗审势犹蹇蹇。迩来百年国力竭，黑面小猴乃着鞭。
落花流水南唐去，懊侬一曲春归路。自悔处堂不预谋，遂令受风迎落絮。
推原祸变萧墙里，外戚专权擅骄恣。浊流可投碑可凿，党人无复飞云翅。
平时积忿无可蠲，婉转娥眉马前死。木必自腐虫始生，倭夷兼弱加一矢。
秦人失鹿群雄逐，伤心甲午潮头落。鲸鲵横肆气吞舟，西方有佛乃退缩。
赵佗称帝聊自娱，君臣一榻相鼾时。塞翁得马原非福，至今血肉均模糊。
上皇未惯宫中坐，卷起珠帘千佛贺。胡亥无知权臣起，赤子疮痍失慈母。
山木自寇膏自煎，非人凌辱乃由我。覆巢岂有完卵心，境外千屯列烽火。
哀鸿满野人菜色，鬓眉自此非畴昔。夕阳虽好不多时，返照入江忽明灭。
叔宝心肝原不有，可怜宝鼎辞宗周。不是煤山汝莫登，不是智井汝莫投。
君衔白璧臣拔舍，单车夜走降王传。降幡一片石头城，公堂遂锡王臣宴。
安乐公子归命侯，举族东迁待相见。漫云有毒传蜂虿，此处樱花都入画。
一封恩诏从天来，况有丹书珠殿挂。君臣欢笑已忘蜀，唯有野老吞声哭。
旌旗莫睹汉官仪，衣冠忽服[改]胡儿服。故国春深吊杜鹃，伤心宋父闻鸜鹆。
苍凉庙社禾黍生，赐姓空存殷七族。大同江上波涛声，水光带血闻龙腥。
江流日下不可挽，时吁海若都无灵。安得荆卿齐奋铁，一剑洒作玄黄血。
山河寸寸编汉图，依旧回头向天阙。

[原载于《大公报》(天津)1910 年 12 月 11 日]

哀朝鲜

丁传靖

海上腥风一刹那，并包百济卷新罗。孤他烈士干将气，唱到先王《麦秀歌》。
斥堠无烽移庙社，夕阳有泪洒山河。遗臣更比包胥痛，难得秦廷一哭过。
千年屏翰蔽东陲，倚汉如天礼未衰。服楚小侯非得已，帝秦危局本难支。
竟违玉马朝天愿，凄绝珠貂入贡时。但祝中朝生卫霍，终当横海耀旌旗。

（原载于《南洋官报》第118期，1910年）

泊韩国仁川港

马为珑

朝日光芒灿紫霞，楼台蜃市影横斜。交通自是工商利，怎奈经营付别家？

（原载于马为珑《瀛洲泪》，普及书局，1910年）

仓海君以《秋怀》诗索和，此韵答之[①]

丘复[②]

岁月催人梦里过，壮年周处悔蹉跎。身逢猾夏群谋逞，心为悲秋百感多。
黑白棋争新世界，元黄血染旧山河。燕云豪侠今消歇，谁唱萧萧易水歌。

① 此诗为丘复与爱国诗人丘逢甲（别号仓海）之间的唱和之作。

② 丘复（1874—1950），原名馥，辛亥革命成功后中华光复，故改馥为复，字果园，别号荷生，福建上杭人。1897年中举，1901年应丘逢甲之邀赴粤，任两广方言学校教师，1911年加入南社，著有《念庐诗话》《念庐文存》《念庐联话》等。

落日西风一雁归，喧传关牡竟全飞。山长水绿随云去，人事天时与愿违。
铁马茅檐风愈紧，铜驼荆棘遁难肥。小山招隐怀丛桂，尚有芙蓉薜荔衣。

匹马秋风杖策迟，更无人事惬心期。十千美酒开怀抱，九万重溟怅别离。
漠北风云[1]张敌焰，天南草木有民咨。乘槎未解穷星汉，空负男儿少壮时。

何事南冠泣楚囚，挽回末劫起神州。颇闻箕子遗封地，尚有荆轲刺客流。
三户亡秦新日月，一编存鲁旧春秋。夜深星斗寒光迥，饮器名王剑下头。[2]

（原载于《丘复诗文选》，选自张佑周等主编《闽西客家古代文学作品辑注》，四川民族出版社，2012 年）

闻日本伊藤博文被韩人安荫刺死

王棽林[3]

其一

发短心长老不休，弹丸双手弄寰球。传闻蛮触重开战，大地血潮一剑收。

其二

幕开廿纪变风云，当道老罴独此君。赢得大名垂宇宙，输他游侠传中人。

其三

男儿有血剑无情，家国重时身命轻。汝自杀人人杀汝，英雄两字误先生。

---

① 漠北风云指日俄战争。

② 指安重根刺杀伊藤博文。

③ 王棽林(1863—1935)，字槐三，自号角山老农，河南禹州人。1902 年中举人，1905 年赴日本游学。归国后主张移风易俗，破除迷信。1912 年在家乡组织自卫团，维护地方治安。1919 年起主修《禹县志》。曾参与整理《中州文献》，并参与撰修《中州明哲传》。喜藏书，一生著述甚丰，主要有《民史传》《角山文集》《遣日录》《畏秋楼诗稿》等。

其四

早闻擒贼先擒王，五步血流即战场。亡国小奴监国主，千秋姓字定谁香。

（原载于王琴林著，尹建超编，向悦注《畏秋楼诗稿》，东方出版社，2013年）

吊韩刺客安荫接刺日本伊藤博文

王琴林

一

狭路相逢赤一刀，国仇国耻遂全消。倾身拼作奇男子，鸭绿江翻血海涛。

二

博浪沙中扬国光，一椎竟得报韩亡。天东新筑要离冢，侠骨千年发土香。

（原载于王琴林著，尹建超编，向悦注《畏秋楼诗稿》，东方出版社，2013年）

吊韩国烈士歌

杨与龄

白浪奔，黑风立，海国秋来雁声急。万感来，百忧集，壮士仰天呼，英雄临风泣。三韩国祚数千年，山河瓦解尚醉眠。不知何者为公理，铁血世界有强权，无何合邦之令下，二三韩人方惊讶，呼号奔走总徒然。家亡国破那有价，社稷拱手让他人。嗟彼卖国称贤臣，虽生犹死李完用，虽死不死安重根。呜呼！痛莫痛于自杀，惨莫惨于亡国。千古兴亡一瞬中。哀哉！黄土埋英雄。料难一木撑大厦，愿将一死达孤忠。生不能食卖国贼，死当化碧血为利刃，化英魂为警钟。警钟一声响，早已震全球。惊起亚东一大国，唤醒志士之国忧。自古三韩我藩属，保护失责诚可辱，王谢堂前旧主人，忽使琵琶抱他曲。因循愧我一着输，嗟彼三韩失版图。此日衣冠悲故国，山残水剩人为奴，抛却无限伤心泪。天地变兮风景殊，一朝寒到唇亡齿，不禁悲来兔死狐。我今得尔一棒喝，匆匆走笔为尔哭。吊尔寂寞之江山，吊尔渺茫之魂魄。呜呼！痛莫痛于自杀，惨莫惨于亡国。

（原载于《南洋兵事杂志》第51期，1910年）

哀朝鲜

马为珑

年来怕读征韩论，唇齿伤怀一往深。箕子为奴吴亦沼，天涯同是可怜人。

（原载于马为珑《瀛洲泪》，普及书局，1910年）

悲朝鲜

张梅亭[①]

滚滚寒滔日夜顷，汉江凄咽水无情。中原已割三辽地，小国枉分十道兵。
万里长城失左臂，千年王气入东瀛。从今海外称藩者，更有何王朝帝京。

悲台湾

张梅亭

增币求和无岁无，纷纷割地又台湖。七千里外新行省，二百年来旧版图。
自立扶余真妄念，不降仓葛更谁呼。海滨壤地侵陵尽，漫向沧溟叹一隅。

---

① 张梅亭（1858—1933），字雪安、松庵，号对溪，山东莱芜人。1898年考中进士，任礼部仪制司主事，兼任齐鲁学堂教习，教授史地，封为通议大夫。清亡后挂冠归里，受聘于莱芜古嬴民众学校，教授古文，亦曾设私塾授徒。著有《莱芜县志》《万国地理学讲义》《历代史学讲义》《一松山房存稿》《一松山房随笔》等。

安重根歌

张梅亭

日本伊藤博文为韩总监，遂灭韩。后伊藤赴黑龙江，韩烈士安重根于其下火车时，以手枪狙击立毙。

三韩烈士发冲冠，只身欲脱强国绊。万人丛中报国仇，博浪之椎何足算。
仇人灭韩歼韩族，宗社丘墟遗黎散。鲁连蹈海心未甘，荆卿入秦色不变。
杜鹃啼血回东风，精卫填海成高岸。贯垒直虹腾千尺，属地长星裂万段。
却笑千年呜咽水，国土桥边空慨叹。扶胸断脱何足惜，要留青史万人看。
呜呼，韩国有此人，韩国虽亡国可赞。

（原载于《张梅亭传》，莱芜市政协文史资料委员会编《莱芜文史资料》第6辑，1990年）

题朝鲜安重根影象

王绍薪

翩翩同是韩公子，君岂张良再世生。遗恨祖龙椎不中，伊藤得中恨应平。

（原载于王绍薪《约盦诗录》，香港永华印刷厂，1958年）

九月十三日闻伊藤博文在哈尔滨被韩人刺死志慨

陈宝泉

东望风云杀气愁，人生怨毒死方休。岑彭得陇方思蜀，豫让捐生竟复仇。

智勇功名双绝代，英雄志士两千秋。他人杯酒关何事，太息尧封十二洲。
邻国元勋勇绝伦，暮年犹作渡辽人。功成名遂身何有，报国舆尸志已伸。
东亚风云归掌握，西欧文化助精神。他年故老谈遗事，铜像巍巍矗海滨。
三韩侠气壮辽城，一击能教世界惊。不露姓名规聂政①，漫无剑术陋荆卿。
悠悠日月寻仇岁，莽莽江流饮恨声。余烬尚能成活火，谁云有志竟难成。

（转载于陈宝泉《退思斋诗存》，台北：文海出版社影印本，1970年）

闻高丽亡，日俄协约，且有蒙古、辽东之约，痛慨感赋三章

康有为

坐看东海竟扬尘，太极茫茫转日轮。箕子为奴今及裔，庭坚不祀最伤神。
千年图史空王会，八道河山痛种人。长白山头云黯黯，更愁鸭绿浪粼粼。

趋朝曾忆廿年前，五凤楼头日耀天。纱帽绿袍穿陛仗，朝元贺朔入班联。
沉沉渤海惊龙战，滚滚边尘压鸭川。可笑降王娱帝号，曾供傀儡十三年。②

抚桂亲披《职贡图》，③卅年世变色模糊。越裳香象无踪迹，缅甸金花可有无。
郁郁祖伊奔入告，哀哀天帝醉难呼。琉球高丽谁为尽，瀚海辽河更可虞。

（转载于康有为《康南海先生诗集》卷之十二，文海出版社，1974年）

---

① 时尚未知刺客为安重根。

② 己丑年元旦朝会，曾遇高丽使于太和殿门，绿袍、乌纱帽、象笏，从从九品，班末也。数年后，短衣后衽，从各使后鞠躬矣。

③ 先叔祖中丞公抚桂林时，越南入贡，宴之巡抚大堂。巡抚中坐，司道侧陪，贡品陈庭，使臣侍郎阮某拜跪阶下，登堂赐坐于地而宴之，曾拓影焉。吾年十五亲见之，同治辛未岁也。

强君德隅以题朝鲜安重根照像七古见示，因步韵邮寄哈尔滨

于渐逵

朝鲜受封始箕子，数千年后人心死。孱王称帝复称皇，东学党乱心惶惶。
庸臣辅国国事误，强邻窥伺反倾慕。幸灾乐祸诚何心，宗社安危全不顾。
玉均金氏樗栎材，甘心卖国胡为哉。当年得一洪钟宇，手怀利刃歼厥魁。
余子碌碌不足数，马半是木牛是土。偶然与谈刺客传，胸无丘壑无今古。
坐看木偶受线牵，鹊巢牖户谁其补。二十四城无义士，耳听鸡鸣悲风雨。
猴儿狡狯攀枯藤，贿通群奸龟百朋。撤我藩篱入堂奥，高岸为谷谷为陵。
谁知天不容元憝，霹雳一声惊魂碎。但见人山人海中，有人出头忽置喙。
我祖我宗居三韩，我名重根我姓安。半年相随一击中，视死如饴心不酸。
英姿飒飒声朗朗，躯无七尺偏肮脏[昂藏]。得意人同失意人，一般骨肉委草莽。
心危虑深算无遗，与洪钟宇称两奇。平生热血一时洒，纵有好爵何足縻。
国灭种灭名不灭，先后两人如一辙。可惜奇才不见用，金瓯堕地遭残缺。

（原载于金坛于渐逵《醉六斋诗集》，铅印本，1936 年）

荆轲两首为安重根作

张怀奇

受人恩去复人仇，不中空贻一击羞。金气埋台神骏死，剑光绕柱祖龙愁。
有灵若拥三秦帝，重怒先亡六国侯。毕竟张良能忍耐，报韩借箸有深谋。

歌罢萧萧易水寒，朔风吹裂旧衣冠。中天日月腾虹气，末路君王剖马肝。
怀剑屠龙轻诺易，捐金市骏得人难，谁知技击无灵甚，孤负深恩太子丹。

（原载于柳亚子主编《南社诗集》第四集，上海中学生书局，1936 年）

吊高丽烈士安重根

信书年

强邻耽耽矜虎视，国弱安可持公理？男儿本自重横行，一柱擎天有如此。
志士胸怀握寸丹，久思雪耻报三韩。诸雄供帐欢迎际，霹雳一声辽水寒。
伊藤干略真雄伟，鲸吞虎噬无穷已。大星一陨震五洲，专诸而后能有几？
奇烈传闻天地间，强如日本亦惭颜。英灵直欲吞三岛，撼动扶桑海上山。

（原载于刘钟英、马钟琇纂《安次县志》卷九，1936 年）

旧体诗

1911 — 1920年

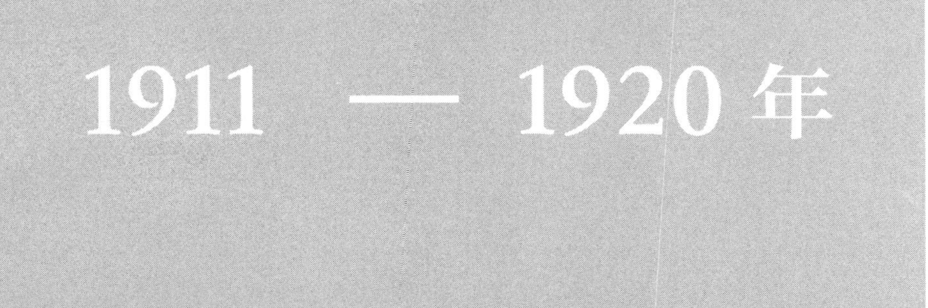

伊藤叹诗一百二十五首并序（节选）[①]

胡礼垣[②]

序

己亥之岁，日本伊藤侯博文在北京时，予尝致书劝侯当爱人而及人之邦，毋徒顾己而私己之国。谓爱人而能及人之邦，其为英雄也全；若徒顾己而私己之国，其为英雄也则半而已矣，云云。后亦淡然置之矣。去岁忽闻侯为高丽刺客安重根轰毙，予为愕然。今岁又闻日本并吞高丽，予更骇然。思之思之，乃知侯之所以不得其死者，实为行其吞并之谋也。当今之世，国家之理大明，民权、民族两主义，渐渍各国人之脑筋。土地之事，非一君所能独主，挟其君以制其民，其民之不服也固宜。且数年前日俄之战，日本仗义执言，尊中国、韩国之自主，声震天下，万国仰之。今一旦自食其言，贻笑人口。荣辱之间，前后霄壤。《易》曰"初登于天，后入于地"，此之谓也。其事非必尽出于侯，然为之主动力者，必侯也。昔人咏高敖曹诗云："赠汝人间开国公，一头手自掷东风。年年布绢三千匹，苦累西朝赏未终。"叹惜之意，溢于言表。夫流览陈编读史者，犹生感慨。况予之于侯也，始则爱之，欲诱而至于大道。继则闵之，深痛其自入迷阳者乎。因长言以叹之，名曰《伊藤叹》，为七律诗一百二十五首，凡七千言，然犹言有尽而意无穷也。诗以议论为主，援引典故，多出经史正书，其有略僻者以及人名、地名等从西文译出者，始注释之。急于刊印，未能如《梨园娱老集》之详也。时庚戌十月，上浣逍遥游客香江翼南胡礼垣。

［原载于《大公报》（天津）1910 年 12 月 17 日］

---

① 《伊藤叹》是胡礼垣在闻知伊藤博文被刺后创作的组诗，此组诗虽题为《伊藤叹》，但其中也不乏歌咏安重根壮举之诗。

② 胡礼垣（1847－1916），字荣懋，号翼南，晚号逍遥游客，广东三水人。出身于商人家庭，少读经书，却屡试不中。1862 年入香港皇仁书院求学，1872 年毕业后留校任教习，曾创办《粤报》，翻译《英例全书》。1879 年任《循环日报》翻译，两年后离职赴沪，后又游历南洋。1894 年甲午战起，被中国留日商民推举为代理神户领事。战争结束后返港退隐，晚研佛学。著有《梨园娱老集》《翼南诗集辑览》《胡翼南先生全集》等。

其一百有三

一笛迎霜万木疏，谁怜满地起江湖。同惊秋水波难定，且喜星辰德不孤。
忧乐自然天下共，酸咸莫谓世间殊。报韩志士抽身去，炸弹修成博浪椎。

其一百有四

频年击筑唱呜呜，神物藏身片语无。圣铁含灰知屈结，焦铜带血认模糊。
心争日月光同耀，气走蛟龙窟定墟。陡觉生王头不贵，一声霹雳渡金乌。

其一百有七

方今民族讲全球，兼并冯陵敢不休。互市财盈通马宝，相沿界定划鸿沟。
胜优败劣非他自，倾覆栽培在己求。平等精研真理出，恃强怯弱总包羞。

其一百有八

大道原无畛域参，平平荡荡岂庸探。橐垂铃栈驼鸣圂，节拥棠郊虎视眈。
紫若夺朱名不正，王为异种意何堪。同同今世推名训，寰宇包罗一力担。

［原载于《大公报》（天津）1911 年 1 月 8 日］

其一百二十二

民气年来似可言，安能耳冷学平原？乍闻丝竹犹情往，每到悲歌放胆论。
先轸面生灵未泯，杲卿发动首徒存。当初若听刍荛语，百万何愁安重根。

［原载于《大公报》（天津）1911 年 1 月 11 日］

书韩人安重根

吴次明

计绝秦庭哭，韩亡怨未平。手终图庆忌，义不忍田横。
宁为国民死，岂甘奴隶生。一朝雪公愤，引颈就牺牲。

（原载于《长春公报》1911 年 6 月 29 日）

题词

袁世凯

平生营事只今毕，死地图生非丈夫。身在三韩名万国，生无百岁死千秋。

（转载于徐明勋主编《中国人心目中的安重根》，黑龙江教育出版社，2009 年）

悼安重根、洪奭源

李敬曦

李家养士六百载，满目悲凉禾《黍离》。一死义声在天壤，韩亡犹有两男儿。

（约 1911 年作，转载于钱仲联主编《清诗纪事》廿一卷，江苏古籍出版社，1989 年）

哀朝鲜乐府二章，此作为去年九月湘中姚君投赠南报之作，慷慨沉痛，想见其人。时《南报》适遭阻力，鄙人为报务羁身，未暇酬答。迨冬间去访，已鸿鹄高飞，复不审其踪迹。伊人天末，怀想依依。用志数言于此，以谢姚君。

红土河（哀闵光复也）

鸳影廔

苍痕隐隐照江滨，脱得重围血战身。红土河边多白日，芦中不见渡河人。
（闵光复，党魁也，与日人战败，破围而出，伤重逃至红土河，疮发而死。）

哀朝鲜(此亦姚君客中唱和之作)

鸲梦赓

南甸西罗恨已多,越南往史痛如何。百年属土今方尽,又见铜驼夜渡河。
玉马无声国命休,何人犹负杞人忧。高台爱妾依依在,为问韩皇底事愁。
故老投荒恨有余,此时何况又为奴。秋江落尽梧桐叶,叶叶飞来报沼吴。
何事包胥七日哭,已成波印百年悲。眼看松柏全无恙,始信秦人真爱齐。
早知弱肉强为食,深恐唇亡齿亦寒。此日中原正萧瑟,定知风雨度神山。
昔日骑鲸到马关,伤心往事泪潸潸。[1] 而今人渡朝鲜海,闻说风多富士山。

(原载于《南风报》第2期,1911年)

去国吟

某韩人

欲哭不堪哭,欲行不忍行。乾坤双泪眼,何处是秦庭。

(原载于《东方杂志》第2期,1911年)

绝命词

[韩国]李范晋

范晋于庚戌年十二月二十七日自刎毕命,临死时口占二绝。

---

① 甲午之役,亦朝鲜启衅。今睹其亡,不敢出一言,殆较昔尤有悲焉。

国亡君失我何归，支厦擎天事事非。万里孤臣忠胆裂，悲风淅沥雪霏霏。
欧美栖迟十六年，忍看宗社破无全。国仇未报生何益，一剑横腔亦快然。

（原载于《东方杂志》第2期，1911年）

为韩国安重根感作

诗薮

十年碌之走风尘，我愧堂堂一国民。东望重根连俊辈，而今不敢笑韩人。
激昂慷慨吐供词，发尽危言对谳时。绝好头颅拼一赌，中朝无此健男儿。

（原载于《民心》第2卷，1911年）

安重根刺伊藤五律

凌焦安[1]

三户足亡秦，三韩尚有人。名公甘白刃，青史鉴丹心。
豪气塞天地，余风慑岛民。好为荆聂传，濡笔记成仁。

（原载于辛亥革命同志会编《辛亥革命文献展览会纪念册》，上海：辛亥革命同志会，1947年）

---

① 凌毅（1885—1930），字焦庵，安徽定远人。同盟会员，参加过安庆起义、辛亥革命等，追随孙中山。国民党一大代表。——本书编者注

哀朝鲜

剑豪

呜呼！朝鲜亡矣，识者耻之。然其国之英雄志士，组织秘密团体，以图光复，屡仆屡起，迄未少懈。其间死事最烈者，尤莫如安氏。伊藤统监之骸骨未寒，谋刺寺内统监之隐谋又露。两次首事者，咸安氏弟兄也。虽一成一败，然其复仇报国之遗烈，并存于天地间矣。赋诗哀之以志痛。

不劳车矢不兵戎，灭国而今术更工。强制约章承诺日，三韩社稷便成空。
豺狼虎豹妄相攀，引虎登堂恨汉奸。亡国乃臣原不谬，何堪回首旧朝班。
喧宾夺主说强权，牛马由人更可怜。振起国魂男子事，覆巢之下莫酣眠。
山河何故缺金瓯，不斩楼兰死不休。誓断头颅延国脉，挥戈起复戴天仇。
谓他人父有何颜，光复英雄事等闲。壮志欲偿枪在手，□声惊破石头顽。
兄方矢志弟登坛，千古英风说二难。拼得身亡无大难，谁云赵璧不能完。
芳踪来者好追寻，百折无回壮士心。未救国殇身已陷，□潇汉水发悲音。
杀身自古可成仁，话到恩仇怒目瞋。寄语狂奴休得意，秦中未必竟无人。
漫将成败论英雄，浩气精诚贯白虹。继起莫辞前路险，伫看八道水流红。
中原浩劫久成灰，提笔哀人更自哀。禾黍未忘箕子痛，英雄时势逼人来。

（原载于《南风报》第 6 期，1911 年）

吊朝鲜

张仁

祸水滔东亚，韩亡岂偶然。河山仍故国，风景又胡天。
黎庶皆精卫，君王不杜鹃。凄凉箕子地，麦秀自年年。

（原载于《南风报》第 6 期，1911 年）

满江红·哀朝鲜也

吕福同

一声亡国,千古遗羞。朝鲜之亡久矣,何以复哀之?盖近来某国人野心勃勃,复以第二之朝鲜视我,抚今思昔,一样凄凉,爰谱[谱]满江红词一阕以吊之,并以自警也。

莽莽三韩,凭吊处,伤心泪滴。空怅望,山河风景,岂如畴昔。鸭绿江中风浪怒,奔腾依旧流无息。想当年,多少异衣冠,频来逼。

箕子墓,还能识。兴亡迹,何堪述。看城头,旗帜改图红日。博得英雄伤碧血,[①]漫天雪色悲长白。怎残山剩水影还留,谁酸切。

(1911 年,原载于《浙江省立第一师范学校校友会志》第 6,1911)

二十七日渡江

[韩国]李相龙

朔风利于剑,凛凛削我肌。肌削犹堪忍,腹割宁不悲。
既夺我田宅,复谋我妻孥。此头宁可斫,此膝不可奴。

(1911 年作,转载于严万洙编著《抗日文学的再照明——以诗歌为中心》,弘益斋,2001 年)

---

① 朝鲜亡后志士安重根等谋反正,不果,皆被戮丧已。

感中国义兵事五首

[韩国]金泽荣

武昌城里一声雷，倏忽层阴汤八垓。三百年间天帝醉，可怜今日始醒来。

宁塔山空秋复春，好归毡帐扫尘埃。玄猿苍鹿应相怪，一去长为借宅人。

山羞海辱我东邦，三士空留碧血香。四万万军今日举，洗冤非独为轩皇。

龙腾虎掷万豪英，叱落天河滃北京。箕域地灵应愧死，寥寥仅只产安生。

还我河山竟未还，岳王愤血沸朱殷。知否黄陂大男子，如今还得好河山。

（1911年作，原载于金泽荣《韶濩堂集》卷五，1927年）

题王梧生户曹所藏韩人《金醉堂[①]试卷》二首

寄禅[②]

欲向西山歌《采薇》，白云心事与时违。谁将东海孤臣泪，吹上南朝旧衲衣。

国破身存恨若何，遥怜荆棘泣铜驼。降王却爱魏宫妓，壮士空悲易水歌。[③]

[原刊于《神州日报》（上海）《八指头陀未刻诗》，1912年9月29日]

① 醉堂，即全秉薰（1857—1927），字曙宇，号醉堂，又号成庵，韩国平安道人，旧韩末儒学者，道教思想家。1907年亡命中国，在广东罗浮山冲虚观修炼。

② 寄禅，即释敬安。释敬安（1851—1912），俗姓黄，名读山，字福馀，又字寄禅，法名敬安，湖南湘潭人。少孤贫，十八岁出家，遍游江浙各地，与诗人王闿运、易顺鼎等交往，结社吟诗。

③ 谓安重根刺伊藤事。

无题

鸡林冷血生[①]

报国雄心盈宇宙，忠君正气贯韩京。于今皓月临皓骨，普照千秋仰大名。

（原载于鸡林冷血生《绣像英雄泪国事悲全集》[②]卷四，上海书局石印本，1912 年）

寄南京同志（壬子秋）

［韩国］申圭植

早朝夜之半，默祷拜千宫。大道无私曲，至诚能感通。
沧桑今几日，痛楚已三重。徒语皆虚事，实行方有功。
江山何处去，风浪我舟同。济济青衿壮，星星白发雄。
宛在伊人者，篙师又舵工。一心登彼岸，于起此声中。
欢迎兼祝贺，其乐正无穷。八月申江上，睨观谨鞠躬。

（1912 年作，转载于金东勋、李先汉主编《申圭植诗文集》，民族出版社，1998 年）

---

① 鸡林冷血生，"鸡林"在这里是吉林的谐音，冷血生真实姓名不得而知，据《绣像英雄泪国事悲全集》的〖前〗言，作者应为吉林某校的教员，参加学校同仁组织的爱国团体同志会，因其具有文学天赋而受命"编辑小说，以鼓吹民气"，作者"遂采韩国灭亡之原因，编辑成篇，当即石印"，即成此书。

② 《绣像英雄泪国事悲全集》是一部说唱体长篇小说，叙述了 19 世纪后期日本勾结朝鲜国内一部分卖国势力侵夺朝鲜利权进而吞并朝鲜的过程，描述了侯弼引领一批青年学子为救亡图存而努力奋斗的故事。

黄海舟中赠朝鲜人

顾实

木马流年战局开，扶桑杀气向西来。三韩亡国今何在，剩有遗民百事哀。
南越东韩先后亡，中朝创痛岂终忘。悲君空抱回天愿，日落何从效鲁阳。[1]

（原载于《江苏第三师范学校校友会杂志》第 1 期，1912 年）

哀朝鲜义士安重根

顾实

朝日鲜红暮日黄，愿拌一死与偕亡。可怜侠骨空千古，纵使挥戈不鲁阳。

（原载于《江苏第三师范学校校友会杂志》第 1 期，1912 年）

感韩人安重根事次道非见怀诗均

高旭

记取韩亡壮士规，物伤其类动狐悲。那堪郁郁常居住，况复迢迢怅别离。
鳌掷鲸呿何日了，龙吟虎跳此才奇。皈依荆聂无他愿，一剑能当十万师。

（原载于《南社》第 1 期，1912 年）

① 朝鲜者，日出之义，故用鲁阳事。

安重根诗

季刚(黄侃)

荆轲刺秦王，其志欲存燕。燕社虽竟墟，精爽动民肝。苕苕千载下，嗣向在真番。伊人歼国仇，奇功托双丸。截指厉誓盟，变服逾门关。铜柱发朱光，遂令虏腹穿。走险讵择荫，聊以渫烦冤。灭国岂不易，尽诛良独难。传语强梁者，威力不可殚。

(原载于《文艺俱乐部》第1卷第2号，1912年)

金缕曲·题安重根传

善之(程善之)

剑气横燕市。数男儿、屠龙身手，而今谁是。一角山河余涕泪，认取将军意气。只消得、一丸足矣。霹雳下空魑魅走，贯太阳、白昼垂雌霓。五步血，千秋史。

故宫回首斜阳里。记当年、河伯儿孙，日精王子。万里扶余来霸迹，不外都随逝水。沦沟壑、谁当后死。拼得此番终快意，教倭奴、省识三韩士。有志者，且重起。

故国今何处。遍天涯、西风满目，离离禾黍。恨海迴、潮高万丈。欲问乡关无路。只赢得、伶仃凄楚。再向穷途寻活计。猛回头、一笑辞俦侣。结生死，吾偕汝。

事机转眼休迟误。镇伤心、斜日荒荒，平原膴膴。如此江山，如此泪，招国魂，消息凭谁语。为此别，成终古。

[原载于《国民》(上海)第1卷第1号，1913年]

生查子·题安重根小传

汉章（王汉章）

三韩侠少年，异世留侯也。漫道大功成，却共虫沙化。
华表鹤归来，石上藤萝谢。只手挽狂澜，莫补江河下。

（原载于《云南》第1期，1913年）

敬题安重根先生传

汪洋

一弹无余恨，子[千]秋享令名。侧身瞻故园，含笑送平生。
英气常如在，江流夜有声。松滨试回顾，凭吊不胜情。

[原载于《国民》(上海)第1卷第1号，1913年]

哀朝鲜

古直

滔滔大同江，茫茫箕子封。川原郁惭色，中野多蜚鸿。
曹社久成谋，作假有元凶。壮士发上指，萧萧生悲风。
一击聊快意，身死国亦从。降王迎轵道，哀哉彼狡童。
三韩日暗淡，倭儿意气雄。女萝附松柏，妄谓可始终。
松柏不自庇，女萝复何庸。渐渐《麦秀歌》，百世有余恫。

[载于《国民》(上海)，第1卷第2号，1913年]

哀朝鲜

任关东

粤以在戌之年，建亥之月，东瀛荐食，朝鲜不祀。江山如梦，沧海横流，零落孱王，凄凉故国。梁溃真成鱼烂，曹亡胡与兔谋。虽人事之不臧，亦天心之未悔。油油禾黍，重听箕子之歌；寂寂蓬蒿，空式得来之墓。是则瓶罍之耻，中外所同；狐兔之悲，古今如一者也。翳自辽左分封，真番置吏，神明之胄，奄有东隅，推结之夷，亡命故塞。河西累世，遂归五郡之民；南粤外臣，自作一州之主。奈何天不祚汉，民实亡秦。大盗起于国门，夷狄生于肘下。杨仆楼船之役，而路人遂降；张亮渡海之师，而辽东不守。亡建者客，徒哀松柏于齐人；入楚皆姬，谁责苞茅于汉水。涉何使而右渠死，对卢往而延寿降。嘉呼之重铠不披，翁纽之神箭不射。小水貊弓，不入内府；马韩大栗，不贡御厨。谁实为之，乃令致此。流涕北征之年，仓皇东顾之日。蛇豕隐忧，沙虫浩叹。综其可痛，约有数端。讵意朝鲜之亡，竟等琉球之灭。凤凰一树，随王气以全销；蟋蟀半堂，与秋声而俱死。好家居撞破，空兴陆纳之嗟；小朝廷活来，谁屑胡煦之涕。其可哀者一也。田横五百，同此头颅；徐福三千，横兹洲岛。斜阳芳草，海天呜咽之潮；古木行云，钟虡凄凉之地。为事何济，与国有光。其可哀者二也。由余入秦，遂亡戎主；张仪相楚，并惑郑姬。萧墙之忧既生，疆场之祸旋启。其可哀者三也。开元册使，早年谁布唐音；马辰避兵，此日犹传秦语。新罗言语，待百济而后通；高丽文章，自八条而已著。琵琶学语，谁闻波吕之歌；杨柳兴怀，无复宗周之咏。其可哀者四也。观兹故国，弥怆中原。丹穴何人，夫余走虬髯之骑；青山无地，延平焚孺子之衣。想畸士于当年，吊故国于此日。铜驼已卧，空来索靖之悲；金戈不还，太息鲁阳之指。登新亭而痛哭，惧神州兮陆沉。血尽孤嫠，心摧楚些。吴宫已沼，只余春殿之花；鲁酒何辞，一酹[酹]辽河之水。

（原载于《铁道》第 2 卷第 1 号第 4 期，1913 年）

金缕曲·题安重根传

翼郎

岁月嗟如许。禁几番、寻消问息，江山无语。辽鹤城头千载恨，话到重来凄楚。便化作、冤禽难诉。碎唾壶还按剑看，击长虹、白日中天举。不平气，终当吐。

弹丸付汝酬刀俎。莽男儿、生尽飘零，死须矜诩。事到临头争一着，机会千秋万古。好模样、龙蛇虎鼠。眼底英雄谁得意，了残棋、胜败俱尘土。使君操，何足数。

家国同消歇。料不到、关河涕泪，此身犹活。吹裂万波波息笛，怛怛忸忸[切切]哀彻。颠倒肝肠欲绝。便把头颅孤注掷，算人生、到此何须说。一缕血，千秋热。

西风荆棘铜驼陌。遍河山、落日苍茫，哀鸿凄切。荒土一抔收噩梦，销却六州残铁。更休问、旧时宫阙。指点啼鸟凭吊处，想英魂、归日应呜咽。补不及，金瓯缺。

（原载于《神州》第1卷第2册，1914年）

读《安重根传》

周曾锦

尝读刺客传，颇爱任侠名。古人不可作，慷慨有余情。
耳目所闻见，不谓有安生。奋臂杀邦仇，一击使人惊。
岂惟使人惊，豪杰涕纵横。天地为动色，山岳失峥嵘。
上帝之降衷，万古同黎烝。矧伊箕子封，一裔垂神明。
礼乐犹殷周，官仪同汉京。山川灵秀气，郁为太白精。
古无不亡国，得人斯犹荣。寄言彼遗老，勿过哭吞声。
大哉沧翁笔，上与龙门并。扶毗为作传，纸上闻雷霆。

碧血有时尽，英灵无时停。千秋辽左水，呜咽声悲鸣。

（原载于朴殷植编《安重根传》，上海大同编辑局，1914 年）

东韩烈士歌

林树声

君不见雍容儒雅张子房，博浪神椎震虎狼，又不见驱羊当虎宋文山，取义成仁老间关。
英雄千古孕奇魄，志莫败成生死易。安君元识卓更超，热血蒸腾沸海潮。
地狱庄严人道主，羽毛身世付云霄。瀛东鲸浪掀天起，逐逐满蒙眈虎视。
东亚危局衅三韩，李宋崇仇赵闵死。红衣头角总峥嵘，烽火观山满目惊。
公敌不除仁义贼，血花誓以铸和平。东林狐鼠无须论，勒约枭张中外困。
十三罪状一炮弹，世界葫芦尽解闷。会宁城外会宁碑，鼙鼓殷殷几易时。
同洒新亭国家泪，谁从塞上报歼渠。元精炯炯当空烛，俯视尘寰真曲局。
沧州力士古今辉，就义从容益满足。日星公理炳坤乾，万国舆评印脑坚。
呕血庭争义士气，判裁周内破盆玄。白山正气诚葱郁，旷世毓奇几人物。
胸罗斗宿七星高，利铦威钳永不屈。吁嗟乎海牙见说主欧盟，死哭秦庭罔见兵。
颈血溅衣才五步，强邻竟已失长城。
兴亡国家重任负，肉食庙堂无以易。匹夫有志事竟成，二千万众芸芸岂无策。
汉阳城廓已沧桑，万仞石峰倚夕阳。感慨伟人前事迹，极旗远想返重光。

（原载于朴殷植编《安重根传》，上海大同编辑局，1914 年）

悼旅顺受刑

［韩国］申圭植

光复旧邦为已任，平和东亚倡公论。松花江畔腥尘上，谁慰将军去后魂。①

（原载于朴殷植编《安重根传》，上海大同编辑局，1914 年）

---

① 此诗亦载于闵石麟编著之《中韩外交史话》（重庆：东方出版公司，1942 年），题目略有不同，为《旅顺就义》，且后两句为“当年哈尔滨头血，岂慰将军去后魂”。

追悼安先生

一舟[①]

寂寞三韩突有声，哈滨一击万邦惊。四千历史精神在，恰与将军得永生。
雨湿温[湿]风凄天地哀，胡然遗骨大连限。忍说将军无葬土，首山不老槿花开。

（原载于朴殷植编《安重根传》，上海大同编辑局，1914 年）

谨题安先生传

张震青

何人操铁血，仗剑挽金汤。疾苦依遗类，凶残痛始皇。
君臣皆忍辱，豪杰独悲伤。博浪椎犹在，三韩国未亡。

（原载于朴殷植编《安重根传》，上海大同编辑局，1914 年）

吊安重根先生

陈鸳春

捐躯慷慨逐豺狼，无限悲风痛国殇。甘作奴颜生亦耻，长留侠骨死犹香。
知君铁血心难已，还我河山愿未偿。安得人人恒博浪，邻邦不敢谓韩亡。

（原载于朴殷植编《安重根传》，上海大同编辑局，1914 年）

---

① 一舟，程淯《安重根》中作“叶舟”，其中只有前四句，与这一首略有不同。抄录如下：“寂寞三韩突有声，哈滨一击万人惊。四千年史精神在，永寿先生不朽名。”——本书编者注

安重根传感赋

查士端

血溅仇者衣，何惜一身毁。笑彼中副车，子房妇人耳。

（原载于朴殷植编《安重根传》，上海大同编辑局，1914 年）

读安重根先生传

王焘

我闻沧海士，一椎摧强秦。此风流终古，勿谓韩无人。
滔滔黄河畔，遗老泣桑尘。檀箕神圣血，久矣笃彝伦。
此根能自植，终见回阳春。

（原载于朴殷植编《安重根传》，上海大同编辑局，1914 年）

悼安烈士

皇城哑夫

浩然天地一男儿，再到吾东定几时？第待他年如意子，家尸户祝未云迟。

（原载于朴殷植编《安重根传》，上海大同编辑局，1914 年）

悼义侠安夫子

云人

沧海初晴白日雷，天教夫子笑谈回。团团数颗金丸子，直向心头百炼来。
壮怀初拟复河山，义旗驰骤备辛艰。衰世未遑王法正，教他休了刹那间。
三呼万岁国魂醒，身纵成仁目不瞑。后死如将遗责负，何颜泉下报君灵？

（原载于朴殷植编《安重根传》，上海大同编辑局，1914 年）

谨题安重根先生传

罗洽霖[1]

安重根先生，世界奇男子也。其一震之威，能使鲸吞蚕食之枭雄有所顾忌，影响于人道主义，岂浅鲜哉？其人可敬，其心可悯，其事可传。兹值异常光彩之历史编成，谨掇数语，付诸卷末，以表敬仰之忱。

伤心亡国恨，誓死雪仇雠。浩气凌三岛，威名震五洲。
烽烟犹未熄，唇齿剧堪忧。谁继先生志，鲸鲵血逆流。

（原载于朴殷植编《安重根》，上海大同编译局，1914 年）

① 罗洽霖，即罗伽陵（1864—1941），亦称哈同夫人。

哀伊藤

薛绍徽

齐人刺苏秦，国仇于此伸。乃知弊齐策，适足亡其身。

（原载于薛绍徽著，陈寿彭编《黛韵楼遗集》，1914 年）

黄玹颂诗

［韩国］韩龙云

就义从容永报国，一瞑万古劫花新。莫留不尽泉台恨，慰苦忠节自有人。

（1914 年作，转载于严万洙编著《抗日文学的再照明——以诗歌为中心》，弘益斋，2001 年）

哀朝鲜

轶池

故宫禾黍泣王孙，哀歌今尚存。殷鉴不远韩鉴续，遗恨满乾坤，环海三千里，雨泣云愁天欲昏。满城门外丛葬处，星星血泪痕。

台湾割矣琉球亡，朝鲜今又丧。灭国政策漫相骇，终究自荒唐，虫生物先腐，此语虽小不可忘。三韩犹是前车耳，国民细思量。

（原载于《小说新报》第 6 期，1915 年）

健儿行：纪朝鲜志士安重根事

徐雅衡

健儿胆，红一斗。铁石心，霹雳手。力搏犀象如屠狗。一解

不幸为亡国奴，不屑为儒家流。荆卿聂政乃其俦，戴天不共君父仇。健儿报韩心志同留侯。二解

伊公监韩历三祀，口衔天宪手鞭棰。弹压韩山川，租庸韩闾里。牢笼韩君臣，羁勒韩父子，韩人虽生不如死。健儿虱其间，耻不人类齿。三解

韩怨深，伊请代。替人来，毒少杀。韩人偷活颇称快。健儿涕泣告国民，我曹毋被伊公卖。伊一朝死我国安，伊一日生我国殆。四解

伊弗补过思尽忠，翻然复出游辽东。健儿得间与之从，云山经过无停踪。沈阳小住胡匆匆，疾驱日驭飙轮冲。驰入露境天方蒙，初暾惨澹贯白虹。垂象隐约预告凶，公足欲进心怔忪。下车似恐不若逢，左右顾盼转双瞳。百官济济前致恭，恭然答拜意疏慵。一夫趋进三鞠躬，突尔怀袖鸣丰隆。双丸连发齐中公，洞穿左胁贯前胸。公曰吾命数当终，此天亡我非人功。何物鬼域[蜮]夸神通，不图佼佼生庸中，健儿健儿人中龙。五解

健儿就缚席地坐，慷慨而谈不顾唾。我不忍视家山破，国耻不雪时吾过。杀身成仁尚何言，人毋我吊当我贺。六解

呜呼！其亡其亡，系于苞桑。韩人从此知自强，赖有健儿一人为之倡。七解

（原载于《大夏丛刊》第 1 卷第 1 期，1915 年）

忆侠义

夏思痛[①]

我所企兮安重根，霹雳一声惊国魂，赫赫强邻气已吞。
我所思兮徐锡麟，刳心锉胆为群伦，激起爱国真精神。
真精神，一击猪[诛]中五大臣，再击良夔如灰尘，
三击腐蜞么凤毒龙广州城，又见二王手诛滕汝成。
类皆成仁取义死犹生，真乃男儿中之烈烈而轰轰。
古来侠士荆轲、聂政、渐离、豫让、侯夷门，犹嫌舍身赴难为私恩。
而今即以私恩论此调，已如广陵散之无复存，
更谁知救国先救民，救民先救人？
年来代庖况复有西邻，一意铲除敌国仁。
君不见羊城辛亥三月二十九，从井救人非救友。

（作于1915年香港狱中，原载于夏思痛撰，王佩良、张茜编《夏思痛集》，岳麓书社，2009年）

朝鲜宫监吟

刘延陵

小楼一角秋江雨，遗老吞声哭且数。我是汉城宫里人，凄凉阅尽兴亡苦。
苦忆前尘涕泪潸，南唐一阕念家山。两朝旧事向谁诉，万里孤臣有梦还。
忆昔入宫年正少，泰阶四平景星曜。驴背常随圣驾游，貂冠时近天颜笑。

---

① 夏思痛（1854—1924），湖南桃江人。出身耕读世家，先后就读于益阳龙洲书院、岳麓书院。1897年参加顺天府乡试，录为通判。后走上反清革命道路，与黄兴、宋教仁、谭人凤等联络，加入同盟会，其间曾两次东渡日本。辛亥革命后，曾任云南副督办、湖南都督署高等顾问。先后参加护国讨袁战争、护法运动等。1915年在香港被港英当局逮捕。晚年居住在汉口鹦鹉洲寓所，1924年端午节跳入长江，欲随屈原而去，遇救后绝食三日而死。著有《夏思痛集》。

君王[1]晚岁善琵琶，檀槽哀思胜悲笳。弹将胡地三边曲，落尽西宫一夜花。
有时含愤裂弦起，痛说前朝兴亡史。顾谓老臣汝念哉，世间万事只如此。
即今昌德宫烟绕，等是铜驼洛阳道。难免金仙辞汉阙，会看玉殿埋秋草。
君王言罢泪浪浪，拨动鹍弦南内凉。及今一一成谶语，字字思来总断肠。
肠断鼎湖去国年，六龙哭送万人喧。茂陵甲帐缘松鼠，碧殿金棺啼杜鹃。
于时昌邑迎东北[2]，主父西来称监国[3]。国事可怜日渐非，东海巨浪排空飞。
东海有国如虎罴，雄心常欲吞诸姬。钩党方争留汉鼎，和戎已误进胡儿。
大鸟方去井上来[4]，使臣统监总堪哀。朕命不知何日尽，国魂欲断几回催。
偏有椒房忘折轭[5]，外家权势倾宫掖。遂使长秋宫月明，冷照血花千年碧。
金门八月夜三更，千乘倭儿铁骑鸣。寝殿刀光明玉几，锦屏血色暗珠灯。
伤心莫说中宫劫，皇后殉难皇子执。最是天家云锦裳，抛残黄土马蹄踏。
不堪再过西苑路，长门寂寞锁烟树。惟有金笼鹦鹉鸣，声声皇后呼如故。
从此宫嫔半零落，老奴遂亦出黄阁。痛哭常因感旧恩，漂流何意营新幕。
缁衣披发走江关，汉家宫阙怕回看。已说螭头撞玉玺，又传龙衮易南冠。
一千九百十年秋[6]，汉江带血向西流。野哭千家尽蹈海，国殇五百争断头。
我亦国民一份子，可愧未曾殉国死。悲来辄至先皇陵，七日长号泪不止。
昨夜梦中见先皇，龙颜凄恻泪万行。殷勤苦向老奴道，檀君子孙未夭亡。
呜呼国民听圣主，亡秦尚有三户楚。何不再奋博浪椎，未必副车仍误汝。

（原载于《复旦》第 1 卷第 2 期，1916 年）

① 指哲宗。
② 光武继统。
③ 大院君摄政。
④ 两人均日使。
⑤ 闵后擅权。
⑥ 是年亡韩。

论义员

［韩国］柳麟锡

竭心尽力惟吾尔，利刀钝兵且次之。只患浅深诚未到，莫云强弱势难为。
有名礼义朝鲜国，徒尚欺邪海岛夷。倾否亏盈天可待，克修人事念言兹。

谕告国中民人

［韩国］柳麟锡

天涯抱痛老生身，为向同胞下泪频。四千来岁东华国，五百余年圣世民。
食人以兽嗟当地，为役于仇忍戴旻。有死无生今日事，勉可忠义振精神。

得“辰”字

［韩国］柳麟锡

岂意吾邦值此辰，长欢［叹］痛哭涕流频。好三千里檀箕域，累五百年尧舜仁。
多矣舍生忠义士，勉之抵死智谋人。功如郭李心张葛，未必古今为限伦。

新历至自故国，乃遵洋法

［韩国］柳麟锡

檀木秀尧天，好带瑞费光。青丘四千年，一贯春色长。
故国来新历，忽日遵彼洋。老夫大痛哭，气涌即发狂。
岂惟兹一端，礼义已先亡。疆土见覆没，人类尽残伤。

掩抑泪自尽，时复举头望。尧天依旧朗，尧日依旧旸。
天日犹如此，知有理永常。今有永常理，庶免忧无疆。

痛冤哭泣

［韩国］柳麟锡

呜呼痛矣呜呼冤，天地斯崩日月昏。以彼之傩而彼丑，日邦为合此何言。
非曰合邦邦即灭，邦既灭矣灭将人。灭人灭国华焉附，冤痛痛冤今此辰。
此灭四千来岁国，圣神宗社奈如何。老臣遥向两宫泣，圣寿灵长薪胆多。
此灭二千万人种，仁天胡忍泰平仁。老身遥向同胞泣，万死持衷更振神。
此灭万千古华脉，灭华天下将何为。老夫遥向邦贤泣，百励身心礼义持。
乱贼即今快心否，人华国灭共成还。乃先父祖多嘉悦，尔后子孙将保安。
嗟世英豪丈夫子，此冤不雪可抬颜。哭之又哭天涯老，哭尽乾坤春色还。

忧国

［韩国］柳麟锡

忧国复忧国，天涯老白头。春风傥借力，吹散脐山忧。

咏五七贼

［韩国］柳麟锡

汝看汝为心决否，国亡人灭设言轻。在汝身家何所利，只存五七贼为名。

（原载于柳麟锡《毅庵集》卷二，1917 年）

悼倭奴合邦时死节诸公

［韩国］柳麟锡

合邦变出之时死节，退溪后孙李、松江嗣孙郑、鹤峰嗣孙金、同春嗣孙宋、承旨道淳、毅堂处士朴世和、南原黄进士铉、益山郑进士、同福、宋，传闻姑止此。

华绝国亡罔极中，不容无死死诸公。二仪至重常经义，列圣偏深培养功。
抱《春秋》去泉台读，配日月来振古忠。青丘回色仍周遍，阴骘知应恳帝宫。

步黄上舍铉死节诗四绝韵为悼之

［韩国］柳麟锡

小华有国四千年，大祸谁曾梦料然。特绝南源黄土上，身持义理去登天。
既无迫运手援移，志士苟生分刻迟。泣望九重秋夜永，从容一拭泪千丝。
日月惨光天地噸，东青一叶忽飘沦。谁宜不死无君死，拥绋嗟咨泣万人。
死惟得正独非功，为道成仁为国忠。道国扶持知赖子，正邦终始海之东。

（原载于柳麟锡《毅庵集》卷三，1917 年）

前调（次均赠界氏由朝鲜归国）

梅园

岛东西去，有徐墓箕陵，长埋英物。不恨古人吾不见，愁见龙蛇四壁。缺补长城，船横沧海，轮辗千山雪。雄心如此，使君真个人杰。

遥指梅岭春回，枝南枝北，早冲寒花发。多少王侯新第宅，迅逐轻沤齐灭。

剑抉浮云，尘清净土，一系千钧发。长途珍重，孤怀同澄明月。

（原载于《民彝》第 3 期，1917 年）

赠朝鲜刺客

汪笑侬

实行暗杀谈何易，不报国仇非国民。自我相观殷有鉴，问谁敢谓秦无人。
螳能奋斧摧天柱，□□挥戈逐日轮。更望英雄争继起，都将热血溅东邻。

亚洲演出剧非常，绝世雄才此下场。小辈荆轲徒嫚骂，匹夫豫让但佯狂。
蜉蝣大树今能撼，蝼蚁长堤未易防。博浪当年锥不利，副车误中笑张良。

（原载于《寸心》第 5 期，1917 年）

送别朝鲜金起虞先生

李骧

一身书剑寄天涯，独有遗臣鬓欲华。去国兰成工作赋，登楼王粲苦思家。
相逢秋末吟怀壮，惜别江干涕泪赊。莫向故都重回首，汉城日暮起悲笳。

［原载于《瓯海潮》（温州）第 13 期，1917 年］

朝鲜领馆设立两等小学校校歌

云僧

朝鲜原属我附庸，我辈久留踪。缅怀箕子旧遗封，离黍悲故宫。
冠裳俎豆典雍雍，历劫于烟烽。使者设学振群聋，吾党被春风。
国旗赫赫悬当中，黑白蓝黄红。二十世纪大舞台，五族扬威风。
国民分子与人同，责任重吾躬。勉乎渺小一少年，来日主人翁。
前途进步靡有穷，一得毋自封。切磋琢磨日有功，根底在蒙童。
五千年来文明种，努力各虚衷。急起急起莫疏慵，立志做英雄。

（原载于《文友社杂志》第1期，1917年）

雪堂丛拾

澹于　录

韩人沧浪居士，韩亡后，入籍吾国。其上夕阳楼感怀二律云：

悲歌远上夕阳楼，东望鸡林愤涕流。沧海波鸣亡国恨，蓟门烟锁故乡愁。
宁死不贪秦富贵，若生须读鲁春秋。愿弃人间多少事，五湖明月伴沙鸥。

独把残尊醉且吟，回思往事太伤心。相韩累世家声大，亡国余生罪孽深。
慷慨当风频按剑，悲歌对月辄张琴。河山未复身将老，长使男儿泪满襟。

以上所录，皆卓然大家，置之吾国名家集中，可乱楮叶。

（原载于《诗声》第2卷第12期，1917年）

留别金陵父老诗

[朝鲜]金调元

到底春归人未归，故乡风景是耶非。覆巢燕子凄凉甚，更傍谁家门巷飞。
金瓯残缺涕潸潸，凄绝韩臣入汉关。最是六朝风景好，梦魂犹唱念家山。
功名羞列贰臣传，气节犹存逸老编。国破家亡何处去，江南流落李龟年。
亡命归来四壁无，穷途落寞一身孤。劝君莫说江南好，啼鸟声中有鹧鸪。

[原载《益世报》(北京)1918 年 5 月 24 日，署作“前朝鲜臬司金调元君留别金陵父老四绝”]

送朝鲜前政大夫金泽荣归国

几道

其一

避地金通政，能诗旧有声。湿灰悲故国，泛梗薄余生。
笔削精灵聚，文章性命轻。江南春水长，愁煞庾兰成。

其二

笔谈尽三纸张，人意尚愔愔。《天演》叨余论，阳明孰敢任。
愿持无厚刃，载抚不弦琴。去去成连远，云涛识此心。

[原载于《新闻报》(上海)1918 年 10 月 26 日]

题程伯葭韩义士安重根传后四十韵

王树楠

史公传刺客，奕奕千载名。豫聂复私仇，生死无重轻。
专诸尤乱贼，翼弟杀其兄。荆卿最杰出，仗义来秦廷。
誓洒六国耻，尽返所失城。始皇岂齐桓，剑术况未精。
英风久消寂，望古空吞声。哀哉九神州，日闻蛮触争。
东海起狂澜，百怪纷腾狞。飞乌啄若木，夷我箕子明。
行人悲故宫，志士泣新亭。人民既已非，城郭亦已平。
举国皆贰负，坐视青天倾。孰知并吾世，乃见安先生。
三年君父仇，念此热抱冰。结交三十六，有客皆朱嬴。
大谁严蹑寻，束掌不使鸣。夸父逐日心，九死不一更。
朝衔精卫石，暮舞刑天兵。慷慨缔死党，相与截指盟。
变服为猎夫，猎彼蛟与鲸。国仇不共天，拔此眼内钉。
国仇者谁子，其人日伊藤。监韩肆慆德，奴我无告氓。
南山何岩岩，累足不敢撄。壮哉安先生，履尾坦弗惊。
九月十三日，伊藤事西征。塞草半已黄，木叶多飘零。
天地变肃杀，霜气寒棱棱。驰轮抵上都，冠盖如云烝。
结辙塞道涂，戈鋋夹飞軨。睽睽万目属，上下争逢迎。
先生攘臂出，一击飞丹霆。应响化为碧，时至心手灵。
仰天一大笑，束身甘就烹。侠气横太虚，鸿声震环瀛。
吁嗟草莽臣，独抱金铁贞。愧我亿万众，腼颜事强勍。
程君喜任侠，如蚁慕膻行。传此续龙门，以谂间世英。

［原载于《大公报》（长沙）1918 年 10 月 30 日］

哀朝鲜辞（义州至釜山途次稿）

无名

东方古国，在昔有三。曰中曰日，及尔朝鲜。呜乎鲜民，箕子之后。
一朝失国，含羞蒙垢。呜呼鲜土，昔贤所居。山川壮丽，风景不殊。
爰及今兹，时移事异。昔之骄子，沦为皂隶。我闻在昔，将亡未亡。
民情俗靡，田野芜荒。今也不然，地利尽辟。民跄以趋，无敢或息。
此民此土，曾不少易。胡不自耘，逮为人役。哀彼鲜人，曾非怠慢。
逮兹沦胥，奋励特晚。自昔文化，受我濡熏。亦有俊秀，原与人同。
荒村榲桲，犹见遗风。胡不自勖，甘居愚庸。哀彼鲜人，宁独昏瞀。
迨兹蔽锢，莫由醒悟。鲜人所居，但见茅檐。局蹐隘陋，高不盈肩。
我闻其由，间架有税。逾寸拓尺，厥征乃倍。念彼鲜人，宁甘穷蹙。
逮兹疲病，谁与咻噢。鲜人白服，固昔所尚。逮今不易，应为国丧。
皓皓其衣，繄谁之玷。盍浣汝衣，闻语色变。哀彼鲜人，宁甘辱污。
逮兹沦胥，谁与翦除。自倭之来，取子毁室。政繁赋重，不遑安息。
既取我子，亦何能顾。宁独无伤，莫可呼吁。既毁我室，伊谁云适。
不敢告人，但闻隐泣。哀彼鲜人，非生而奴。噬脐何及，盍早为谋。
瞻彼旧服，缅怀宗邦。白山之麓，黑水之间。闽海而西，泰山以南。
小鼠跳梁，睡狮不醒。伯叔兄弟，宁独能忍。我躬不恤，何暇哀韩。
迨今未至，盍早图强。天道无亲，祸无幸免。毋曰苟安，殷鉴不远。

（原载于《民铎》第1卷第4期，1918年）

哀韩篇

惰公

沧桑日现东大陆，牡丹台下人声哭。黄海腥风拔巨鲸，朝鲜国魂断难续。
独立旗翻十余年，回首过眼空云烟。遗老垂泪故宫恨，壮士伤心宝剑篇。

可怜卧虎不早逐，操刀必割何容卜。春蚕自缚徒唏嘘，自此卧榻眠他族。
保护谁谓巩金瓯，统监威权迈副王。上皇血泪染宫草，英王非质[1]终荒唐[2]。
安生[3]识破倭儿狡，长藤[4]击摧惊飞鸟。燕亡何可罪荆卿，廷臣半羡新封好。
新封虽贵莫嬉嬉，补疮肉□胡为医。琉球已是前车鉴，李王[5]何若皇帝肘。
无人肯溅侍中血，空余汉水声呜咽。山河破碎似落花，一夜春风收不得。
我非三韩亡国臣，何事满把泪酸辛？封豕长蛇欲无已，恐将禹域归秦人。

［原载于《乐群杂志》（北京）第1期，1918年］

高丽金宗亮（起汉）过访求诗因赠

散原（陈三立）

博衣峨冠来叩门，进揖据坐颜貌温。瘦骨微髯习雅言，自云失国风波民。
久羁中土逃笠豚，西北历骋东南奔。朅来一探苎萝村，还拜湖上岳王坟。
下车复眺谢公墩，江南文献足讨论。耆旧捧手尊所闻，丐导异客掀骚魂。
茗酌澹澹檐日暄，徐挹襟素双眉颦。嗟我亦如虱处裈，何当鹄举方圆分。
对子只成胸独扪，大地能自立者存。故事忍问齿与唇，谁戒虾魁长鲸吞？
万劫同归娱朝昏，子且狂走脱其群。赠子别句兼泪痕。

（原载于《小说月报》第9卷第2号，1918年）

安重根

朱荣泉

誓报国仇不顾身，从容就义韩遗民。可怜箕子分封地，留有孤忠话旧因。

---

① 韩太子质于日本。
② 以留学为非质。
③ 重根。
④ 伊藤毙于安。
⑤ 灭韩封李王。

忠肝义胆苦支持，大事去矣安用之。试取邦人作比例，荆卿匕首子房椎。

（原载于上海《约翰声》第 29 卷第 8 号，1918 年）

杂感（三首）

严修

鸭绿江边春水愁，凤凰城外暮云羞。回头三十年前事，亲见藩臣拜冕旒。

景福宫前万象新，谁从辇路识前尘。曾无禾黍兼荆棘，只觉春光懊恼人。

昔容卧榻他人睡，今日他人不我容。十五万钱千亩苑，或云是放或云封。

（1918 年作，转载于严仁曾增编《严修先生自订年谱辑注》，齐鲁书社，1990 年）

题赠韩国志士①

黄介民②

闻道韩亡两人杰，安公重根罗公喆。或为慷慨毙元凶，或为从容自引决。
从容慷慨无轩轾，机会不同同殉节。悠悠生死奚足论，遗恨空存铁与血。
为奴为婢为牛马，山河破碎金瓯缺。檀君黄帝等兄弟，棠棣花残互幽咽。
我从东征返征辔，曾驻京城踏冰雪。悲歌一曲明月楼，相怜同病河梁别。

---

① 此诗虽发表于 1928 年，然据黄介民的回忆录《三十七年游戏梦》，此诗作于 1918 年，原题目为《相怜曲》，见黄志良编选：《黄介民遗稿选集》，自印本，2011 年。

② 黄介民（1883－1956），原名时，后改名觉，谱名碧谟，字定保，号介民，江西清江人。曾就读于南京两江师范附属中学班，其间加入同盟会。辛亥革命时曾参与筹组临江军政分府，响应武昌起义。1913 年东渡日本，就读于明治大学政治经济科，与韩国著名独立运动家赵素昂为校友。1914 年加入中华革命党，后结识韩国志士张德秀、尹显振、洪斗杓等，组织新亚同盟党（后改名大同党）。1916 年底经韩国归国，在汉城时与安在鸿、赵素昂、孙贞道、申翼熙等韩国志士相会，商讨中韩革命问题，与申圭植也有诗歌唱和。

驱车惘惘出安东，满目疮痍倍凄切。人间荼毒有如此，剑气纵横肝胆裂。
君不见，楚虽三户必亡秦，同仇更缔同心结。安罗魂魄今犹在，分道扬镳竞芳裂

［原载于《先觉》(上海)1928 年 5 月 29 日］

题杨石然竹石菊花图(杨，韩国人也)

镜花水月轩主

三韩在昔亦东篱，欲问平安路已岐。恨我生无顽石性，披图易感黍离离。

（原载于《亦社》第 3 年第 3 期，1919 年）

读朝鲜见闻录有感

黄日贵

河山半壁认依稀，彩邑分封食子箕。族谱有源皆祖汉，弦歌无处不师尼。
右文俗习风何雅，经武情悭事未奇。季世风云幻遍急，帝宫无主草离离。
社鼠城狐尽妾臣，乾坤那不付他人。营私争促阋墙急，树党援招外寇浑。
自是妖氛能祸国，无多正气可护君。害群应恨后诛马，黔首无辜作遗民。
国权销尽可怜生，鱼肉俎刀鸣不平。从识世运强并弱，忍凭宾主重权轻。
精卫搬石几填恨，三闾离忧此憎情。却怪沙虫甘失鼎，更无人感泣新亭。
沉陆衣冠成沐猴，赪颜公敌又私仇。苟生贴耳原非活，雪耻昧心是可羞。

［原载于《华铎周刊》(菲律宾马尼拉)第 2 卷第 4 号，1919 年］

自由钟

——八年四月作记韩人之运动独立也

胡怀琛

竖起独立旗，撞动自由钟。美哉好国民，不愧生亚东。
心如明月白，血洒桃花红。区区三韩地，莫道无英雄。
悠悠千载前，本是箕子封。人民美而秀，土地膏而丰。
那肯让异族，长作主人翁？一声春雷动，遍地起蛰虫。
祖国人人爱，公里天下同。我愿和平会，慎勿装耳聋。

［原载于《新声》（上海）第 2 期，1921 年］

叹高丽亡国受虐待

杨宇清

须把朝鲜仔细思，韩人屡被恶人欺。冤含满腹凭谁诉，泪落盈睛只自知。
忍受摧残当此日，原因懈怠在平时。前车既已为殷鉴，莫待临头悔后迟。

［原载于《通问报》（上海）第 857 期，1919 年］

赠朝鲜申睨观

顷波

睨观，姓申氏，字一民，别号汕庐主人，再造韩国之有志士也。一千九百十九年，邂逅于杭州之清华旅馆，自述行年四十，无他爱好，山水、园林、金石、书画而已。爱余书，因与余交，气宇昂藏，吐属慷爽，审为非常人。初言家世吉林，供职学校，病脑，胸次恒不舒，慕西湖山水之胜，不远千里，来此养疴。然幽并之气，眉目间殊不可掩。余穷诘至再，始肯以庐山真面示人，历述倭贼待遇之惨无人道，有未经朝鲜亡国痛史载及者焉。嗟乎！睨观苦海之余生也，卧薪尝胆，以有今日。余尝谓东亚病夫有二：朝鲜是大病过来人，支那是沉疴未亡人。过来人不死，未亡人不速药，有死而已。睨观曰：尔我腹心之患惟日本，然人心不死，自有一线望也。涕泣之余，构句以遗之。

歌哭无端说古韩，那堪亡国种摧残。拼将白骨和丹血，还我河山定不难。
商女无知可奈何，健儿独抱鲁阳戈。待看烽火腾三岛，杀尽楼兰奏凯歌。

（原载于太仓《蠡言》第9期，1919年）

此夜寒十绝

［韩国］柳寅植

板屋风鸣比夜寒，庄严奇气薄秋旻。定知爱国青年血，不作囹圄冻馁魂。

（1919年作，转载于严万洙编著《抗日文学的再照明——以诗歌为中心》，弘益斋，2001年）

时调：匣中剑

佚名

十年磨一剑，剑在匣中哭。时事常忧思，时时记心头。大丈夫一片忠心，何时才能酬壮志。

（1910年代作，摘自金虎雄《来华朝鲜人离散文学研究》，延边大学出版社，2012年）

断肠之病

[韩国]金佐镇

刀头风劲关山月，剑末霜寒故国心。三千槿域倭何事，不断腥尘一扫寻。

（1910年代作，摘自金虎雄《来华朝鲜人离散文学研究》，延边大学出版社，2012年）

向祖国进军

[韩国]金佐镇

炮雷鸣送万邦春，大地青丘物色新。山营月下磨刀客，铁寒风前秣马人。
旌旗蔽日连千里，鼓角掀天动四邻。十载卧薪尝胆志，东浮去海扫腥尘。

（1910年代作，摘自金虎雄《来华朝鲜人离散文学研究》，延边大学出版社，2012年）

侠烈行（白葭居士属作）

吴传绮

安重根，万世名。朝鲜出此侠烈士，朝鲜虽亡亦有荣。自古英雄拚一死，作事遑计后世评。唯志所安遂厥志，区区自竭爱国诚。岁寒不变松柏节，千秋侠骨香且英。呜呼！兴言朝鲜忾寤叹，分茅胙土溯周京。屏藩华夏作唇齿，胶粘为一线交絣。何物诡谋肆阴狡，岛国凭海水濩潛。钳制清廷便東口，蜂虿利害莫敢撄。可怜箕子当年业，一朝猝变树降旌。东亚大局坏此举，岂可视如蛮触争。天倾东北无术补，有安重根才峥嵘。亡国之痛身斯受，豪气愤吐怒鲸瞪。伊藤首祸谋我者，弹丸可以肆一抨。大丈夫生当乱世，做一场烈烈轰轰。昂首环顾小天下，余子碌碌皆虾鳑。程侯伟论进一解，感慨兴亡心怦怦。春秋责备贤者意，不随世俗纷誉讫。朝鲜政治久混沌，麻木不仁惯倒行。腐败中有生机露，半生进化自主成。胡为乎不能脱离臣妾丑，再醮于人任吞并。安重根如有大志，自强对外早陈情。暗杀只可以对内，翦除奸党免危倾。卖国奴希受敌宠，明珠万斛金千赢[籯]。李容九与李完用，罪巨恶甚贯满盈。未亡之时能一击，斯真电射雷霆砰。朝鲜人心全震动，无力犹可强支撑。今毙伊藤敌无损，徒死似乎失重轻。我闻是语长太息，相对无言心欲酲。请君大呼震聋瞶[聩]，水上钟鼓声噌吰。无那沉迷多不醒，我为同胞忧茕茕。唏嘘转而一凭吊，安重根氏灵爽呈。斜阳古道荒草路，风露肃肃烈士茔。

（原载于程淯编著《安重根》上篇，1920年左右）

无题

蔡元培

猗夫烈士，为国而死。浩然正气，百世兴起。
当其北去，歃血断指。壮志悲歌，矢誓易水。
一击以刷耻，身竟受戮矣！痛彼秉钧，佥壬是倚。
政教既丧，邦社绝纪。利害之间，毫厘千里。
或以自灭，争权相掎。譬诸物腐，来攘者蚁。
哀我多默，伤心切齿。发兹孤愤，终莫延祀。
吁嗟乎！烈士！

（原载于程淯编著《安重根》上篇，1920年左右）

无题

费树蔚

韩亡子房奋，秦帝鲁连耻。[1] 呜呼安重根，义烈迈二士。
此事今廿年，请言韩祸始。举国货诸人，内宄实金李。
亦有荆聂徒，磔之若犬豕。犬豕争肉糜，一仆十百起。
安郎睨奴辈，吾亦乌足齿。谁悬利禄招，使我人心死。
擒贼当擒王，在彼不在此。监国何方来，麾盖集于是。
萧辰东海滨，万载寂如水。劲装出道左，一击众披靡。
微闻渠帅歼，大笑身就抵。陈尸目怒张，淋漉血断指。
成名何足论，终不救韩祀。吾为宗国哀，去韩亦仅矣。
岂无草泽人，淬剑刺僚傀。[2] 台省弄权儿，当时魄尽褫。
可怜饮糙醉，何况敌谋诡。献纳年复年，国不亡不止。
覆巢卵岂完，鼎鼎愚乃尔。盍师敌所长，谋国还责己。
日暮途未穷，黾勉长孙子。长此众怒盈，躯命悬砧几。
国人姑少安，自名作监史。大勇勿轻举，忠智纳之轨。
斩佞犹可为，仇邻可以已。事与安氏殊，未须轻比拟。
危哉苞桑系，在此不在彼。正虑朝野间，唾为迂谈耳。
持此质程侯，侯或会吾旨。

（原载于程淯编著《安重根》上篇，1920 年左右）

题安重根传后

易顺鼎

千古刺客推荆卿，然而其术尚未精。且系被动非主动，彼意并不仇秦嬴。
主动独有秦留侯，虽系家仇实国仇。美哉妇人女子貌，术虽未精诣已优。

---

① 范蔚宗语。

② 借用专诸刺吴王僚、聂政刺韩相傀事。

专诸聂政难称侠，我意欲向龙门说。真侠不必皆刺客，刺客不必即真侠。
后来乃有安重根，刺杀倭国之伊藤。此真主动复仇者，庶几可以真侠论。
牺牲撑天数把骨，能使仇人骨亦白。牺牲泼地数斗血，能使仇人血亦赤。
仇非私仇乃国仇，关系不独一韩国。其身已死心如生，其骨已冷血尚热。
程侯作传用意别，用意不止重侠烈。乃倡侠烈警奸慝，如修《春秋》惧乱贼。
更为侠士留楷则，文儒武侠古并列。儒不如侠非一日，但果真者皆难得。
我题此诗三太息。

（原载于程淯编著《安重根》上篇，1920 年左右）

次韵一厂居士题安重根传后

昭陵僧

于期一头借荆卿，谁知剑术殊未精。长虹贯日虚一掷，我为于期厉秦嬴。
公子发难始留侯，破产不葬复韩仇。误中副车游下邳，成败莫论劣与优。
司马史记尚游侠，津津乐道从头说。痛惜荆轲击不中，秦庭柱笑死亦侠。
千载后有安重根，狙击倭相如割藤。假使龙门当今日，书法不同刺传论。
箕子有后不枯骨，十三道内江月白。甘心一死洒热血，能使墟国人头赤。
天地震动鬼神钦，姓名兰桂播异国。其人虽死荣犹生，沫笔盥书五内热。
程侯华衮乃特别，惟恐岁久湮忠烈。词挟风霜警邪慝，万古唾骂卖国贼。
伐柯不远有其则，麟经堪附《春秋》列。支那陆沉非一日，欲觅斯人绣未得，
使我歔欷长叹息。

（原载于程淯编著《安重根》上篇，1920 年左右）

咏安重根

唐桂

歼仇无计戢天骄，国耻难忘恨未消。赢得弹丸刚脱手，滨江红雨已萧萧。
安氏高风不可几，后来侠烈胜于期。头颅抛却浑闲事，再造韩廷始植基。

（原载于程淯编著《安重根》上篇，1920 年左右）

祝《震坛》报出版

中华工业协会

嗟我华韩，同种同文。爰处东亚，惟善是亲。降及今世，乃辱强邻。率彼丑虏，蚕食鲸吞。嗟我华韩，何以图存。困兽犹斗，屈蠖求伸。立国之道，贵能合群。而我华韩，关系齿唇。并力御侮，责在吾民。卧薪尝胆，雪耻维新。大哉《震坛》，一鸣惊人。血泪和墨，发为新声。毛锥毛瑟，甘作牺牲。民族自决，有志竟成。华韩共进，跻于和平。大哉《震坛》，自由之神。

（原载于《震坛》创刊号，1920 年 10 月 10 日）

《震坛》报社祝词

孙洪伊

檀箕神明，粤建朝鲜。裔胄廿兆，绵历四千。胡今不振，亡也忽然。伤哉伤哉，念念心酸。论我种族，如英与美。论我政治，如鲁与卫。英美何强？鲁卫何惫？佥曰自决，民族乃伟。波兰已起，塞比复兴。其则不远，其效可征。壤地相接，唇齿焉依。兴灭继绝，责任在兹。惟韩有人，独立搴旗。血肉相搏，肝脑涂之。孰主张是，孰主张是[非]。楚虽三户，亡秦必矣。壮哉贵报，涣汗大号。还我河山，率我英豪。汉水泱泱，南山巍巍。国魂在是，其兴也哉。

（原载于《震坛》创刊号，1920 年 10 月 10 日）

《震坛》祝词

景梅九

蟾蜍吐雾吞明月，太白暗淡鸭绿黑。九寸短人号蜻蜓，狂飞乱舞鸡林侧。蛟似狼荒夜嗅金，毒如长喙偷吸血。绿衣郊女呕苦丝，白裕鲛人抱珠泣。呼天抢地亦徒然，考钟伐鼓救不得。须臾帝怒命望舒，持七宝鞭鞭蟾蜍。曰汝蟾余月孕生，父本日体为阳精。乃效鹖鶡长食母，汝父忧伤亦丧明。一鞭蟾余惊震起，复吐明月照万里。满轮无缺分外光，弥节九道檀民喜。噫吁戏！弥节九道檀民喜，独立自由从此始。

（原载于《震坛》创刊号，1920 年 10 月 10 日）

《震坛》报颂辞

吴敏于

粤稽中韩，相与唇齿。唐虞以降，历数千祀。何物强邻，三岛崛起。辗转侵陵，东邦倾圮。尔辱我辱，尔耻我耻。尝胆卧薪，未容或已。伟哉《震坛》，檀箕肖子。正义发挥，风行一纸。立懦廉顽，光复从此。宣武亚东，拭目以竣。

（原载于《震坛》创刊号，1920 年 10 月 10 日）

《震坛》报发刊祝词

吕志伊

震旦邻邦，坛君后裔。民廿余兆，史五千祀。明夷绍箕，洪范锡禹。文化早开，彝伦攸叙。胡来虎狼，噬同蛇豕。沧海横流，铜驼荆杞。多难邦兴，殷忧智启。自由钟撞，独立旗举。草木皆兵，河山重缔。群策群力，再接再厉。有笔如椽，不畏强御。大声疾呼，崇论宏议。灌溉新潮，发扬正义。毛瑟枪长，横磨剑利。强锄弱扶，灭兴绝继。价重鸡林，洛阳纸贵。

（原载于《震坛》创刊号，1920 年 10 月 10 日）

《震坛》报出版颂词

朱剑芒

惟我黄种，实启文明。唐虞以降，繁庶莫京。檀君始基，韩国诞生。相与百世，载在誓盟。贱夷侵陵，海隅纷扰。嫉彼耽耽，间我旧好。既撤保障，兵刃载道。同处累卵，奇忧在抱。人心未死，磨剑可为。偕亡时日，奚问安危。携手中韩，风行一纸。伐鼓撞钟，此其嚆矢。

（原载于《震坛》创刊号，1920 年 10 月 10 日）

《震坛》出版祝词

［韩国］李东宁

咄彼狡奴，导乱之原。筑我长城，戢其凶悍。东方渐曙，木铎振声。詹詹炎炎，鼓吹和平。

（原载于《震坛》第 2 号，1920 年 10 月 17 日）

《震坛报》出世颂

［韩国］安昌浩

帝出乎震，大德曰仁。岩岩太白，峻极于旻。三圣肇基，有檀如云。孙枝子叶，亿万长春。宅于南北，肃慎珠申。辰国辰韩，扶余真蕃。大震殊里，罢济丽鲜。一系相承，众派攸分。五戒成化，忠孝武文。培固其本，浚发其源。云胡百六，我生不辰。蝮蛇逞毒，大鼎遽沦。丛戟密网，苦海无津。天地有穷，国魂不泯。一旅兴夏，三户亡秦。乃于之一，运智如神。赤血如火，震铄[烁]四邻。最后一刻，最后一人。盟山誓海，有如出暾。彼蛮亦瞠，踧踖逡巡。愈坚愈猛，我气日新。贞元之会，勖哉国民。震坛笔钺，词严义真。皇祖佑尔，肃清妖氛。还我山河，依旧乐园。

（原载于《震坛》第 2 号，1920 年 10 月 17 日）

祝《震坛》

[韩国]南亨佑

维檀有国，皇皇治化。海寇狂猘，生受十载。半万年兹，礼义以之。污我旧物，志士肠裂。一声震报，乃誓光复。祖烈国色，执我左契。万蛰群起，走的其矢。是宣是扬，祝尔无疆。

（原载于《震坛》第 2 号，1920 年 10 月 17 日）

祝《震坛》从报

尹琦燮

正气震乎宇内，报坛屹于亚东。钦子之诚，感君之公。斥邪惩奸，于斯狐魅必缩假面；仗义扶道，从兹生灵可臻大同。刚而健，毅而奋，人必应，神必通。

（原载于《震坛》第 5 号，1920 年 11 月 7 日）

《震坛》出世志庆

尹海苇

东方将曙，雷乃发声。寰宇普照，群蛰皆惊。独立平等，博爱自由。以此精神，肝胆骨髓。驱魔除暴，振瞶[聩]砭聋。仁者无敌，天下大同。克勤克敬，毋怠毋荒。巍乎《震坛》，其寿永昌。

（原载于《震坛》第 5 期，1920 年 11 月 7 日）

祝《震坛》报发刊

廉道扬

公理之伸，报纸是赖。《震坛》发刊，言论正大。正义机关，薄俗鼓钟。口诛笔伐，一秉至公。诛奸锄恶，民气可伸。不畏强暴，董笔直陈。社会明星，东亚之光。拜手颂祷，进步无疆。

（原载于《震坛》第 5 期，1920 年 11 月 7 日）

祝词：《震坛》创刊

韩人新报社同人

皇皇檀祖，与尧并立。赫赫箕圣，教民礼乐。不啻同种，既缘血族。山高水丽，接壤大陆。半万年来，共受休戚。阴雨绸缪，声气联络。震坛一言，为天下法。尊重平和，讨灭侵略。噫彼岛夷，彼此共敌。韩民羁绊，华域蚕食。残贼诈谲，世界忌嫉。公理惟存，强权必覆。仗义击楫，彼岸可达。伟哉震坛，任大重责。共济使命，其寿千亿。

（原载于《震坛》第6期，1920年11月14日）

亡命路上

[韩国]金承学

不怕侦犬入，最畏蚊群侵。渴含自己水，饥餐玉蜀黍。
兄弟峰头层立石，一推[椎]直转击追兵。怡和洋行汽船便，输送手枪数百杆。
无恙稳着宽县否，我亦乘时问尔安。革命客从亡命路，宜令官宪起疑心。

（原载于《独立军诗歌集》，1920年）

旧体诗

1921 — 1930年

《天鼓》发刊志颂

黄延洵

惟我黄族，派演三韩，神胄圣继，武德巍然。明夷洪范，文化俱传，肖裔廿兆，绵历五千。昊天罔吊，侪为隶蕃，矧我同病，能不相怜。鸡鸣风雨，共济危船，口诛笔伐，荡彼腥膻。主持正义，鼓舞民权，坛基重奠，还我乐天。扬辉欧米，遐迩声喧，隆隆天鼓，亿万斯年。

（原载于《天鼓》创刊号，1921 年）

祝《天鼓》

林之山

风雨凄凄满四方，十年不闻鸡鸣声。鸡鸣一声动天地，瞬息新光不期来。

（原载于《天鼓》创刊号，1921 年）

祝《天鼓》

浮萍草

国亡今已十关年，苦待天明天不明。明天将待天鼓鸣，二千万人开愁眉。
天鼓已光东大陆，只愿发展全世界。

（原载于《天鼓》创刊号，1921 年）

悼大韩义士安重根示汕庐

林景澍

壮哉安先生，报国有奇节。耿耿秉其心，而不俦侣结。
孑然尾其仇，一举而昭雪。慷慨捐其躯，凛凛复烈烈。
嗟我后生辈，曷释肝肠热。众志以成城，期抵黄龙穴。
先生九原下，痛饮仇人血。

（原载于《震坛》第 14 期，1921 年 1 月 9 日）

颂《震坛》报（浪淘沙）

林景澍

鳄患起潮州，且许勾留，韩公文字足驱仇。日夕风和清宇宙，雾散云收。
霸气莫须愁，汉室同仇，几经韩将运奇谋。待得乌江都刎首，填满鸿沟。

（原载于《震坛》第 14 期，1921 年 1 月 9 日）

挽韩义士安重根先生

周霁光

轰轰烈烈奇男子，为国戕仇亦壮哉。懦立顽廉功业著，成仁取义古今哀。
河山再造须群力，日月重光恃俊才。故国宫庭宛然在，忠魂缥缈莫徘徊。

（原载于《震坛》第 14 期，1921 年 1 月 9 日）

祝《天鼓》

白醉

一声雷鼓落吾天，攻振鸣醒俱自然。挂于槿域三千里，来也檀阴半万年。
杀秋草木风霜起，病夏江山雨露传。造化靴端无不服，始知霹雳在朝鲜。

（原载于《天鼓》第2卷第2号，1921年）

祝天鼓

克和

天地混元正大气，钟为天鼓声。笔削诛讨任其职，招起倍达精。
祷尔功于时雨若，协和于万方。祈尔寿于南山如，筹[寿]之以永昌。

（原载于《天鼓》第2卷第2号，1921年）

祝天鼓

浣史

鼓响当喨四海震，浊乱斯世独春秋。愿同天上一轮月，万古光明永不休。

（原载于《天鼓》第2卷第2号，1921年）

祝《震坛》

白醉狂夫

震坛高筑五洋洲，鉴语东西若决流。长夜乾坤新日月，乱臣世界又春秋。
雷声所过谁无耳，剑气何多敌有头。帝出旧墟经渤海，生灵今古仰青丘。

（原载于《震坛》第 18 期，1921 年）

敬祝《震坛》报出世

徐铉宇

颂尔《震坛》，幸此出世。鼓吹精神，发扬正气。散可为合，懦可为勇。中华大陆，同文友邦。历史存来，唇齿之情。地界相接，缓急共之。忠肝义胆，今古何殊。鲁妇秉义，社稷顿宁。仲连誓海，包胥泣庭。忠武勋业，铁甲之艘。至今遗烈，间岛怒涛。继往砺志，勇进运筹。热诚所在，事无不就。准备稠密，养精蓄锐。赴汤蹈火，何惮之有。随机而动，奇功可必。乃宣乃扬，扫荡妖孽。内治外交，愈勤愈诚。于万斯年，永保国疆。身在遐土，敬祝无量。

（原载于《震坛》第 21 号，1921 年）

祝《新韩青年》创刊题词

徐约翰

自由平等，博爱牺牲。吾人当行，基督精神。韩民行之，众志成城。因是立国，得免沉沦。

（原载于《新韩青年》创刊号，1921 年）

《新韩青年》创刊

陈相因

一编风行，语重理真。锲而不舍，推陈出新。
灯明暗室，万象皆春。羿射日落，鉴此精诚。

（原载于《新韩青年》创刊号，1921 年）

《新韩青年》创刊

［韩国］李东辉

白头山[①]高兮，是汝青年之气概；东海水长兮，是余青年之命运。笔锋严如斧钺，永诛无人道、无正义之三岛倭贼；词林快回阳春，复活爱自由、爱平和之青丘生民。奋发我大韩男女之忠义，鼓吹夫中华同情之思潮，廓清东洋军国之顽脑，增进大陆万全之福利。

（原载于《新韩青年》创刊号，1921 年）

吊安重根义士

唐元恺

报韩夙具留侯志，博浪椎秦事竟成。独立国基归泡影，复仇心事痛荆卿。
石衔精卫难填海，潮涌灵胥欲撼城。半岛沧桑弹指毕，秋风迅烈断藤倾。
痛心亚族衰亡尽，只手狂澜冀挽回。天下雄飞谁障我，人间蟊贼死惊雷。

① 今中方所称长白山，下同。——本书编者注

东洋未达平和愿，北海空余潮汐哀。扑地西风悲飒飒，枉从箕域吊英才。

［原载于《中美日报》(天津)1921 年 3 月 2 日］

读《安重根传》

七一子①(狄郁)

荆轲刺秦事不成，亡燕之祸由兹速。六国尽亡天下愤，戍卒一叫嬴秦族。
物极乃反天道然，无平不陂往不复。安君手击雠仇殪，掀髯大笑就屠戮。
韩国遂亡或咎君，斯言奇谬吾弗录。五国初无刺客行，燕台一例同倾覆。
安君成绩过荆卿，奇文喜有龙门续。谓当移锋毙内奸，词挟风霜义尤足。
百世奋兴来轸遒，英雄感力良堪卜。君不见传笔沉雄气凛然，人钦箕子遗民躅。

［原载于《益世报》(北京)1921 年 4 月 1 日］

读《安重根传》

王照

艰难委曲洪钟宇，慷慨淋漓安重根。赍志同堪泣神鬼，成功一例动乾坤。
义声特著春申浦，豪举偏来哈尔滨。怜我中原黯无色，故为荆聂怅归魂。

［原载于《益世报》(北京)1921 年 4 月 1 日］

题程白褉先生《安重根传》后

贾恩绂

帝醉且耄廿世纪，谋亡人国例不死。虎狼魑魅曷忌哉，稷禹炎黄行不祀。

① 七一子，指狄郁。狄郁(1855—1932)，原名毓乡，字文子，号杏南，又号七一子，籍贯为江苏溧阳。

奇哉男儿安重根，复仇大义炳乾坤。三户亡秦古有报，敢道东方国无人。
韩今虽亡一时耳，安氏目犹东京视。不见六王系组年，咸阳大火来血耻。
独恨六国本自灭，从知家贼祸尤烈。韩家岂少卖国徒，所惜重根计太拙。
当时若先除内患，无多头颅数寸铁。鬻国发身身辄碎，诸贼错愕争改节。
虎绝伥兮鸟无回，大好金瓯何由缺。惜哉但知杀伊藤，家贼毫发伤不曾。
荆轲子房讵不伟，春秋之责免未能。程侯此传意有在，世人熟视唤不腥[醒]。
我更疾呼诏天下，弱者可劝强者惩。读书万本诵万遍，定卜一言邦可兴。

［原载于《益世报》(北京)1921 年 4 月 3 日］

题《安重根传》

陶镛

呜呼刺客安重根，程君传毕忼概言。荆轲刺秦速燕灭，杀伊奚救三韩存。
歼一伊藤百伊继，政策无改秦鲸吞。从来亡国必自伐，官人内间万祸源。
赵开吴嚭一丘貉，李完用辈徒实繁。媚狐怅虎悍且狡，甘贪汉饵屠犛犴。
此曹不容片时活，此狱有死无平反。可惜哈滨黄金弹，弩机轻发为鼷鼱。
如何不早清君侧，蕴孽引绳相排根。我闻此语长太息，拔山去佞堪推论。
奸人鬻国何所为，为保富贵长子孙。大陆可沉社可屋，君友可卖敌可尊。
私权不可丝毫损，岂羞降表书题门。况彼城狐工自固，内资死党外强援。
邦刑到此投忌器，未敢打鸭防惊鸳。惟有横磨十万剑，交付鱄政与获贲。
把袂堪胸五步内，溅血快意刲鸡豚。三窟营成狡兔死，零落埋骨东郭墦。
使知躯命悬人手，有等无等平亲冤。西江不能涤恶谥，白铁铸像名山蹲。
庶箕[戢]阴谋褫奸魄，丑类无俾螟螨蕃。朝鲜已难招国魂，蛟风瘴雾弥乾坤。
纵横策士相篪埙，黩武平地波涛掀。秉均造劫丁艰屯，退遂已象羝触藩。
然箕煎豆纷櫜鞬，夕骇北旆朝南辕。自为鹬蚌陈枯原，供献渔父劳手扪。
亲善国实徒诈谖，疑云疑雨手覆翻。衮衮三百乘曹轩，游羿彀中饫酖樽。
明者一方洞见垣，极论得失胪本元。官规工谏太学幡，诚如精卫哀清猿。
玉石凛凛烬冈昆，其如无术进齐惛。侧身东望涕潺湲，呜呼刺客安重根。

［原载于《益世报》(北京)1921 年 4 月 3 日］

题《安重根传》

姚季英

箕子明夷是也非，故宫又见黍离离。须知圣泽留遗远，尚有安家侠烈儿。
风景无殊世亦非，铜驼荆棘总堪悲。忽惊天上来飞将，绝胜勾丽百万师。
莫向新亭泣楚囚，飞丸逐肉愿终酬。男儿自有掀天业，豫让要离第二流。
志决身歼亦可悲，亡羊毕竟补牢迟。报韩有志成虚愿，太息留侯博浪椎。

［原载于《益世报》（北京）1921 年 4 月 7 日］

题《安重根传》

叶舟女史（叶桐封）

寂寞三韩突有声，哈滨一击万人惊。四千年史精神在，永寿先生不朽名。

［原载于《益世报》（北京）1921 年 4 月 7 日］

题《安重根传》

陈锡麒

幼读刺客荆卿传，长慕朝鲜安重根。又见龙门新史笔，波涛憾海势东吞。
巨奸衮衮尸高位，忠义空作侠烈年。三十六人皆壮士，早应歃血洗贪泉。
常戴头颅虎口行，国亡士气愈纵横。西风一夜萧萧雨，似听江流咽恨声。
图穷燕匕中朝柱，仇雪韩椎误副车。此是史篇长恨事，幸留一弹振眉须。
士头可断不可辱，唤醒韩民鼾睡足。侠气从来塞两间，他生合食单于肉。

一回索句一回首，霸气消沉望九州。安得先生千万万，各拼身手碎仇雠。

［原载于《益世报》(北京)1921 年 4 月 8 日］

哀朝鲜

唐敬修

（一）

嗟彼朝鲜！有三千年之文化。在昔箕子尝寄礼义于斯土兮，光华灿烂，映照黄海成五色之浪花。今惟剩乱腥与恶臭兮，长玷污白头山之雪朵。

（二）

黯黯长白，愁云笼罩。粼粼鸭绿，激浪怒号：但闻其声曰："洗吾三千年耻辱，还吾三韩八道"。已矣何言！怒号狂涛。天阍莫告。

（三）

悠兮悠兮！吾何所忆？洪奭安重根之遗烈；慷慨兮仰药，从容兮就逮。嗟彼朝鲜十兆众兮！岂无一兮，碧血再热？

（四）

日月如故，山河依旧

只觉蛮烟萦绕，花鸟入深愁，箕子为奴，子孙作囚。吾身西兮，吾泪东流；流向白头山，一洗素雪上之遗臭。

（原载于《江苏省立第二师范学校校刊》第 4 号，1921 年）

海上赠睨观，即题其《汕庐图》

柳亚子

东邻肝胆士，十载见兹人。家国愁难疗，云天谊转亲。
一成终祀夏，三户定亡秦。莫漫悲离黍，飞腾会有辰。
子切悲巢痛，吾怀寒齿忧。何当时日丧，与汝赋同仇。
碧血清流史，黄金国士头。相期无限意，珍重看吴钩。

（1921 年作，摘自《柳亚子文集》，上海人民出版社，1985 年）

过苏州

[韩国]张志渊

苏州城外雨如油，一棹扁舟访虎丘。谁识至今亡国恨，长江不尽去悠悠。

（摘自延边大学朝鲜文学研究所编著《20 世纪中国朝鲜族文学史料全集》第 4 辑，延边人民出版社，2009 年）

怀友有感

[韩国]申圭植

岳云湖柳全和善，洋野汶洙普广光。上有大天明视听，罪知一任起仓皇。

到安东县留诚一号

［韩国］申圭植

鬼面频涂墨，蓬头不着冠。三片封窗纸，数包何命丹。
最痛丧邦恨，何忧行路难。及到安东县，亲朋不识颜。

到南京留南洋第一楼

［韩国］申圭植

我在南洋第一楼，故都新象入双眸。如知有价英雄血，好换金瓯耀六洲。

寄余岩（赤十字社理事）

［韩国］申圭植

政是男儿血剧场，亚东大局际存亡。蕙叹柏悦皆常理，一空扶携岂暂忘。

答朴白庵书

［韩国］申圭植

是日申江独倚楼，江云江水总悠悠。逋宗同感经三祼，痛耻忍言加一筹。
马上雄心当益壮，镜中衰发更何愁。新年万事无穷愿，只在人人誓不休。

赠少衡

［韩国］申圭植

佐时无术问阿衡，独抱民权血以争。极目山河犹震荡，伤心伟杰尽飘零。
临风倍切同舟感，观火那堪对岸情。谁料世机成幻梦，辩军今日闹南京。

和孟硕狱中原韵三首

［韩国］申圭植

风雨漫漫长夜中，孤灯耿耿放光红。同病何人怀有痛，强权如彼理无公。
立节曾闻寒后草，不在惟愧夏时虫。知否一片囹圄外，万水千山路几重。

乾坤窄窄苦相思，万种愁悉攒两眉。十年书剑皆无赖，一部春秋独有持。
生罹地狱非其罪，欲叩天阍亦莫知。可惜风飞星散日，惟公不忍故迟迟。

山河华丽主人谁，回首东方景更非。世变沧桑经浩劫，英雄痛楚待时机。
死而后已平生职，快矣何伤心事违。况复明春消息好，愿君珍重惠同归。

赠素昂

［韩国］申圭植

赵君有宗教上新论，故诗以赠之。

一片灵台上，罪知非我关。仰天长啸立，明月满空山。

旅泰楼

[韩国]申圭植

与谦谷、可人、一丹、铁儿共吟。

是日如炉苦焰长，不寒生栗戒心凉。
行路有时愁蜀栈，怀君几夜梦渔阳。
剧虏未除惟我恨，骄儿相关任他狂。
小楼幽静微风动，自愧偷闲白战场。

寄忘年会（甲寅除夕）

[韩国]申圭植

无国无家尚忍言，经新经旧任他喧。今宵宜作忘年悔，明日请来新纪元

送晴蓑曹成焕

[韩国]申圭植

康概初心铁血尊，北风十月我与君。共欢此日歌新象，孤愤何天唤旧魂。
阿侄顷归西伯里，故人又向正阳门。江南归帆归何晚，我与民权共讨论。

移寓金陵，闻晴蓑（曹成焕）及诸学生均解往汉城监狱

[韩国]申圭植

终宵乱梦恶，阅电甚骇瞠。虽云分内辱，所遭亦草详。
覆巢卵尽破，曲木鸟不翔。可笑无中事，云云桂太郎。
滔滔皆豹狼，胡为杀一羊。长须重遭割，睆眼忽成盲。
忍痛空奔诉，自顾亦痴狂。友邦诸君子，急难各仓皇。
自由总团体，公决诘中央。轰轰民权子，仗义发文章。
小丑人道绝，大陆国权丧。旧警皆死肉，新阁又颓唐。
可哀无告汉，入籍竟不祥。去年光复日，奋身共傍[彷]徨。
公法今何在，我欲问庙廊。公理今何在，我欲问彼苍。
北上殷勤语，中山与克强。慷慨姚校长，借住尚侠堂。
十天七易所，身世极凄凉。茶房亦敢侮，什物任意枪[抢]。
草木皆是晋，铁椎谁非张。义侠陈都督，为我脱计忙。
租界虽云好，伥鬼亦难防。一网打尽计，可恶彼暴尪。
谆谆频动[劝]我，保重谨避殃。于是集同志，忿忿理行装。
朝雨春申浦，轻风杨[扬]子江。金陵近黄昏，万境转苍茫。
何日还相见，往劫笑一场。踽踽一夫人，呱呱二七娘。
护行燕无人，愿往韩挽洋。今焉入地狱，一日九回肠。
故人非其罪，我何太自伤。愿我天我祖，救护我贤良。

赠卫戍院

[韩国]申圭植

河山同寿祝诸公，医国医民矢鞠躬。痛洋相关怀普救，疮痍皆起夺神工。
远征将士能无恙，捍卫邦家总有功。创院一周留纪念，昌词遥献印飞鸿。

赠岛山安昌浩二首

［韩国］申圭植

欧风骤打亚云阳，安得英雄动四方。半岛山河应放彩，中宵起舞又声香。

多爱说时机，机来倘不违。辽野弯弓发，胶湾羽檄飞。
转瞬光奇幻，空拳力太微。几多仁义士，快举矢同归。

送晴蓑书叙阻（曹成焕）

［韩国］申圭植

燕多豪侠士，一击亦何难。更告同仇子，那堪壁上观。

南社十一次雅集示亚子（柳亚子）

［韩国］申圭植

满城风雨此良晨，绝景江湖谁与亲。南社相逢名下士，亚庐不见意中人。
冥心堪信前生僇，白眼放观大块尘。遥指蓬莱今日会，几多新橘谢恩臣。

建国纪元节后十五日(十月十八)李忠武公闲山岛纪念(第三百十四回)三首

［韩国］申圭植

光前耀后立恩功，百世难忘忠武公。誓海盟山成铁甲，倭兵十万化沙虫。

楼船叱咤仰雄风，万国至今推首功。赐我升平三百载，虾夷不敢更渔东。

露梁寂寞龟龙冷，手按遗图倍怆神。山明水丽韩半岛，秀灵再毓仰斯人。

丁巳年自寿诗

［韩国］申圭植

正月十三日，余之生日，感题三十八句自寿诗，诗云乎哉，纪实而已。

法轮常转运，前士几变迁。不知为何物，三十八祀前。
庚辰是月也，降于钟山颠。云最灵最贵，曰人格人权。
神圣谁敢犯，人人自保全。呱呱如昨日，踽踽到今年。
抚躬愧七尺，不若百足蚿。孤愤谩浮海，悲歌忽起燕。
剑心磨霍霍，苇力撑戋戋。江河日夜下，旧恨犹未湔。
虽生等死日，顾影极凄然。我亦为人子，劬劳情暗牵。
睽违依闾望，时诵《廖莪》篇。今日乾清殿，孤儿正可怜。
同情无限泪，无觉下涟涟。① 明朝柏公子，解甲登寿筵。②
吾翁今八耋，保日彩衣旋。我闻大椿树，能享寿八千。
丛桂家何在③，白云天一边。惟有精一棣，秘密设孤悬。
深囊无余物，绕膝探控拳。侦知禁不得，苦在其知坚。
竟谋诸厨子，生日并布宣。玉盘稻觞菜，璞橐沽酒钱。
二价守古礼，罗拜克颛颛。④ 普本赠灵草，殷勤祈寿筵。
丹生理高曲，白雪自翩翩。独醒能勇迈，皆一时俊贤。
少年豪气发，一唱大朝鲜。⑤ 睆观强欢笑，几亡在屯邅。

---

① 前清宣统诞日与余同，报载今日在乾清宫做寿。

② 按：柏文蔚招东明后雨天在什刹海做堂上七旬双寿。

③ 家在桂山。

④ 厨子玉昆，自备数蝶［碟］菜，杀房宁璞纯，持酒两瓶，来前跪拜稻寿，照前清旧式，今人不敢当，且呵且愧。

⑤ 坡弟并招丹生、醒庵、普本、迈当、郑俊、禹豪、诸益共饮三巡，轰笑杂歌，颓然放然，禹豪君以爱国歌，散席夜已深。

神兄曾活我，何以报埃涓。缧绁非其罪，友在抚松县。
金台白日暮，魍魍[魉]肆点偎。无端思崇替，辗转不成眠。
人生诚不偶，先哲语真诠。既在人世间，万事担双肩。
景光须自爱，夜起题新笺。岁得春方希，天心月未圆。

读美岑见赠二首即原韵和之二首

[韩国]申圭植

中州诸子往从之，正是风云辟幕时。民权主唱卢梭说，国耻谁怀博浪推[椎]。
空庭碎首哀无告，乱世染翰嗟拾遗。可喜同盟除丑物，孤魂忍作采薇夷。

痛恨那堪说往年，余生残喘尚顽然。文章操纸今宗传，客子登楼几仲宣。
下界现身同是妄，中原回首更相怜。感君能择狂夫语，覆辙昭昭鉴在前。

赠天仇（戴季陶）

[韩国]申圭植

山阴雪月迴云衢，几夜申江梦想纡。雷鸣大地蛰惊群，日没青丘恨白乌。
何天神妙前生尔，此世孤鳏不死吾。握手悠悠无限感，千波万壑是前途。

京津同志被捕

[韩国]申圭植

华警因日警请求捕给。

曩年光武狱，病卧脱危机。道合声相应，冤沉数偏奇。
妖云燕市暗，孤岛蜀途悲。今日悠悠恨，江南我未归。

威海舟中纪梦示苏子二友

［韩国］申圭植

昨夜渔肠访仙扉，蒹葭玉树两相依。吾兄吾叔云无恙，某山某水携共归。
剑语纵横天下事，婆心研钻道中微。朝臣忽幻周琴者，搅我舟过威海卫。

闻燕市条约勒成羊城军府道撤题感

［韩国］申圭植

余生忍说八年前，回首中原极可怜。朝暮寇兵谁敢格，西南壮士亦相煎。
龙华春尽怀英士，狮子云空送逸仙。四万万斤胖大肉，委人宰割若烹鲜。

寄铁生二首（代柬）

［韩国］申圭植

救时无术问天心，怀愤那堪见陆沉。散尽黄金无好骨，余生白雪有哀音。
山河凄怅狂奴过，帷幄从容妇貌寻。愿偿澄清天下志，光风霁月快披襟。

指挥若定策谋深，忧患多端道德沉。白日光天千露降，青萍秋水万龙吟。
西南半壁皆依重，朝暮强兵竟莫侵。公理一伸知不远，护持正脉扫骄阴。

海上怀人三首

[韩国]申圭植

光阴容易，世事多难，不见可人，我思无涯。拉杂题感，是撮乙卯半岁儿之小影，其工太丑，但毫无假妆以为代简，岂感诗云乎哉？请哂阅而教之。

宗国无正史，世人皆我嘲。昏行思宝炬，尽出痛群妖。
马道过千里，雁声隔九宵。今宵如见月，想得此颜憔。

不忘念三日，更读景施文。使我油然起，无过有白云。

一去南溟一在东，春申月旦暮云空。诸流曲曲归黄海，斯道平平在大同。
自认睨盲迷本相，那堪孤情塞孤胸。几多妄托春秋笔，不见人间著夏冬。
培达书堂再对[封]闭，渡西学子迭拿幽。败类相煎殊可恶，狡童无理更何尤。
学目不干伤世泪，割须能解遁身忧。飘摇四载三回节，风雨申江一叶舟。
踞踞自趋征床下，瞧瞧如探置囊中。项城亦斥提灯祝，跛阁还遭卖国攻。
五爵皇皇星拱北，三权片片水流东。民心犹见天良在，一缕储金倘克终。
日暖池糖[塘]自由鳖，风高帘幕旧栖燕。黄花已尽羊城哭，紫气全消狮子眠。
一室挥戈纹虎跃，万家横笛黑鸦遍。老猿升木骧骧卫，动物奇谈书家传。
麻省风行勋贵富，嘉禾雨下小民饥。功臣发起筹安会，博士说明君主宜。
十色五光曾所见，竹头木屑欲无辞。最难回首辽之野，广袖翩翩木屐儿。
苍生何罪天斯怒，百日沉阴不见晖。黄歇前宵飓风起，黑龙六月酷霜飞。
浸船折屋沙虫泣，伤稻催棉野鹄悲。忍说青丘成泽国，哀鸿庶几悔前非。
高喊吾真救世主，千门万户红花开。血海骨山新世界，峭[硝]烟弹雨别楼台。
何谓公论与人道，不知盗跖和如来。叩地问天皆孟浪，凭空绕壁独排[徘]徊。
人间始有空中载，世上曾无百里雷。龙髯一拂廉威式，英法意俄齐下台。
比利时乎吾膜拜，时乎不再荣光哉。榻侧未闻客睡汉，井边忍见陷婴孩。

惟我侨民能善阅，西来消息痛难裁。

九月一日

［韩国］申圭植

舟泊渤海，顾南坡公七话旧，不胜感慨系之，座有君武者，娴于我史，即华友也，亦能细数渤海故事。呜呼，国人鲜有知之，偶成绝一首，仍题示沪上同志。

落日秋风渤海东，怒涛急浪直翻空。缅怀千古苍茫立，有客扬言大白雄。

旧历元旦访新民宅，碧迈以除夕诗见示，凄绝不忍卒读，归寓望仙图步原韵，秘而不发，以待明年，及见苏印句，亦多隐意，遂以此相示。

黑铁龙飞碧海湾，青天虎立白头山。此间将士如云集，万岁声中共解颜。

寄无涯（丹斋申采浩）三首

［韩国］申圭植

浩浩河山劫网中，摇摇黄白黑宗红。孤拳慷慨期天柱，雄笔纵横秉大公。
大地如今只顽壳，苍生几处泣沙虫。人间谪降元来妄，肯恨前途路万重。

见义如饥不再思，丈夫真不愧须眉。中流救伴皆相失，浊世坚贞独自持。
直笔聊将董狐续，此心宁计子云知。仁人自有休肩日，莫谓苍天醉梦迟。

壁立当今更有谁，文坛太半故人非。诛尽腐顽起颓俗，时行棒喝用禅机。
天于斯道应垂闷，事兴人心岂久违。只愁点点孤钟响，收尽男儿壮志归。

奉悼罗公弘岩神兄五章(丙辰)

[韩国]申圭植

其一

百玉其心黑铁肝,愍然忧国十分殚。义声兴问渝盟罪,剑事归诛缔约奸。
入狱那堪众生苦,现身替受重刑案。妖氛晦塞庐嚣上,不出斯人世道难。

其二

天来喜报复苏还,岳降先生试大艰。灵性工夫通帝侧,妙香顾使救人间。
了来庶众归神市,祖述三檀降震坛。斩棘披荆寻旧迹,翩翩道杖白头山。

其三

河行北陆复南韩,铎我全球将辙环。恶魔频谋加十字,大雄何畏达三观。
人间万事伊谁赖,天上灵音遽忽颁。泰岳其崩梁木坏,不堪回首阿斯山。

其四

忆昔十年披肝胆,联床风雨订金兰。活恩一缕方图报,殉命三条奈忍看。
鹤寿高山常仰止,鸾骖八月莫追攀。斜阳天末苍凉立,浩气东来满两间。

其五

盥读遗书涕泪零,春风化雨动顽冥。孤衷每念斯遗族,大道无量彼众生。
仇者乃云除劲敌,吾徒何以答神明。重重迭迭悠悠感,宗国前途均莫名。

八月三十一日黄海舟中晚眺

[韩国]申圭植

白云天末忆家乡,滚滚河山带砺长。最是不敢回首处,斜阳影底话兴亡。

弘岩先生追悼文

[韩国]申圭植

天祖降世四千三百七十三年，旧历丙辰八月十五日嘉俳节，大宗教都司教弘岩罗先生，在故国黄海道九月山三神祠——檀祖神位奉安之地，为民族，为宗国、为众生、为大道绝食，祷天毕，颁殉命三条及诸遗书，乃即归天，同人等闻耗哀痛，中外无不悲慕。其翌年丁巳三月十五日，上海侨居之同济社员及大宗教徒与学生等联合团体，举行追悼典礼，谨为文敢告于先生在天之灵曰：

太白巍巍，神祖穆穆。率其风雷，降为民牧。三京五都，九区百族。
孰敢越我，天符在握。云黄卒本，花众泗澳。长治大安，化及远服。
云何世远，运坠若谷。迷妖刍魅，杂来并畜。非无先进，以启以谷。
金城月缺，松京草鞠。神言若烛，变局斯暴。天德不昧，往运斯复。
笃生哲人，障狂百六。重辟天宫，再启灵箎。迹始南疆，声施北陆。
群来饮河，或升或斛。扶余之裔，渤海之育。若梦初悟，仰集檀木。
阐发大明，攸系来辐。筚路前启，今固其俶。春阴式颁，孤阳始曝。
万众齐首，拭目熀煜。悲号莫追，遽云皋复。道弥人天，运讫季叔。
成仁固宜，后死曷福。文武化龙，东明击鹿。眷眷丹诚，万众同哭。
殉命遗书，丁宁反复。上祈教侣，扶持危独。中哀世乱，丽血飞肉。
并喝仇邻，虔甚蛇蝮。嗟乱之极，众在漏屋。劫网重重，火剑簇簇。
斯贼未效，驯魔莫伏。悠悠斯世，来者为孰。岩岩三危，神光攸沐。
天京有基，思皇有麓。乘麟上朝，百灵来仆。庶几诉帝，俾我再禄。
国还于盘，道光如昱。于千万年，歌祷饘粥。临奠一恸，血泪盈掬。

维

[韩国]申圭植

天祖降世四千三百七十三年秋八月望日壬子，我大宗教罗哲弘岩先生殉教于九月山。越明年三月十五日，海上后学等追慕英灵，为文述哀。其词曰：

呜呼邦国殄瘁兮，世道何其凌夷。逖矣教化颓废兮，民气徒以萎靡。帝遣天使谪降兮，大宗复活于兹。适值妖氛涨天兮，魔障牢不可破。排万难历千劫兮，吾教稍有端倪。师日余诚未至兮，入山修道有年。闻苍生之疾苦兮，三日斋沐祷天。坛村民病俱苏兮，偕来咸拜天真。

皇祖眷佑四方兮，神化远被西邻。回首故国山川兮，眼前狐狸纵横。哀我民族呼冤兮，日月惨澹无光。三圣词[祠]堂亲诣兮，为民赎罪自戕。噩耗忽传内外兮，仲秋节日罔极。比耶稣之磔列兮，其情尤可恻怛。异域亡命余生兮，闻其耗而痛切。大教中兴未艾兮，吾师易箦何速。后死者之无依兮，望仙驾而莫及。大东民气未灰兮，继其志者不乏。在天之灵阴助兮，神邦赖以光复。白山若砺碧海如带兮，灵魂千古不灭兮，来聆哀文兮，普天同声一哭。

挽安义士重根

[韩国]申圭植

挥泪辞母也，断指誓众也。痛恨未酬素志，不辞杀敌捐躯。
寰宇一时尽震，惊先生不愧真烈士。
维持平和乎，恢复独立乎。未免孤负遗言，竟容大盗移国。
江山无地理骨，问后死何以慰英灵。

吊闵泳华君（辛亥十月二十三日）

[韩国]申圭植

呜呼仁棣，惜哉芳年，其奈今日，遽至长眠。北游壮志，断断无地，修养学问，惟我国家。偶尔一病，颓唐贴席，故友在傍，日事药石。今焉已矣，伤尽何堪，素志未遂，幽明同感。青年罪恶，君或代赎，生者猛省，逝省勿恨。惜万里殊域，埋尔枯骨，执绋一哭，青山欲裂。魂号有知，倘其凄怅，至诚愿祷，天宫在上。

（以上摘自申圭植撰，金东勋、李先汉主编《申圭植诗文集》，民族出版社，1998 年）

束装

［韩国］申圭植

今夜笼中鸟，明朝海上鸣。忽闻风浪急，谁能共我舟。

发汉城渡鸭绿江

［韩国］申圭植

大江如彼逝，何日更归东。无数宜阳子，声声博浪中。

抵燕京访晴［晴］籑［蓑］

［韩国］申圭植

汉城一别三千里，落日燕京访故人。有泪无言相视久！中华消息倘其真？

寄徐血儿（民立报社员）

［韩国］申圭植

幸逢徐血子，愿遂识荆州。一管千钧力，两眉万种愁。
海东无日月，海上有春秋①。倘认青丘子，苦心同气求。

① 上海有徐君撰《春秋》。

和山阴王文富

[韩国]申圭植

雨打风鸣夕波起，同舟不畏好经过。几处欢呼新日月，孤生痛哭旧山河！
海上烟尘依旧样，山阴夜雪近如何？惠投薪胆真多感，对酒无妨扫敌歌。

寄韩兴君

[韩国]申圭植

矢志男儿仗剑行，奋身当日各奔忙。申勤寄语韩兴子，存楚椎秦两不忘。

自遣

[韩国]申圭植

胸海倾相吐，疑云拥不开。岂是潜藏祸，又非自荐才。
断断无他意，区区有此来。始知丧国物，累累独悲哀。

有感

[韩国]申圭植

爱憎无私意，向背惟公理。何为种族争？恐作渔人利！

宝剑赠黄克强

［韩国］申圭植

先斩穷凶大怼人，次歼渝约背盟邻。余锋扑灭群妖物，投太平洋洗血尘。

赠孙中山

［韩国］申圭植

荆天棘地一身轻，楚水吴山路不平。铁血强场当日愿，数千万口是同声。

寄静庐

［韩国］申圭植

自愧初心热血流，江南万里一孤舟。和风大陆人同乐，妖祲东方我独愁。
碎首无庭鸣楚急，椎声有日击秦仇。黄昏谁指茫茫路，静庐帷中运妙筹。

寄彝堂

［韩国］申圭植

何必现身说法通，菩提树下乐无穷。明心见性知耶否？悟到空空亦不空。

赠弘岩先生

［韩国］申圭植

去年今日共囹圄，歌咏阿斯气尚豪。只雁南飞何处向？白山黑水路迢迢！

赠宋渔父[①]

［韩国］申圭植

风云开革幕，雪月满渔矶。汉运中兴日，秦仇未报时。
松茂能知悦，猩亡还可悲。倘记龙公馆，青丘血泪儿。

赠治公

［韩国］申圭植

铁衣关塞月，霜剑秣稜秋。将功多北向，赍志更东游。
救世惟公理，弥天之我忧。长风吹万里，别意共悠悠。

夜与诸棣小酌共题诗

［韩国］申圭植

去年今日坐西楼，细雨疏风感九秋。晚节经寒尚无恙，青春钟爱可销愁。
死马苦求人易笑，生鳏强饭酒难谋。休恨浮萍随处泊，元来宇宙一虚舟。

---

① 宋教仁，号渔父。

木落鸿鸣人在楼，天涯游子易伤秋。前宵惊洒思亲泪，异域难埋去国愁。
顷刻风云观世变，转旋穹壤仗谁谋。斯翁矍铄群贤秀，泛彼横流同我舟。

送杨春时赴湖北

［韩国］申圭植

天涯沦落未同归，万事苍凉又乱离。从此行吟知者少，当时道德似君稀。
青春忍赋江湖梦，白眼看来天地非。昨夜东风消息恶，那堪回首百花飞。

寄南社

［韩国］申圭植

东风猎猎浪相惊，中夜沉沉苦未醒。从古燕南多慷慨，只今沪上最文明。
秘密丧权哀覆辙，鼓吹无力惜时名。痛哭不干五年泪，茫茫何处觅秦庭。

太一遗书感赋

［韩国］申圭植

寒风吹大野，落叶满长江。先烈遗芳史，余生痛国殇。

李忠武公闲山岛纪念

［韩国］申圭植

光前耀后立恩功，百世难忘忠武公。誓海盟山成铁甲，倭兵十万化沙虫。

孤愤

[韩国]申圭植

去去东流水，何悭掠我还？涓涓经百折，尚在万溪间。

赠黄界民

[韩国]申圭植

风云会一堂，同气相求者。明血格神人，妙香满天下。

（以上原载于《独立公论》第 3 期，1936 年）

梦金演性

[韩国]申采浩

金号一愚，居杨[扬]洲（忘其洞），财可中产。曾与同留成均馆，前后可六年。乙巳五条约成，与许旺山入岭东倡义。其本家为日兵所焚掠，既而许被擒死，兵散，金走渡江。壬子余在海港，有传某在北间岛某地，其后不相闻已十年矣。夜梦忽见金千里访余，握手道古如平昔，既觉，挥涕诗。

满天风雨一灯寒，共话联衿到夜兰[阑]。岐路十年成远别，雪山万里阻平安。
孤忠本位韩仇出，壮士宁愁蜀道难。梦里相逢犹不易，回嗔晨馨太无端。

赠别期堂安泰国

［韩国］申采浩

大风刮尘地满天，匹马萧萧东向旋。雪下荆卿论剑市，春回王建种稌田。
残灯共草壬辰史，野路争传甲午年。一剑扫倭时事定，�［瑶］琴弹月卧林泉。

述怀二

［韩国］申采浩

鸡狗于人本无罪，只为口腹日杀之。惟有强劝而已矣，空言仁义欲何为。
席门谈道真适士，手剑斩人是快儿。云云圣哲果何者，高标二字谩相欹。

（摘自延边大学朝鲜文学研究所编著《20 世纪中国朝鲜族文学史料全集》第 4 辑，延边人民出版社，2009 年）

五月二十九日五言诗一首

金鼎奎

闻行人之说，倭兵入者介介，败亡而死者二百余人，义兵死者亦三十余人，为吟数句韵：

西来问消息，一喜又一悲。倭贼丧胆日，义士吊魂时。
孤城悲羌笛，间［问］道从汉旗。出门又远望，北书来何迟。
人生感意气，慷慨有所思。晕月一天照，阵云千里随。
丈夫宁死义，少年不好师。太平问何日，兵声西北陲。

六月三日五言诗一首

金鼎奎

忽有门弟河奎，自本邑转至朱温仲坪，受玄玑衡来书示亡。余奉读再三，长叹下泪而已矣。慨然为诗曰：

时来闻消息，叹息为嘘嘻。暗垂新亭泪，空抱黍离悲。
有谁扫孔庙，无人保城池。仰天祝关帝，依案泣仲尼。
忠臣尝胆日，义士奋臂时。回首扶桑柱，洒泪先春碑。

七月二十三日五言诗一首

金鼎奎

秋风山下庐，跪坐读军书。东土夕阳里，北方多事余。
心旗摇远道，意马驾征车。再拜祝孙武，愿今贼扫除。

八月三日杂言诗一首

金鼎奎

哀哀父母，生我劬劳。迁之燥湿，以乳以袍。养至八岁，命入乡塾。诵诗学书，奄过十六。又就外传，七年游读。父兮资粮，母兮裁服。非父何学？非母谁育？欲报其德，昊天无极。我生我生，遭此荆棘。寸心未报，征南征北。人皆近侍，我何不得。密密衣缝，母恐归迟。惩忿慎言，父命在兹。今我生日，心实感悲。陟岵陟北，白云南望。哀哀父母，思我不忘。思我不忘，倚门倚间。云胡不归？归欤归欤！秋露凄凄，我生之辰。惟余小子，万不逮人。放浪形骸，奔逐风尘。不定不省，游又无方。况此世路，空遗忧伤。我生之日兮，我歌且长。

胡不归胡不归？父兮母兮景入榆桑。扫渊庵而置床兮，积千圣之万言。中有我而闲坐兮，茶初熟而酒温。水清清而山高兮，对松月其开门。宜妻子之湛乐兮，同友人而讨论。登咏坛而鼓瑟兮，卧脆亭而倾樽。我有是而不乐兮，土地属于谁乎？彼犬羊之横行兮，奈狐兔之践蹂？轼越蛙而愿报兮，得韩卢以欲走。复我东之旧疆兮，乐其乐而供父母。胡不归胡不归？父兮母兮安康否？

九月十二日七言绝句一首

金鼎奎

南方文气北方身，无事醉歌有酒邻。我国同胞二千万，忠肝义胆几多人。

十一月二十日因感李俊之死于海牙遂为之诗曰

金鼎奎

人必皆恶死，君独不爱生。当日裁判席，扶义吐血情。
痛哭两三日，国事终不成。抽刀揕胸胁，披肝溅血精。
呜呼君死否，万国有风声。此死知不死，大义千秋明。
生者今无地，死者反为荣。欲招死者魂，吊此生人名。
此生良足耻，古离风雪程。同胞二千万，几怀此忠真。

庚戌一月一日五言诗一首

金鼎奎

去年罗南客，今日江西人。人皆喜佳节，我独悲良辰。离家半千里，又见一年春。国泪兼家思，痛〖饮〗两三卮。酒本忘忧物，不醉将何为。忽焉诗歌发，诗非爱吟时。为持一樽酒，远慰诸同胞。迨兹献岁后，一心会结交。一心斯为国，共登烟花郊。

四月二十七日偶吟一首

金鼎奎

满天风雨入山家，读罢孙吴堪自嗟。杨柳孤城羌笛乱，扶桑千里夕阳斜。
神筹我欲坐帷也，强力谁能挽国耶？一片孤舟风不利，茫茫大海问津涯。

六月二十二日读侠义传为题篇头

金鼎奎

铁石体难改，桂姜性不移。丈夫宁可死，决不受人欺。

十二月十八日七言绝句一首

金鼎奎

信知春色遍天下，又与故人相对款。起望东天因敬祝，使吾家国报平安。

壬子正月一日五言诗一首

金鼎奎

是日问何日，天下皆知春。道当穷时通，人必屈处伸。满酌柏叶酒，敬起祝天神。
挽回我国权，保佑我家身。更酌一杯酒，慰我大韩人。顾諟天明命，一向作新民。
待时者几多，为事须及辰。神檀枝生生，仙李叶蓁蓁。洪运人聚艮，至德帝出寅。
而今云谁思，陟彼采山榛。身虽在幽谷，心常入风尘。抉[扶]老来周岐，尝胆卧越薪。
听芙蓉江声，几人来问津。时事雨相适，万物皆得新。欣然望南天，和气渐氤氲。

一月十五日步月有诗

金鼎奎

娟娟今夜月，天上人间来。无言步月立，忽忆故山梅。江南春色早，寒梅应欲开。
不知今夜月，几人望故乡。天涯看月色，月色同汉阳。安得随月影，照去我东方。
安前千里近，月下孤影寒。出自望乡台，欲问思君滩。思君不可得，悲歌又长叹。
儿曹学旧俗，呼马且呼牛。隔墙酒歌起，远村灯笼浮。物态似故园，江山非吾州。
光武旧老在，来说盛朝时。于今无复睹，荆棘满眼愁。入门倾余杯，愤泪谩吟诗。

七月三十日七言诗一首

金鼎奎

饱食暖衣几多人，白纻秋衫不胜寒。我曹本是韩种子，父母是韩兄弟韩。
暮雨山中黑冠散，秋风江山白衣寒。黑冠白衣何处多，天是大韩地是韩。
多年垦上为何事，悲歌落日天又寒。生而不归死而归，秋梦夜夜归大韩。
渔歌一曲惊岁晚，落叶萧萧秋气塞。渔夫汝亦渡江否，豆满一带分华韩。
慕义山色秋气多，豆满江声剑心寒。大韩大韩韩何在，一片中心保有韩。
万国兵声落梅花，少年毛发惊秋寒。循环一理秋复春，何处青山非东韩。

九月六日七言诗一首

金鼎奎

落叶萧萧秋正悲，楚歌四面我何之？侧身天地多荆棘，回首河山尽虎狸。
畏死偷生非士子，赴汤蹈火几男儿？中宵大读出师表，韩水东南太极旗。

（摘自延边大学朝鲜文学研究所编著《20世纪中国朝鲜族文学史料全集》第4辑，延边人民出版社，2009年）

立志出乡

[韩国]金承学

闻道罗鲜国，新开别乾坤。妄想游说计，今渡鸭绿江。
王韩两巨头，不识何许人。外敌蹴扈廷，士当投笔时。

狱中感怀

[韩国]金承学

问哭老师又哭亲，人伦罪恶重吾身。铁窗吊月因无色，面目泪汗自湿巾。
处世忠心超凡老，奉先诚力出天真。雪夜霜朝出寂地，谁能代我扫坟尘。
我生我长素寒微，母织父耕妻采薇。不事家生贫若洗，衰侵鬓发雪纷飞。
手植庭槐成棘荫，传来墓幕弊柴扉。傍人莫笑行无迹，徐待公论定是非。

五十而觉

[韩国]金承学

如昨生过五十年，世情晚觉始知天；六尺虽系缧绁下，方寸恒在无台边。
好事备尝三国狱，无功猬忝两朝恩；丧家亡国因何故，总是未醒事大眠。

（摘自延边大学朝鲜文学研究所编著《20世纪中国朝鲜族文学史料全集》第4辑，延边人民出版社，2009年）

平生志

[韩国]金祉燮

万里飘然一粟身，船中皆敌有谁亲。崎岖世路难于蜀，忿愤兴情甚矣秦。
今日潜踪浮海客，昔年当[尝]胆卧薪人。此行已决平生志，不向关门更问津。

仗义挺身

[韩国]金祉燮

丈夫挺身立，无语剑自鸣。千秋未尽恨，都付易水声。

（摘自延边大学朝鲜文学研究所编著《20世纪中国朝鲜族文学史料全集》第4辑，延边人民出版社，2009年）

会宁狱诗

［韩国］金中建

朔风吹我送乡关，飞雪寒云客味酸。谁喜更瞻彼日月，奈羞忍踏此江山。
群啼世界孤情热，一笑乾坤万事间。到此偷生何所足，以其道在是人间。

（摘自延边大学朝鲜文学研究所编著《20 世纪中国朝鲜族文学史料全集》第 4 辑，延边人民出版社，2009 年）

守国魂

［韩国］全德元

家败国亡军亦败，今拘此狱岂偶然。宁为死节韩家鬼，不欲归降对一天。

（摘自延边大学朝鲜文学研究所编著《20 世纪中国朝鲜族文学史料全集》第 4 辑，延边人民出版社，2009 年）

国耻

［韩国］卢伯麟

风雪鸣雄剑，月星开阵障。三军不复起，国耻十年长。

（摘自延边大学朝鲜文学研究所编著《20 世纪中国朝鲜族文学史料全集》第 4 辑，延边人民出版社，2009 年）

塔铜公园口号

康白情

此地去年闻独立，鸭江为暖海为寒。只今犹见英雄血，半着樱花半杜鹃！

五月二日朝鲜

（原载于《草儿》，亚东图书馆，1922 年）

夜过朝鲜海峡

力山

山绵延而水回环兮，此箕子之故土。月低徊而不忍去兮，慨江山之无主。苟朝鲜之有人兮，其安能忍与此终古。

（原载于《学艺》第 4 卷第 6 期，1922 年）

怀朝鲜金判书允植云养

周馥

从来忠信困风波，如此风波奈尔何。援手恨难身缩地，含冤竟比石沉河。
象胥馆里谋谟在，鳄窟洲边岁月多。屡欲作书犹待发，近闻魑魅尚纷罗。

（原载于周馥《玉山诗集》，1922 年）

怀朝鲜鱼参判允中一斋

周馥

长髯方颊辩词雄，裙屐翩然过海东。信有孤忠能报国，偶来一揖见名公。
万言痛效长沙哭，三黜欣追柳下风。自是兴衰关国运，莫将身世论穷通。

（原载于周馥《玉山诗集》，1922 年）

朝鲜金居士赴至，年八十七矣，哀而歌之

张謇

破晓飞来尺一纸，开缄叹嗟泪盈眦。朝鲜遗民老判书，生已无家国俱死。
国何以死今匪今？主孱臣偷民怨深。强邻涎攫庇无所，昔尝语公公沉吟。
自是别公四十载[①]，东海风云变光怪。居州独如宋王何？楚人甘受张仪绐。
一窜投荒不复还，国社夷墟犹负罪。李家兴废殊等闲，河山辱没箕封贤。
白发残生虏所假，赤心灰死天应怜。噫吁嚱！朝鲜国，平壤城；
李完用不死，安重根不生，运命如此非人争！居士低头惟诵经，
诵经之声动鬼神。后生拔剑走如水，亡秦三户岂徒然？从会九京良有以，
公胡遽化九京尘？浲患缠忧八十春。回忆南坛驻军日，肠断花开洞里人[②]。

（1922 年作，摘自《张謇全集》第 5 卷，江苏古籍出版社，1994 年）

① 癸未与公别。
② 花开洞，居士昔居处。

秋夜述怀（壬戌）

［韩国］申采浩

孤灯耿耿伴人愁，烧尽丹心不自由。未得天戈回赫日，着将秃笔画青丘。
殊方十载霜侵鬓，病枕三更月入楼。莫说江东鲈脍美，如今无地系渔舟。

（原载于《独立公论》第 3 期，1936 年）

汉城恨（并序）四首

李述庚

吾乡□水，与朝鲜毗邻，鸭绿江界其中。盈盈一水，南北相望，故朝鲜遗民多渡江而居，渐迁于内地，日久繁殖乃生息于中国。余暑假家居无事，往寻彼等坐谈树下，偶话及彼国兴亡，则不觉悲戚中来，潸然出涕，余亦为之唏嘘不置。其为余述朝鲜志士潜谋救国之事，慷慨激昂，淋漓悲壮。静聆之余，神虽奋而心弥伤，热血男儿足为三韩生色。今偶忆其事，聊为短歌行，以志感焉。

天道何无情，生为韩遗民。初知世事时，饱尝亡国恨。
前朝辛酸事，那堪共再论。回首同江畔，飘游烈士魂。
男儿值国难，忧思一何深。念及殉身者，俯仰内伤心。
故乡非吾地，岛国是仇人。偷生岂我志，远行拼此身。
皎皎明月光，照彻地上霜。志士岂畏冷，匍匐母墓旁。
萧萧北风劲，吹人衣衫凉。念及家国事，点点泪沾裳。
母去儿侍侧，儿行母渺茫。母魂与儿身，今后别离长。
心存捐躯志，前途险难量。凄凉黄土墓，再见喜当狂。

凉风起天末，海水激波涛。志士今诀别，亲朋尽魂销。
对泣声幽咽，热泪洒绞绡。君行须珍重，天涯路途遥。
精诚冠天地，颈血浇宝刀。不喋仇人血，身葬异乡郊。
昂首汉城望，怨气聚九霄。此后幸成功，光复沉沦朝。

云天色黯淡，流水声凄怆。异地添别恨，频忆故江乡。
烈愤填胸臆，刃仇热情狂。发而未之中，此生为国殇。
身死志不屈，祖国生荣光。风雨凄清夜，羁魂暗自伤。
千里家山远，身亡愿未偿。闻者为泣下，徘徊以彷徨。

（原载于《南开周刊》第 51 期，1922 年）

闻朝鲜亡有感

王桐龄

其一

回首西瞻一怅然，箕封苗裔总堪怜。壮夫自合拼珠碎，弱主何心愿瓦全。
谋国有人工献地，救亡无策只呼天。在明就义重根死，剩有降王食俸钱。

其二

兔死狐悲只自怜，伤心莫赋黍离篇。恨无利剑屠金鸥，剩有哀音泣杜鹃。
志士壮怀班氏笔，英雄末路范蠡船。摩挲两鬓萧萧甚，惆怅西风又一年。

［原载于《益世报》（北京）1923 年 3 月 21 日］

亡国泪（并序）

国人

高丽志士韩某愤家国沦亡，因易装至宁读书，学成归国，行至安东附近荒僻之地，为人所杀。予闻而哀之，因作此篇。

黄沙阵阵鸟惊飞，黑云片片压天低。风摧草木声萧飒，更有胡笳呜咽吹。

可怜寂寂空山里，万古长眠知是谁？腹破肠穿肢体残，被谁抛入荒山里。

山中冷月淡无光，夜夜乌啼啼不止。行人过客总凄惶，共道“高丽一志士”。

志士身当国乱时，汉城烽火剧堪悲。朝中水火东西党，宫外铜驼空泪垂。

一朝国破山河碎，四顾茫茫惟血泪。间关万里到中华，壮怀未晓何时遂。

可怜阿母年六十，两鬓飘飘双袖湿。临别殷勤泣致词，道儿“此去漫相思，山河恢复会有日，只恐老身无见期。陆行多虎豹，水行有蛟螭。吾儿好自爱，阿母不能随”。

拜别百行泪，山河草木亦凄凄。闺中少妇年二十，对此如何不饮泣。

“忆自来君家，君心恒苦悲。今当长离别，教妾若何为。他年君归能尽责，只愁妾化山头石。”

出门天地黑，泪洒江海红。一去不回顾，怒目海云东。

长白山头看落日，摩天岭外起悲风。嗟吁乎复嗟吁，志士生涯类转蓬。

寻师从此走天涯，哭望河山万事赊。黄海怒涛连夜涌，风云大地痛无家。

一肩淡月征程上，衣衫尽改前时样。逢人诡说汉人民，无限凄凉只自怆。

登山涉水到江南，北望长城落照寒。收拾满腔家国恨，漫将热泪洒阑干。

摄心一意攻书史，惟冀他年雪此耻。见人默默背人愁，岁月悠悠嗟逝水。

“我有宗国，苦不能归。我有家室，苦不能回。我有田亩，恐非我有。我有朋友，何时聚首。感此断人肠，百忧躯不走。”

去国无端已十年，湖山未许再留连。一声长啸欲归去，风尘碌碌起云烟。

回首十年内，何日不慷慨。为念白发亲，肝肠已寸碎。

飒飒秋风高，舟车道路遥。

滚滚黄流天际落，骀人遥指芦沟桥。可怜路上思归客，一夜乡心鬓已萧。

荒村旅邸正凄寂，冷月无声来盗贼。但有强权无是非，可怜志士忽殃及。

敲仆棰一任他，白云苍狗生仓卒。碧血长开塞上花，游魂寂寞关山月。

国仇未报身先死，十载勤劬付流水。从古杀人应抵罪，志士被杀不如此。

无故杀人人不许，志士被杀人不阻。见人被冕例营救，奈何志士被杀旁观尽不语。

转闻杀人翻有功，此理人间无解处。风萧萧兮雨萧萧，可怜白骨委荒郊。

此恨绵绵何时灭，白发红颜空盼泣。

君不见鸭绿江，水呜咽，长白山，风萧飒。

万籁无声大地愁，天阴鬼哭声啾啾。

［原载于《江苏省立第一师范学校年刊》（苏州）第1卷第1期，1923年］

哀韩国诗

练达向英

其一

惟世二十纪，争长殊不良。侵国先侵权，灭种先灭疆。不战夺人地，残害过虎狼。哀哀三韩部，乃罹此祸殃。昔为日与韩，今为主与臧。昔者常独立，今竟不平行。悲我旧藩国，言之使心伤！

其二

山河虽如昨，衣冠倏已非。帝王封昌乐，赋臣纵虏威。鸡犬不宁息，倭族肆毒虺。生灵日夜泣，驰逐将安归。

其三

乞师无包胥，无衣孰为吟？兴灭无叔时，取怀谁复陈。主盟无齐桓，攘夷谁故邢？悠悠箕衍裔，永作扶桑民！出言詈降虏，楚痛乃有今。吾侪须努力，斯鉴不远殷。

［原载于《洞庭波杂志》(北京)第1卷第1期，1923年］

浮碧楼即事

颖人

秋眉凝恨伴哀歌，只令当筵唤奈何。不待后庭花唱彻，新亭举目此山河。

［原载于《铁路协会会报》(北京)1925年8月25日］

初入朝鲜

颖人

王气消沉尽，何人念报韩。更无屠狗客，满眼白衣冠。

［原载于《铁路协会会报》（北京）1925 年 8 月 25 日］

过鸭绿江大桥

颖人

衣带相望户闼通，卧波旋转见神工。江中鱼鳖今无用，闲杀东明击水弓。

［原载于《铁路协会会报》（北京）1925 年 8 月 25 日］

日舰伏见丸在湘妄杀华人有感

云南化一子

时事伤怀怒目瞋，倭奴小丑跳梁频。无端湘水兴风浪，侵我国权杀我人。

［原载于《五九》（上海）第 6 期，1925 年］

读朝鲜亡国史有感

云南化一子

伤心泪洒朝鲜史，掩卷吁嗟不忍观。人力回天怀壮志，中流砥柱挽狂澜。

［原载于《五九》（上海）第 6 期，1925 年］

池都草堂笔记：安重根

胡蕴山

高丽安重根，曾留学美洲，智深勇沉。归国，愤日本占其领土，伊藤助虐，思欲得而甘心以报国破家亡之恨。其刺伊藤也，尾之数千里，一击而殪之。被逮后，羁囹圄数月，鞫讯数次。问刺之何故，曰："报国仇"。又问既刺中，何不逃，将被执，何不自戕，曰："身为匡复军一中将，安有逃理？一息尚存，当留此身为故国之用，岂肯效匹夫自经于沟渎！且吾正欲使日本之强暴，表白于天下耳！"其母传语曰："汝其死于芳洁，无玷吾门风。"重根闻之感极而泣。最后判决，处以死刑。其同行三人，监禁二年、三年有差，临刑之日，颜色不变。观者黄白种人，皆为之起敬。韩国有此母子，韩不亡矣。予曾作《秋风断藤曲》，以咏其事，曲曰：

扶桑烈日炎威骄，酷暑撑空火伞高。照见东方箕子国，海潮为涸地为焦。
个中草木偏爱暖，烘开樱花大如碗。王侯将相擅繁华，鸣玉锵金红叶馆。
红叶红葩映红云，妖姬侑酒醉元勋。柘枝舞罢天魔舞，搅乱心情苦不分。
终日昏昏醉未醒，孤行独诩工驰骋。万军护卫向冰天，猿鸦哀鸣莫自省。
眚瞳藐视夸豪雄，天地黯惨生秋风。藤萝缠纽虬枝结，白龙堆上驻青骢。
突有书生拔剑起，剑光闪烁月光里。敢辞崎岖霜雪寒，吃紧追随数千里。
悲歌讵敩高渐离，副车堪嗤博浪锥［椎］。智深勇沉审时动，一击竟中天殪之。
漫说老藤根坚固，牵枝罥叶相依附。剑光斫处血光红，点点飞溅丹枫树。
藤兮寸断恨暂消，拼将此身殉蓬蒿。天若有情天应泣，岂真性命轻鸿毛。

回头转盼昴[昂]藏侣，七尺须眉奋高举。尝胆卧薪报国仇，恢复山河奠樽俎。

吁嗟乎，大贤虎变谁能知，一怒直教炎威移。枯藤委泥凄风吹，何如千春烈士芳名垂。熊香海师，亦有此题，足以激发忠愤。今检旧簏，稿已遗佚。惜哉。

[原载于《五九》(上海)第 15 期，1927 年]

朝鲜道中七首

黄炎培

马訾浿列订名难，黄土千年战骨寒[①]。风水萧萧人不返，过江白尽客衣冠。

二八生成说九畴，洛书精义待谁籀。大同江上传疑冢[②]，石不能言水自流。

秘苑秋深箭道封，君王无复走花骢。应门老监头如雪，相映宫槐火样红。

彼美西方觉路开，杨枝一滴唤春回。如何北汉山头月，盼断云中君不来[③]。

梦毂奔雷语未通，使君剑佩气如虹。春霆一震天无色，谁识霜髯六十翁[④]。

丽仗山高绿荫新，频婆拳大玉圆匀。杭眉亭外波如镜，捧出东施一段颦[⑤]。

占蝉古碣委蒿莱，王李雄圆付劫灰。此日江山犹号汉，重来那得不低徊。

[原载于《辽东诗坛》(大连)第 29 号，1927 年]

① 马訾水，今考定为鸭绿江，浿水、列水尚未考定。

② 箕子冢在平壤玄武门外。

③ 一九一九年，威尔逊倡民族自决，朝鲜人因之运动独立。每夜北汉山下集数万人，盼威尔逊坐飞机来援。

④ 一九一五年九月，总督斋藤实赴任，车抵京城，爆弹突发，掷者朝鲜六十余龄老翁也。

⑤ 水源西湖旁有亭，题曰“杭眉”，取东坡诗句意。

朝鲜京城书事

燕思材

长安西望使星微，易水归人哭白衣①。台殿久荒麋鹿壮②，冠裳如昨汉唐非③。参军帐下百蛮语，舞女尊前群燕飞。惆怅两京旧王子，扶桑不长故山薇。

（原载于《海潮音》第 8 卷第 8 期，1927 年）

朝鲜道中杂诗

燕思材

桥上征事桥下船，东来沧海已成田。人家禾黍秋风里，怅望星河共一天。

（汉江）

武陵溪路好烟霞，不到椎秦韩相家。失笑水源人好事，村村红叶替桃花。

（水源）

江月江花无古今，渔歌新带岛夷音。风波昨夜欺舟楫，添得深川几许深。

（深川）

唐风消歇已千春，渺渺沧波迷古津。一幅海霞红似锦，可堪割与卖绡人。

（釜山）

（原载于《海潮音》第 8 卷第 8 期，1927 年）

① 韩人素着白衣，此指安重根事。

② 昌庆苑为朝鲜行宫，今李氏王孙居此，而日人以动物园附焉。

③ 景福宫及昌庆苑陈列汉唐古物。

九日发船作二首

［韩国］金泽荣

沸流城外水如蓝，万里风来兴正酣。谁谓火轮狞舶子，解装文士向江南。
东来杀气肆阴奸，谋国何人济此艰。落日浮云千里色，几回回首望三山①。

姑苏怀古

［韩国］金泽荣

吴王日日奈欢何，越女如花唱艳歌。未洗千年亡国耻，姑苏城下水空多。

游狼山

［韩国］金泽荣

名山一片落苍茫，空际翩翩舞凤凰。江水倒开孤壁影，海天吹散瑞霞光。
梵王宫殿黄金贱，烈士衣冠碧草香。林魈倘怜吾惫否，危栏千尺怕彷徨。

① 汉城镇曰三角山。

正月，室人欲为小儿祈命，以义子请于退翁姬杨。退翁闻而许之，具仪如例，因命名曰光祖。望其光复祖国也，作诗纪之

［韩国］金泽荣

淮神抱送吾晚子，夙世安知非姓张。退翁置之义儿列，谅亦有说非荒唐。
长命之丝系银锁，西洋文锦纷衣裳。新年红日照增彩，两家喧哗声满堂。
老夫一笑向妻语，儿命分明长复长。从今可以安寝寐，饷余且买鸡猪羊。
独感退翁命名意，以儿欲为祖国光。嗟乎祖国寒心久，何日何时光复扬。

尹显泰同安昌浩、李钟浩见访，遂与游狼山寺一宿(尹与弟显振寓上海)

［韩国］金泽荣

禅楼高凭彩云间，花木香中梵诵闲。万里怒涛江入海，一声长啸月横山。
祖生击楫心能壮，鲁子挥戈事正艰。何日见君功业就，春风歌舞返乡关。

闻黄梅泉殉信作

［韩国］金泽荣

《麦秀歌》终引酖卮，五更风雨泣山魑。谁知素定胸中义，已在瞘瞘十咏时。
词垣谁复是真才，璧月无光斗柄摧。知否赏音人独在，青枫江畔望魂来。
茅家处士鼠年哀，曾乞荆川染笔来。今日文成君不见，秋风吹死砚山苔。
问路频烦折简中，扁舟早晚到吴淞。可怜从我淮南意，却向西山二子从。

和叶石香

［韩国］金泽荣

屠中混迹石香生，斫地狂歌气未平。今日耳根应一醒，武昌城外万鼙声。

赠朴南坡(赞翊)

［韩国］金泽荣

燕岩文章古龙门，忧时愤世多名言。若使其言得施用，韩社岂不至今存？
君是燕翁好傍裔，家门一气流浑沦。国亡不忍作臣仆，翩然拔宅穷荒奔。
穿榻远追幼安义，哭庭欲泄包胥冤。燕翁一集此相赠，好归展读松树根。
拔剑击节许生策，再令李浣惊孱魂。

噫噫篇寄李文先（箕绍）

［韩国］金泽荣

噫噫复噫噫，吁吁复吁吁。人间兴替事，夫孰主张乎。
本来小韩地，不合有邦都。簇簇万青山，只赢作画图。
箕氏始受封，南面强称孤。自后三千年，长作人之奴。
轩轩林白湖，以此愤欲殊。酒后青蛇剑，狂碎玉唾壶。
况复今日事，顽阴已剥肤。十年黄屋贵，梦蝶飞蘧蘧。
向也止为奴，今也加为俘。为俘亦何得，行且为肉鱼。
高冠窃禄者，宜受此阴诛。哀哀万黔首，罹此亦何辜。
君仕如寒女，畹晚得丈夫。秋纨径捐弃，昼烛仍泣呼。
中心之所郁，贻我一纸书。其言多感触，读半置床隅。

惟此赤县地，万古神灵区。人才富渊海，土脉擅膏腴。
文文飞孔雀，白白跳松鲈。有粥润贫丐，有乳收婴雏。
先王忠厚政，尚有遗规模。须告金允行，以及王原初。
万里直破浪，一时共携孥。傍江开一村，有如陈与朱。
使此羁孤者，时就竹杖扶。风月一壶酒，对酌歌呜呜。
洗羞万里江，湔辱万顷湖。请君闻此语，勿叹无青蚨。
人患无志耳，何患青蚨无。

韩主事自燕京寄书相问感旧有赠

［韩国］金泽荣

一片春风万里潮，吴江江上望河桥。谁怜南北相思客，曾是前韩国史僚。
燕南歌筑酒垆边，弊褐行吟已几年。知是千金皇甫帖，一时零落减云烟。
庆会楼前十顷荷，荷边笔砚对编摩。合欢半岁钧天梦，无奈罡风打破何。
夷甫诸人算庙堂，吾曹安足问兴亡。东风又见尖尖草，不见王孙返汉阳。

曹公亭歌为费范九作

［韩国］金泽荣

往者万历倭寇东，韩臣有李忠武公。奇韬妙略似神鬼，杀倭满海波涛红。
当时倭儿患疟疾，背书其名胜药功。三百年后汉江竭，修罗蚀月凶肠充。
使我奔伏淮之侧，白头欲举羞苍穹。奈何今日中州彦，篷篨之病颇相同。
慨然共思曹壮士，沫血击贼卫南通。奇功垂成身径殒，愤气化为青色虹。
叱工筑亭安厥像，横刀立马生长风。请君且揽新亭涕，与我赊酒向新丰。
一杯酹我李兵仙，一杯酹君曹鬼雄。巫阳与招魂气返，旗光剑色摩虚空。
雷鼓鼓动两国气，人间何代无勇忠。

十月二十一日往上海，劳省斋李公始荣，公为之置酒，其老友朴白岩殷植、僚佐朴赞翊、赵琬九、申翼熙及从游士黄中显诸君子，皆与在座。既归，感赋却寄

[韩国]金泽荣

瀛堧奇人两短李，昔有梧里今省斋。丹唇白皙天人骨，蚕丝谋猷冰玉怀。
东天望望国何在，长白孤根嗟已颓。太师叹噫绿云里，忠武愤怒南海涯。
三年会稽尝胆地，犀甲三千感式蛙。疾风之吹知劲草，不然何以见公才。
行当手把白羽扇，横骑天马驰天街。金星赤角摧折尽，顽雾仍喝飞廉开。
万古归来此一时，万古慷慨此一杯。正须鲸饮催昌运，孱哉谁赋江南哀。

登楼

[韩国]金泽荣

一声南雁搅愁眠，独上高楼月满天。十二何时非故国，三千余里又今年。
弟兄白发依依里，父祖青山历历边。等待槿花花发日，鸭江春水理归船。

（原载于金泽荣《韶濩堂集》，1927 年）

吊韩国烈士安重根、李载明

陈干

韩国二烈士，捐躯报国仇。箕子《麦秀歌》，悠悠三韩水。

（原载于陈隽、佟立容编《陈干集》，香港：天马图书有限公司，2001 年）

朝鲜道中率成（二首）

孤桐

深宵越国听关筹[①]，触眼题名新义州[②]。
幕府声威存庙貌[③]，使君功罪记源头[④]。
人亡何怪邦随殄，法峻而今力暂遒。
满路白衣高笠客，为忧为喜绪难抽。

此邦风物似长沙，尽日车行见水涯。
矮稻绿依红女面[⑤]，小松青拂白人家[⑥]。
河山破后犹能好，禾黍歌残惨莫嗟。
整幅天然溪谷画，马关西望别情赊。

（原载于《国闻周报》第5卷第22期，1928年）

哀朝鲜

汪企张

萧萧易水逝荆卿[⑦]，博浪空椎悲结缨[⑧]。稽绍血斑干帝泪，后庭花送隔江声。
鸿哀莫大心先死，鸭绿长流意不平。禁内悲笳哽咽处，若敖鬼夜哭韩京。

（原载于《医药学》第5卷第3期，1928年）

① 夜过安东。
② 过安东境，即朝鲜新义州，为日韩合并后之新名。
③ 武壮祠堂犹在。
④ 谓洹上。
⑤ 韩女喜衣红。
⑥ 韩人衣白。
⑦ 安重根。
⑧ 李在明。

韩人自由歌

莫雪汉 录

自上海虹口公园发生炸案后，全球震动，此为被压迫弱小民族之革命志士对帝国主义者之小小警告，原无大奇。所可奇者，即主持此案者之韩人金九之《报告书》与其掷弹之尹奉吉志士。金九由一八九六年开始谋韩国独立运动，曾谋杀屠杀韩国之敌将士田，被捕，逃出为僧，在流落生涯中，时或放任其独立运动，因此激起韩国民族解放革命运动之狂潮，最近组织爱国团，专事革命工作。尹奉吉受革命狂潮之影响，加入爱国团为团员，以救国为己任，誓以身殉。此次掷弹前之誓词曰："我誓以爱国团员之一员，仇杀敌之侵略中国将校，疾呼我国韩国之独立自由。"聊聊三语，可作韩国革命之经典，吾人之观摩，诚可以昭日月，动天地，泣鬼神，感群伦也。忆自朝鲜亡后，其国革命志士之奔走呼号，已唤醒大韩民族，故其自由歌云：

奴隶我神圣之民族兮，强占我膏沃之田园兮，酷爱自由兮，我大韩民族，活泼泼前进兮，正义之双拳。

抹杀我特殊之文字兮，禁止我固有之语言兮，酷爱自由兮，我大韩民族，活泼泼前进兮，正义之双拳。

剥夺我贵重之权利兮，束缚我神圣之自由兮，酷爱自由兮，我大韩民族，活泼泼前进兮，正义之双拳。

我衰老之父母，酷受桎梏之痛，我柔弱之姊妹，饮泣剑头之魂，酷爱自由兮，我大韩民族，活泼泼前进兮，正义之双拳。

倭奴之剑戟兮，虽云森严，吾无畏惧兮，唯我正义，酷爱自由兮，我大韩民族，活泼泼前进兮，正义之双拳。

（歌词原载于南京国防部军事杂志社《军事杂志》第 4 期，1928 年，无歌前"序"言；转载于《军事杂志》第 52 期，1933 年，题作《韩国自由歌》）

朝鲜釜京车中见民舍

邹鲁

车从釜山发，北向京城行。沿途见民舍，最足动我情。
东歪复西倒，悉杂在棘荆。屋皆茅所盖，壁尽泥所成。
宽广不三丈，内观无一楹。百物莫蓄积，乱草却纵横。
牛马同寝处，鸡鹜共杯羹。山水何美丽，居者不聊生。
禾麦何秀实，耕者不得烹。纵甘为奴隶，生机仍难萌。
此情一何惨，只为亡国氓。

（原载于《屯垦》第 1 卷第 2 期，1929 年）

高丽城感作

王丕烈

荒墟无极远悠悠，此地苍茫冷更幽。几见秋声随塞雁，偶经樵牧吊松楸。
夕阳鸟下韩宫树，辽水帆斜杜若洲。试道当年兴废事，鹧鸪声里远村讴。

（原载于《东北大学周刊》第 64 期，1929 年）

游朝鲜昌庆苑

陈宝鉴

古国怀箕子，苍茫夕照低。山河原未改，池苑已生悲。

玉辇和亲去，金瓯寄命谁。福溪门外望，禾黍更离离[1]。

（原载于《实报增刊》1929 年 12 月）

红颜黄土行

吴芳吉

贵如黄金，金有五都市。逝如江流，江有回头水。
人生堕地从此死，朝朝死去无停晷。
我生不带一丝与粒粟，谁非天地父母之抚育。
我生不识人道与禽域，谁非圣贤豪杰之庇覆。
不思答报空踯躅，奈何踯躅长碌碌。
蒸民四百兆，岂无知音和高曲。版图九万里，岂无要路供翘足。
文献五千载，岂无诗书耐展读。讵世之不遇，抑我之不淑。
我恨未逢轩辕氏，下涿鹿，擒蚩尤，奠华族。
赞孔子，作《春秋》，正名号，挽狂流。与子房，逃下邳，博浪沙，纵铁椎。
挥李广，破胡天，扬汉帜，勒燕然。从班生，行万里，入虎穴，得虎子。
佐武侯，出祁山，讨叛逆，定中原。救张巡，守睢阳，骂贼死，为国亡。
会岳飞，战金虏，饮黄龙，返中土。偕文公，持孤节，歌正气，肃颜色。
迎阁部，将万军，捣长白，葬故君。拜湘乡，圣哲像，质之旁，临之上。
嗟我先民多豪俊，胡为落魂独不竞。不竞可奈何，四顾心悄悄！
东望箕子国，宫阙夷为沼。战舰锁仁川，旭旗飞间岛。
更思渡辽西，进窥我丰镐。勖哉安重根，昌义代天讨。
虽则代天讨，夜长不耐晓。煌煌迎恩坊，峨峨出云表。
君臣拜上国，如哺惊林鸟。今为丘坟墟，黑铁立轨道。
嗟尔同根生，携手以为宝。不念唇齿寒，应敦宗族好。
赠尔以丰功，遗我以饿殍。茕茕一丝命，不如河边草。
南望交趾国，平原迤膴膴。先朝吾荩臣，相依如宰辅。
一日不戒虞，举国上刀俎。哀哀咸宜帝，低头就囚虏。
放之南非洲，蝮蛇眼如炬。元帅平西军，潘公廷逢者。

① 时国王赘于东京。

奉诏苍溪县，杀敌亲桴鼓。敌曰撼山易，莫当潘公怒。
公怒薄云天，睥睨皆小竖。何期身先死，鞭尸掘其墓。
从兹海南民，流离更失所。既不欲我生，恐耗一石黍。
又不欲我死，恐荒一棺土。入水饵鳄鱼，入山喂豺虎。
或驱列郊垌，试彼枪与弩。残惨何堪言，泪下如淋雨。
琉球台湾，莫匪我天。青岛威海，莫匪我宰。
港澳广州，莫匪我俦。蒙回藏卫，其忧且倍。
痛莫痛于亡国，哀莫哀于丧师。呜呼我国如睡狮，何当睡醒一振之。
呜呼人生如朝露，百年行乐奚足数。
安得读尽古今书，行尽天下路，受尽人间苦，使我猛觉悟。
我生不能立大节，虽死何足塞其责。
死而为鬼，啾啾其悔。鬼而能语，信爱红颜勿黄土。

（原载于吴芳吉《白屋吴生诗稿》，1929 年）

朝鲜游草：谒箕子陵（陵在平壤）

亭亭馆主（邹鲁）

来游箕子国，特谒箕子陵。商周盛衰早陈迹，此陵郁郁独崚嶒。

大同江水蜿蜒绕，牡丹山峰苍翠凝。佳山佳水好呵护，三千年后乃容我来登。

升阶再拜今多感，江山如故几废兴。此国文化实肇创，至今人犹箕圣称。

中间独立几朝代，属附史乘相因仍。三十年前尚一国，今竟失统被人凌。

同时国民况同化，箕圣有灵应式凭。箕井泉犹涌，箕林气正腾。

愿汲箕井水，遍将箕林澄。日看林木长且密，覆荫此陵此国千秋万世终绳绳。

［原载于《益世报》（北京）1930 年 4 月 8 日］

槛车

［韩国］金承学

去国离家廿有年，槛车回见故乡天。愁云应漠马山下，豪气暂潜鸭水边。
贩枪激动义军势，史笔惊醒事大眠。上林何日鸟头白，回节韩廷国威宣。

（原载于《独立军诗歌集》，1930 年）

哀朝鲜诗（仿造）

赵芝瑞

（一）

嗟汝朝鲜之半岛兮，实嬗递古国之一。有周箕子尝奠邦于斯兮，亦卫氏王建之故里。今惟长夏之烈日兮，纷灿烂其如初。我徘徊以忧伤兮，哀往迹之无余。

（二）

汉城之后兮山高，汉城之前兮海号。哀时词客独来游兮，犹梦朝鲜终自主也。指烈士安重根坟墓以为正兮，吾安能奴隶以终古也。

（三）

往事兮难追，故国兮汝魂何之。麦秀之歌久销歇兮，英雄之血难再热兮。彼烈士兮激且昂兮，黯首生气已伣伣兮。

（四）

徒结党东学党等会何益兮，嗟阋墙之计拙。独不念彼烈士兮，为自由而流血。余岂哀彼兮，何日复我之旧藩篱兮。倘我不暇自哀兮，后之哀我亦若是兮。

［原载于《教育月刊》（哈尔滨）第 4 卷第 2 期，1930 年］

朝鲜杂诗

阎稻农

繁华盛事属王京，士女当年乐太平。景福宫中歌舞地，只今惟有乱鸦声。

景福宫，淮海曰：盛衰之变，一读神伤。

英雄遗迹长松楸，江上犹存旧土丘。石不能言树无语，人心世道两悠悠。

大同江上疑冢，淮海曰：凭吊遗迹，无限感慨。

韩王宫殿委荒苔，汉水空流犹自哀。黎庶至今衣似雪，追思那得不低徊。

白衣民俗，淮海曰：麦秀黎汕，感慨系之。

［原载于《辽东诗坛》（大连）第57号，1930年］

旧体诗

1931 — 1940年

明月楼即席题壁

黄炎培

汉城三月春如沐，楼头故事犹堪哭。一电当年壮士名，五云今夜佳人服。
卿起舞，我作歌，歌成月色一天白，照澈汉江来去波！

一九一九年朝鲜独立宣言，诸志士集明月楼。逻者急，以电话自报姓名于警察署，皆被捕。

［原载于《申报》，1931 年 5 月 21 日］

朝鲜排华与胡蝶离林之搭题诗

王敖溪

胡蝶非胡姬，韩亦非胡地。华林虽一人，此华林乃二。一国际问题，一男女私事。
如此凑一篇，令人大诧异。语君勿诧异，理固无二致。中韩与雪蝶，本同无猜忌。
中知韩可怜，韩望中护庇。犹雪之爱蝶，蝶亦不自弃。中国倘自强，朝鲜自附骥。
犹雪能自立，蝶必来献媚。漫云韩排华，或蝶有他意。即华偶凌韩，或雪稍放肆。
料得韩与蝶，亦不至携贰。可惜哉华林，竟尔无大志。华自甘病夫，一任人窥伺。
见倭奴灭韩，不能助一臂。倭奴威风大，强将韩统治。而今韩对华，自受倭驱使。
雪亦学遗少，不知学大器。见阔人扑蝶，一任蝶憔悴。阔人手段巧，能将蝶麻醉。
而今蝶对雪，当难免异议。华林复华林，切莫再酣睡。如徒怪韩胡，毋乃太不智。
当前大恶魔，帝资两主义。欲得韩胡爱，韩胡无怨怼。笑啼俱无益，惟有除魑魅。
待到伏魔时，百事皆顺遂。民族真平等，世界皆昆季。男女真平等，爱情自真挚。
韩胡繄［系］何人，敢言一不字。此篇搭题诗，因之作而记。

（原载于《社会日报》1931 年 7 月 24 日）

平壤恨

王水

箕子陵前草离离，人亡政息语未欺。碧黍铜驼自古有，无端暗云障眼迷。
忽传陵畔起群狂，华人遇之尽伤亡。杀人如麻及孩稚，裂肝剖心复断肠。
狂人如狼害之尤，朝为良友夕为仇。群狼狂狞后有狈，荼毒弱小惯作祟。
闻道平壤国耻多，滔滔流水山峨峨。牡丹台下还埋碧，大同江血又成波。

［原载于《大公报》（天津）1931 年 8 月 24 日］

咏安重根

敖溪（王敖溪）

人道重根是志士，我道重根不足齿。当日早将完用杀，朝鲜何至于如此。
坐视权奸卖国家，胡不与贼拼生死。朝鲜本属朝鲜人，难道朝鲜只姓李。
平生盲目拥中央，那知中央即贼子。不将内贼先诛除，自然外贼难防止。
一朝沦作亡国奴，始为朝鲜谋雪耻。手刃伊藤何足奇，不过匹夫之勇耳。
个人徒博烈士名，同胞仍在地狱里。呜呼重根我心伤，尔何如斯而已矣。

（原载于《社会日报》1931 年 10 月 1 日）

齐天乐·高丽纸

紫荷

当年占尽深宫宠，柔绵易招人妒。密缕萦丝，回纹织发，妙过澄心无数。天潢故府，几远渡图门，未遭尘蠹。顿换风云，故园零落在何许。

尘烟渗［惨］澹似土，但依依对此，凝想今古。素粉泥香，朱红印小，纯庙诗笺谁睹。堪怜寸楮，也历遍沧桑，世间愁苦。寂寞江山，近来谁是主。

[原载于《八师校刊》(北京)第2号，1931年]

韩侠行

田星奎①

飞弹一炸死吴樾，五大臣惊夺其魄。蓦然侠士起三韩，长虹吐气一千尺。
轮困有胆大如牛，问何所恃铁与血。吁昔媾衅来东邻，半碎河山入蚕食。
雄王拓疆恢霸略，阁相前席工筹策。阴燔阳灼十六年，瓦瓯堕地剩残缺。
片旗一挥日轮红，版图新按变颜色。琉球台澎率先例，驱马驱牛人权失。
投肉啖虎肉有尽，君父坐见屈臣妾。侠士侠士怒如火，掀帽睨天两眦裂。
千金散尽要死友，大好头颅许先掷。卧薪吞炭暮复朝，长谋不使短鬼测。
孤身黑夜走辽沈，飞车万里好消息。万人如海欢故侯，一枪出袖声霹雳。
轰然山塌奔鸟鼠，淋漓红雨洒荒碧。碧瞳僵卧面三岛，一时之雄兀永诀。
侠士有辞谢先民，大仇未伸小仇雪。不为人奴为鬼雄，撚须狂笑吾事毕。
罪状手书十四条，行间字里森凛烈。赤跣披发见箕子，九原抱头应豪泣
而今名字重山斗，英光灏气耿日月。呜呼！秦庭剑筑交无功，博浪有椎空狙击。
侠士之侠人中杰，谁起从之歼国贼？

(原载于田星奎《晚秋堂诗集》卷一，长沙：飞鸿印刷所，1931年)

① 田星奎(1872—1958)，字星六，名瑜权，号晚秋居士，湖南凤凰沱江镇人，近代南社爱国诗人。1904年留学日本，就读于弘文师范学院。留日期间，与黄兴、秋瑾等常相往来，深受民主革命思想的影响，曾先后加入中华同志会、中国同盟会。1905年毕业后回国，主持辰沅道学务，创办学堂，并主办《沅江日报》，宣传革命。后出任四川省军医学堂提调，主办《蜀江》《醒世》两报。

念奴娇·渡鸭绿江

陈可大

水青山碧，望穿了，天边绿云缭绕。几点渔歌来对岸，引出龙吟虎啸。
正是英雄，美人偏遇，侠骨柔情吊。狂涛溟渺，怒冲冲惹我烦恼。
战迹铁血依稀，忠魂难认，宿鸟盛声噪。明灭江帆松径冷，远渡豪侠含笑。
蓄恨悠悠，恩仇愿小，漫把卿卿叫。俯仰今古，龙门且看鱼跃。

[原载于《同泽月刊》(东京)第3卷第1期，1931年]

赠朝鲜女郎

辽东漫郎

十四年春残，余与芳子，寄居奉垣。时同游某国公园，于樱花树下，见缟衣女郎，知为三韩遗民。近视之容光潋艳，丰韵娟逸，正盈盈十五之年也，顾其为状绝惨、血泪盈睫，一若对彼残红，诉其亡国苦况者。余与芳子均怆然欲泣，因赋七绝数首，以慰彼美。

潇湘锦帐一佳人，独对残红漫伤神。频蹙娥眉羞不语，空将血泪揾红巾。
暂对樱花叩国魂，好将心血洗乾坤。东风无语当垂泪，我欲无言念重根。
鸭绿江中水自流，狂涛无语恨啁啾。山河破碎空如锦，安得英雄报国仇。
春花浅草衬斜阳，隐隐尤含故国光。岂有遗民悲远照，何来玉女作诗狂。
无语山河散妙香，蠢敌侏儒太猖狂。遗民有泪终须洒，何时梦游返故乡。
遥泣中原故国青，烟城何时插韩旌。双眉频锁残樱啼，魂魄亦闻鼓角声。
花影迷离梦正酣，海东不战岂心甘。杜鹃有泪哭亡国，流落异乡非所堪。
寂寂无言泣残樱，飞来片片亦含情。低垂粉颈求一掷，夺回韩洲二百城。

(原载于《同泽月刊》第3卷第1期，1931年)

过朝鲜半岛有感

林钧宝

独上舱楼遣旅愁，高丽从岛眼底收。国亡恨有何人解？遥望京城暗点头。

（原载于《同泽月刊》第3卷第2期，1931年）

读朝鲜烈士安重根传

张磊

东亚三韩地，王朝五百秋。王位依然在，王国不复留。
可钦安氏子，矢志报韩仇。恨海思精卫，孤飞似水鸥。
豫让炭杠吞，包胥泪漫流。断指誓天地，借锥[椎]笑留侯。
一击惊天下，歼伊黑龙洲。堂堂光日月，凛凛溢美欧。
奇功欣成就，不作下邳游。烈烈高荆聂，泣岂效楚囚！
缧绁非其罪，强权严搜求。成仁兼取义，含笑上断头。
魂归宇庙暗，血洒鬼神愁。纵使身可死，岂教心或休。
寄语我同胞，莫忘国耻忧。

［原载于《矿大学生》（河南）第1期，1931年］

东朝鲜湾歌

于右任

舟入东朝鲜湾，望太白山作歌，时正读《资本论》。

晨兴久读《资本论》，掩卷心神俱委顿。忽报舟入朝鲜湾，太白压海如衔恨。
山难移兮海难填，行人过此哀朝鲜。遗民莫话安重根，伊藤铜像更巍然。
吾闻今岁前皇死[①]，人民野哭数十里。又闻往岁独立军，徒手奋斗存血史。
世界劳民十万万，阶级相联参义战。何日推翻金纺锤？一时俱脱铁锁链！
噫吁嘻！太白之上云飞扬，太白之下人凄怆！太白以北弱小民族齐解放！
太白以南以东以西被压迫者，如怨如幕[慕]如泣如诉复如狂！
山苍苍兮海茫茫，盟山誓海兮强复强。
歌声海浪相酬答，天地为之久低昂，舟人惊怪胡为此？此髯歌声犹不止。
万里转折赴疆场，我本国民革命军中一战士。

[原载于《新亚细亚》(上海)第 2 卷第 4 期，1931 年]

舟出东朝鲜湾

于右任

痛定应思痛，国魂招不还。云生绝影岛，雨湿白头山。
并力争除暴，偕亡不是顽。于思亦战友，讵奈鬓毛斑。

[原载于《新亚细亚》(上海)第 2 卷第 6 期，1931 年]

平壤七星门哭左忠壮公宝贵

王小隐

同作天涯客，追思一黯然。当公赴义日，是我始生年[②]。

---

① 李王。
② 公，予乡人也，死难于中东之战，岁当甲午，而予则乙未生。

敌国旌忠勇[1]，乡邦慕古贤[2]。凄凉人下拜，何必画凌烟。
碧血丹心地，衣冠正命时[3]。艰难余一死，幽愤付天知。
云树隔沧海，灵踪入梦思。只今残破后，凭吊又来迟。

［载于《北洋画报》（天津）第 14 卷第 671 期，1931 年］

偕任之问渔二公游朝鲜京城吴武壮祠

潘仰尧

将军伟绩标青史，留得三韩俎豆香。万树樱花三尺碣，瞻公庙貌涕沾裳。
风度何殊羊叔子，勋名不让李如松。中流砥柱今谁任，国事艰危益念公。

（原载于潘仰尧《从辽宁到日本》，上海新声通讯社出版部，1931 年）

安重根

陈复

吾慕安重根，壮举振国魂。铁钟寒敌胆，热血昭后昆。
仇雠既身死，史册复名闻。勖哉朝鲜人，为国效驰奔！

（原载于陈复《春水集》，现代文学社，1931 年）

---

① 七星门有日人所立碑，大书“左宝贵战死处”，其纪载推崇甚至。

② 公以布衣，徒步离乡，积功至于专阃，终成大节。辽宁之同善堂为公手创，至今犹为惟一大规模之慈善机关，而新民之新开河，亦公所倡导，至今民犹思之。每言及左翼长，仍称颂不去口也。

③ 公死难时，衣黄马褂立阵前，以待炮火之集，盖死志已决，宁死敌手而已。

哀三韩志士

□鹗

据国外电载，三岛倭酋，新年校阅，事毕回宫，车过樱花门，为三韩志士李凤章（化名浅山）所狙击，仓卒之际，误中副车（当时中国部分媒体在报道李奉昌义举时，按译音将之写为李凤章。李奉昌狙击日皇在东京樱田门，而非樱花门——编著者注）。维时炸弹横飞，秩序大乱，一般随从武士，奋勇将李擒获，执送倭陆军省府军法处。据供，系受支那上海高丽革命政府命令，为祖国复仇等语。倭内阁因此事全体引咎辞职，并拟处刺客以极刑。呜呼！一击不中，遂以身殉，此与张子房博浪一椎，同一千秋憾事。出师未捷身先死，长使英雄泪满襟。烈哉凤章，真爱国好男儿也。诗以哀之：

报道翠华校阅回，轰天一弹起惊雷。三韩已灭家何在，空掷头颅实可哀。
祖国深仇永不忘，拼将热血洒扶桑。副车误中千秋憾，赢得英名比子房。

［原载于《社会日报》（上海）1932 年 1 月 17 日］

病中闻倭奴强据东省，弥深愤慨，振笔书短歌八首以自勉，并勖天下爱国志士（其四）

周涤钦[①]

直捣扶桑国，长驱百万兵；宁为战死鬼，不作降将军！
复我旧侵地，收我新破城。弹饮仇人血，不数安重根。

（原载于盐城周涤钦《涤钦二十年诗编》，镇江江南印书馆，1935 年）

① 周涤钦（1894—1939），江苏盐城人。幼年喜欢书画，1924 年考入靖江第六师范学校。毕业后，回家乡任秦南小学校长，致力于地方教育事业。九一八事变后，任教于安庆高中，兼任安徽《民国日报》校对，积极宣传抗日。有《涤钦二十年诗编》存世。

风萧水寒曲

程洛

今岁元月七日(应为八日——编著者注),日皇于新年阅兵后还室,至樱田门西侧,韩人李奉昌掷弹轰炸,仅中副车。人则同于荆卿,事绝类于张良。然张卒逸去,后且为帝王师;荆惨遭车裂,埋恨千古,斯又有幸有不幸也。李当被搜获,据称系韩京人,在当地文昌学校卒业,现年三十二。向假用日本姓名,曰浅山,曾在东京大阪工厂、商店服务四年,前(应为潜——编著者注)党至沪参加复国运动十年。父名镇求,有一兄二弟,祖遗产业均为日方没收。兹一击不中,赍志以没。其人其事,似较安重根为弥可哀矣,此曲之作又乌究已乎?

戟卫森严爪牙张,天街争惹御炉香。聂波昔曾殊侠累,荆卿今又刺秦皇。①
秦皇灭韩廿余载,桑田久已成沧海。人民城部是耶非,文武衣冠翻然改。
卧榻尽容作鼾声,横刀初试鱼肉腥。此日噬脐嗟莫及,当时充耳有谁听?
江上新泛鸭头绿,似水流年恨相续。越国未忘吴子仇,申胥难效秦庭哭。
自杂佣保变姓名,山浅山深总有情。桥下空教豫让伏,沙中徒使祖龙惊。
世事成败莫非数,中副宁关剑术误。散财奚只逾千金?流血偏难到五步。
遗憾千秋复何疑,万人攒首看要离。从容对簿神自若,壮哉南八是男儿。
两贤各抱冤禽痛,先后成仁堪伯仲。② 惊心谁肯惩前车?回首我尤怕北栋。
酒杯借把块垒浇,歌阕敢夸吟兴豪,中原极目真愁绝,天地苍茫夜寂寥。

[原载于《平西报》(北平)1932 年 2 月 23 日]

---

① 民国纪元前三年,韩志士安重根刺毙朝鲜总监伊藤博文于满洲车站。

② 一指安重根。

吊韩国李烈士奉昌，及有伤吾国危亡，特作俚歌一首，以表感慨

阮明

韩国有烈士，狙击除国害。一击搏[博]浪椎，霹雳震中外。
秦皇虽兔脱，天下拍手快。壮哉李公侠，我真顶礼拜。
横览欧美史，热血胜枪械。伤哉吾民族，孱弱自取败。
己则不自立，国联安可赖。咄尔亡国贼，甘心做秦桧。
荷枪不抵抗，坐失三省界。军人不卫国，何颜借国债。
不悟亡国哀，仍各争党派。郭开亡赵被秦杀，未必富贵永存在。
皮剥毛安附，其心真可怪。请观韩印史，奴虏汝应戒。
何必再冷血，徒把自家坏。
今日倭舰入腹地，全国震惊多愤慨。
对外速将头颅拼，对内勿再手段赛。
诸君诸君速猛醒，时哉时哉不能再。

（原载于《上海报》1932 年 3 月 14 日）

奉吉

莽贼（王敖溪）

可怜奉吉付东洋，犹对敌人笑语将。见说虹园狙击案，韩张良笑汉张良。

韩人尹奉吉慷慨助国人杀贼。虹园之炸弹一声，令当局闻之愧死也。

（原载于《社会月报》1932 年 5 月 3 日）

博浪沙中又一椎（辘轳体）

克明

博浪沙中又一椎，亡秦三户楚人悲，天诛暴日当知悔，面目伤残归不归。

荆卿未遂屠秦愿，博浪沙中又一椎，莫谓天长堪庆祝，倭皇从此合知非。

闻道当年安剌伊，国仇已报死如归，非同力士千金价，博浪沙中又一椎。

（原载于《南京晚报》1932 年 5 月 7 日）

沪炸案大韩尹奉吉烈士赞词

佚名

国于内宇，民气为先，民气一萎，国弱种孱。
大韩建立，箕子之诞，不幸被残，祀焉卒斩。
国魂不死，烈士继产，前仆后续，蹈危如甘。
留侯之椎，荆卿之剑，快哉一掷，忻慕无涯。

（原载于《西北新闻日报》1932 年 5 月 24 日）

壮士行

友苓

风尘澒洞天地昏，我为鱼肉人力俎。豨冲豕突抉藩篱，赤县将与印韩伍。
戴发含齿血气伦，金瓯既缺岂忍睹。风景不殊山河异，豆在釜中不堪煮。
谁能毁家纾国难，孝侯斩蛟擒猛虎。一洗东亚病夫羞，濯我中华干净土。

吁嗟同胞四万万，桑梓将为人园圃。邦昌刘豫屈膝降，炉火之上怜臭乳。
桃笙葵扇宁久长，有时东市负镢斧。败类甘作辕下驹，小朝廷上如蝇聚。
又同傀儡暂登场，一刹那间被宰剖。是真叔宝无心肝，不自悔祸忘其祖。
大错今已铸六州，庸流滚滚安足数。亡韩竟有奇男子，阅兵台前奋神武。
一击成名天壤间，有惭中华号天府。笑煞易水壮士歌，图穷匕见空绕柱。
而今谁继壮士行，同留英名传万古。

[原载《益世报》(天津)1932 年 5 月 26 日]

公园炸弹歌

头皮断送生

四月二十九日岛国天长节，海上倭奴庆贺热。
官民结合到公园，海陆两军大检阅。旌旗猎猎影翻风，剑戟森森光耀雪。
文官武将齐参加，司令台中鹓序列。为祝天皇典礼隆，谁不兴高又采烈。
维时公使名重光，站立台前恣演说。指天画地口悬河，诵德歌功莲灿舌。
忽然巨响破空来，宛比山崩与地裂。可怜台上众名流，一齐翻身元宝跌。
是谁炸弹寻开心，致使群公大流血。白川大将首当冲，遍体深嵌炸弹屑。
野村左目已丧明，手术施时眸子抉。植田脚腿创非轻，将来难免成跛鳖。
重光公使血流多，尊足须劳医士截。就中更有河端贞，未到中宵成永诀。
如斯巨变异寻常，满场空气顿恶劣。军士齐将凶手擒，不费吹灰如瓮鳖。
凶手言为韩国人，当年曾为倭奴灭。亡国深仇耿在心，此举聊将孤愤泄。
于今被捉更何言，要杀要剖任裁决。吁嗟韩亡已多年，复仇依然心念切。
不辞赤手入龙潭，竟敢单身赴虎穴。拼此昂藏七尺躯，胜他犀利千斤铁。
昔日留侯博浪椎，同兹一弹成双绝。英风豪气壮山河，信是今世人中杰。
我因有感赋长歌，长歌赋罢心凄咽。

(原载于《上海报》1932 年 5 月 26 日)

百川死

养疾

连日争传白川死，究曾死得白川无。将军日字出头白，白死偿吾白骨枯。

时报频载白川已死，至昨日果成事实。白川来沪后，凡三传其死，乃终不免白骨枯也。

［原载于《东方日报》(上海)1932 年 5 月 27 日］

虹口公园感赋

徐英

三旬海上苦连兵，误国终输城下盟。故垒分尸余狗盗，新都移鼎失鸡鸣。
南来纵有隆中葛，西入谁为殿上荆。太息九州同铸错，海东何日翦长鲸。

［原载于《申报》1932 年 6 月 20 日；复载于《唯生》周刊第 1 卷第 9 期，1932 年，署名徐澄宇(徐英，字澄宇)；亦见于《安徽大学月刊》第 2 卷第 3 期，1934 年］

悼英魂八首

——纪念朝鲜志士安重根与尹奉吉先生

商生才

易水寒透骨，秋风起萧凉。怒发冲冠盖，白虹贯太阳。
长别燕公子，不复还故乡。壮士怀匕首，千里刺秦王。

图尽尖刀现，团团绕画堂。功成在片刻，待臣如蜂忙。
夺得暴主命，豪杰刀下亡。空负英雄志，鲜血染沙场。

哀哉高渐离，端站秦庭阶。目睹良友死，不禁号陶哭。
暴主剜其睛，宫中命敲筑。胸怀雪恨心，忍羞而含辱。
一旦赴秦庭，铅块手中握。两目虽已盲，双耳闻鼻息。
对准暴主心，尽力猛拼击。不但愿未遂，复染刀头血。

英脚联盟后，倭奴逞猖狂。并吞朝鲜国，伊藤奔走忙。
伟哉安重根，只身游西洋。闻风归径速，祖国已灭亡。
撇离红颜妻，哭别白发娘。哈埠刺伊藤，连发二三枪。
凶贼呜呼死，血躯倒路旁。壮士今虽没，英名万古扬。

追忆尹奉吉，忽忽已三年。携妹至新民，用罄囊中钱。
两手复空空，自感行路难。只身赴某校，端立教室前。
英气何侃侃，洋洋数千言。历述脚盆鬼，凶暴又忍残。
一谈亡国恨，两次泪如泉。同学怜其苦，慷赠百余元。

临别上车行，壮士复唏嘘。时滴英雄泪，泪湿身上衣。
黄海向东流，日久自转西。与君暂分手，后会有定期。
我辈皆青年，自是好男儿。努力求进步，莫待悔后迟。
承君慷相赠，此心天地知！俟我报恩日，祖国复辟时。

沪战暂少停，适逢四念九。欢呼庆天长，豺狼雄赳赳。
笑阅求死兵，痛饮绝命酒。飞机空中翔，倭奴齐仰首。
此时尹奉吉，台下显身手。连发弹二枚，轰毙东洋狗。
烟尘满天飞，黄沙遍地走。壮士死犹生，万古垂不朽。

朝鲜国虽亡，尚有独立党。志士何其多，豪气复淙淙。
前扑而后继，堪令人赞赏。哀哉我中华，不堪思已往。
满蒙转瞬空，上海成战场。平民死万千，当局不抵抗。
一片救国声，任你呼破嗓，收复失亡地，深恐成梦想。

东北非我有，难民苦哀号。当局不可靠，全赖众同胞。
大家齐奋起，只手擎白旄。坚决平倭志，紧握杀贼刀。
负枪与实弹，鞭骑夜渡辽。气感三岛动，威震海山摇。
渴饮长江水，黄河作马槽。飞渡朝鲜峡，足踢扶桑岛。

民国二十一年六月二十日作于广平县蒋庄集绍青图书馆

［原载于《县村自治》（北平）第2卷第7期，1932年］

后韩侠行

星六（田星奎）

犬羊视人倭自虎，肉骨嚼残爪牙舞。虹口白虹一气贯，怪日耸谈星期五。[①]
狙击初奋安重根，谁其的者侯伊藤。短铳下车应声仆，覆韩大惊韩有人。
仇莫仇深痛失国，亡命秘多策独立。[②] 廿年败谋捕戕尽，天又顶出尹奉吉。
尹生气壮何桀雄，快人肝胆古侠风。死必殉烈胜奴死，喷血要洗红轮红。[③]
辽师不战沪军却，天皇威庆臣张乐。腾腾万岁嵩呼中，炸地暴雷半空落。
沙石飞走白日昏，马沸车乱高台倾。翘须冠剑诸将贵，迷离颠倒躯横陈。
破皮断骨人灰色，薄创呻苦垂光绝。[④] 大搜所得駴凶手，洗衣厂工食店客。[⑤]
国自为重身为轻，狱词琅琅无遁情。行一丸直抵兵十万，潮头倒翻东海横。[⑥]
壮矣哉！枪眼识人弹生翅。一回愤进一精锐，争不自由死不休。
名士新亭对之无乃寡，生气放歌莽招要离魂，马佣狗屠酣一醉。

（原载于《汉口新闻报》1932年7月8日）

---

① 报载日人被刺凡数十起，皆星期五日。

② 报载韩谋独立组合爱国团多志士。

③ 报载尹少有神童目，性烈喜斗，愤日人侵夺其国，计决复韩仇。

④ 报载日军政要人庆祝日皇天长节于虹口公园，炸弹爆发，河端立毙，白川、植田、重光、村井、野村等十数人重伤，顷白川已告逝矣。

⑤ 报载尹奉吉初服青岛某日人洗衣厂，后入虹口某食物店。

⑥ 报载尹供掷弹目的在宣扬韩国独立并惩戒日军阀侵掠行为，又刺日皇之李奉昌亦韩爱国团人。

挽李壮士

砍地王郎(王敖溪)

男儿若个不英雄，只恐甘做可怜虫。荆轲豪气贯白虹，天亦助以萧萧风。
一击虽未成大功，五步之血千秋红。韩人自古不凡庸，杀贼岂止沧沧公。
前有重根诛元凶，今有壮士更如龙。只身潜入东京东，直抵豺虎大队中。
豺虎狂吼耳欲聋，贼魁气焰尤匈匈[汹汹]。霹雳一弹天下空，蓬莱仙人亦动容。
贼魁颤声呼苍穹，两眼昏黑逃回宫。豺虎四出任横纵，空中飞鸟逃无踪。
壮士屹然怒发冲，弹尽折刀犹冲锋。大呼大韩祖若宗，愧我任务未完工。
豺虎张牙撄其胸，仍呼杀贼与效忠。一朝被困入樊笼，只有双目送飞鸿。
欲托飞鸿表寸衷，告我同胞勿疏慵。人人伏剑来相从，贼魁力大力亦穷。
一阵秋风送丧钟，报道壮士命运终。想见碧血溅九重，化作火山最高峰。
壮士精神万古同，春为红树秋丹枫。

(原载于《社会日报》1932 年 10 月 3 日)

韩义士歌

王越

民国二十一年四月二十九日，为日本天长节。日人庆祝沪战获胜，在上海领事馆招待外宾并在虹口公园阅兵。韩国志士尹奉吉于阅兵台前掷炸弹，炸伤日本领事重光葵等多人，海军大将白川、民团委员长川端伤重旋死。尹奉吉当场被捕。卒于是年十二月十九日，在日本金泽刑务所为日人执行枪毙，年二十五岁。

——编者增注

黑面岛夷起扶桑，卅年变法称陆梁。长蛇北走巨口张，肆吞三韩饱其囊。
贪戾魔心犹未已，铁骑汹汹渡辽水。蒙冲海舰压江南，钞掠无殊乃祖妣。
天长嵩祝更狂欢，旭旗纷飘春申滩。屐痕杂沓绿草折，群魔鱼贯拥高坛。

呀呀飞机扑天起，万头仰视白云里。小猴拍手齐踏歌，歌声直绕机轮尾。
讵意轰然怪响来，劈空何处喧巨雷。风云动荡园林摧，浦涛怒立千万堆。
地坼东南天晦霾，高坛俄顷成尘埃。巨魁身首腾空飞，血花激溅胸脰开。
妇孺仓皇心胆死，木屐纷纷窜如蚁。儿哭呼娘妻觅夫，一片嘈声疑鼎沸。
铁骑闻风四合围，驰骤狂搜博浪椎。义士三韩尹奉吉，怒持一弹犹未掷。

[原刊于《大公报》(天津)1932 年 12 月 12 日，又刊于《学衡》第 77 期，1932 年]

虹口公园感事作

序生

陈兵据淞沪，戎首何鸱张。今日是何日，有节号天长。
啸呼聚族类，简阅事戎行。何来雷一声，相顾各仓黄[皇]。
将臣与使臣，纷作阵马僵。裂胸并折足，破腹更流肠。
白虹为贯日，一震倾扶桑。舁而畀诸归，医曰命无伤。
汝命纵无伤，汝魄今已亡。天道往必复，人怒未可当。

三韩大有人，此仆彼继起。昔有安重根，一击伊藤死。
壮哉李奉昌，事败名不毁。尹君今急仇，快事无与比。
弹落天雨血，一网尽在此。中有海上鲸，中有辽东豕。
僵仆相枕藉，顾视一莞尔。就义更从容，百死终不悔。
子房昔救韩，千古相媲美。国土虽可亡，国仇终不解。
安能事猪倭，束缚供鞭捶。

有寇在东垣，国人惧不国。守将誓以死，敢曰战不力。
我力虽不侔，我师壮以直。苦战历三旬，敌众亦屡北。
援师来较迟，前功弃顷刻。淞浏半贼垒，天险尽资敌。
军合力不齐，何以御外逼。韩人不胜愤，为我挺一击。
诸首被重创，战士失部勒。我殊愧韩人，假手毕斯役。

(原载于《武汉日报》1932 年 12 月 24 日)

涤污

［韩国］尹奉吉

沐溪一曲水，修德源自流。涤吾身污秽，无尽格千秋。

（摘自延边大学朝鲜文学研究所编著《20世纪中国朝鲜族文学史料全集》第4辑，延边人民出版社，2009年）

先生赤诚

［韩国］尹奉吉

巍巍青山兮，载有万物。郁郁苍松兮，不变四时。濯濯凤翔兮，高飞千仞。
举世皆浊兮，先生独清。老当益壮兮，先生义气。卧薪尝胆兮，先生赤城［诚］。

（摘自延边大学朝鲜文学研究所编著《20世纪中国朝鲜族文学史料全集》第4辑，延边人民出版社，2009年）

无题

［韩国］尹奉吉

暗黑东天路，明星出兮，打倒弱肉强食之残忍。培养我相助相爱之精诚，团结兮，团结兮，柿梁里吾乡！

一九三二年四月二十九日，上海倭侨和海陆军一万四千多人在虹口公园开什么“一·二八”战胜祝捷大会，尹烈士奉了韩国临时政府金九的命令，把三枚炸弹分装在热水瓶饭盒里，假充参加庆祝，当十八架倭机散发传单，重光葵演说之时，他把热水瓶直向主席台丢去，轰然一声！主席台倒塌，满场大惊，众人如鸟兽散。结果，白川、植田、野村、重光都被炸伤，民团长河端员炸死，尹烈士当场被捕，后押到日本被害，才二十五岁。

（原载于《机声》第3卷第3期，1943年）

白骨汉山川

［韩国］曹正焕

丹心韩日月，白骨汉山川。卸却人间事，今朝独立年。

（摘自延边大学朝鲜文学研究所编著《20世纪中国朝鲜族文学史料全集》第4辑，延边人民出版社，2009年）

过朝鲜平壤望箕子陵感中韩事变

陈配德

普庆门[①]楼映夕晖，牡丹台[②]下水声微。
冢中骨在黄泉泣[③]，煮豆燃萁百事非。

（原载于《国难》第1期，1932年）

---

① 朝鲜京城附近。
② 在朝鲜平壤府。
③ 朝鲜将亡时，国人常闻墓中有哭泣声。

蛮语

玄

高丽志士安重根之刺杀伊藤博文也，予方卧病东京医院，闻而壮之义之，为之歌曰：

风流宰相[1]兮欲何多，谋吞高丽兮窥支那。忽闻壮士兮起天河，[2]一弹歼贼兮夺大和[3]。

虹真贯日兮志不磨，渐豫让兮愧荆轲。抚病躯兮叹奈何，安得卿等千百辈兮，相与不朝食而共灭此倭。

时在病中，有此豪气。今我且为高丽之续，举国无一安重根，而吾亦不能复作此歌，乃至乱日，悲哉悲哉。国之将亡，乃如斯哉，日夜埋头窗下，从事雕虫之末，将胡为哉。长铗归来乎，吾将安归哉，已矣已矣，悲哉悲哉。

［原载于《海事》（天津）第 6 卷第 3 期，1932 年］

高丽叹

翁铜士

印度英属国，安南法外府。亚洲弱小尽沦丧，高丽后亡情更苦。
男女人臣妾，敌仇我君父。扎手缚足关口舌，吞声恸哭不能语。
警吏狠如狠[狼]，士卒猛如虎。法网如数罟，罔民入囹圄。
平等劳梦想，自由实诳汝。膏血餍封豕，仓廪饱硕鼠。
平陆翻惊涛，曾无干净土。祸始内奸李完用，亡耻媚外召外侮。

---

① 博文喜渔色，当时有此号。

② 松花江满语为天河，重根刺博文事在哈尔滨也。

③ 日人自号大和魂。

亡国奴，守钱虏，万钱不足贷汝命，人诛鬼责天神怒。
豪哉安重根，义烈照千古。一击唤起韩国魂，复仇九世春秋祖。
大哉威尔逊，人道擎天柱。正气扇和风，德泽沛甘雨。
嘘枯为春高丽民，大呼独立义旗树。九道同时起义师，三韩万众摧强御。
学子市人枕藉处，赤手丹心血漂杵。败荣哀胜祸胎福，鬼雄人杰尚桓武。
会稽雪耻终覆吴，三户亡秦胜在楚。黄河九曲源滥觞，移山填海志莫沮。
志士心同金石坚，刚不茹亦柔不吐。英人讽我民气嚣，烧纸成灰能几许？
不如炉火久留温，我闻此语痛心腑。
哀歌苦语儆国人，高丽已死尚求活，生存早计宁无补。
恒星历劫不磨灭，阴霾扫却天重睹。

[原载于《铁路月刊》(浦口)津浦线第 2 卷第 4、5 期合刊，1932 年]

赠尹奉吉

隐庵

灭韩难灭此遗民，博浪沙中袖铁新。革命有潮凭血汗，奋身无畏是精神。
一成会见将兴夏，三户终知可覆秦。及汝偕正同感慨，英风尸祝沪江滨。

[原载于《枕戈》(上海)第 10 期，1932 年]

赠尹奉吉义士

鳌溪(王敖溪)[1]

韩灭张良在，秦王总小儿。问他三两岛，能敌许多椎。
有血催花发，无颜叹黍离。萧萧风雨里，一马向虾夷。

万斛英雄血，铸成铁一丸。只知填海去，漫道撼山难。

① 《社会月报》1935 年第 1 卷第 9 期作“王敖溪”。

恨杀天长篇，怕着黄浦滩。低头红日下，猛忆重根安。

只身临虎穴，含笑对群囚。一击天为动，诸凶命半休。
非能荡倭寇，聊以报韩仇。万马营中立，屹然数贼头。

男儿何惜死，死要鬼神惊。碧血终须洒，素心幸已明。
一身拼众寇，几许计三生。偶过春江上，犹闻怒吼声。

（原载于《一八社刊》第 2 期，1932 年）

亡国吟

［朝鲜］林贞吉

大声何处泣铜驼？麦秀禾离不忍过！生死几人完责任，英雄无地起干戈！
江山依旧前朝样，人物无如妾妇多。我亦四千年睡醒，痛心常唱大风歌。
国破君亡事可哀，江流犹带血痕来。当年屠戮难追忆，此日阴霾尚未开！
皮肉空存怜赤子，头颅虚掷哭英才。仇深报复知何日，不信黄魂唤不回！

［原载于《国民公论》（上海）第 1 卷第 36 期，1932 年］

尹奉吉

沈卓然

奋身慷慨报韩仇，一弹重创数巨头。却笑荆卿浑未了，芳踪应比汉留侯。

［原载于《学生文艺丛刊》（上海）第 7 卷第 3 期，1932 年］

赠韩人柳庆泰君

张江树

失国余哀泪不收，故国禾黍汉城秋。劝君早破和平梦，铁血争还旧自由。

［原载于《国风半月刊》(南京)第 2 期，1932 年］

辛未旅燕杂感百六首（十五）

彭举

箕满灵何在，朝鲜非旧藩。哀歌金泽荣，喋血安重根。
如何未三纪，遽尔忘其源。祖邦成仇雠，敌国乃为恩。

（原载于《学衡》第 77 期，1932 年）

无题

茗隐[①]（钱仲联）

北望河山黯战尘，弥天孤愤说椎秦。剧怜对泣新亭日，不及扶余尚有人。

（作于 1932 年，原载于王蓬常《国耻诗话》，上海：新纪元出版社，1947 年）

---

① 茗隐，指钱仲联。钱仲联(1908—2003)，名萼孙，字仲联，号梦苕，又号茗隐、知止斋主等。主持编纂《清诗纪事》，著有《人境庐诗草笺注》《梦苕庵诗话》《梦苕庵诗词》等。

无题

茗隐（钱仲联）

拼掷头颅歼厥渠，勇哉烈士震夫余。鸱张竟饮刃三尺，豕负空还鬼一车。
天下慕声同郭解，炙中置匕笑专诸。东风不竞从今始，万事乘除问太虚。

（作于 1932 年，原载于王蓬常《国耻诗话》，上海：新纪元出版社，1947 年）

咏史之二

吴芳吉

倭寇下朝鲜，千秋一荡然。乌飞箕子国，花谢牡丹田。
大将肯开拓，英雄甘永眠。辽河风露重，无伴话君前。

（原载于王忠德等主编《吴芳吉全集笺注 · 诗歌卷》，重庆出版社，2015 年）

挽东洋三巨头

佚名

银幕明灯识此君，孙陵礼拜意殷殷。芳名误被华人解，“狗养”声声不雅闻。[1]

（犬养）

老去将军不挂冠，凛然威武入寒云。万家爆竹曾何益，输于安郎一弹丸。

（白川）

---

① 犬养毅总理奉安影片中曾见狗头一面。

丈夫不惜作流氓，领袖尊称号浪人。无奈浪人终浪死，植田老是童男身。

（河端）

（原载于霹雳生编《上海抗日血战丛刊续集》，军事政治新闻社，1932 年）

池鱼

佚名

复韩已把国仇锄，帝国尊严恨未舒。不是株连便是杀，亡民又累作池鱼。

日要人炸伤后，日方以凶手为韩人，故连日在法租界大事搜捕，致韩人无幸[辜]捕搜者甚多，并有生命之忧。国亡家破，又遭池鱼，是亦足见日之量狭行恶也。

（原载于霹雳生编《上海抗日血战丛刊续集》，军事政治新闻社，1932 年）

时事小吟

忆

登台铁血横飞弹，隔座金钱借作镖。一例呻吟旬日内，浦江弥望雨萧萧。

虹口公园之狙击方闻，郭次长宅之打手又见，不图同种同文之敌，乃有共患共难之事焉。（指 5 月 3 日上午上海民众因反对签署中日停战协定而殴打时任外交部次长郭泰祺事——编著者注）

（原载于霹雳生编《上海抗日血战丛刊续集》，军事政治新闻社，1932 年）

博浪椎

佚名

耀武阅兵靶子场，更逢令节视天长。博浪一击群丧胆，韩人争说是张良。

四月廿九，为日人之天长节，日方军政要人，各莅靶子场庆祝，兼以阅兵。讵知各要人方在演说之间，不期轰然一声，炸伤竟达十人之多。闻凶手为韩人尹〖奉〗吉，以身遭亡国之痛，候之有日，今得此机会，竟亦作博浪之一击，然亦惨矣。

（原载于霹雳生编《上海抗日血战丛刊续集》，军事政治新闻社，1932 年）

白川死

佚名

死讯频频说白川，未曾登陆已先传。如今果到黄泉路，爆竹方知不枉然。

沪战时，白川率兵浏河登陆，杨林口一役，我方咸传其死，于是大放爆竹，以志庆祝，及后炸伤，更频频传其死耗，今果以死闻焉。

（原载于霹雳生编《上海抗日血战丛刊续集》，军事政治新闻社，1932 年）

病床签字

佚名

日人究竟不荒唐，会已成功岂可僵。虽在病床可签字，外交先例是重光。

重光被炸伤后，日人以停战会议签字手续，不妨可由重光病床上签定，是知日人于此会所获甚大，故其情词之迫切如此。

（原载于霹雳生编《上海抗日血战丛刊续集》，军事政治新闻社，1932 年）

一击歌：为李奉昌作

敖公（王敖溪）

倭京城内鬼神泣，倭京城外风雨急。天地似感三韩亡，宛向韩人长太息。
韩人昔有安重根，只身杀贼于异域。十年以来贼更横，谁继重根复杀贼。
独立党员李奉昌，壮志几将胡奴食。手把宝刀磨复磨，长啸一声天变色。
只为杀贼须杀王，万里奔波贼未得。一朝仗剑入倭京，誓欲直抵倭王侧。
无那倭王居九重，有血溅不到皇极。适遇倭王大点兵，万人拥出一轮日。
车声雷动市人惊，大小倭奴齐匍匐。男儿杀贼在此时，挺身猛向倭王逼。
砰然一击中副车，倭王魂落两眼黑。为欲手刃倭王头，提示韩人齐独立。
那知走狗甚猛虎，贼头未得身被执。笑说丈夫当如是，死为厉鬼终汝殛。
嬴政不死博浪沙，沙丘暴尸亦在即。我闻壮语三感叹，谁人杀贼无天职。
奈何张良李奉昌，怪底专生在韩国。

（原载于《世界月报》第 2 期，1932 年）

侠士行

华钟彦

男儿生不能备身王门执金吾，又谁能卑身甘为虏作奴？
短衣揖客出门去，宝剑千金醉后盱。行行路出江南道，十万胡儿身手好。
铁血春红陌上花，鬼磷夜碧江边草。虏帅大纛号嫖姚，百战归来马正骄。
山岳欲崩天色变，长虹贯日风萧萧。布衣怒，三五步，事成不成非所顾。
霹雳一声江水立，乾坤漫漫迷烟雾。报韩争说博浪沙，击之不中羞还家。
拼将一颈孤臣血，开作千年帝子花。

日本白川大将在上海阅兵，朝鲜人尹奉吉刺杀之，盖亦滨江侠士安重根之流亚，以报亡韩之恨者，时在九一八事变之后，诗以志慨。

（作于1932年，载于上海诗词学会诗选编委会编《上海近百年诗词选》，上海：百家出版社，1996年）

韩国女英雄

清癯

前见哈尔滨电讯：有韩国女子名“李兰”者，设根据地于东部边境附近密山县西南三里郁苍之山林中，部下约四百人。常亲携红鞭，跨黑马，专伺驻该处之日军，冀得一当。年可二十余，生于仁川，曾毕业美国密歇干大学社会科。乃昨见又讯：有六十一岁之朝鲜老妪，谋刺关东军司令官武藤。事泄，遂被逮。此老妪名“南慈贤”，二十年前其夫被日人殴毙，故屡思复仇。从事独立运动，奔走满鲜间，往来甚秘，兹虽不免。何韩国女杰之多耶？然男子杀贼，犹不若女子复仇之足以增国光。而纤纤玉手，与闪闪银刀尤觉灿烂可观。噫！吾国女子，又复何如？遥望河山，中心欲绝。爰赋此吟，借抒予怀。

须眉庸行孝与忠，不论西欧论亚东。请看千载兴亡史，多大英雄如日悬天中。苌弘碧血贯金石，正气直欲凌苍穹。不知巾帼婀娜弱女子，志存报国亦从戎。虽无游女三千队，欲战痴军十万虫。乃携红鞭跨黑马，大呼杀贼不觉淋漓溅血胭脂红。又有老妪两鬓白，替夫复仇竟罹凶。吾身授诸敌，亦欲报家翁。匪敢拼残躯，且以慰愚衷。惜此一击计未售，悲哉抱恨终天终。回顾吾国今日运正同，何无聂隐突起驱妖锋？所以吾特吟之作晨钟，唤醒朝云暮雨之梦梦。吁嗟彼之夜静弓刀甲帐月，岂仅表厥宅里焕绰楔，直当大书特书垂之彤瑁彤。

［原载于《新闻报》（上海）1933年6月14日］

虹口园炸弹歌

弹赫

一震之威至于此，六人伤重一人死。夺吾奉吉奉吉来，好还天道可知矣。
国联失箸天皇惊，炸弹有眼有公理。

［原载于《军事杂志》(南京)第 59 期，1933 年］

新乐府：三韩侠

周钟岳

倭奴共庆天长节，木屐登登空巷出。歇浦高悬旭日旗，欢呼万岁声阒溢。
中有一人汉城来，击筑萧萧易水别。心伤高丽已沦亡，眼看侏儒眦欲裂。
赤丸一掷虏魂褫，七步之内已流血。
吁嗟乎！前有安重根，后有尹奉吉，甘心一死报韩仇，博浪铁椎同侠烈！

(作于 1933 年，载于《历代白族作家丛书·周钟岳卷》，民族出版社，2006 年)

虹口炸案感怀

徐际恒

沙锥[椎]一击万方惊，郁郁箕封气更生。岂为私恩同聂政，端因国难重荆卿。
亡秦大敌终三户，兴夏英君仗一成。寄语东邻侵略者，不祥自古是佳兵。

［原载于《国风》(南京)第 2 卷第 3 期，1933 年］

闻上海韩人投掷炸弹事旧作

瘦冰

一声霹雳起韩人，壮气应知身□神。愿与偕[偕]亡能丧日，虽云误中已动鬼。姓名足耀千秋史，刑律难加百练惩。莫笑蚍蜉难撼树，会看三户仆强秦。

[原载于《协大学生》(福州)第9期，1933年]

百字令

曾仲鸣

由日本门司附长城丸往天津，舟进渤海，望见朝鲜。入夜，太白星悬天末，寒光一线，明灭波间，感而赋此。

扁舟千里向海涯，遥认伤心之地。云雾浮沉萦乱岛，岛岛都生飞意。渺渺荒山，迢迢烟浪，尽在斜阳里。当年回首，依然风景如此。

愁见历乱帆樯，晚风吹过，便又临天际。只剩残霞三两片，渲染晴空如醉。千古兴亡，半生飘泊，估计同憔悴。夜阑还对，孤星光映寒水。

(原载于《词学季刊》第2卷第1期，1934年)

吊韩义士李奉昌

侯学富

义士，朝鲜人，少有大志。既长，痛祖国沦丧，日夜思谋恢复。恒于朝鲜内地密结同志，以图壮举。卒因倭寇防范綦严，终未得逞。义士知势不可为，益愤不欲生。乃于一九三二年六月，乘日本举行大操之际，密挟炸弹，往刺日皇。

弹发，而日皇不中。义士旋亦被逮。是年十月十日，就义于东京，年三十三。赞曰：

韩国有义士，李姓名奉昌。树立壮夫志，欲效张子房。日思复故国，重将旧仪光。
韬迹残山间，乘时欲奋扬。所谋既不遂，日夜增彷徨。密挟千斤椎，蓄意铲枭皇。
慷慨别故人，浩然赴扶桑。一击不复中，惜哉身此戕。义声遍宇内，闻者为悲伤。

［原载于《大侠魂》（南京）第3卷第1、2期合刊，1934年］

反歌①

［日本］野山广（西泽隆二）
李芒 译

头戴罩面笼，姿影轻移动；稻田防霜笠，与我共憧憧。
思盈罩面笼，如随枯叶风；广重②挥彩笔，蓝天任飞腾。

（原载于《世界反法西斯文学书系·日本卷2》，重庆出版社，1992年）

吊安重根

王敔溪

哈尔滨，余旧游地也。当时曾吊安重根先生刺日相伊藤处，并纪以诗。迩者滨江地图已变色矣。昨夜忽又梦吊安先生，感慨之余，当成一律。醒而记之如下。

满洲已步朝鲜后，热泪满怀吊重根。空说决心长抵抗，深惭无语慰忠魂。
倭奴依旧为流寇，箕子至今有孝孙。只为未诛李完用，可怜杀不尽伊藤。

［原载于《社会月报》（上海）第1卷第9期，1935年］

---

① 反歌，日本古典和歌附在长歌后面的短歌，概括地吟咏长歌的主要内容。
② 广重（1797—1858），姓安藤，是日本江户时代著名画家，擅长风景和花鸟画。

金道贤先生殉国遗诗

[韩国]金道贤

我生五百末，赤血满空肠。中间十九岁，须发老秋霜。
国亡泪未已，亲没心空伤。万里欲观海，七日当复阳。
独立故山碧，百计无一方。白白千丈水，足吾一身藏。

金道贤先生，字明玉，庆尚道英阳人，慷慨有义气，尝与同志为国举义。以母在而不敢死，庚戌国亡又欲死。其母曰："我在忍见乎。"，遂不得已而隐忍。至甲寅十一月母丧，乃走宁海，观于台，投海而殉国，是之七日冬至也，年六十三。嘱其子母[毋]收尸，诗为绝命词。

（原载于《革命公论》第 6 期，1935 年）

五四初度，距幽囚之岁十九年矣，感而赋此，并赠韩友圆明，仍用廿五狱中初度原韵

老梅（景梅九）

重耳出亡年已过，幽囚旧梦忆南柯。逃空真见似人少，离垢方知吊诡多。
学问有源思澄澈，文章无据任谁诃。长安曾是钧游地，怕负春光醉叵罗。

艰难险阻饱经过，出死入生记坎坷。故友重逢忧喜并，前尘回首怨恩多。
江山易主真堪痛，草莽伏戎奈若何。眼底倭奴犹肆暴，遥悬肝胆向新罗。

[原载于《革命公论》（南京）第 1 卷第 6 期，1935 年]

题李斗山先生撰最近韩国义士列传十绝

任启珊

其一

人间亡国苦为最，其苦出乎人意外。求生不能死更难，不如拼死除仇害。

其二

韩畿于我为最近，宁忍见其膏虎吻。烈士纷纷作国殇，手挥贾笔舒孤愤。

其三

浩气英光包四天，地维天柱所攸赖。一腔热血命一条，外灭金源内除桧。

其四

疆场帷幄失张韩，帷幄疆场事两难。博浪铁椎燕匕首，一声霹雳敌心寒。

其五

箕子子孙千万民，存亡生死任奸臣。独裁政治真危险，抛弃三韩为一人。

其六

旧是东方君子国，一朝突改舆图色。与倭不共戴天仇，皮作衾裯肉作食。

其七

慷慨舍生而取义，报仇雪耻男儿事。一心打倒太阳旗，竖起乾坤太极帜。

其八

何只寥寥数千事，此其尤大彰明耳。是非羞恶出天良，岂为名书蚕茧纸。

其九

前车覆辙眼前列，底事后车不改辙。若待国亡为鬼雄，何如国在为人杰。

其十

怵目刿心读此传，亡韩伎俩今重现。人人自救救国家，莫让李完用独擅。

中华民国二十四年一月八日书于广州

（原载于李斗山《最近韩国义士列传》，新朝鲜社，1935 年）

悼安义士重根

D

霹雳一声白日天，快歼公敌松江边。千秋义侠长留烈，第二第三继仍然。

（原载于李斗山《最近韩国义士列传》，新朝鲜社，1935 年）

悼尹义士奉吉

D

沪滨一炸弹，快雪倭仇雠。浩气压三岛，英名振五洲。
千秋义碧血，长与汉江流。国土尚未复，忠魂犹在忧。

（原载于李斗山《最近韩国义士列传》，新朝鲜社，1935 年）

咏李红光

无边

义勇军女首领李红光，率众十余，活跃于长白山八通沟一带，日伪军为之疲于奔命。李跨白马，作男子装，甚骁勇，每战身先士卒。巾帼有此，诚足愧煞须眉矣。诗以志之：

长白山头月色高，八通沟畔水滔滔。竟无一个男儿日，崛起中原一女豪。
父见从军古木兰，江山万里一雕鞍。风苍易水悲歌起，簇簇桃花拥出关。
初傅姓字李红光，行见威声震朔方。为与须眉争面目，轻裘缓带作男装。
巾帼偏烦众义师，固然捷报喜频驰。他年醉倒黄龙会，第一人当我买丝。

（原载于《社会日报》1936 年 2 月 16 日）

闻女英雄李红光兴师关东有感

剑

东北义军女首领李红光，率部千余人，近在长白山八通沟一带，屡与日伪军鏖战。曾以八十人冲至号称铜墙铁壁之东兴县城内，孤军深入，进退自如，敌方为之丧胆。李又联合各地义师组成十二军，作大规模复地运动，至战略则采取游击式，俾敌军疲于奔命，易收奇功。长白黑水间，有此女英雄振臂一呼，足为我民族吐气不少矣，赋诗八绝壮之。

胡骑凭陵四载余，白山黑水久沦胥。男儿不作封侯想，一柱擎天女丈夫。
揭竿崛起拯危亡，娘子成军一帜张。死战宁凭桴鼓应，却教红玉逊红光。
鼙鼓声中血影红，那堪回首话辽东。怜他几辈龙城将，中土逍遥做寓公。
马上传闻杀敌多，谁云巾帼昧金戈。将军此日沙场去，羞煞璇闺春梦婆。
高歌休唱大刀环，亦是当今女木兰。寄语胡儿休小觑，撼山容易撼军难。
峨眉队里与光荣，百万雄师此集中。铁马金戈齐奏凯，伫看痛饮到黄龙。
燕然谁与建殊勋，复地呼声久不闻。至竟须眉无胆略，千秋功业让红裙。
下马挥成露布词，河山还我此其时。缘何万里平戎事，不属男儿属女儿。

（原载于《上海报》1936 年 2 月 23 日）

无题

佚名

万里征途送客行，孤城分手泪纵横。且听抨击松江上，还有流亡主旧盟。

（原载于王寒生所《战血》，汉口：一般文化出版社，1936 年）

朝鲜遗臣词（调寄满江红）

佚名

拔剑看天，问当世谁是豪杰？更莫问词赋关山，烽烟陈迹?！离离禾黍故宫秋，萧萧易水衣冠泣！恨今生未雪戴天仇，歌长别！

愁不尽，王孙玦！啼不断，子规血！叹吾王孱懦，受人磨折！柳花宫里黑磷飞，阏英井畔红牙歇！莽沙场，何处赋招魂，麦饭熟?！

（原载于《广播周报》第97期，1936年）

尹奉吉

于渐逵

含生负气滔滔是，几人能算奇男子。倭奴鬼蜮吞潮[朝]鲜，为虎作伥蚁附膻。

转瞬前后数十年，无端辽沈遭殃及。木丸运退全沪失，倭奴得意若发狂，一时共庆千秋节。

正在登台演说时，军政民政各分司。电光一闪大声作，全台震动匪所思。

民政长官胆先破，尸横旷野长僵卧。重光公使亦重伤，余子纷纷交受挫。

但见人山人海中，有人出首气如虹。自称姓尹名奉吉，乃心祖国怀孤忠。

吁嗟乎！金玉均为卖国贼，惟洪钟宇夺其魄。伊藤博文虎而冠，惟安重根探其穴。

两人义气薄云霄，姓氏于今不寂寥。

吁嗟乎！舍生效死良非易，得尹奉吉称三义。刺客传兼游侠传，愧无椽笔为之记。

（原载于于渐逵《醉六斋诗集》，铅印本，1936年）

尹奉吉

孟庆风

二十一年四月二十九号，日人在沪虹口公园阅兵，忽由台下投入手榴弹，民团委员长川端(有误，应为河端，即河端贞次——编著者注)，白川大将，重光公使……皆受伤。凶手当时被获，则朝鲜人尹奉吉也，年二十五，见二十一年四月三十号《大公报》。

虹口公园一声弹，中人惊惶日人乱。□□□□或折腰，□□□□其臂断。
幸而免者尤纷纭，或则鼠窜或鸟散。英雄此时怒未已，一弹再弹其气悍。
铁骑捉将问姓名，朝鲜尹氏谈侃侃。人生有死固应尔！自杀之流何足齿？
我闻当日安重根，震动全球亦如此。又闻少年菩灵布[①]，屠龙屠虎如虱虮。
人言误国匹夫行，我曰匹夫不可企。史公首书刺客传，中国史册亦有纪。
王失其贵侯失势，斯人不作天地否！公仇私仇且莫论，我欲重编刺客史。

（原载于孟庆风《庆风诗画册》，自印本，1936 年）

朝鲜京城（有序）二首

燕子材(咫材)

予曩过朝鲜，游昌庆苑，苑为韩故宫，李氏王孙住此，舆几冠裳，罗列殿上，而日本人易名为朝鲜京城动物园，予当时有“台殿久荒麋鹿壮，冠裳如昨汉唐非”之句，追忆雪泥，怅然有作。

荒坟何处吊箕微，麦秀歌残剩白衣[②]。卉服初随岛夷变，樱花长笑主人非。

---

① 塞尔维亚人，年十七，刺奥太子裴迪南大公。

② 韩俗喜着白衣，殷教也。

鱼从蛮府清池跃，乌绕韩娥舞扇飞[①]。坐看黄埃生碧海，停车回首故山薇。

三山无复旧童男，翻倒天地湿篠骖。出塞马声空逐北，如云鹏翼尚图南。
后庭一曲花前唱，上客千人稷下谈。独忆倭城台畔酒[②]，渴吞东海不成酣。

［原载于《四川保安季刊》（成都）第 2 期，1936 年］

"一·二八"五周年纪念

陶行知

（一）

一·二八，日子好！中国军人是好老：一个兵士打两个，打得东洋四处逃。

（二）

一·二八，日子好！十九路军是好老：打倒少将打中将，战绩照耀曹家桥。

（三）

一·二八，日子好！十九路军大好老：打倒中将打大将[③]，七次冲锋八字桥。

（四）

一·二八，日子好！中国工人是好老：坚守闸北死不退，傅维玉和孙小宝。

---

① 韩妓操日语唱唐人《枫桥夜泊》诗，招展舞扇，肖月落乌啼之状。

② 朝鲜总督府在鲜京倭城台。

③ 打倒少将打中将，打倒中将打大将："一·二八"事变中，十九路军在上海各界人民积极支援下，抗战坚持一个多月，日本侵略军遭到沉重的打击，帅四度更换司令，少将换为中将，最后换成大将。

(五)

一·二八,日子好!中国农人是好老:知道战士要吃饱,为他煮饭蒸年糕。

(六)

一·二八,日子好!中国商人是好老:存心不贩东洋货,罢市急煞东洋老。

(七)

一·二八,日子好!中国学生是好老:生龙活虎义勇军,丢掉书本把国保。

(八)

一·二八,日子好!中国妇女是好老:看护宣传又慰劳,娘子军儿守战壕。

(九)

一·二八,日子好!中国裁缝是好老:名字叫做谢志成,做成军衣不要钞。

(十)

一·二八,日子好!中国车夫是好老:恭喜胡家出人才,不是胡适是阿毛。

(十一)

一·二八,日子好!中国侨胞是好老:一万一万又一万,捐尽万金捐珠宝。

(十二)

一·二八,日子好!朝鲜也有大好老:奉吉炸弹大如雷,白川大将呜呼了!

（十三）

一·二八，日子好！美国也有大好老：萧德为我争自由，万世流芳不朽了！

（十四）

一·二八，日子好！只有汉奸心不好：几次压逼救国会[①]，一心讨好东洋佬。

（十五）

一·二八，日子好！谁在上海挖战壕，谁扣捐款在腰包，谁在洛阳两脚跑[②]。

（十六）

一·二八，日子好！联合战线联得牢：中国三天亡不了，千年万年自由了。

［原载于美国 THE CHINSE REPUBLIC NEWS（中文版）433 号，1937 年 2 月］

七哀·哀高丽（同骊支均）

谷倩梅

二之哀，哀高丽，二十七年尚如斯[③]。亡国亡种亡文化，箕子之鬼其馁而。困苦为奴续乃祖，岂无一个是男儿。已忘勾践杀而父，煮豆乃又为之萁。为之萁，豆则悲。于嗟乎，二之哀，哀高丽。

（原载于《南社湘集》第 8 期，长沙湘鄂印刷公司，1937 年）

① 几次压逼救国会：指以蒋介石为首的国民政府一再封闭进步救亡报刊，逮捕数国会领袖“七君子”，强令取缔救国会等。

② 谁在洛阳两脚跑：“一·二八”淞沪抗战开始不久，国民政府急急忙忙由南京迁都到河南洛阳，并把洛阳改作陪都。

③ 高丽以清宣统二年亡。

水调歌头·赠朝鲜志士

夏承焘

短筑唱先咽，大白泪同吞。九原荆聂相望，耿耿几精魂。照眼光芒百字，瞰户咽填万鬼，风雨正昏昏。一味吐真气，翻海倒昆仑。

归国谣，收京乐，付诸君。当场只手能了，儿女莫沾巾。待饮黄龙杯酒，忽动长城鼓角，黯黯九边尘。我亦有孤剑，植发望燕云。

（作于1937年，载于夏承焘《天风阁词集》，百花文艺出版社，1984年）

高阳台·赠日人鹿地亘君

江洁生

变服危邦，淹名禁牒，征衣缀染莓苔。吾舌犹存，几年故国沉埋。平生奋发劳民意，验新廷、事事生哀。诀沧瀛，鱼浪西回，泪眼东开。

繁霜猎鬓心逾壮，任吹箫吴市，击筑燕台。侧帽当筵，雄辞消尽烽埃。相逢雁燕皆知侣，数戎行、惘惘倾怀[①]。盼明时，涤旧东风，正绿江淮。

我和丰子恺的认识，是从一般杂志和月刊中看见他的漫画时起。不断地感谢他用轻松的笔调，代表一般劳苦的阶级，作幽默的呼声。终于在全国文艺界开会的那一天，和他连坐在一起，更是一件愉快的事。

鹿地亘君是一位日本的志士。因为他是一个反侵略者，所以在本国的通缉之下，遂以学人的姿态而出现于文艺会了。当邵力子先生介绍这位特别来宾时，子恺先生十分的同情和注意他。在他演讲的时候，替他摹了一张动态，并替我同样的速写一张。我无以答，只做了一首诗谢谢他，一并附录于此，以留鸿爪。当时匆匆地写成，重了一个字，现在也不去改他了。

① 全国文艺界协会中，君演辞多赞美陈诚将军，并申论该国黩武者之必归败创。

摹写须眉意逼真，先生彩笔独能神；烽边未倦掀髯手，为写东方一后人。

（原载于《民族诗坛》第 1 期，1938 年）

定风波·喜日本学人鹿地亘来归

卢前

早岁流亡变姓名，一挥泪即掉头行。
暗里桴浮归上国，唯听雄狮，一吼万山鸣。
岛寇横刀终不悟，何处？黄昏渐近夕阳生。
试问何如共白日，咫尺！扫云拨雾自然明。

（原载于《民族诗坛》第 1 期，1938 年）

亡国恨

谷望

老百姓，听我言：如今世道真够繁。世上没有道理讲，帝国主义尚野蛮。
只看谁的拳头大，不管谁的理性端。东面有个朝鲜国，政府当局太稀软。
百姓不把国事管，一切事情都靠天。因此日本发了馋，无端就把毒计按。
占了朝鲜心不满，害得鲜人苦不堪。种下粮食不得吃，全被鬼子抢了去。
布匹鬼子抢去穿，自己老婆没裤子。黄瓜打驴分两段，苦的全在后半面。
自从鬼子估[占]朝鲜，处处就把便宜占。又怕鲜人要造反，察的紧来防的严。
今朝说错一句话，明天性命便难全。街上走路要成单，两人不许肩并肩。
死丧不准大声哭，娶妻先要鬼子玩。深更半夜常搜查，大天白日要强奸。
切刀都成违禁品，鲜书不叫鲜人念。说起苦头千千万，此处不过举数端。
若说偶然一违犯，便要抓走去见官。刀刮枪毙还在可，弄得九族不安然。
望我同胞都醒起，齐心努力打鬼子。如果不再争口气，将来下场也如此！

［原载于《老百姓》（兰州）第 1 卷第 5、6 期合刊，1938 年］

霜天晓角

张庚由

右任先生命题韩国安溪先生诗卷，安溪先生为安重根父。

夜寒吹雪，展卷增悲切。莫是山河余泪，濡笺纸，尽成血。
故国殊未灭，有儿承壮烈。一怒仇雠镐素，白山白，茫茫月。

（原载于《民族诗坛》第3辑，独立出版社，1938年）

东行赴日道经朝鲜赋感

张剑英

东行赴日过朝鲜，为赋《皇华》诗一篇。大好河山原祖国，何年恢复扫重烟。

［原载于《康健杂志》（上海）第61期，1939年］

朝鲜遗民诗

胡怀琛

在日本地震后数日，杭州龙井山狮子峰上，忽有人题诗石壁云：
一刹入天水火风，鼠狐豺虎尽沙虫。爱憎岂是天心误，上帝威权自不同。

又云：
劫火晴烧海灵赤，扶桑毒焰耀秋红。撩人景物有如此，相赏莫违吾欲东。

款曰：蜕老人。其言似对日灾而发。山中人云：此为韩国遗民作也。

（原载于《文心》第2卷第1期，1939年）

《韩民月刊》创刊祝词

康泽

皇皇朝鲜，檀箕是宗。实我兄弟，居海之东。
倭逞封豕，灭我邻邦。岂无三户，我惭秦康。
鸭绿荡荡，白山巍巍。英烈相望，国魂来归。
光复可期，以今例古。勾践沼吴，包胥复楚。

（原载于《韩民》第1卷第1期，1940年）

《韩民月刊》创刊纪念

张荫梧

殷有三仁，浩气常存。箕子之后，道义为根。唇齿相依，互助生存。

（原载于《韩民》第1卷第1期，1940年）

《韩民月刊》祝词

桂永清

中韩兄弟邦，敦睦源自古。明夷衍箕畴，安东开幕府。
文教交川流，国防依车辅。封豕嗜人国，蚕鲸肆侵侮。
卅年覆巢余，泪血悲禾黍。辽阳更芦沟，中原横豺虎。
鹳鸽愤急难，同仇相支柱。《韩民》此肇刊，策力驱倭虏。
为扬中夏威，为报三韩苦。复国志士心，勃郁终难阻。
三户昔亡秦，得道况多助。我开射日弓，迫逐崦嵫路。

不义自速亡，赤乌看解羽。雪耻荡腥膻，中兴复故土。
千秋万世荣，交辉耀寰宇。

（原载于《韩民》第1卷第2期，1940年）

恭祝《韩民月刊》万岁

李梦庚

唇早亡兮齿又寒，中华屏障赖三韩。共同奋建和平路，打倒倭奴世界安。

（原载于《韩民》第1卷第3、4期合刊，1940年）

贺新郎

黄介民

此词本为芦沟桥七七事变后旬日题赠韩国同志者，今《韩民》出版，特录赠以当祝词也。

俯仰情何切，看尘寰、纷纷成败，循环无歇。往事思量千万绪，怕听哀猿凄咽。漫道是，心源澄澈。访友天涯逾念载，对同仇、惯缔同心结。争起舞，输肝膈。

无端更听罡风发，太无聊、跳梁小丑，横行东北。万里中原悬大耻，自属男儿昭雪。更说是，兴衰续绝。伫看三韩成独立，嘱鹃魂、不用长啼血。人共醉，金刚月。

（原载于《韩民》第1卷第3、4期合刊，1940年）

朝鲜京城谒吴武壮公（长庆）祠堂

运之

绝域瞻遗庙，英灵想霸图。惊传将星陨，太息战云孤。
落木三韩暮，悲风万壑呼。明朝马关路，揽辔忍踟蹰。

（原载于《国艺》第1卷第4期，1940年）

朝鲜义士尹奉吉歌

陈伯君

民国二十一年淞沪之役，日军既胁我成盟，将旋师矣，乃开会祝捷于上海之六三花园。朝鲜义士尹奉吉杂会众中，掷炸弹，彐大将白川殪焉；日人捕得尹送之东京，年才二十八也。呜呼！壮哉！罗膺中彐："是可歌也！"为之歌曰：

东方封豕骄雄武，敢张巨喙涎吾士[土]。沪滨一战挫声威，尺地月来犹抵拒。
海上援兵络绎来，张皇四易军中主。仍趋间道图绕攻，我方一夜潜师去。
盟成两国罢兵车，耀彼邦人夸振旅。扬旌祝捷六三园，下驮者男襁者女。
人人携得便当至，韩人中蕴亡国怒。白川大将卓[桌]坛中，桓桓威仪气虹吐。
重光使臣伺颜色，大小班从列如堵。坛下欢呼台上矜，此时气象若可睹。
忽然一弹从天降，砰然裂天铁飞雨。元戎就殪使臣刖，善战服刑假手汝。
掷弹者谁？尹奉吉，堂堂义士好肝膂！
众中大索得其人，但觉余势犹虎虎。有生即注僇民籍，读史凄痛心为腐。
三十年来国未复，二千万众忍终古。炸弹藏在便当里①，聂政荆卿安足数。

---

① 初次报载如此，后又谓系藏在水壶里。膺中曾为易此句及前之"人人携得便当至"一句，今亦失忆。

拼此一掷醒国魂，男儿断头真得所。
吁嗟！义士志已酬，所贵彼邦齐奋举。
覆国奴种谁其罪，起废振绝当安处。纵有死士逞交衢，歼一二人亦何补。
不见伊藤血已荒，韩人今日犹臣虏。
吁嗟乎！韩人今日犹臣虏，箕子之魂在何许，义士九原双目努。

［原载于《舆论》（西安）第1卷第1期，1940年］

朝鲜少女吟

王季思

我军袭新乡，俘敌十数人，内朝鲜少女二，皆良家子，以“慰劳班”征赴前线，供敌蹂躏。因感其事，为《朝鲜少女吟》。

罗帏对卷秋风入，新插瓶花娇欲泣；那知更有断肠人，血污罗裳归不得。
个人家本汉城住，生少年华愁里掷；妆成长自怯登楼，为恐豺狼见颜色。
一从东亚起甲兵，邻里朝朝闻哭声；丁男迫向战场死，少女驱将绝域行。
皇皇督府张文告，道是“前方要慰劳，民家有女不许婚，留待‘皇军’来征召”。
绮年玉貌空自怜，阿爷阿母长忧煎；生男生女两无靠，国破家亡理自然。
篷车隐隐过城郭，三十六人同日发；亲朋戚里走相送，珍重一声双泪落。
故山渐远草渐青，不记南来多少程；宵从魑魅丛中过，晓逐牛羊队里行。
人前强作欢颜笑，对镜临妆长自悼；同来姊妹几人存，暗里相逢各相吊。
东家阿妹年十六，旧是皇妃闵氏族；夜深婉转闻娇啼，清晓游魂辞躯壳。
金枝玉叶谁复怜，倒曳横拖弃深谷！南邻孀妇崔氏姊，家有三龄遗腹子；
仰天终日语喃喃，皮骨徒存神已死。行行忽复至中原，极目关河欲断魂；
黄河浊浪排空远，铁岭寒云障日昏。岭云叆叆黄河吼，华夏英灵永不朽；
大兵一夜克新乡，五百倭奴齐授首；坏车零乱龟鳖伏，散卒仓皇牛马走。
伶仃弱质何所依，瑟缩泥中血满衣；被俘自分军前死，不信将军赐就医。
殷勤看护更相慰，折得花枝伴憔悴；那知身世正复同，纵有余香无根蒂。
吁嗟乎！汉城高高汉江深，谁把江山掷与人？

欲知亡国恨多少，请听朝鲜少女吟。

（原载于王季思《越风》，金华国民出版社，1940 年）

呼江吸海楼诗：朝鲜义勇队四首

罗卓英

十二月十六日，军委会派朝鲜义勇队来受指挥，配合前线作战，特予慰勉，并为诗送之四首。

报韩志士屡椎秦，忍泪狂歌肝胆真。三十年来亡国恨，寒威凋落汉城春。

带方郡废问何年[1]，箕子陵夷耻益煎[2]。已分鸰原同急难，弯弓射日坠沉渊。

欢迎高唱少年行，正义觥觥正气横。射虎屠鲸吾辈事，要乘时会与天争。

群英济济欲拏云，刮目争看义勇军。白岭绿江都在望，好挥神剑靖妖氛。

（原载于沈云龙主编《近代中国史料丛刊》第 77 辑，台北：文海出版社，1973 年）

---

① 朝鲜汉江古称带水，其地称带方。
② 箕子陵在平壤。

旧体诗

1941年以后

吊安重根

智蔚

舍身报国仇，肝胆足千秋。贤子甘降虏，将军可断头。
大椎酬博浪，义士起神州。地下应含笑，复兴借箸筹。

［原载于《华侨公会月刊》（万隆）第2卷第1期，1941年］

哀悼我们亲密的战友叶鸿德同志

王菲

昨日捧酒醉，归来泪满襟。吁嗟吾好友，一逝不复归。
耿耿恸哀思，痛我好战士。嘉陵一夕别，竟无再见时。
千呼君不应，生容历在前。壮志犹未偿，何以对英灵。

（原载于《朝鲜义勇队》通讯第41期，1941年）

义士行一：咏李奉昌义士东京炸案

老梅（景梅九）

倭人并韩违公理，白袷遗民怀愤耻。天教义士产龙山，厥名奉昌厥姓李。
伤哉家贫幼失学，恒为饥寒所驱使。王孙困苦乞为奴，丑辱包羞裂双眦。
壮岁孑身走瀛东，欲入虎穴得虎子。大似项羽观秦皇，秘语人曰彼可取。
蕴藏意志苦无机，豹隐龙潜居名市。生平好酒不好色，倭姬攀缘拒彼美。
破浪乘风来沪滨，漂泊一身靡定址。化名木下无人知，同胞该会加仇视。
子房报韩智勇兼，独于沧海得壮士。博浪椎秦功未成，天地皆为震动矣。
义士行踪略与同，且同荆轲别易水。临歧羞作儿女泣，此行事济应心喜。

东渡途径观音祠，戏抽神签卜动止。射鹿乘箭语分明，晚晖落日足相拟。
樱田一掷倭皇惊，惜哉误中副车耳。义士对簿慨自承，敌曹妄讯遭斥指。
我以汝皇为对手，汝辈何得加无理。断头台上呼独立，气化长虹神不死。
山崩钟应何奇特，柿梁有人能继起。虹口一举歼渠魁，快意当场莫与比。
漫将成败论英雄，义声震荡无彼此。奉昌奉吉两男儿，大名永垂韩新史。

（原载于韩国光复军总司令部政训处《光复》第 1 卷第 4 期，1941 年）

义士行二：咏尹奉吉义士虹口炸案

景梅九

故国春风动禾黍，柿田义士独愁苦。生成傲骨耻为奴，剖出赤心晴万古。
掉臂昂头走海滨，太极旗下誓诛虏。一身许国不为家，力争自由与自主。
倭酋白川足趾高，阵兵列阵压歗[歇]浦。千乘万骑布森严，虹口公园亲耀武。
倭人欢笑韩人愁，义士旁窥若无睹。悠然怀弹冲围入，阅兵台前赫如虎。
群酋戎服聚将坛，阴云弥漫日将午。白川执杯方启唇，义士挥手投孤注。
霹雳一声天地崩，血肉横飞肢骸舞。廿发礼炮寂不鸣，三军偃旗尽息鼓。
余众纷作鸟兽奔，渠魁碎尸无完肤。中华男儿愧弗如，一世豪侠首为俯。
但愿化身千万亿，阴相中韩同御侮。杀尽倭奴方罢休，金瓯无缺还吾土。
八道同仇与招魂，光复元功归一举。

（原载于韩国光复军总司令部政训处《光复》第 1 卷第 4 期，1941 年）

义士行三：咏崔柳二李诸义士大连炸案

老梅（景梅九）

鸭绿江上架虹桥，倭人并韩复吞辽。伪造傀儡满洲国，一手遮天亦徒劳。
三韩八道多英杰，雪耻复仇意志牢。重根初狙伊藤侯，石破天惊荡海涛。
奉昌奉吉相继兴，樱田虹口拟天骄。意气孤行快一掷，天地震动鬼神号。

一波才起万波随，壮士并又辔连镳。大连阴谋注群丑，内田广本皆目标。
机事不密忽泄漏，风声鹤唳草木摇。崔柳四人负专责，七十老翁送邮包。
中藏水壶爆弹裂，当者粉碎额烂焦。义士被捕态自若，宣言暗杀不停挠。
倭奴从此难安寝，心魂失措惧覆巢。

（原载于韩国光复军总司令部政训处《光复》第1卷第4期，1941年）

访书朝鲜京城

略厂

为搜文献上修途，远访遗书到海隅。载笔翩翩二三子，钩玄提要继先儒。
峨峨书城闭未开，俱携纸笔度崔嵬。昌庆苑里多孤本，高阁尘埋事可哀。

［原载于《雅言》（北京）第2期，1941年］

朝鲜郑寅普君寄所作李耕斋先生伤词赋此慰之

王芃生

并世有知己，天涯如尺步。异代逢解人，百世犹朝暮。文场常落寞，今古有同喻。
岂少空群马，所稀伯乐顾！是以文字交，常若孩提慕。片言微契合，久要胶漆附。
漫嗟形迹疏，心如金石固。似此岂多有，千载或一喻。暂离犹怛恻，阴阳况异路！
览君哀挽词，如闻歌薤露。未读庚斋文，因君审法度。君亦昧生平，因文接情愫。
今人多嗜奇，二子守其故。眼贞良足喜，不为浮名误。鸡林遗凤毛，殊方惊异数。
奈何文憎命，此意向天诉！寄诗聊慰君，转为斯文惧。我本孑遗民，兼有烟霞痼。
幼时惭学剑，未解作露布。中年始亲书，无成怀稼圃。踽踽荆榛道，孤行失筚路。
迂折多徒劳，微光照迷雾。乃知一字师，贵逾千金赋。块然发深思，孤怀如远戍。
袖书重展读，相亲如把晤。漫言秦越遥，梦魂可飞渡。

［原载于《生力》（南京）第6期，1943年］

送韩国临时政府金九主席一行赴国

吴景洲

洸洸大韩，檀君之胄。比邻华夏，亲仁世守。唇齿相依，急难相救。
日维季世，强寇入牖。夺我疆宇，沼我台囿。兄弟同运，国难是逅。
血染山河，气冲牛斗。再接再厉，屡蹶屡斗。五十年来，折胫断脰。
中日更搏，风云益骤。八载苦战，奋起全宙。结盟协力，乃歼厥丑。
同仇斯报，来苏待后。复国还都，亦骈亦偶。患难之交，且名且镂。
百千万年，勿充此旧！执手临政，悲喜交凑。共进一觞，两国齐寿！

（原载于《中韩会讯》第5期，1946年）

营妓

大狂

花怜堕混絮沾泥，蝶自疯狂鸟自啼。此日有家归不得，料应同悔祸噬脐。

日寇“慰安所”中之营妓，大半为韩国少女，为日寇胁诱而来者，今日寇解体，过其飘零生活，日本人诚亦作孽矣哉。

［原载于《风光》（上海）第9期，1946年］

营妓

虎痴

迫向军营献此身，狂蜂浪蝶送残春。而今湖海飘零客，尽是萱帏梦里人。

日寇慰安所之营妓，多为韩国良家少女，迫于日军诱胁，操此贱役，而今日寇屈膝，此辈欲归不得，流离失所，生活之惨苦，竟有非人所堪想像也。

［原载于《万象》（上海）第1年第3期，1946年］

秋夜游虹口公园

友渔未是草

虹口秋深无艳姿，当年战血染青枝。喧宾夺主难持久，衰草离离日落时。
日落秋郊景渐昏，四周灯火照荒园。游人已似风云散，缓步云归可解烦。

三五年八月三十日

（原载于《京沪旬刊》第9期，1946年）

壮烈哉尹奉吉二首

姚伯麟

韩被倭吞数十春，国亡虽久恨犹新。义同博浪沙中击，八道于今尚有人。

驿站风云真莫测，伊藤饮弹杳孤魂。沪滨哈埠相辉映，同报韩仇安重根。

韩国独立纪念日

姚伯麟

廿七年前独立日，三韩纪念祝良辰。中央政府今何在，合力速成易主宾。

按：高丽虽已脱去日本桎梏，然至今仍为美、苏军两国占领区，未免喧宾夺主，故望其合力连成中央政府，以转易为主人翁地位也。兹据联合社汉城二十五日电，韩国定于下月一日庆祝廿七周年独立日。廿七年前此日，曾有少数爱国志士企图借消极抵抗，挣脱日本枷锁。今年此日，全国二千六百万韩人已不复受日本统治，但在美、苏军事管理下，分为南、北两区，仍无中央政府。意见纷歧之政党各立阵营，通货膨胀，物资稀少。在美国占领区之韩人，拟于该日游行示威，并举行宴会与演说。美国占领军司令霍奇中将，已宣布该日为假期。今日情势虽仍多困难，但较之一九一〇年，则已倍见明光。当时在独立日有韩国国民党员卅二人，聚集于酒馆中，邀一日本闻人，在其前朗诵独立宣言，内称："吾人于此宣布韩国独立，韩国人民自由解放，吾人以此昭告于天下，以证明万国平等，吾人且将以此传之后裔，视作其天赋权利。……"于是此卅二人整步自投中央警察局，与另一签字于宣言书者相会合，同遭禁闭。谋画已久之，非武力公开示威运动，实以此为叹矢。日本人所采取之报复手段，则为屠杀一星期。上述各志士，现犹有十五人生存于世，若干人仍在政界活动，但互相敌对，与廿七年前之同心合力，迥不相侔。

重庆韩国临时政府

姚伯麟

临时政府设渝城，报道韩民庆复生。集合三军归祖国，开罗一语本非轻。

沪战终局大观兵式中之大悲剧（三首）

姚伯麟

扬威耀武观兵台，海陆军官集会来。响彻云霄博浪起，只应乐极受余哀。

沪战以列邦调停而终止后，四月二十九日，适为日本天长节，日寇欲耀武扬威，在虹口公园举行观兵式，凡其文武官员及重要侨民，群集于席棚观兵台上，互相庆祝。韩国志士尹奉吉携炸弹而混入，乘隙暗置于台板下。当其兴高彩[采]烈大唱《君之代》之际，砰然一声，台倒人伤，炸死白川大将，野村（海军）毁其眼，重光伤其腿，田端（日侨民会长，应为河端——编著者注）裂其腹（即死），植田伤其足趾，其余轻重伤者复不少。尹志士亦被捕，解往长崎，为国捐躯，名垂不朽。而沪战竟以如此大悲剧终场。虽曰人事，岂非天讨哉。

——著者原注

国歌高唱庆天长，太息天长命不长。突兀晴天霹雳起，白川炸毙带重光。

正是兴高采烈际，无端平地一声雷。血花四溅群魔倒，检阅台成断命台。

所谓中村事件

姚伯麟

阴谋黑幕自重重，竟说中村失旧踪。苍狗白云多变幻，兴安岭外突奇峰。

日寇欲发动侵略，阴谋诡计，预先造成各种事件。于万宝山惨案外，又捏造中村震太郎在兴安岭外失踪，有被人谋害嫌疑，欲出动大军，前往调查详情。先纷向南满铁路沿线大举增兵。后经日陆军少将石井康说明真伪，谓中村震太郎现仍健在。所谓中村事件，被害者非他，实为一不幸之东北人。该人当时系着日本服装而被杀（可谓替死鬼），石井于彼时服务东北，谓中村在战事结束前尚在锦州担任特务工作。由是谈话以观，此一重秘密黑幕遂被揭穿矣。

朝鲜惨杀华侨案*

姚伯麟

八道杀机动，同胞惨若何。全抛人类爱，偏见兽行多。
岛国阴谋重，官僚筹画讹。冤魂长已矣，此案付流波。

日寇发起有计画的排华风潮，大其煽动无知鲜民在仁川、汉阳、平壤等地暴动，华侨被杀及投海者，共有数千人之多。

---

* 原载于《朔望半月刊》（上海）第6期，1933年。——本书编者注

热烈欢迎李将军

姚伯麟

大和既已召瓜分，韩国重光独立闻。热烈群呼歇浦上，欢迎特敬李将军。

自日本接受投降，宣告独立后，在华韩国侨民，莫不欢腾。其韩国光复军李苏民将军，于昨日（十三日）由杭来沪，负责召集在京沪杭之韩国军民，准备回国。在沪韩侨特于昨日下午，在大西路四十七号举行欢迎会。见韩侨均手持国旗，参加者达数百人。当将军抵达该处时，即有韩国妇女会金元庆女士等五人献花致敬，继而开欢迎会。由李将军致训，语多勖勉有加，并对同胞之热烈欢迎，尤表深意。最后高呼口号而散会。

日统治朝鲜自食其果

姚伯麟

全民奴化统朝鲜，铁腕横挥四十年。暴政推翻重建造，韩邦独立日俘还。

波士顿八日特电：《基督教科学箴言报》顷载朝鲜汉城访电称，以铁腕统治朝鲜垂四十载之日人，今因战败而被络绎遣返本国，虽秩序尚佳，然身体上所受痛苦殊深。估计朝鲜美军占领区内，日军民约四十五万人，相继集中汉城而被遣返者，迄今已达十万人左右，平均每日遣返约二千人。对于韩人，日军民之大批遣返，或为彼等获得解放之最大象征。骄横一时之日商人与行政人员，今已渡难民生活，麇集本城屋宇或寺院内，入夜就地板或草堆而卧，饮食既不足，更迭遭韩国热血份子之殴击，其所有之款项与珠宝等，已丧失殆尽。殊堪与日军最初侵入朝鲜，开始其横暴与恐怖统治时之情景，形成历史性之对照。

（原载于姚伯麟《抗战诗史》，上海：改造与医学社，1948 年）

题旧有朝鲜笔

遐翁

神笔何期走传车，降王今日久无家。剧怜崩浪成崩土，血染箕封乱似麻。

［原载于《子曰丛刊》（上海）第2辑，1948年］

无题

佚名

真可敬，安重根！
手刺伊藤，杀身成仁，胸中方解亡国恨！
世界人，莫不钦佩忠义魂。
留名青史，千古不朽，谁能案中步后尘！

（原载于曹文奇《鸭绿江边的抗日名将梁世风》，辽宁人民出版社，1990年）

洼田章一郎短歌一首

［日本］洼田章一郎
李芒 译

爱弟临终事，唯有一兵谙。翘盼云何久，至今人未还。

此歌描写其爱弟在二战中死于战场以后，据说只有一个士兵了解当时情况，但一直等了十年，那位士兵也终于未见复员。悲惨之状，均在想像之中。

1955

（原载于《世界反法西斯文学书系·日本卷2》，重庆出版社，1992年）

细看云玉寄回富士山巅风景明信片，忽忆五十年间事，并及安重根其人，若有所感，辄题一绝其上

陈君葆

五十年间感废兴，夷门何处觅侯嬴。依稀富士山头雪，猛忆还军灞上情。①

（原载于谢荣滚整理《水云楼诗草》，广东人民出版社，2017 年）

读《安重根》

松驿

白山黑水抖精神，义士功垂哈尔滨。一弹命中羞博浪，千秋史撼震嬴秦。
首阳赤胆辽东血，东亚英灵高丽身。今日重新读传记，百年未肯忘韩民。

（原载于《黑龙江史志》第 4 期，2001 年）

安重根

刘维静

侠士悲国殇，大义亡命趋②。天仇已亲报，伊藤伏诛息。
英壮传千古，骁勇圆世期。仇人对仇人，剑见为必须。

（原载于刘维静《老外诗谱》，山西人民出版社，2008 年）

---

① 日俄战争前后，父亲均在日本。

② 大义亡命趋：安重根知道这次行动十分危险，去时就做好了牺牲的准备，1910 年 3 月 26 日在日本英勇就义。

谒安重根雕像

孙正义

南山雕塑安重根，曾记当年刺伊藤。弱国小民不畏暴，至今犹对日抗争。

（原载于杭州市富阳区老干部诗词协会主编《春江红叶》第七专辑《纪念中国人民抗日战争胜利70周年》，2014年）

为安重根纪念馆作

佚名

中韩元首有共论，反殖英雄应受尊。不屑东洋频抗议，建馆纪念合民心。

注：为纪念韩国抗日志士安重根，中韩元首共议，在哈尔滨火车站当年安氏刺杀伊藤博文旧址建馆立碑，日本政府竟频提抗议，称安是“恐怖分子”“杀人犯”。

（原载于杭州市富阳区老干部诗词协会主编《春江红叶》第七专辑《纪念中国人民抗日战争胜利70周年》，2014年）

七绝·题安重根就义百年

刘国庆

为除国难救深渊，义胆神枪毙恶蚺。百代回旋悲壮曲，山水连通彩墨轩。

（原载于刘国庆著《百合文丛北晨秋韵》，黑龙江人民出版社，2016年）

新诗

1915 — 1920年

焰火

[韩国]朱耀翰

尹海燕 译

啊！夕阳西下，晚霞消失在西天、那孤寂的河面上……啊！日落西山。每到日落西山，夜幕又降临，我只能在杏树影下独自哭泣。今天正值四月初八[①]，大街小巷人潮涌动，听起来多么热闹喧嚣，而为何偏偏只有我一人忍不住心中的泪水？

啊！起舞，飞舞，红彤彤的火球在欢舞。站在寂静的城楼俯瞰，河水和沙子的气息扑鼻，火把正在吞噬着黑幕，咬啮着茫茫夜空，却仍不知足，又毁灭着自身。此时此刻，青春年少的我满怀着阴郁的情愫，把那蓝色的旧梦抛向河面，而那无情的浪花又怎能止住她的影子？

——啊，花开折枝，无不凋零。思念离去的你，我的心生亦如死。唉！算了吧！干脆让那火焰燃烧我的心，烧掉我心中的悲哀吧！昨天，我还拖着沉痛的脚步来到墓地，只见枯萎在冬日里的花朵已重新绽放。可是，爱情的春天为何一去不复返，索性痛痛快快地跳入今夜的水中了结了吧！……那，或许还能有人怜悯我……忽然，只听见"噼啪"声响，梅花炮冒着火花直入云霄，猛然惊醒，看客们的喧哗声似乎在嘲笑、在斥责啊！我渴望着一种更充满激情的人生，就像那火把，即使黑烟笼罩在窒息的痛苦中，也想拥有火热的生命，我的心突然加速了跳动……

四月和煦的春风吹过江面，在清流壁、牡丹峰，那高高的山岗上，白衣人群在涌动。每当春风吹来，水面上映着火光，水波一阵阵狂笑。胆小的鱼儿逃窜到沙底，浪花拍打着船舷。熏人欲睡的歌声飘忽不定——人影恍惚，笑声四起。吊起的灯光下，年少歌伎的声音无休止拉长，让人蠢蠢欲动的焰火业已厌烦，一杯接一杯，无尽的狂饮也已厌倦。无力地躺在肮脏的船舱，无缘无故地热泪盈眶。长鼓声声无休无止，那些男人欲火难禁，眼里闪着光焰跳到船边，只剩下摇摇欲坠的烛光，残留在褶皱的裙角，吱吱哑哑[呀呀]的桨声，好似故意压抑着我的胸膛……

啊！河流在笑、在大笑、在诡异地狂笑，是冰冷的河水在朝着漆黑的夜空

---

① 指农历四月初八，即佛祖释迦牟尼的诞辰日。

发笑。啊！船只逆流而上、逆流而行，阵阵风吹，桨声不胜凄婉，船在逆流而进……

划桨吧！划到那远处熟睡的绫罗岛，在水流湍急的大同江上，逆流而上吧！那里有你的恋人，赤脚站在山岗上望断江水，你就径自调转船头吧！水面上泛起的冷风，还有那诡异的笑声，与你究竟有何相干呢！失去爱情的年轻人，那无比沉闷的情怀，跟你又有何相干呢！没有阴影也就没有光明。噢！你只要别错过真实的今天——噢！燃烧吧！就在今夜燃烧吧！你赤红的火把，鲜红的嘴唇，彤红的眼睛，还有你那火红的眼泪……

（原载于《创造》第 1 期，1919 年；译文摘自尹海燕编译《韩国现代名诗选读》，民族出版社，2006 年）

牧羊曲*

郭沫若

太阳迎我上山来，
太阳送我下山去；
太阳下山有上时，
牧羊郎去无时归。
羊儿啼，
声甚悲。
羊儿望郎，郎可知？

羊儿颈上底铃儿，
——是郎亲手系；
系铃人去无时归，
铃绦欲断铃儿危。
羊儿啼，
声甚悲。
羊儿望郎，郎可知？

---

* 该诗摘自郭沫若的小说《牧羊哀话》（署名沫若），后题名为《牧羊曲》。——本书编者注

非我无剪刀，不剪羊儿衣。
上有英郎金剪痕，
消时令我魂消去。
非我无青丝，
不把铃儿系。
我待铃绦一断时，
要到英郎身边去。

羊儿！羊儿！
你莫悲哀；
有我还在，
虎豹不敢来。
虎豹它纵来，
我们拼了命，
凭它衔去哉！
羊儿！羊儿！
归！去来！①
……

（原载于《新中国》第1卷第7号，1919年）

北京的乞人

［韩国］沈熏
韩晓 译

1919年农历十月，一脸憔悴的我来到正阳门车站。刚下车，便有一群乞丐围了上来，向我讨要一分铜板。于奔驰的人力车上，我写下数行。

你向我乞求什么呢？
身着青衣的邻邦的乞人哟，
你们看我这遭到驱逐
连大气都不敢出的模样，

① 后改为“你莫悲哀！”——原书编者

难道不像被射中的小兽
徘徊在旷野?
你看那正阳门楼上迎着朝阳
呼啦啦招展着的五色旗!
尽管你衣衫褴褛,食不果腹
不还活在那旗帜下么?

大街小巷响起兵营嘹亮的喇叭声!
我此生从未听闻过!
胡同里卖菜商人洪亮的吆喝声,
原来你们可以这样肆意呼喊!

那旗帜尽管已褪色,
也彰显着大中华的荣耀。
你们的同族即便老去,
也显示着“睡狮”的威严。
你们那样弯着腰,
祈求什么呢?
千年万年
生活着的百姓哟……

如果能和你们的破衣烂衫相换,
我怎不愿意脱下
这被泪水打湿的唯一的长袍?
如果能和你诉说,
我浸入骨髓的怨恨,

哪怕是切块肉扔在地上又何妨? 哦哦!
身着青衣的北国的乞人哟!

(原载于探求堂版《沈熏文学全集1》,1966年;译文摘自韩晓《民国时期来华留学韩人作家的跨体验与文学书写》,山东大学博士学位论文,2017年)

作队歌*

佚名

同胞们列队前进，前进，
找回权利的日子就在今天，
在活泼而勇敢的我们面前。
独立旗帜在飘扬，在飘扬，
冒着硝烟弹雨所到之处，
独立自由，自由独立在眼前。
用热血精心培育，
敌人的枪与剑失灵，
一往无前，前进前进，
自由的福与乐在面前。

（传唱于1919年前后，摘自金虎雄《来华朝鲜人离散文学研究》，延边大学出版社，2012年）

动员歌

佚名

被压抑的同胞们起来，
起来，背起枪，拿起刀，
寻找失去的祖国与权利，
从敌人的手中重新夺回来。
孤独生长在深山的野草，

---

* 《诗歌卷Ⅱ》有与此诗相近更完整之《作队歌》。相似诗句，语词有差异，共存之。——本书编者注

静躺在坟墓中的魂灵，
妇女们全部站起来，
起来，背起枪，拿起刀。

（传唱于1919年前后，摘自金虎雄《来华朝鲜人离散文学研究》，延边大学出版社，2012年）

勇进歌

佚名

长白山下辽阔的满洲大地，
是我们救国英雄的运动场，
士兵们列队向前，步伐整齐，
步步向前进，英姿飒爽而严肃紧张。

…………
汉阳城里响起自由钟，
三千里飘扬自由旗，
为了建设自由的新政府，
在木槿花花园高呼万岁。

（传唱于1919年前后，摘自金虎雄《来华朝鲜人离散文学研究》，延边大学出版社，2012年）

独立军歌

佚名

前进，独立军向前进，
期待已久的独立战争到来了，

等待此时已有十年之久，
磨刀霍霍等待今朝。

…………

独立军百万勇士所到之处，
鸭绿江鱼鳖也给架桥，
独立军抛头颅洒热血，
长白山岩石也给开道。

独立军一亮剑，
玄海滩绿水泛血光，
独立军霹雳一声怒吼，
富士山山顶倒塌。

（传唱于1919年前后，摘自金虎雄《来华朝鲜人离散文学研究》，延边大学出版社，2012年）

柳花节

佚名

昨夜一场雨告知春来了，
无灵花柳按时开放，
唤醒两千万民众。

（流行于1910年代，摘自金虎雄《来华朝鲜人离散文学研究》，延边大学出版社，2012年）

想念祖国

[韩国]申采浩

我是你爱,你是我爱,
将你我之间的爱情斩断,
就会滴下美丽的血团,
汩汩流淌。

一拳攥住那血,
均匀地洒向故国的土地上,
所滴之处开满鲜花,
所滴之处开满鲜花,
迎接春天。

(作于20世纪10年代后期,摘自金虎雄《来华朝鲜人离散文学研究》,延边大学出版社,2012年)

啊,庚戌年8月29日

[韩国]海日

啊,这一天万年神圣历史啊,
这一天两千万可爱生灵,
笼罩在黑暗中。
千古留下丑陋,
十年被蹂躏的祖国江山,
在你的心上留下多少血泪痕迹。
啊,传来多次断肠哭声,
可怜的奴隶,可怜的奴隶,

自由被剥夺，正义被蹂躏。
啊，同胞们，
亿万人民痛哭觉醒，
噢噢，同胞们，付出你们的血，
献出你们的肉，
为了祖国，为了祖国，
因为恶毒的敌人仍然持刀，仍然在洒毒。

（作于20世纪10年代末，摘自金虎雄《来华朝鲜人离散文学研究》，延边大学出版社，2012年）

新光（节选）

［韩国］刘荣

夜幕拉开了，
太阳升起在东山。
啊！这一天韩族，
用满腔喜悦，迎接新光。
三千里山野有瑞气，
三千里骨肉涌动着鲜血。
永远普照这片土地光明的，
3月1日新光。

沉睡者，醒来吧！
被关者打开牢门，
啊！这一天用韩族的
鲜血呼唤自由。
三千里花草树木，两千万张嘴，
高呼着万岁，
永远向这片土地给予福乐，

永远福泽子孙，
3月1日万岁！

（作于20世纪10年代末，摘自金虎雄《来华朝鲜人离散文学研究》，延边大学出版社，2012年）

鸭绿江以东

康白情

鸭绿江以东不是殷家底旧土了！
但滔滔的江水还尽管绿着。
江之东是尚白的，
却也有些种药的在这里穿着蓝褂儿。
江之西是尚蓝的，
却也有些挑菜的在那里飘着白带儿。
甚么东西江水，可以割断人间底爱么？

鸭绿江以东不是殷家底旧土了。
但我也不愿她还是他底旧土，
让她就是她自己底旧土好了！
好秀丽哟，这些层层叠叠曲曲折折的峦嶂！
还有平平的溪水，就回绕他们懒懒地流着。
遍山野都是小松，
遍田坎都是青菜，
遍家屋都放着鸡豚，
——装点成了太平的景象。
天之所以助她么？
还是所以误她邪？
回望故乡

蔚蓝的天空远映着，
甚么高山大河，都迷在飞絮似的白云里了。
路远了，
路远了，
也听不出青秧田上底杜鹃声，
只有这满山红着底杜鹃花还拟得出几分乡味儿。
呀！我最爱你杜鹃花，
爱你底红，
爱你底红好像是血染成的！
呀哈！“溅我黄儿千斗血，
染红世界自由花！”
——朱家、郭解底侠风那里去了？
但我相信这个还终归睡在我们底骨子里的。
但滔滔的江水还尽管绿着。
哦，好兄弟，好姊妹，
你们去照照你们底面孔！

看哟！
去年底稻桩还在田里。
顶着瓮儿底妇人正去井边汲水。
土里躬着的庄稼汉儿正把锄头儿薅草。
唉！我可爱的老百姓们，这几年底收成好么？
上了田租，剩下的怎么样了？
你们所希望底子女们读书得怎么样了
——我可爱底老百姓们？

噫！那里底杜鹃声？
“还我蜀来，还我蜀来！”
望帝之魂怎么也飞到这里来了？
“还我蜀来，还我蜀来！”……
哦，好兄弟，好姊妹，
鸭绿江以东不是殷家底旧土了，
但我也不愿她还是他底旧土。

起哟！起哟！……

五月一日　南满铁路车上

（原载于《新潮》第2卷第5号，1920年）

吊高丽

朱荣泉

高丽吓！你是个三千余年的古国，
为什么到今朝受人辖属？
江山吓谁主？
人民吓奴辱，
我为你滴下泪一掬。
你如今是大梦醒了，
但是我恨你醒的欠早。
大势已去不可为，
“死灰复燃”终是少，
望故国山河，空多悲悼。

（原载于《沪江大学月刊》第9卷第6期，1920年）

狼群中一只白羊

郭沫若

一千九百二十年十月五日，世界日曜学校第五次大会开会于日本东京。由世界各国远来赴会之宗教家共二千余人，我中国无一人赴会。日人便如政治家之大隈侯，资本家之涩泽男等素号为野心人物者亦极力鼓吹赞助，共投去二十万元之经费，特建一临时会场。乃不意开会之日，会场全体尽为电火所焚，化为一片焦址。

会场既失所，闻其第二日夜复开会于日本青年会馆。其最后之演说者乃朝鲜老牧师白氏。白氏白发白髯白衣白履登坛，英宣教师一人为其通译，徐徐说出：

朝鲜是基督教传道最新的地方，同时又为传道效果最显著之区域，所以特受神之宠爱。现在有四十万之基督信徒，有东洋传道底使命的自觉。中国底满洲早有由朝鲜派遣的传道师了。然此，有最可悲痛的事实存在：此大会若在六月以前开会时，可有二百五十人之会员自朝鲜来会。然今情势一变，除余一人之外，乃无他人能来。不能来会之理由实乃世界之悲痛。而今约有一千人之朝鲜人呻吟于水火之中，而我独脱出万般反对万般危险单身只影而来现于此……

此时司会者勃劳恩博士竟摇铃宣告闭会。白牧师握原稿高举其手，一手拭泪，放出悲壮之声而喊叫曰："哦哦！满堂的兄弟姐妹！请为我，为我的同胞祈祷哟！"悄然就席云云。

哦哦！
满堂的兄弟姊妹！
请为我，为我的同胞祈祷罢！
哦哦！这是何等悲壮的喊叫！
何等圣洁的泪潮呀！
白牧师！圣洁的老人！
我禁不住我的泪泉滔滔流迸！
我禁不住我的魂髓战栗难任！

白牧师！圣洁的老人！
你为甚么要向他们悲号？
你为甚么要叫他们祈祷？
他们不是一些披着羊皮的狼群？
他们不是一些敛着利爪的鸷鸟？
他们不是抓扼着了你的咽喉？
他们不是吞噬尽了你的心脑？
他们如能为你祈祷，如还配乎祈祷，

他们怎能忍听你这样悲不忍闻的叫号？

白牧师！圣洁的老人！
你须知世间上那有甚么圣徒？
那有宗教？
那有甚么自由？
那有甚么人道？
那有甚么平等？
那有甚么同胞？
都是些政治家底顽童！资本家底祖庙！
野心家底护符！文章家底资料！
都是些虚矫！虚矫！虚矫！虚矫！虚矫！

白牧师！圣洁的老人！
你为甚么要向他们悲号？
你为甚么要叫他们祈祷？
白牧师！圣洁的老人！
我想你被他们扼着了咽喉的时候，
我想你一手握着原稿，高举，
一手拉着眼泪，放声喊叫的时候，
假使你有利剑在手，
假使你有手枪在手，
假使你有炸弹在手，
我想你心血底怒涛必已染遍狼群鸷鸟之头！

白牧师！圣洁的老人！
你手中的原稿怎么不变成手枪，炸弹，剑刀？
你须知哭也无益了！
祈祷也无益了！
天国已经倒坏了！
天国中的羊群要被狼群吞尽了！
狼群中的一只白羊呀！

别用再和他们嬉戏了罢！
别用再和他们嬉戏了罢！
快丢下你的 Bible！
快创造一些 Rifle 罢！

中华民国之第十次之双十节日

［原载于《时事新报》(上海)，1920 年 10 月 20 日］

大韩的兄弟姊妹哟（节选）

［韩国］朱耀翰

韩晓 译

大韩的兄弟姊妹哟！

在汉阳城的晴日里，独立万岁的声音如水波、如雷声般震天。我看见，散发着血腥味的倭警的屠刀落下，鲜血飞溅到高举着的太极旗上，那两只手臂直到倒下仍高高举起。

水原花树里葱郁的草地上，残忍无道的火中只残留下灰烬，我看见无罪的你的双腿，在日本兵粗糙的手下被撕裂。

在枪声中倒下的年轻的兄弟的魂哟，你的呐喊声，还有挚爱你的祖父的痛哭声，都在我耳边回响。在视你如生命的母亲眼前，被枪杀的年轻的兄弟哟，你发出的呼喊“母亲”的最后悲鸣，连同你母亲最后的祈祷，都还搅动着我的心扉。

啊啊，啊啊……大韩的兄弟姊妹哟！

（原载于《独立新闻》第 49 号，1920 年；译文摘自韩晓《民国时期来华留学韩人作家的跨体验与文学书写》，山东大学博士学位论文，2017 年）

新年

[韩国]新岛

以影为伴革命者，
何以表达同胞情，
请笑纳新年鲜锡。

男儿三十未复国，
后世谁称大丈夫。
报国未成，羞于食条糕汤。
倭头蛮头，含哺鼓腹。

（作于1920年，摘自金虎雄《来华朝鲜人离散文学研究》，延边大学出版社，2012年）

新诗

1921 — 1930年

悼韩人朴治毅

琴轩

韩义士朴治毅于去年十月炸毁宣川日警署案，判处死刑。临刑从容语其夫人："善抚幼女，以图日后之荣幸。"复高唱"独立万岁"，从容就义。

他未曾联合些亡国的同志，
来作此复仇运动；
他也未曾期许过他那些亡国的兄弟，
够得上来作此复仇运动，
他一人作事一人当！

十年，十月，八日　于芝罘

（原载于《晨报副刊》第52期，1923年3月3日）

听玄仁槿女士奏伽耶琴

应修人

没处洒的热泪，
向你洒了吧！
你咽声低泣；
你抗声悲歌。
你万千怨恨都进到指尖，
指尖传到琴弦，
琴弦声声地深入人底心了。
你发泄了你底沉痛多少？
蕴藏在你心底里的沉痛还有多少？
呵！人世间还剩这哀怨的音，

总是我们底羞吧！
我底高丽呵！
我底日本呵！
我底欧罗巴洲呵！

上海世界语学会歌舞大会
1921.12.19夜

（原载于《湖畔》，湖畔诗社，1922年）

上海的夜（节选）

［韩国］沈熏

韩晓 译

离家的年轻人举着酒杯
无法言说的乡愁伴着一声叹息
醉了，醉了，醉得一塌糊涂
抽出手臂如同挥着长剑
倒在菜馆沙发上不觉痛哭泪流！

（原载于探求堂版《沈熏文学全集》，1966年；译文摘自韩晓《民国时期来华留学韩人作家的跨体验与文学书写》，山东大学博士学位论文，2017年）

送爱罗回高丽养疴

C

一

爱罗！
你时常想回国养疴，
今天到底如愿又别我！
唉！你倒快乐！
我将如何？

四月前的别泪才干，
怎能又堆上几朵！
泪呵！
何必苦苦不饶我！

二

爱罗！
你是哪来的沉疴？
不是仇敌害的吗？
唉！哪堪你刚上船！
就被他检查一过！
亏你怕我心碎，
还说不管什么！
唉！前途布满着荆棘，
教我怎么放心得过！

三

爱罗！
我原是上船送你，
你为什么出舱送我？
竟不顾那仇敌虎视眈眈，
奋勇披衣来别我！
唉！一声平安！
两声再会！
惨的风雨凄凄电光暗，
别呵！别……呵！

四

爱罗！
我不忍候着船开，
你何忍望着我返？
丝发蓬蓬，
雨衣飘飘，
几日血泪溶溶的双眸！

那堪还凭着栏杆，遥望强笑！
笑呵！
再回首，怎么就不见了？

一九二二，六，二七晓于黄浦

（原载于上海《民国日报》1922年7月2日）

怎么回事

佚名

怎么回事
那个孩子为什么哭泣
想念他关在监狱里的爸爸
哭个不停

怎么回事
那家怎么了
怀疑他们与独立运动有关
鬼子来搜查
于是折腾一番

怎么回事
那个妇人怎么那么急
去看关在铁窗里的丈夫
备好了衣服
于是赶路忙

怎么回事
拿着手杖的家伙闯进我家
被严刑拷打致死的人
律师不辩护一句

却来催要定金

（作于1922年，摘自金虎雄《来华朝鲜人离散文学研究》，延边大学出版社，2012年）

漂泊

佚名

风在刮雨在下
在雨住风停之前
又刮一阵又下一场
如同我胸中的火！

这是哪儿
是西伯利亚寒冷的原野？
还是南北满洲丛林？
抑或是江南粗犷的田野？

莫悲伤别哭泣
不要埋怨没有吃没有穿
亡国奴老百姓
命运岂不如此？

但是哭吧哭吧
继续漂泊的你们
目的何在？莫忘记
以漂流做代价赢得自由……

（作于1922年，摘自金虎雄《来华朝鲜人离散文学研究》，延边大学出版社，2012年）

看那雨

[韩国]璟载

看那雨
不要下到南北满洲
聚集在山林草丛中的
我们大韩独立军
该如何

看那雨
不要下到黑龙江山谷
让无家可归的勇士
怎么办

看那雨
不要下到仁王山脚下
在敌人铁窗中呻吟的
义士的心情
会怎样

看那雨
唤醒北满义侠之梦
心中泪
该如何

（作于1922年，摘自金虎雄《来华朝鲜人离散文学研究》，延边大学出版社，2012年）

金达莱花

[韩国]金素月
尹海燕 译

当你厌倦
离我而去
我将默默为你送行

宁边药山
金达莱花
采摘满怀欲撒离径

寸寸步履
朵朵花瓣
请你轻轻地踩着离去

当你厌倦
离我而去
至死也不会眼泪纵横

（原载于《开辟》第 25 期，1922 年；译文摘自尹海燕编译《韩国现代名诗选读》，民族出版社，2006 年）

家啊，我的摇篮

[韩国]朱耀翰
韩晓 译

家啊，我的摇篮，我的乐园，
像在死别的恋人胸上，

留有亲吻的痕迹，
布满青苔朝屋檐倾斜的山墙上，
还印着我儿时的脚印。

在那里，我的清梦被窗纸惊扰，
冬日里温暖的炕头，
在敲门的大风中更显得令人欣慰。
还有我用过的手纸装饰出的墙壁，
已覆满风尘，看不出原来的模样。

繁忙的集市散了又开，
原本感觉永远一成不变的村子，
城门倒了，新路修了，
城内的繁忙一涌而入，
啊啊，连你的回忆都倒塌了。

但至今，那黑漆漆的每个角落，
至今，那秋夜里窃窃私语的田野里，
牵动我神经的所有的记忆，家啊，
我的摇篮，我的乐园，
至今，至今，我仍看得见全部，拥抱着全部。

（原载于诗集《美丽的清晨》，1924 年；译文摘自韩晓《民国时期来华留学韩人作家的跨体验与文学书写》，山东大学博士学位论文，2017 年）

飞雪飘零

[韩国]金东焕
尹海燕 译

北国之地　飞雪飘零　夜以继日
每当　白雪在灰暗的天空漫天飞舞

只见大雪掩埋下的北朝鲜一片素白

暴风雪不时地卷来毛驴的哀鸣
越过那漠北江　吹起粗大的沙粒
打在寒风中瑟瑟发抖的白衣人的脸上

只因寒冷
那远道而来的客人
都无法热情挽留
贵客来看迎春花
只能让他搭上雪橇安然去南国

每当白熊大嚎北狼星眨眼时
我们思念着燕子飞去的地方
我们紧紧相拥着指点着赤星
在冰天雪地里漂泊

篝火映着异邦人的碧眼
让北国愈加寒冷　在这寒夜
江边还传来马车偷渡的声响
压轧冰面的声音吞没了铃声

呜呼，一片茫茫　飞雪飘零
前往北塞的移民的行李上
漫天的鹅毛大雪飘落无语

（原载于《金星》第 3 期，1924 年；译文摘自尹海燕编译《韩国现代名诗选读》，民族出版社，2006 年）

生命的礼物

李鹤城

生命即宇宙
然而
宇宙小于生命

高山和大海
包括我
都是生命的一点

在我红色的胸膛里
生命在跳动
生命在抗争

生命是征服的翅膀
创造的力量
永生的路

我把握着生命跃动的
脉搏

生命
闪光的礼物
在黑夜的旷野上
我的面前
燃起熊熊的火把

（原载于《间岛日报》，1924 年；摘自金虎雄《来华朝鲜人离散文学研究》，延边大学出版社，2012 年）

招魂

[韩国]金素月
尹海燕 译

支离破碎的芳名哟！
空中飘散的芳名哟！
千呼万唤也无主的芳名哟！
声声呼唤直至我离世的芳名哟！

心中珍藏的那一句话
终究也未能尽情表白
我曾经深爱的人儿啊！
我曾经深爱的人儿啊！

红日即将沉落西山
群鹿也在悲鸣不止
在疏离孤寂的山坡上
我在呼唤着你的芳名

千呼万唤满含着伤悲
满含伤悲地千呼万唤
声声呼唤泛起了涟漪
怎奈天地相隔太遥远

纵然身在此处化做岩石
声声呼唤直至我离世的芳名哟！
我曾经深爱的人儿啊！
我曾经深爱的人儿啊！

（原载于诗集《金达莱花》，1925 年；译文摘自尹海燕编译《韩国现代名诗选读》，民族出版社，2006 年）

我们盼望能有耕耘的土地

[韩国]金素月

杨永骝 译

我做了一个梦，
一个快乐的梦：
和朋友一起结束
田间一天的劳动，
在夕阳下步回村庄。

我失去了家园，
盼望着我们能有耕耘的土地。
我四处漂流，
从早到晚，得到的只是新的忧伤。

我东西漂泊，南北流浪，
看到了希望的闪烁、遥远的星光，
在我的四肢和胸中，
激起层层波浪。

可是，总难抑制惶恐的心情，
在我的面前天天是：
一条接一条的狭窄的小道。
我走向前去，一步，两步……
山坡遥遥在望，
朋友们各自在早晨的山地里锄草。

（原载于诗集《金达莱花》，1925年；译文摘自《世界文学》第4期，1980年）

期待暴风雨的心

[韩国]李相和
张琳 译

从遥远遥远的往昔，
啊，几百年几千年来，
让锄头和绳套剥光背上的肉，
让几颗土豆，几粒黍子，
榨尽身上的油，
从贫瘠的山村田地，
人们依然在期待着收获。

在令人懒散的暮春，
“我却遭受着百般折磨……”
田畴里布满棱棱石块，
人们困倦地挥动着锄头。
在这里，我看见了种田人的生命！
明知泥土无心，也无口，
总想用勤劳向它再多一点乞求。
因为盘据在人们心里的是：
应该被诅咒的
知足——宿命观赐予的知足
驱使下的顺从！

天空浮动着懒洋洋的白云，
大地浸透着疲惫的沉默。
噢，求你，
来吧，东海的暴风雨，
把这土地上和心中的郁闷粉碎！

1925

（原载于李相和《李相和诗全集》，大邱：正林社，2001 年；译文摘自《世界文学》第 4 期，1980 年）

黎明之前

[朝鲜]朴八阳
张琳 译

人们，现在才来吗
为了迎接你们
我熬过了漫长的黑夜
为了迎接你们
在喜鹊欢跳喧闹的早晨
我曾几次地走到村头

你们不知道
在这荒凉的废墟上
昨天夜里狂风在空中呼啸
啊，一群鲜花般无辜的青年
在这里流血死去

他们曾经等待过你们的到来
没有看到光明的早晨
啊，等待正直人们到来的他们
终于死去了
不是吗
他们的血衣还在清晨的阳光下
闪烁着红光

过去的一切像一场杂乱无章的梦
越过山岗，
村庄小小的钟声响了
它哀悼着那些踏上万里征途的受难者
看，在我和你的头上升起了太阳和彩虹
好像全不知道这废墟上的夜半悲剧

熬过黑夜，我所期待的人们呵
逝去的长夜
已到了万里迢迢的远方
永远也不再回头了

1925

（原载于朴八阳《朴八阳诗选集》，现代文学，2009 年；译文摘自《世界反法西斯文学书系·朝鲜卷》，重庆出版社，1992 年）

召唤我的声音

［朝鲜］朴八阳
张琳 译

在静谧的春天的花园里
会见了我怀念的情人
我们唱起了爱情的歌
有一个声音在园外向我召唤：
“抛掉你手中的花束
来吧！走向我们的道路
人们在那儿哭泣”

一个夏日的黄昏
在静静的小湖旁
我沉醉在红色的晚霞里悠闲地散步
有一个声音在背后向我召唤：
“快把美丽的空想抛到水里
来吧，走向我们的道路.
人们在那里等待着你”

月光明亮的秋夜
在梧桐树荫下
我对着落叶叹息
有一个声音在背后向我召唤：

“快把泪水湿透的手帕烧掉
来吧，走向我们的道路
你的朋友都集聚在那里”

在风雪呼啸的冬天的旷野
我迷失了路途茫然徘徊
有一个声音在背后向我召唤：
“不要在无路的地方寻找道路
来吧，走向我们的道路
同志们在那里等待着你”

1926

（原载于朴八阳《朴八阳诗选集》，现代文学，2009 年；译文摘自《世界反法西斯文学书系·朝鲜卷》，重庆出版社，1992 年）

南大门

[朝鲜]朴八阳
张琳 译

京城[①]是一个幸福的都市
因为他怀里拥抱着南大门
它像一个搂着情人的男子
心里充满着快乐和坚定

在十年痛苦的生活里
我一直望的只有一个东西——
南大门
它在晨雾里默默地守卫着京城

生活在这个都市的人们
怀着一颗郁忿得要炸裂开的心

---

① 京城，即汉城。

在每条街道上移动着困乏的步子
有谁安慰过他们
没有，只有一个南大门
它在晨雾里默默地守卫着京城

我从一切幸福中被抛了出来
握着红色的拳头在垂死中挣扎
南大门庄严地告诉我："忍耐着，准备着
光明的日子就要来临"

朋友，你如果打开心灵的大门
就会听到南大门的声音：
"在急待中失去希望的百姓呵
在激忿中准备起来吧
光明的日子就要来临"

我安静地闭上眼睛
南大门在我的脑海中浮现
在那里我看到了那些苦难的不幸的灵魂
聚集着巨大的力量
献出所有的忠贞
来吧，那一天
快来吧，我所期待的日子

南大门，你目睹过我们的祖先
你也将保卫我们的子孙
你有父亲般的慈爱和先觉者的尊严
今天，我和亲爱的福顺一起
在晨曦中经过你的身旁
久久不忍走开

1926

（原载于朴八阳《朴八阳诗选集》，现代文学，2009 年；译文摘自《世界反法西斯文学书系·朝鲜卷》，重庆出版社，1992 年）

沉默的你

[韩国]韩龙云
尹海燕 译

你走了
啊——
我深爱的你已经离我而去
穿过那翠绿的山色
沿着一条朝向枫叶林的小径
你终究还是丢下我而断然离开
昔日的海誓山盟仿佛黄金花瓣坚固灿烂
如今已化为冰冷的尘埃
随着叹息的微风飞逝
那刻骨铭心的初吻记忆
拨转了我命运的指针
却消失得无影无踪
你那芬芳的甜言蜜语
使我的耳朵失聪
你如花似玉的容颜
使我的眼睛失明

相爱亦是人间事
尽管从相遇伊始
我并非不曾担心提防你的离去
可是，离别竟如此突然
让我这颗受惊吓的心
再次禁不住伤心欲绝
然而，让离别变成无谓的泪泉
这是我自己在领悟爱的真谛
因而，我将那难耐的悲伤的力量
全部倾注到新希望的顶端
正如我们担心聚者定散

就在那离别的时刻
也对重逢坚信不疑
啊——
虽然你已经离我远去
而我心中却没有把你送走
那爱情的旋律
在情不自禁地萦绕着沉默不语的你

（原载于诗集《沉默的你》，1926 年；译文摘自尹海燕编译《韩国现代名诗选读》，民族出版社，2006 年）

渡船与旅人

[韩国]韩龙云
尹海燕 译

我是渡船
你是旅人
你用泥泞的双脚践踏着我
我却拥抱着你渡过那江河
只要拥抱着你　无论河流深浅缓急　我都会义无反顾地渡河

只要你还没来　任凭风霜雨雪　从早到晚我都会等待着你
而你啊　只要一渡河　便一去不回首
可是　我相信　总有一天你还会来
我在那漫长的等待中日益变得苍老

我是渡船
你是旅人

（原载于诗集《沉默的你》，1926 年；译文摘自尹海燕编译《韩国现代名诗选读》，民族出版社，2006 年）

我见到了你的身影

［韩国］韩龙云

尹海燕 译

自从你离我而去　我始终无法忘却

这并非是为了你　而更多是为了我自己

我无地耕作　便一无所获

只因晚餐没有着落　我到邻居家想借点谷子或土豆　而主人却恶语相向："乞丐是没有人格的，没有人格的人也就没有生命。对你的施舍就是一种罪恶。"

话音入耳转身回头之际　在禁不住的涕泗滂沱中　我见到了你的身影

我没有居家　因某种缘故　也没有户籍

"无户籍者无人权，无人权的你，又何来情操？"有将军如此凌辱道

抗拒了他　而对别人的激愤转眼化作自己的悲伤　这一刹那间　我见到了你的身影

啊——我终于明白　所有的伦理、道德、法律　只不过是供奉刀枪和黄金的烟雾

是皈依永恒的爱？还是在人间历史的首页泼墨？亦或是举杯消愁？在这迷惘之际　我又见到了你的身影

（原载于诗集《沉默的你》，1926年；译文摘自尹海燕编译《韩国现代名诗选读》，民族出版社，2006年）

服从

[韩国]韩龙云
尹海燕 译

人人都爱自由　而我却喜欢服从
我并非不懂自由　只是想服从于你
心甘情愿的服从比美丽的自由还要甜蜜
那就是我的幸福

但你若让我服从于别人　我就不能惟命是从
只因为要服从别人　我就无法做到服从于你

（原载于诗集《沉默的你》，1926 年；译文摘自尹海燕编译《韩国现代名诗选读》，民族出版社，2006 年）

新生活（节选）

[韩国]朱耀翰
韩晓 译

在充斥着虚伪和欺骗的你之间
我努力寻找着真实，
努力忍受。
在充满着懒惰和喧嚣的你之间
我努力保持勤劳，
努力默默地执着于我的工作。
在充满困难和沮丧的地方
我为了行将倒下的民族
怀抱着一丝的希望。
……（中略）

为了我的祖国，我的民族
我要开始我未来的征程。

（原载于《东光》，1926年；译文摘自韩晓《民国时期来华留学韩人作家的跨体验与文学书写》，山东大学博士学位论文，2017年）

朝鲜的夜哭

佩弦（朱自清）

一

西山上落了太阳，
朝鲜人失去了他们的君王。
太阳脸边的苦笑，
永远留在他们怯怯的心上。
太阳落时千万道霞光，
如今只剩了朦胧的远山一桁。
群鸦遍天匝地的飞绕，
何处是他们的家乡？
何处是他们的家乡？
他们力竭声撕[嘶]地哀唱。
天何为而苍苍，
海何为而浪浪，
红尘充塞乎两间，
又何为而茫茫？
太仓的稊米呵，
沧海的细流呵，
这朝鲜半岛老在风涛里簸荡！
有的是长林丰草，
有的是古木荒场，
仿佛几千万年来没个人儿来往。

只鸦声像半夜的急雨，
只暮色像连天的大洋，
这朝鲜半岛还要风涛里簸荡！
缕缕的是晚烟摇漾，
星星的是灯火昏煌；
风在树林里长啸，
天上更没有半星儿光芒。
风声掠过鱼鳞般的屋瓦，
屋里人都危坐着一声儿不响。
他们低头合掌，
听着自己的泪珠儿滴上宽大的衣裳。
满屋里迷蒙的雾气，
掩没了他们憔悴的面庞。
眼珠儿像枯了的水井，
手指头像干了的腊肠——
他们魂儿已在半天里彷徨。
他们能灰的心已灰尽，
能说的话已说完。
他们已不能叹息，已不用感伤。
但今天呵，今天呵，他们重新觉得了
那带了已多年的铁锁郎当；
大家要痛痛快快哭一哭君王！
他们觉得白天的神儿太旺，
自己的屋子是小而肮脏；
有的是露天的空旷，
他们要乘夜之未央，
趁夜之未央去痛哭一场！

二

时光如线如丝的过去，
好难挨的，这夜的迢迢！
忽听得街头的柝声猛敲，

门开处，你牵着我，我牵着你，
上了那寂寞幽凉的古道。
这是一个披了黑衣裳的春宵，
闪闪的街灯是鬼的向导。
沉默的行列像千年的僵石，
又像秋深白杨的萧萧。
来了，来了，这儿的人们是死之海的怒潮！
先只是细如发的呜咽，
像明月下密林中的洞箫。
忽然间起了大风暴，
汹汹涌涌的那一片号啕！
是祭天时熊熊烧着的柴燎？
是千军万马的腾踔？
是东海与黄海同声狂啸？
我主呵，你的魂可招！
我主呵，你的魂可招！
你是我们的牧人，
我们好比是你的羊羔。
朝鲜虽早失了白马银刀，
我们还在成日成夜的梦魂儿萦绕！
你是我们梦里的英雄呵，
老年人靠你保持他风中的残焰，
少年人靠你增长他胆气的粗豪！
女人们托她们的爱于你，
孩子们也在你面前跳跃！
有你呵，还有我们小小的世界，
没有你，看啊，天下的滔滔！
大星顿然从日月边没落，
天地已成了白发苍苍，皤然二老。
我们各有千万种心肠，
苍苍莽莽里，向谁祝祷？
我们能有多少脂膏，
禁得住日复一日的煎熬！

我主呵，你的手在何方？
我主呵，你的额在何方？
任我们唠叨，任我们号啕，
你的影儿怎不见分毫！
倒是风声这样的咆哮，
野兽这样的呜嗥，
树叶不住的震颤，
惊鸦们连声的啼叫。
天为我们而沉沉欲堕，
海为我们而掀起波涛！
好吧！让我们用眼泪来浇。
浇呀，浇呀，索性浇没了这朝鲜半岛！

三

号啕正与中夜潮声应和，
大风起了，如疯汉之狂歌，
急雨又倾盆而下，如涕泗之滂沱。
他们用宽大的衣袖遮掩，
一边哭一边找地方暂时藏躲。
远远的突然有了狡狯的灯光；
近了，近了，听得见铁骑吆喝！
一个个人凝神静听，
这满山满野的啼声，
天啊，来得这么多！
老太太第一个哆嗦，
暗地里祷祝在天的君主，
她只说她有儿子一个！
少妇也索索的颤抖，
她说道一班儿女全仗他一人儿张罗！
年轻的姑娘早贴向情人的怀里。
是一家人都手搀了手，
要受折磨同受折磨！

只有老年人低声叹息，
只有孤单的少年揎拳捋袖，
要打他们那一伙，
少年们可真是太孤单，
沙沙沙沙的蹄声早已来如猛火！
也不管你妙龄的好女，
也不管你年老的婆婆，
他们一列一列的奔驰而过！
哀号起于马蹄之下，
呻吟起于马蹄之下，
只求“爷爷们饶了我！”
“叫嚣乎东西，隳突乎南北。”
这时候风如吼，雨如河！
谁都料不定铁骑们的踪迹，
只踉踉跄跄，提心吊胆，
三步两步的延俄！
这时候一家人早已撤了手，
便是情人呵，也只落得东西相左！
战战兢兢，零零丁丁，风雨中都念着家山破！
你箕子的子孙呀！你要记着——
记着那马上的朗笑狂歌！
你在天的李王呀！你要听着——
听着那马上的朗笑狂歌！
风还是卷地的吹，
雨还是漫天的下，
天老是不亮呵，奈何！
天老是不亮呵，奈何！

1926 年 6 月 14 日

（原载于《晨报副镌》1926 年 7 月 10 日）

被掠去的田野上还能有春天吗

[朝鲜]李相和
尹海燕 译

如今已是别人的土地——被掠去的田野还能有春天吗?

我全身沐浴着阳光
朝着蓝天碧野相会的地方
沿着那笔直的田埂　如梦幻般走去

紧闭着双唇的天地哟
我感觉并非孑然一身
是你在招引　还是谁在召唤　你倒是告诉我呀

风在我耳边窃窃私语
摇曳着衣襟　催我不要停住脚步
云雀仿佛篱笆后面的少女　躲在云彩里高兴的歌唱

一片大麦长势喜人
今日凌晨降下的甘霖
洗亮了它绸缎般的发穗　连我也神清气爽

即使孤身一人　还是加快步伐吧
可爱的小溪环抱着那干涸的水田
哼唱着摇篮曲　跳着欢快的舞蹈　流去

蝴蝶　燕子　你们都不要催促
我还要和蒲公英、鼓子花打声招呼
那些摸着蓖麻油的女人曾经锄过草的田野呀　我想把你一览无余

让我手握锄头

松软的土地仿佛丰满的胸脯
我想尽情踩踏　直到足跟酸软　让我汗流浃背吧

就像河边玩耍的孩子
我的灵魂无休止的奔跑
寻找什么　前往何处　好笑啊　你到底回答我呀

我全身散发着青草的气息
在绿色的微笑和绿色的忧伤之间
我一整天跛足前行　是春天的神灵附体了吧

如今——这片田野也被掠去　春天也要被夺走了

（原载于韩国《开辟》第 70 期，1926 年；译文摘自尹海燕编译《韩国现代名诗选读》，民族出版社，2006 年）

乡愁

［韩国］郑芝溶
尹海燕 译

在那东方旷野的尽头
潺潺小溪倾诉着古老传说蜿蜒流去
带着斑点的黄牛
在金色夕阳下　懒洋洋地哞叫
——那方热土　又怎能梦中遗忘

泥炉的余烬渐已冷却
夜风在空旷的田野上咆哮奔驰
年迈的父亲睡眼蒙眬
正在垫高那稻草枕头
——那方热土　又怎能梦中遗忘

我的心在泥土里成长
迷恋着那蔚蓝的天空
为了寻觅随手射出的箭头
曾经被草丛露珠浸湿
——那方热土　又怎能梦中遗忘

仿佛在传说的海洋中舞动的夜波
黑发如云般飘逸的小妹
并不显眼　也不美丽的妻子
一年四季赤着脚
背负着炎炎烈日拾穗
——那方热土　又怎能梦中遗忘

天空中疏朗的星星
朝向那未知的沙城挪动脚步
霜乌啼叫着飞过贫寒的屋顶
在昏暗的灯光下围坐一团　其乐也融融
——那方热土　又怎能梦中遗忘

（原载于《朝鲜之光》第65期，1927年；译文摘自尹海燕编译《韩国现代名诗选读》，民族出版社，2006年）

夜车

[朝鲜]朴八阳
张琳 译

夜车，在国境线上出没的怪物
像一个背着包裹在松林小道上奔波的逃犯
载着流浪者的痛苦的灵魂
不停地飞奔

窗外的天空
为什么也像我这颗郁闷的心
在我就要爆裂开来的胸膛里
为什么也这样暗然无光
我的头斜依在随我飘零的行李上
啊,故乡的美妙的梦境
现在你到哪里去了

房屋像鸽棚排列着的富饶的故乡
现在你变成什么样
在车轮富有节奏的响声中
模糊不清的梦境呵
你现在又到哪里去了

北方凛冽的山风摇撼着车窗
(人们都疲倦地睡去了)
夜客,请你不要敲门
我们失去了依靠的心在哭泣

夜车发着“突进,突进”的巨响
穿破黑暗继续飞奔
这时,哪怕有一件微不足道的义举
我将不惜献出这条生命

漫长的夜,沉重地笼罩在痛苦的百姓身上
什么时候才能熬到天明
什么时候才是夜的尽头
啊,什么时候才能将我从郁忿中唤醒

1927

(原载于朴八阳《朴八阳诗选集》,现代文学,2009 年;译文摘自《世界反法西斯文学书系·朝鲜卷》,重庆出版社,1992 年)

朝鲜心

[韩国]白岳山人

同志哥啊，你知道朝鲜心吗？
同胞们的决心燃烧在一起
在正确的红色自由怀抱里
任凭思潮之风怎样撩拨你
人之心灵如何不复纯真
也要打破幻影寻找真理
高举起“风”之蓝旗。
……

同志哥啊，你知道朝鲜心吗？
同胞们的鲜血凝结在一起
在积满怨恨的胸口
愿开满“新”花
任凭他人之色彩多么亮丽
即使全世界人都追随
但君心不变
放弃悲伤获得安慰
深切地品尝朝鲜之“美”

同志哥啊，你知道朝鲜心吗？
同胞们的灵魂凝结在一起
在祖国闪光的战地上
愿构筑起高高的圣塔
任凭恶魔之爪怎样胁迫你
死之旋风如何席卷着大地
但您的情火决不会泯灭

抛弃失望拿出勇气
在韩人的土地上永放韩人的光。

（作于1928年，摘自金虎雄《来华朝鲜人离散文学研究》，延边大学出版社，2012年）

一个高丽小农家的夕暮

新

他衔着个用过十年的烟斗，
慢慢的从田里归来，
短墙边挂去了稻枷，
放下那割草的镰头，
便坐在土炕上，
调弄着那只亲人的狗。
她在灶下炊饭，
烧着新割的稻秆，
毖毖啄啄的响。
灶门里焉[嫣]红的火光，
闪着她焉[嫣]红的脸，
闪红了她的白布衫。
他还踱到栏里去。
看了看白菜堆。
翻了翻稻子垛。
回头向她说：
“怎样了——
我们新酿的酒？”
云自悠悠的浮去了，
黑杨的尖头升起了半轮的月亮，
它替了他们的灯，
照透了他们的屋，

照着了高丽的人，
但是——照不着高丽的国！
孩子们在门前看着月，
数着星，
“一，二，三，五，——六，七，两”
他们数，他们唱，
“天上星多月不明，
地上鬼多人不宁”
什么都静了，
什么都沉了，
只飒飒的秋风吹着地上的落叶，
夹着秋虫唧唧的叫，
他们寻那甜美的梦！
风吹他们到自由的天国

十七，九，二十七

（原载于《东北大学周刊》第59号，1928年）

高丽女郎呀，你唱罢

西华

高丽的你美丽可爱的女郎呀，
你唱罢，唱罢，
不停的唱罢！
在如此银色的凄凉底月夜，
将你满怀亡国的幽怨和被压迫者的痛苦一齐唱出来罢。
我爱听你这种从你如哭诉的心弦上弹奏出来的歌声，
因我听了，就要不期然地挥洒泪雨呢！

高丽的你灵慧可爱的女郎呀，
你唱罢，唱罢，不停的唱罢！

请你将你嫩软的腕臂环绕着我的颈项，
更用你热和的胸膛紧贴着我的胸膛，
我就轻轻地细聆你唱着无国又无家的哀歌，
哦，我的泪雨会是如何地滂沱！

高丽的你玲珑可爱的女郎呀，
你唱罢，唱罢，不停的唱罢！
在如此银色的凄凉底月夜，
你重唱出你祖国反抗志士们的流血底故事来罢！
用你嫩软的腕臂依然紧紧的环绕着我的颈项，
哦！我听了你这种抗昂的歌声，我满腔热血又是会如何的泛滥！

高丽的你美丽可爱的女郎呀，
你唱罢，唱罢，不停的唱罢！
你祖国鸭绿江上现在依稀笼满了惨毒的迷雾，
你祖国的兄弟姊妹们就如被锁链在囹圄里的囚徒，
哦哦！高丽女郎呀，那你唱罢，唱罢，
将唱到你祖国响彻了解放的钟声，
鸭绿江上再见青天！

1928年10月6日

（原载于西华《火焰》，民声书局，1929年）

思故乡（韩国民歌）

佚名

多少年了离开家园
屈指慢慢地计算
十载时光成了梦
青春不复返

浮萍似的我的心情
孤独人儿倍惆怅！
开窗远望白雾游荡
天在那一方

依稀记起庭院杨柳
今春不知绿与否？
忆昔编裁柳笛吹奏
童年不长久

情谊寄托远地异方
也成了自己家乡
留恋归去到处一样
故乡终难忘

二九年春与悠韩兄译成此歌，日本俘虏多唱之，因参加意译未能与原文同，特志。

（原载于《漳河曲》，1929年）

赠朝鲜女郎

殷夫

朝鲜的少女，东方的劫花，
你就活泼地在浮木上飞跑。
我看见你小腿迅捷的跳动，
你是在欢迎着浪花节奏的咆哮。

浮木是你运命的象征，
远离故乡，随水漂泊，

谁掬向你一杯同情？
你真该合这浪花同声一哭。

你，少女，是那样美好，
你仿佛是春日的朝阳，
你小小的胸口有着复仇的火焰，
你黑色的眼底闪耀着新生燎光。

请立在这混浊的黄浦江头，
倾听着怒愤的潮声歌着悲调，
你的故乡是在冰雪垓心，
痛苦的同胞在辗转呼号。

要问这天空几时才露笑容，
问这罪恶何日得告终结？
何日你方可回归故里，
在祖父的坟头上剖心啜泣？

浮萍般的无定浪迹，
时日残蚀了生命花叶，
偷生在深的、深的暗夜，
何时得目睹光荣的日出？

你请放高歌吧，
你胸中不是有千缕怨丝，
你的心不是在酸楚地跳抖，
对着黄浦你该发泄你的悲嘶！

你不停地向前跳去，
你是欢迎着咆哮的旋律；
我知道越过一片汪洋波涛，
那边有着你的仇敌。

女郎，愤怒地跳舞吧，
波浪替你们拍着音节，
把你新生的火把燃起吧！
被压迫者永难休息！

一九二九春　流浪中

（作于1929年，原载于《孩儿塔》，人民文学出版社，1958年）

咳，成这样了！

［韩国］权焕
白斌 译

尹啊，他们最敌视而我们最敬爱的尹啊！

你去年十月里在他们底毒手之下，伤病得了不得的事，我是早就知道了的。然而，因为道路远的缘故，现在才能跑回来看你，请你千切地原宥罢！

但是，尹啊！

我们实在是不知道你是落到了这步田地，这样说不出来的，这样怕人的，碎烂得看不出来了。

尹啊！去年的二月起，我国就吹起来这样利害的风[①]！

当数百万我们底同志被他们捉捕住，带上了手铐被拖着走的时候，你也是那里面最大胆、最勇敢、无敌斗士的一个。

阎罗店似的高大的石房，不是你就那么毫无畏惧地昂然走进去了吗？

我们从同伴中知道这个消息了。

听见了这话的我们，立即抛弃了手中的棰子和铁锹，跑到了那儿，听见——好像远远似地，然而震心地听见了被那些狗东西们施着恶行的竹剑声[②]！

天啊，我们只是紧紧地捏着拳头！

同时，我们想起了列宁所说的“他们敌视你们，那就是切确地证实了你是发现了正路！”的话。

---

① 是指革命的风气。

② 竹剑是一种刑具，是打的刑法中最厉害的一种。

而且，对于自己之不能和你们一同工作而自责了！

但是，尹啊！

你底被打，并不是你一个人的被打！

你所感到的痛楚，并不是你一个人所感到的痛楚，也不是你一个人觉得气忿的啊！

是我们劳动者、农民，全阶级被打，全阶级的痛楚，全阶级的气忿啊！

尹啊！你底胸是无论什么时候也和火山似地焚烧着的罢?!

你底神经也是无论什么时候像电线似地坚固的罢?!

你是咬着苦又苦的熊胆，坚定地等待着未来的那一天罢?!

我们底力是春天的草一般地突然生长起来的，像洪水的急流似的，越涌越急地那么往前冲奔着！

那么，对于在前面所倒下的先锋，我们后来者决不能忘了他那勇敢的、奋斗的心胸的！

尹啊！那么，你好好地等待着罢；在同志们底敬爱里，你等待着终于会来的那一日罢！

我是因为了急促的工作而非走不可的。

我回到了故乡的时候，在我们数百万的劳动者、农民中，把你的、你们这次的遭遇，大声地喊着去告知他们。

那样地，把这些事情统统地告知故乡中和你一样的大胆的、勇敢的、无敌的斗士们！

“用敌视他们的，我们底那种心情，做出力和热来罢！”这样的列宁底话，我将要告诉他们。

尹啊，那么你安安静静地等待着罢！

他们最敌视，而我们最敬爱的尹啊！

1929年5月2日×同志拜后

（原载于《大众文艺》第2卷第4期，1930年）

江村暮景

[韩国]金大有

两三间颓败破漏的茅屋，
四五株奇怪槎丫的老树，
僻在斜阳影里，
画出一幅江村的暮景，
树上的栖鸦，
呀！呀！啼着。
破了沉沉黑暗大地的幽寂！
鸦呀！你怎知失路客子的心事啊！

一九二九，十，六　投

[原载于《正声》(重庆)第 17 期，1929 年]

赠朝鲜的友人

白萍

请展开你们变了色的地图，
听啊，有几千万的敌人在那儿欢呼！
奸淫惨杀，剩下的同胞哟！
在威权之下臣服而为奴！
朋友呵，不要想那月光淡淡，
露在祖国的丛林之间，
可是高唱太[大]和万岁的倭鬼，
已在那儿鞭打你们的同胞作玩。
见了你们，
我不禁起了种亡国的悲怆，

伤心哟，我们的祖国不久也要灭亡！
我们的同胞不久也与你们一样！
捶风宰杀，我们也得喊万岁的天皇！
那里还有正义仁道和真诚，
天哟！
不奋斗，我们将永远在缧绁中受困，
我们要用尽我们的全付[副]精神，
使我们成为自由之人。

[原载于《资声》(成都)第14—16期，1929年]

那家伙，安息吧！

[日本]小林园夫
李芒 译

这首诗原载于日本1929年出版的《日本无产阶级集》里。1962年7月15日的《赤旗报》为了纪念日共建党40周年，重新发表了这首诗。著名老诗人壶井繁治介绍说：诗中的“那家伙”系指当时处于地下的党的领导人而言。

一

关于家乡的事情，
那家伙从未谈过。

二

所谓自己的时间，
那家伙从未有过。

三

承担了最棘手的工作，
困难再大，那家伙也从未叹息过。

四

那家伙像剃刀一样锋利，
机器一般不停地工作。

五

那家伙胆大无敌，
豹子般把盯梢的罗网冲破！

六

那家伙，那家伙，
畜牲！那家伙终于被捕了！

七

那家伙充满信心的眼睛，
总是把我懦怯的心灵鞭策。

八

那家伙磷光闪烁的眼睛，
也曾把我留恋世俗的幸福的心灵谴责。

九

当我的心灵满足于些微的工作和冒险，
那家伙却默默无言地做了更多的工作。

十

尽管千万个特务孑孓般涌出，
那家伙却始终坚定不移、不负重托。

十一

即使我已不相信自己的心灵，
但只要相信那家伙，也就没错。

十二

畜牲！那家伙被捕了，
再也不能回来了！

十三

关在单人监房里的那家伙，
正在睨视着钢骨水泥的天花板吧？
外面雨雪霏霏，加重了深沉的夜色。

十四

饿了两天了，
那家伙和我
曾分食一碗牛肉饭暖暖心窝。

十五

那家伙和我
为赶去参加一个集会，
也曾把冰雹横飞的黑夜冲破。

十六

那粗大的手掌和明朗的笑脸啊！
每当从肮脏的工人宿舍归来，
我都热烈地怀恋那家伙！

十七

那家伙，那家伙，不回来了。
一生中几乎每天都遭到逮捕，
有时竟连续反复三个二十九天[①]，多么龌龊！

① 日本刑法规定警察逮捕人后，拘留期间不得超过 29 天。这里是说当时在 29 日内不能定罪，只好一度释放后再行逮捕。这样反复三次，仍然制造不出罪状。

十八

拳打脚踢，腿都站不直了，
那家伙的眼睛
却透过牢房的铁网向我投射着磷火。

十九

那家伙不在了，不回来了！
但是，那家伙喷射出的光和热
却在我胸膛里燃烧，
在千万个同志的胸膛里燃烧，
将变成烧毁旧世界的烈火。

二十

那家伙……
那家伙，安息吧！天快亮了！

1929

（原载于《世界反法西斯文学书系·日本卷 2》，重庆出版社，1992 年）

明媚的春天回来了

佚名

刺骨寒风渐退去
花儿盛开的罡风刮起
六大洲五大洋
翻山涉水刮来劲风

乌拉尔山中央的俄罗斯
率先盛开月季花
广袤的四万里中国原野

红红的玫瑰花张开了嘴

贪花蜂蝶张开翅膀
催促早日开花采蜜
消除践踏花园的害虫
翩翩起舞在花园

（作于20世纪20年代，摘自金虎雄《来华朝鲜人离散文学研究》，延边大学出版社，2012年）

总动员歌

佚名

向前进，向前进，总动员去战斗，
以勇敢的姿态向前进，
帝国主义和狗军阀在作垂死挣扎，
到处屠杀和掠夺，无恶不作像疯狗。

来到了，来到了，革命来到了，
革命的大风暴席卷全世界，
没钱的工人扛着铁锤来参加，
无地的农民扛着锄头来参加。

（作于20世纪20年代末，摘自金虎雄《来华朝鲜人离散文学研究》，延边大学出版社，2012年）

革命者之歌

佚名

夏日丛林冬日窑洞
都是我们藏身之处
枕着草枕着雪
浑身热血燃烧

强忍饥饿勒紧裤带
迈开无力的脚步
快乐也好悲伤也罢
惟愿自由与平等

（作于20世纪20年代末，摘自金虎雄《来华朝鲜人离散文学研究》，延边大学出版社，2012年）

燕歌解

［韩国］铁周

卧床不起
发现栏杆旁有一燕巢
公燕母燕
白天衔来泥土
修燕巢
夜晚互相枕着睡
天气晴朗风儿畅
在燕巢前唱歌

每逢听歌时
我都忘记了疼痛
解释它的意思
“白衣民族青年啊，青年
（嗦嗦嗦咪咪嘞咪咪嘞）
我们在找老房子
（咪嘞哆咪嘞嗦咪嘞咪嘞哆）
你却生病躺着吗
（咪嘞哆咪嘞嗦咪嘞咪嘞哆）
风满楼，雨将来
（拉拉拉嗦嗦嗦嗦嗦嗦）
你将去何方
（拉拉嗦嗦咪嘞哆咪嘞哆）
你也赶紧找家吧”
（拉拉嗦嗦咪嘞哆咪嘞哆）

——宁古塔东京城莲花浦病床

（作于20世纪20年代，摘自金虎雄《来华朝鲜人离散文学研究》，延边大学出版社，2012年）

黄浦江啊*

炎光

黄浦江呵！黄浦江呵！
我们最亲爱的黄浦江呵！我们永远不能忘的黄浦江呵！
你那一幅[副]清波悠森的笑靥，含着深沉的怜悯恤的笑靥，
从那狂暴的洪涛中，迎救我们深深地躲在你的怀里，
现在又把我们安然地送上岸来。
像这样：你的慈惠，你的仁爱，你的那颗比明月还亮着的心，

---

* 节自小说《奇怪的武器》篇中。——本书编者注

我们是应该如何地如何地纪念你，感激你，美慕你呵！

黄浦江呵！黄浦江呵！
我们最亲爱的黄浦江呵！我们永远不能忘的黄浦江呵！
你怎知道，我们是失巢般的鸟，涸水了的鱼。
你才本着你慈惠的心肠，带着怜爱的笑靥，把我们从那滔滔暴水的狂涛中拯救出来的？
假使，你如果不迎救我们的话，
那么，我们是，无论如何要被那凶恶的狂涛淹死的，
何至于还能够在这天国似的黄埔滩头徘徊呢？！
又何至于还能够有和你谈话的今日呢？！

黄浦江呵！黄浦江呵！
我们最亲爱的黄浦江呵！我们永远不能忘的黄浦江呵！
你大概就是人间的上帝吧。
你把我们救出来了，
这儿：是何等美丽，何等繁盛的都城哟！
——唉！只可惜，只可惜，
我们这失了巢的鸟，涸水了的鱼，
怎么能够忍心在这儿住得下去呢！

我们想起，我们祖国的被难同胞，
我们想起，我们的家庭，父母，兄弟，姊妹和爱人，
我们想起，我们家庭门外常常排列着的高车驷马，
我们想起，我们那繁华的城市，山清水秀的园村，
这些，一切都已经被那些毒龙带来的暴水淹没殆尽了，
我们还有什么可以生的必要呢？！
我们还有什么可以生的必要呢？！

黄浦江呵！黄浦江呵！
我们最亲爱的黄浦江呵！我们永远不能忘的黄浦江呵！
你真是人间的上帝！
上帝啊！谢谢你，把我们救起来了，

也许你的慈爱，就是要我们为你去救那一些正在暴水中挣扎着的难民吧！

好，好，好！我们决计做你的一个忠实而勇敢的信徒，

我们决计去救那无数被难的同胞，

我们现在就任着我们的热泪，一点一点地抛聚在你的身上，让它慢慢地涨大起来，然后要它向着那毒龙的巢穴，猛烈地扑去，淹没得它一个干干净净。

呵！上帝呵！你放心吧，我们是决不会不忠实的。

我们要为你的慈爱而战，我们要为我们的家庭，父母，兄弟，姊妹，戚友，爱人而战！我们更要为我们有四千余年历史的祖国而战！

我们去了！我们准备去战！

（原载于《新东方》第1卷第4期，1930年）

吊韩海同志

［韩国］金山

哦，死者！死者！你直挺横陈的死者哟！
你已放弃这黑暗的人间了！
苦痛侵蚀了你的身心，
鲜血作最后的战争，
这残忍怅深的监牢，
消磨了你最后凄惨的年度；
这充满了食血喷人野兽的社会，
狠狠地绞死了这微弱的生命！

哦，死者！死者！你一瞑不视的死者哟！
为着受不住现社会的压迫，
你不得不走向反叛的道口，
为着受不过布尔乔亚的剥削，
你不得不起而反抗，
为着看不惯人类吮吸着人类的血液，

你不得不高举革命的战旗——红旗飘扬，
你，社会的叛徒哟！
你终于死在了这人间地狱！

哦，死者！死者！你生命都被剥夺了的死者哟！
你这枯黄皱缩的长方颜面，
含着多少人类的悲痛？
你这瘦骨如柴的身躯，
忍受过多少人间的蹂躏践踏？
啊啊！看呀！这条含怨长蛇般的绞首台的绳子，
——这是社会对待你的刑罚，
套在你细致的颈上，还桎梏着你死后的尸体。

（作于1930年，载于李元奎《金山评传》，实践文学社，2006年）

同志们，斗争吧

［韩国］金山

当我们的生存，
走上革命的路：
为杀我们现存的敌人，
执起刀枪在手，
为明日世界的光明
呵！高举起赤血的红旗狂舞！
钢铁般的坚固
是我们的营垒
胶漆般的团结
是我们的队伍
前仆后继的冲锋
是我们的步伐

十二万五千万被压迫者
是我们的朋友！
杀不尽的是我们的头
流不尽的是我们的血
战斗啊！战斗啊！
明天就要实现英特纳逊纳尔！

（作于1930年，载于李元奎《金山评传》，实践文学社，2006年）

流浪离乡的人

［韩国］尹奉吉
金光 译

魍鬼占领着故乡，
把自由的人们都推列到火狱里去。
剩下的只有灰色的故土和灰白的残骨，故乡呀！
你的命运?!

记得我幼小的时候：
现在这个故乡？
充满着快乐的春意，
洒满着自由的歌声；
如今这个故乡？
呻唁的声息，震得耳膜麻聋，
飞溅的红血，流满了灰色的土；
人们的
身上颈上，都载着不自由杻梏［桎梏］，
口上目上，都贴着不自由的封条；
故乡呀！过去的一切；
自由，快乐，
都到那里去了！

如今我被魔鬼驱逐出来了；
将走上人生的旅途。
踌躅徬徨在路途：
往那里去？哦?!
何处是我的归宿？

不管它，
漂泊，流落到何处。
仰[抑]是天涯是海角？
只要有了人类同情的归所。
一定奔往其处?!

看！归宿向我招手了，
崎岖道路的尽头，
开着自由的火花。
流着生命的泉源。
那就是人类的归宿?!

我赶紧踏上了这个崎岖的路途，
翻过山，横过海，
跳过深壑，跑过荆棘，
向我招手的“人类归宿”之处！

一九三〇年阳春之际

（作于1930年，原载于金光《尹奉吉传》，上海法界韩光社，1933年）

盼到那一天

［韩国］沈熏

尹海燕 译

盼到那一天，只要那一天来临
三角山跃起而欢舞
汉江水翻滚而狂奔
只要这一天在我的有生之年到来
我会像那翱翔于夜空的霜乌
去撞响钟路的人磬
纵然头骨粉碎
乐极而逝，夫复何憾？

盼到那一天，噢！只要那一天到来
在六曹门前的大街上，痛哭、狂跳、翻滚
也无法表达要冲破胸膛的狂喜
那我就用锋利的刀刃，剥下这一身皮囊
赶制一面巨鼓，背在身上
还要走在队伍的最前列
只要能听到那隆隆鼓声
卒死于斯，死亦无憾！

（原载于诗集《盼到那一天》，1930 年；译文摘自尹海燕编译《韩国现代名诗选读》，民族出版社，2006 年）

先驱

[韩国]尹海英

一松亭青松日渐老去
海兰江却流淌千年
昔日在江边策马而过的先驱
如今沉睡在哪里

在龙井闻听夜莺之时
月光普照龙门桥
遥望异域天空射箭的先驱
如今沉睡在哪里

琵岩山龙珠寺晚钟响起
大丈夫决心已定
誓言收复祖国的先驱
如今沉睡在哪里

（作于20世纪30年代，摘自金虎雄《来华朝鲜人离散文学研究》，延边大学出版社，2012年）

九一八事变歌

佚名

1931年9月18日
日本帝国主义强占满洲
大炮飞机机关枪

把满洲染成血海

不忍压迫剥削强占
三千万同胞起来反抗
满洲原野咆哮
反日战争拉开序幕

…………
起来，三千万劳苦大众
我们何所畏惧
结成牢固的反日战线
为建立自由政权而斗争

（作于20世纪30年代，摘自金虎雄《来华朝鲜人离散文学研究》，延边大学出版社，2012年）

总动员歌

佚名

满洲原野烽火浓
满洲山峰烽烟起
在烈火中
传来民众的吼声
抗日军民们
一致投身战场

（作于20世纪30年代，摘自金虎雄《来华朝鲜人离散文学研究》，延边大学出版社，2012年）

反日歌

佚名

日本帝国主义的铁蹄
横行满洲原野
烧杀抢掠
无恶不作

妻儿老小
流血牺牲
房屋家园
一片废墟

团结起来劳苦大众
矢志不渝争取胜利
埋葬白色恐怖
旌旗高高飘扬

（作于20世纪30年代，摘自金虎雄《来华朝鲜人离散文学研究》，延边大学出版社，2012年）

统一战线歌

佚名

士兵们拿起武器
老少总动员
同敌人决一死战

同仇敌忾

（作于20世纪30年代，摘自金虎雄《来华朝鲜人离散文学研究》，延边大学出版社，2012年）

革命军之歌

佚名

南满北满丛林中，雪刮着刺骨寒风。
我们都是革命军，不怕困难重重。
千辛万苦在山中，祖国人民在心中。
流血流汗何所惧，各个好汉英雄。

蒙古沙漠刮大风，天气酷冷大地冻。
寒风砭骨又算啥，我们岿然不动。
风餐露宿寻常事，林中一躺就入梦。
胸中热血正沸腾，浑身暖烘烘。

腰酸背痛何所惧，乘胜去追击。
忍饥挨饿无所谓，男儿当自强。
大雪小雪又一年，壮志尚未酬。
革命事业成功，我们去努力。

（作于20世纪30年代，摘自金虎雄《来华朝鲜人离散文学研究》，延边大学出版社，2012年）

新诗

1931 — 1940年

给不相识的韩国姑娘

岳凤高

八卦旗帜在幻梦里飞扬，
鸭绿江流在涓涓地冲荡。
看啊，你飘零的忧伤的姑娘，
那不是饱经蹂躏的——
你的家乡！

巨大的炮弹迸裂在上游的长江，
稠密的旌旗招展于峨眉山上。
看啊，你飘零的忧伤的姑娘，
那不是饱经蹂躏了的——
我的家乡！

回去罢，回到我们可爱的家乡！
家乡是布满了虎豹，布满了豺狼。
可是啊，你飘零的忧伤的姑娘，
随处不都是一样——一样的骚乱，
一样的荒凉！

八卦的旗帜破碎得蝴蝶般飞扬，
战乱的烟氛掩蔽了我们的家乡。
可是啊，你飘零的忧伤的姑娘，
我们竟长久驯服得像待割的羔羊，
一丝也不敢反抗，一丝也不敢倔强？

回去罢，回到我们可爱的家乡，

不怕家乡是布满了虎豹，布满了豺狼。
归去罢，你飘零的忧伤的姑娘，
我们有鲜血的热血，团集的力量，
我们要杀开一条血路，创造一个天堂。

不要悲愁呀不要忧伤，
不要退缩更不要绝望，
看啊，你飘零的忧伤的姑娘，
一丝丝鲜艳的光芒，我们胜利的征象。
不是闪烁着在么，在那辽阔的东方！

（原载于上海《读书月刊》第 1 卷第 5 期，1931 年）

亡国哀曲：吊朝鲜

侯曜

鸭绿江头，
呜咽潮声吼！
昔日朝鲜古国！
底事江山非旧？
岂兴亡有数，
荣枯尽似堤边柳？
否！否！否！
江潮呜咽，
流不尽万古悲愁！

鸭绿江头，
呜咽潮声吼！
不堪回首，
亡国日八月念九！

曾记当年，
日韩合并条约发表时候，
太阳旗到处飞扬，
太极旗无地藏收。

剧可怜，王侯宅第归新主，
请看他，文武衣冠尽楚囚！
说什么富贵，
说什么恩仇，
覆巢之下，
尽作了他人鱼肉！
祖宗九泉痛哭，
子孙百代悲愁！
昔日朝鲜古国，
到如今只剩得，
安重根万古流芬，
李完用千秋遗臭。

鸭绿江头，
呜咽潮声吼！
昔本朝鲜古国，
今已江山非旧！
说不尽的兴亡，
诉不尽的悲羞，
恰似江水滚滚万古长流！

（原载于上海《民声周报》第12期，1931年）

北海与煤山（节选）

［朝鲜］朴世永

韩晓 译

都市怎么能如此喧嚣。
你在高处看着么？

是的，平静了一阵子。
今天又有弹丸，
擦着腰呼——呼——飞过。

我只能听得到声音，
四周宫墙矗立，什么也看不到。
你和我守护着这座城，
没有任何功劳，
却还被卷入无谓的战争。

城门塌了，
会有很多变化，
社稷里男女喧闹的声音络绎不绝。

城门塌了，
他们会再垒起来。
但哈德门却因无数的子弹，
而伤痕累累。

社稷变成了中央公园，
新修了国耻纪念碑，
至今不知世间事的男男女女们，

沉醉在喝茶中。

（原载于《朴世永诗全集》，昭明出版社，2012 年；译文摘自韩晓《民国时期来华留学韩人作家的跨体验与文学书写》，山东大学博士学位论文，2017 年）

伤义士荆轲

——献给邻国的一位英雄

苏凤

“风萧萧兮易水寒，
壮士一去兮不复还。”
弱者的一把匕首，
寒了秦王的胆，
事情虽然没有成功，
壮士永垂于千载。
仿佛还想起“箕踞以骂”的时候，
那种粗暴的雄壮的呐喊；
仿佛还想起秦王殿上的铜柱，
留着不可磨灭的愤慨。
太史公曰：
“……此其义……或不成。
然其立意，
皎然不欺其志。……”
义士荆轲呵！
我又何必为你流泪！
瞧着吧！
一朝，终有一把匕首报了深仇如海。

（原载于上海《民国日报》1932 年 1 月 15 日）

尹奉吉的一弹

国魂

尹奉吉的一弹,可以胜过日本所有的武力;
尹奉吉的一弹,可作全世界列强的警钟;
尹奉吉的一弹,可代表被压迫民族的一切武力;
尹奉吉的一弹,是全世界弱小民族愤气的结晶;
尹奉吉的一弹,是全世界历史上的一盏明灯,万古不灭;
尹奉吉的一弹,是医治列强侵略病的良剂;
尹奉吉的一弹,是为十九路军增加的生力军;
尹奉吉的一弹,是给日本军阀饮的一服清凉剂;
尹奉吉的一弹,是被压迫民族革命的先声;
尹奉吉的一弹,是全韩国人民的出气管。

[原载于《大晶报》(上海)1932 年 5 月 2 日]

炸弹

杰

轰……!
只这一声,如万雷齐鸣,
如地陷天崩,
歇浦滩头的一颗炸弹
震动得三岛摇摇,骄烈的气焰压消;
震动了三韩国民的心灵,个个浮起苦笑;
震惊了我四万万的同胞,觉得意气飘摇;
震惊了四大部洲的全人类,一致把惊愕的目光向这里瞧。
哈! 惊个什么? 瞧个什么?

这里仅仅爆发一颗炸弹，
炸坏了几个罪犯——
重光，野村，川端，村井，植田与白川，
告诉你罢：这仅是一段事实的开端。
值不得如同白日见鬼，眼花缭乱，
要知道，朝鲜的国民
“个个都是炸弹！个个都会爆发！”
这一次又算得了甚吗！
不过，那惟一的事实仅是这颗炸弹，震醒了梦中不安的安重根，
他抬起失望与惊讶的目光来看：
喝，那边又来了一个同志，
这是第二个安烈士！

写于五月一日晨，热血沸腾时

［原载于《平西报》（北平）1932 年 5 月 3 日］

献给韩国的志士

沈月溶

你这东方的勇士哟！
你这亡过国的大韩遗民！
你看见你们的同胞受猛虎的噬吞，
你看见你们的祖国沉沦；
你不忍看你的国内豺虎横行；
你不忍听你们同胞哀痛的呼声。
你是具有刚毅的烈性，
你是具有火一般的先烈的遗型。
为着拯救你们可怜的同胞，
早忘记了你自己的生存，
你是具有牺牲一切的决心！

现在中国已经受你的仇敌蹂凌。
看呵！
繁华的春申江上，
凄冷的鸭绿江边，
只看见炮弹横飞，毒烟迷满了青天。
有多少精美的房屋，珍贵的物产，
都付与无情的炮弹。
有多少中国纯良的百姓，
都做了炮火之下的冤魂。
怕只怕这古国的前途，
也要赴你们的后尘？

你不忍昔日抚养你们的古邦，
遭遇这些残暴的凶猛的虎狠[狼]。
更不忍你们故国的同胞，
永远的在帝国主义的蹄下哀号。
活该帝国主义爪牙的末日来到，
在虹口公园里面，
中了你炸弹的巨伤，
使敌人心胆都寒！
你完成了你伟大的使命，
已引起全世界被压迫民众的震惊。
你的名字将与日月般的万古常存！

可是真不幸呵！
现在你已失去了生存的自由，
在那惨酷的铁窗里面做一个待毙的罪囚。
假使有一天你遭了他们的毒手，
我再来为你唱哀悼之歌。
假使有一天我到了你的死地，
我将携着花圈来拜吊你悲壮的荒郊！

一九三二，五，十

（原载于《安徽学生》第1卷第1期，1932年）

只是一瞥

杰

一股浩荡的罡气，
忽地冲击我底心灵；
一股不可思议的魅力，
鼓励我底热情，
心灵跳动得如此殷勤，
热情澎湃得如此充嬴[盈]，
啊，只是一瞥，
石破惊天！

[原载于《平西报》1932年5月17日]

李奉昌

吹霁

诗一般合节奏的击刺，
李奉昌啊，我们的勇士！

第一声的春雷震响了，
轰开了我们生动的前夜了，
一阵狂飙横卷过大洲，
疾风暴雨，会挟来万有的生机萌发了！

郁抑着的咆哮，纵能不呻，
紧握着的炸弹，不可不伸，
便杀却了我们的口，

杀不了我们狂热的灵魂！

让复仇的彗星扫过人间罢，
明天，世界是欢悦而解放的了！

［原载于《益世报》（北京）1932年5月27日］

哀朝鲜

王平陵

啊！朝鲜的志士们！
你们熟睡着多时了，
你们过去的光荣呢？
难道就永远沉默着吗？

啊！朝鲜的志士们！
箕子在地下哭了，
安烈士是死不瞑目的，
难道你们就永远沉默着吗？

鸭绿江上已掀起怨苦的悲涛，
曾否震荡了你们潜伏在心底的热潮？
风在怒吼，雨在喧啸，
你们应该拿出所有的力量起来搏斗了！

不要冷观着弟兄们在人家的铁蹄下哀号，
快把鲜血反映出民族的光辉。
同运命的弟兄们哟！
我们的时代来了！

（原载于王平陵《狮子吼》，南京书店，1932年）

尹奉吉

常法素

炸弹，炸弹，干干干！
拼着我们的热血，
紧握着我们的炸弹，
像高丽人一样的勇敢，
炸死荒木，炸死本庄繁，
把帝国主义彻底推翻！
朋友！你还记得否，
东北的屠杀，上海的摧残？
在那不抵抗的声中，
在那劳苦大众流血的当前，
倒反来了个国破家亡的尹奉吉，
将压迫他的敌人炸死一团！
朋友！快握着炸弹，
莫再苟且偷安！
看帝国主义已杀到我们的眼前！

（原载于《安徽学生》第1卷第2期，1932年）

活着的枪架

——寄满洲驻军士兵

[日本]槙村浩①
李芒 译

拨开漫地高粱，
枪架的影子正络绎不绝，项背相望。
枪架啊，你顶着血红的夕阳默默前进，
你那异样的战栗冲击着我的心脏。
你的影子失去了人形，
你的身躯隐没于背囊。
你只是一个枪架，
没有思想。
从昨天到今日，
枪架都在我眼前晃荡。
太阳旗走在队伍前头，
高跨肥马的将军得意洋洋，
士兵们疲惫不堪神色颓废……
啊，凡是这个集团出现的地方，
中日两国的压迫者都握手言欢，
牺牲的热血浸染了二十二个省的土壤。
(然而经验却教育了中国民众！)
看吧，面对那丑恶的军旗，
儿童们把拳头摇晃，
妇女们背过脸去唾骂，

① 槙村浩(1912—1938)，日本革命家。原名吉田丰道，高知市人。十五岁时，开始接触马克思主义。1931年中学毕业后，参加了日本无产阶级作家同盟和共产主义青年同盟。后来担任“日本共产主义青年同盟高知地区委员会”书记局委员，兼任宣传鼓动部部长。出版发行小报《工人之声》《士兵之声》，宣传革命思想。曾先后三次被捕入狱，身体受到严重摧残，死时年仅二十六岁。他的诗稿散失的很多，现在能找到的只有25首。

男人们眼冒怒火，心怀反抗。
现在，
部队正穿过奉天城门，
一听吧，资本家和特权者正发出欢呼，
部队正在吹奏胜利的乐章。
这帮家伙——资本家和将军们确是胜利了，
然而，对于我们挣扎在深渊的工农，
这胜利又算是什么勾当?!
要发出欢呼，
干涸涩滞了我们的口腔；
要高唱凯歌，
痛苦郁结在我们的胸膛。
不管这帮家伙胜利还是失败，
对于中日两国的兄弟，
残暴的锁链都将勒得更紧，
镇压的皮鞭也将抽得更响。

我想起，一个工人张贴反战传单，
战斗在刺刀闪光的夜路上。
他隐蔽在招牌背后，
闪进屋檐下，攀登垣墙；
他勇敢地掠过敌人的视线，
不停地到处奔忙。
当他开始张贴最后一张，
哨兵的尖叫声突然掠过耳旁。
他飞快张贴完，
纵身冲到身边的小路上。
这时，
他听到背后的脚步声迅速逼近，
他看到前面的刺刀闪起寒光。
他倒下来，
刺刀扎在身上；
他感到血潮流逝，

全身失去力量。
失神的眼睛，
把哨兵的灯光怒视，
把被扯碎踏进泥水的传单凝望。
他嘴唇轻颤，
手臂微扬，
竭力战胜昏厥，
断续地呼喊：
“中国共产党万岁！”
他至死捍卫了党！

——秋天，
在奉天街上，
枪架夺去了一个同志的生命。
但是，次日傍晚，
我看到那张传单，
在每一个工人的拳头里紧紧握住。
在电线杆上、在库房墙上扇动翅膀。
同志啊，安息吧！
你用生命张贴的传单，
还在闪闪发光。
剩下来的同志，
将在它上面把新的传单贴上。

在那白桦和红柳郁勃丛生的森林里，
枪架的影子今天也在向前晃荡。
你的历史以嗜血增色，
在龟户①的森林中，
在隅田②的河岸傍，

---

① 龟户：东京都江东区东北部的町名。

② 隅田：指隅田川，东京都的河流。龟户和隅田都曾经是日本反动政府警察机关和监狱所在地，在当时以镇压和拘捕革命战士臭名远扬。

在朝鲜，
在台湾，
在满洲，
你刺破我们同志的咽喉，
你击碎我们同志的胸膛。
你狂欢饮鲜血醉得踉踉跄跄，
踏着尸体向前冲撞。
活着的枪架，
当你远离家乡，
在原野上入睡，
东风可曾把家乡的音讯吹到身旁？
你的亲爱的父母妻子和众多的兄弟姐妹，
正在被剥夺田地，
禁止再进工厂；
饿得身孱体弱，
狠咬牙关，紧握拳头，
向遥远的北方天空投射憎恨的目光。
——难道这一切丝毫没有走进你的梦乡？！
那被打碎抛掉的禁止入厂的木牌，
那抵制裁减工人的群众性反抗，
那震撼整个城市的总罢工的吼声，
那雪崩般挺进的反战队伍的巨浪，
那顶着镇压的风暴在拼死战斗的先锋，
——啊，我们大家的日本共产党，
这一切也未冲进你的眼眶？！
活着的枪架，
你不问理由，不明方向：
别国士兵，本来同你一样，
你却用子弹击碎他们的心脏；
革命先锋，本应用生命去保卫，
你却把刺刀扎进他们的胸膛。
此时此刻，难道你没有听到，
背后那万国资本家的哄笑和喧嚷？

突然，铅色的地平线，
爆炸出钝重的轰响。
砂土迸飞，
影子摇晃，
枪架喷血，
扑倒在地上。
而今，一个“忠良的臣民”
在这里葬送了蠢恶的一生。
但我期待：
你众多的伙伴，
不久就会把步枪瞄准后方，
把刺刀指向后方。
他们将选择自我解放的正确道路，
不再干这种活着的枪架的勾当。
起来，满洲的工农，
你们的愤怒要迎击蒙古的暴风经受锻炼，
从鞍山的高炉迸发出耀眼的火光。
啊，奔腾而起的革命怒涛，
冲破遥远的黑龙江岸，发出轰响，
越过兴安岭，
渡过松花江，
震撼哈尔滨的寺院，
冲到间岛①的村庄，
横扫辽宁省境的洋行，
逼近日本驻军的营房。
啊，跨过国境，
互相挽起臂膀，
筑起国际无产阶级②的壁垒，
这样的一天何时飞降?!

这首诗发表于 1932 年，是写给日本驻满洲士兵的。其时正是“九一八”事变后不久，日本帝国主义发动侵略我国东北的战争，作者当时虽然只有二十

---

① 我国延边一带。
② 此句“筑成”以下六字原为×号，表示发表时被删除，至今尚无法复原，此系根据推测译出。

岁，但由于他能用马克思主义观点看问题，所以能明辨是非，看清日本帝国主义侵略中国的本质。活着的枪架，就是中国人说的炮灰。在日本侵略军中，有不少没有思想只知道为日本军阀卖命的炮灰，他们失去了人性，成为杀人工具。不过这首诗的主题不是为了暴露这些“活着的枪架”的罪行，而是为了唤醒他们。让他们明白：中日两国人民是兄弟，屠杀中国人民是骨肉相残。要他们掉转枪口，反戈一击，争取自我解放。这首诗还指出：侵华战争给中国人民带来巨大的灾难，同时也给日本人民造成不幸，当没有思想的士兵在中国土地上烧杀抢掠的时候，他们的父母妻子兄弟姊妹也被剥夺了土地，“饿得身体孱弱”。日本人民不堪忍受，实行总罢工，掀起了群众性的反战运动。

（发表于1932年，译文摘自《世界文学》第2期，1978年）

间岛游击队之歌

[日本]槙村浩
李芒 译

回忆把我带回故乡——
攀越白头山的脊梁，
穿过落叶松的林莽，
在芦根结了黑色冰层的湖沼对岸，
在褐色土地上排列着黑色小屋的地方，
那野鸡在山谷里鸣唱的咸镜[1]的村庄！

踏着化雪的小径，
去拾落叶，背架上放了笼筐。
跟姐姐一起，
攀登过那长满柞树林的村后山岗啊。
遭到看山人的驱赶，
从碎石路上跑下来，
背绳深深地勒进了肩膀。
寒风吹得我们双脚皲裂，

① 朝鲜邻近我国延边地区的咸镜山脉。

受到严重的冻伤。

碎云片片，飞向南方，
热风在田畔飘扬，
村里的人们翻山越岭前去祈雨，
我同姐姐饿得头晕也紧紧跟上。
手拉手在人群中，
凝视着爸爸肩头上的镐齿，
跋涉过去的山岭多么漫长！

在书房前烟雾迷离的柳荫下，
患了肺病从都城回来的青年在絮语，
我们一伙少年听了心花怒放。
那青年激动起来就要咳嗽，
激烈地咳嗽着叙述了
沙皇俄国黑暗无光。——
成群结队的犯人
在冰天雪地里往西伯利亚流放。
炸弹的硝烟弥漫克里姆林，
血花飞溅，涅瓦河上烟雾茫茫。
十月的一天清晨，
群众吼声雷动，山崩海啸般涌向街头广场。
沙皇的黑鹰①被砸碎，
镰刀和斧头的红旗，
在莫斯科上空迎风飘扬！
他说完就吹起口哨，
黯淡的红晕浮泛在脸上，
咯出鲜血
染红洁白的衣裳。
这位被叫做崔老师的青年，
竟未看到春天惊心动魄的风暴
把朝鲜震荡，

① 沙皇俄国的国徽。

就把自己的希望寄托给风雪长空，
死在故乡的书房！
但是，那自由国家俄罗斯的事迹，
却引起我殷切的向往，
深深地沁入我的心房！
每逢听到北方的天空
传来宏伟建设的铁路的轰响，
就想起我们这殖民地生活的惨象！

啊，这被污辱、戕害的民族尊严，
这承担着偌大无声痛苦的祖国大地！
当你那饥饿的孩子们
含着痛苦的屈辱和愤怒，
把你的泥土咽下胸腔，
当从你温暖的怀抱中
被拉走的孩子们低下头来，
默默无言地越过祖国的边疆，
应该认为
这就是鼓动两千万群众，
从你的底层喷射出的愤怒岩浆！

啊，三月一日①，
民族的血潮奔腾在心腔，
无限的憎恶猛烈地迸出胸膛。
我们谁能忘记，
一九一九年三月一日啊！
这一天，
“大韩独立万岁”的吼声震撼全国城乡，
太阳旗被砸烂，
祖国的国旗到处飘扬。

---

① 1919年3月1日，朝鲜人民掀起了一次全国性的反日示威运动，因受到日本帝国主义的武装镇压而宣告失败。

想起这一天，
热血就激荡着我的胸膛。
反抗的怒吼传到故里，
自由之歌在咸镜的群山中回荡。
啊，从山峰到山峰，
从峡谷到峡谷，
无数被奴役者的队伍浩浩荡荡。
青年人高举旗帜走在前面，
老年人同站在屋顶的人们
遥相呼应，万岁同唱，
妇女含着热泪歌唱古代民谣，
少年们嚼着草根，
一个劲地大声欢呼，欣喜异常。
我决不能忘记——
我们父母姐弟，
站在赭土绽裂的山崖上，
纵声高呼，
胸膛里一阵灼热，
热泪涌出眼眶！

啊，我们自由的欢欣竟然这么短暂！
黄昏时分，我就远望
漆黑一团飞奔而来，
地平线上尘土飞扬。
我看到
日本马队恶魔般抛出火把，
把无数村庄变成火海焰波，
狂号着扑向四方。
然而，那烧毁的村里的房屋，
那爆炸在山岗的炸弹的轰响，
对于我们来说，
又算是什么了不起的灾殃！

我们是咸镜的男男女女，

我们故乡的历史
就是对剥削者的反抗。
在全国燃起烽火的多次起义中，
流过鲜血的也是我们的故乡——
就凭我们这故乡的英名，
就凭我们这故乡的血土，
难道我们能无耻地向敌人低头，
把阵地拱手相让?!
是谁，偃旗息鼓，俯首听命，
是谁，离开岗位，让敌人的铁蹄践踏我们的故乡?
来吧，任凭烈火把我团团围住，
来吧，任凭敌人的刺刀扎向胸膛，
我们也要昂首挺胸高呼万岁，
声震群山，犹如惊涛骇浪。
只要不放弃阵地，
我们的号召就会听到回响。
在这朝鲜一角，
任凭它“暴力压迫遮云光”，
我们的故乡依然会得到永生，
我们民族的鲜血依然在激荡。

我们是咸镜的男男女女，
啊，血的三月——正是在这一天，
我同父母姐姐永别了。
我曾不分昼夜，
躲避着军队和刀枪，
跨过野地里乡亲们白衣上血迹斑斑的尸堆，
穿过倒悬在红松树上的尸体，
到处去探寻他们三人的去向。

灾难深重的祖国哟!
尸体的臭气飘荡在天空，
激起我们深切的悲伤。
男人们被刺刀扎得蜂窝般遍体鳞伤，

没有断气的就被投进火场！
妇女们被强奸，
被挖掉肌肉，掏出五脏，
老年人攥着石头被绞死，
孩子的小手紧握着国旗趴在地上！
啊，最先牺牲在解放战斗中的，
一万五千个同志，
尸首没有棺木，变成兀鹰的食粮；
耕种火田[①]的农民，
潜居在茫茫的密林，
还有那无数荒凉的村庄——
春风啊，吹吧！
在这一切上面，
留下你从北朝鲜旷野吹来的野草的芬芳。
深夜，群山燃起熊熊烈火，
处女地周围的村庄上空，
成群的鸟儿飞向四面八方。
清晨，
我在黎明的长空，
望见仙鹤低徊盘旋着向北方飞翔，
掠过茂密的林梢，
越过苍郁的林海，
穿过火红的云波飞向边疆。
仰望这飞返故国的白色行列，
我十二岁的少年泛起遐想。
仙鹤啊，在高空中发出欢欣的啼鸣，
完成着旅途的惬意翱翔，
正迎风展翅，
飞向崔老师说过的自由之邦！
我双颊火一般灼热，
扬起手来向群鹤表述衷肠。
直到今天，

① 指在解放前的朝鲜，烧掉树林和野草，开荒垦地种田。

我还能真切地想起
十三年前那股切的向往。

自从我早春时分渡过解冻的图们江[1]，
攀越国境已是十三度春光。
这长白山的斜坡，
就是我经受艰苦斗争和考验的地方。
动荡的时势把我同俄罗斯隔开，
严酷生活的铁链把我锁在间岛身旁。
然而，我有生以来未见过俄罗斯，
未踏过俄罗斯的土地，
我决不懊丧。
如今，我就战斗在第二个俄罗斯，
这里就是苏维埃——拆去民族壁障的地方。
听吧，这血的苦难和建设的事迹：
手里握着枪，
深夜渡过海兰河[2]结冰的浅滩，
脚底嘎嘎作响。
汪清[3]的每一棵树木都沾着鲜血，
夜袭的枪声在密林中回荡。

风啊，发出怒吼，
在白头山顶刮起雪崩，
浪啊，掀起怒潮，
在图们江中奔腾激荡！
啊，手持太阳旗的强盗，
劫掠的日本武装，
杀死了我的父母、姐姐和同志，
把我逐出祖国，
如今又进攻间岛地方。
啊，是又来叫我们在你面前屈服吗？

---

① 位于中朝两国东北部边境地带。
② 位于中朝两国东北部边境地带。
③ 位于中朝两国东北部边境地带。

是说我们不晓得怎样对待凶恶的强盗吗?
微风吹来了木樨的芳香,
春天的声音流荡在浅滩。
我们团团围坐凝露的草地上,
朗诵激动人心的传单:
“在满日本革命士兵委员会”的檄文,
这是越过国境,为解放而斗争的同志的呼声,
这是无产阶级战士在手枪面前从容高举红旗的呐喊!

衣袋里藏起传单,
我们再拿起枪来悄悄地前进吧!
解冻的潺潺流水,
将为我们演奏进军的乐曲,
似曾相识的合欢树林,
也将为我们朗诵欢迎的诗篇。
恶棍们,在惊慌失措的统治者的保护下,
要纠集人发出欢呼,就发去吧!
要让卖号外的报贩,
声嘶力竭地喊虚假的胜利,就喊去吧!
我们绝不会被杀完!
我们也曾几度遭到失败,
刺刀和马蹄曾把我们的队伍冲散。
但是,
潜伏在密林中的十个人,
不是变成了一百个吗?
我们后退了十里,
不正是为了前进二十里吗?
“只要我们活着,就要献身于解放事业,
欣然牺牲在红旗下面。”
我怎么会忘记,
吻着“东方解放军”的军旗发过的誓言!
我们是间岛游击队,
用生命保卫苏维埃的铜墙铁壁,
同红旗共生死的敢死队员!

如今,我们攀过长白山,
向全世界唱起革命的进军歌:
——远隔重洋的兄弟,携起手来并肩向前!
——喂,战斗吧!
喂,站起来吧!
——啊,英特纳雄耐尔一定要实现!

(发表于1932年,转载于《世界反法西斯文学书系·日本卷2》,重庆出版社,1992年)

爆发的火花

——献给尹奉吉同志

[韩国]李友邦

哦,奉吉:
去年的今日,今日的去年,
在一间狭小的亭子间里,
你紧握了我的手,
盟誓着愿为革命事业而牺牲!
你那猛鸷的眼睛,
包含着无限度的悲愤;
你那刚毅的神情,
表示着大无畏的精神。
你颤声地说:
“唯有爆发的火花,
可使我们的敌人胆裂心震;
唯有爆发的火花,
才能冲破帝国主义的营阵;
同志们!同志们!
我愿做你们的导火线!”

天长节的前夜，
你毅然接受了党的密令，
怀藏着炸弹二枚，
徘徊于恶魔们的附近，
静待着机会的来临。
警笛一鸣，你的炸弹发了，
虽未能达到完全的目的，
已足够使倭奴胆战心惊！
你那刚毅的态度始终一贯，
你不因敌人的残刑而屈服，
更不因敌人的毒拷而灰心！
唉，你言行一致的革命者呀！
我钦佩你到万分！
在不久的未来，
务使爆发的火花重现的[到]倭奴之前，
直到我生命的最后一日，
我决不抛弃这个义务与责任！

（原载于《循环》第2卷第12期，1932年）

故乡

［韩国］郑芝溶
尹海燕 译

回归故里，回归故里
也不是我那朝思暮想的故乡

山雉正在孵卵
也正是布谷鸟啼叫的季节

而我的心却已离开故乡
一如远方港口流浪的浮云
今日独自登上山顶

白花在情意深长地微笑

儿时的草笛再也吹不出声响
干裂的嘴唇只感觉苦涩

回归故里，回归故里
只有那依恋的天空幽蓝幽蓝

（原载于《东方评论》第4期，1932年；译文摘自尹海燕编译《韩国现代名诗选读》，民族出版社，2006年）

一颗炸弹

何文玉

一颗炸弹，小小的圆圆的，
握在掌心，藏在袋中，
圆滑得可爱，暴烈得怕人。

一颗炸弹，小小的，圆圆的，
能拯救人民的痛苦，
能铲除残暴的政客，
为社会谋幸福，
替国家争荣耀！

弱者为你而勇敢，
壮者因你而凯旋。
啊！
仁慈而可爱的炸弹，
神秘不可思议的炸弹。
……

［原载于《铁鸟》（上海）第2期，1932年］

尹奉吉

丁丁(丁嘉树)

尹奉吉！你不是朝鲜人，
你不是朝鲜的一个战士。
呀！你是世界上的人，
你是被压迫阶级的战士！

尹奉吉！勇敢的尹奉吉！
你造成了人类革命的奇迹！
你一个炸弹的抛掷，
震动了全世界革命的怒潮！

你为了被压迫的民族，
你为了被侵略的阶级！
你炸的是资本帝国主义者，
你炸的是压迫阶级的鹰犬！

那炸弹爆炸的庞大声浪，
震惊了痴迷着的资本家；
那炸弹爆炸的庞大声浪，
激醒了沉湎着的劳动者。

那炸弹爆炸的庞大声浪，
将永远在地球的气圈中震荡！
这伟大的革命的奇迹，
将永远是人类史上灿烂的一页！

尹奉吉！你不是朝鲜人，
你不是朝鲜的一个战士。
呀！你是世界上的人，

你是被压迫阶级的战士！

［原载于《洁茜》(上海)第1卷第2期，1932年］

游高丽园

张作云

你不能不留恋，
这幽凄的古园——
怀抱着云和树，
这玲珑的湖山。

白云在天空浮动，
湖心中开满白莲，
一阵风吹翻几顷芦荻，
柳荫里飘来声声寒蝉。

湾湾是高拱的石桥，
石桥下的流水淙淙；
蜻蜓在秋蓼花上作梦，
又被一只银鱼惊醒。

老林里忽吹动几阵松风，
苍鼠在碧瓦上窜行；
谁家的故国园林？
衰草迷满了荒径，

哦，这巍巍的望台，
千百层石级萦回。
筑台的人都已化成黄土，
黑夜里有鬼火乱飞。

（原载于《清华周刊》第40卷第1期，1933年）

朝鲜悲歌

佚名
春树 译

恨杀人,那远处的日本!
花朵般的新娘,憔悴到要死。
那能不恨他,魔鬼的日本!
抢夺了田地,又教人别离。
抱怨什么呀,
国家也亡了,家庭怎能保。
替我写给他,
就说今年谷,又全被夺了,
就算能收获,也不得米吃。
早出的稻谷,你给我枯死!
不有心肝罢,关釜的联络船[①],
呜呜的汽笛,使人心发恨!
只是运过去,从不运回来,
联络船,联络船是地狱船。

[原载于《华侨半月刊》(南京)第15期,1933年]

中韩民族联合起来

杨靖宇

中韩民族劳苦民众亲密的联合,
一齐向着日本帝国主义者开火。
只有我们消灭这一共同的敌人,

① 关釜联络船是朝鲜的釜山与日本的下关间的铁路渡船。

那时我们才能取得自由的生活。
亲密地巩固地联合起来，中韩民族！
冲锋呀！杀进哪！向着那日帝国。

亲日奸细卖国贼不分中韩国，
都是日本帝国主义傀儡和同伙。
民族不分中韩全是日帝死对头，
千万莫听他们的欺骗和挑拨。
亲密地巩固地联合起来，中韩民族！
冲锋呀！杀进哪！向着那日帝国。

驱逐日本帝国主义打倒“满洲国”，
共同建立抗日救国选举的政府。
分别实行民族自决中韩共幸福，
还要援助韩国革命成功早取得。
亲密地巩固地联合起来，中韩民族！
冲锋呀！杀进哪！向着那日帝国。

（作于1933年，载于卓昕《抗日民族英雄杨靖宇传奇》，解放军出版社，2002年）

朝鲜童谣：乌鸦

［韩国］全用
穆木天 译

天天从工场回来的时候，
在夕幕的海边的丘上，
穿着黑衣服的，
很多的乌鸦的群，
“鸦！”“鸦！”地叫着。
别的雀鸟，

都回到自己的巢里了，
只有鸦群在夕阳西下时却聚起来了。
是他们有夜间学校呢？
还是他们有什么不平不满在那里开会呢？
在夕暮这个时刻他们的集会，
真是同我们的夜校是一样的。

（原载于《申报》1933年11月1日）

朝鲜童谣：牧师和燕子

[韩国]朴芽枝
穆木天 译

我们村子里的有胡子的牧师，
当小孩子欺侮燕子时，
就申斥说：
欺侮可爱的燕子是不可以的。
现在那个有胡子的混蛋，
不当牧师养起蜜蜂来了，
这样一来，他惨酷地用枪，
去打死那把蜜蜂弄去了底燕子。
“为什么去打死可爱的燕子呢？”
我们问那位胡子，
胡子脸红不说话，
奇怪奇怪真奇怪。

（原载于《申报》1933年11月1日）

尹义士遗给青年们的诗

[韩国]尹奉吉
金光 译

有滚腾热血的青年们，你们知道吗？
无穷花三千里江山的命运，
为什么受日人的掠夺和摧残？！
有滚腾热血的青年们，你没见着吗？
东方的曙光渐渐红起来了，
山的海的狂风未久就要发作了！
有滚腾热血的青年们，准备着吧！
等到风的起作军乐奏出进行的一曲，
立刻起戎集队向敌嘶杀！

（原载于金光《尹奉吉传》，上海法界韩光社，1933 年）

在哈拉巴岭上

穆木天

现在，夜里，在那苍郁的古木上，只是压着黑暗的重云，
只是像山鸣谷应地鬼哭狼啸，而很难瞅见有一只行人，
虽然有看路的日军，三三五五地，在那里巡视新修的铁路，
可是那依稀的灯光，那荡动的人影，越是显出那种阴暗、深沉。
在那黑沉沉的暗夜里，那峻岭的古木之上，只是压着沉云。

先年，恐怕十年前也是这样，这座峻岭上充满着虎豹豺狼，
使这座峻岭成为了“一夫当关，万夫莫开”的天险，
那种巍巍的崇高，那种深郁的古木的苍翠，使人见而生畏，
那在群山拱抱之中，高高地挺起身子，好入东方的堡垒，

那边的是延边，这边的是敦化，他给隔开，像谁都不管谁。

那边是广泛的移植过来好多地韩民，到处是人烟繁密，
这边大部分是荒地，狩猎的狩猎，挖参的挖参，地大人稀。
那边是有大暴动，有叛乱，有日警的严逡的侦视，有拼死命的决斗，
这边是有一座小城，一道窄江，和些个没有人径的空旷山林，
这边是些原始的居民，也有一些狡猾的商人，可是同样日趋贫困。

昔日里，威虎岭上老虎在咆哮，可是现在老虎已鼠窜而逃，
那威虎岭满布着松林，是由省城入敦化的必经大道，
可是现在通过了火车，火车头吼吼地叫着，应和着轮声辚辚，
人们说火车头是老虎的爸爸，也许老虎认为那是天神，
火车开通赶走老虎，可是民众也日日在被吸血抽筋。

那里的崇高的树木，直直地轰天，有五六尺的直径，
牡丹江带绕着敦化，江边有敖东古城的遗址，
那里有笔直的黄花松，有沙松，有果松，一望无边，
那里有黑黝黝的煤块，有鹿茸，有千年万年的山参，
可是这种天然的宝藏不能救贫，反到加速他们的破产。

现在呀，更是一年不如一年，在那里布满了阴沉的黑暗，
吉会路穿过了哈拉巴山，如同是长剑穿过了他们的心脏，
长蛇一般的火车奔驰地跑过，越法地，越法地，深化了他们的瘦黄，
那带走了他们的血液，却带来要屠杀他们的炸弹、大炮、刀枪，
以先，他们只是挨饿受冻，现在呀，他们是日日在受杀伤。

现在呀，飞机、炸弹天天在他们头上炸轰，机关枪在扫射，
大炮在雷鸣，铁甲车、唐克车在冰天雪地的道上奔驰，
莽莽的大野溅了他们赤血，森林、山谷，处处见到他们的死尸，
已经快三年了，九一八的事变，可是这三年来，他们在处处血战，
这三年来，田园荒芜，农村破产，可是那却使他们血染了这山林野原。

哈拉巴岭！啊！巍巍乎的高山！啊！哈拉巴岭！你知道他们南征北战，

你知道罢，他们在炸桥梁，争车站，与敌人拼命肉搏！
你知道罢，禾生垅亩，无人收割，他们一边在挨饿，一边在斗争，
哈拉巴岭！你知道为那条铁路杀了多少生命，无辜的生命，
啊！哈拉巴岭下像流着一条血河，哈拉巴岭上是密布着云层。

说这话是一九三一年，是在冬天，离“九一八”没有好久。
在密密的林中，聚着好些好汗[汉]，是在哈拉巴岭的山腹。
有矮子王三，有大个儿李九，有小学教员张奉，还有别的朋友，
他们有的是农民，有的是猎户，有的当过路工，有的干过巡警，
他们持着枪，拿着棒，他们成群聚在那里，坐着，站着，躺着，计议。

天上望不见明月，也望不见点点疏星，四外是一片黑幕蒙蒙，
四外听不见别的响动，听不见有飞禽走兽，只有风声树声，
他们围着他们的孔明灯，团团地围住，讲了现在，讲了当初，
他们以先都是良民，也曾想过安分做人，谁做皇帝给谁纳贡，
可是，现在呀现在，他们聚在这里，图谋不轨，想着冒险的事情。

“省城传出来消息，说日本要强迫地修吉会铁路，”李九说起。
“我做过多少年的路工，知道这种事体，测量员不久快到这里。”
“铁路上的人告诉我的，说快要来啦，到时再告诉我们消息。”
“真么？真么？”别的人们说，“若是真，就给他拼个我死你活。”
“好！好，”李九说，“这是我们的地方，我们不许他们把铁路修在这儿。”

矮子王三开言问道：“李九，且听我说，现在有没有新闻？”
“有的，大老徐[①]天天同熙洽吵架，熙洽又讨了两个日本女人。”
“前几天，义勇军攻打长春县，在那里杀死了好几百敌人，
洋学生被‘满洲国’捉去了六七十个，切了脖子，悬首四门，
走路的个个都要受盘问，少不留意，就被捉去，说是歹人。”

“我还听说半月前义勇军破了双阳，又到了省城的还骑岭上，
大老徐害了怕，熙洽也着了慌。”说这话是张奉，把个个人脸面端相。

---

① 为吉林土娼，风骚，有术，被熙洽讨为姨太太的。

“我知道是怎样失的锦州，怎么失的沈阳，那全都是不抵抗，
听说镇静的镇静，跳舞的跳舞，叫士兵服从，一晚送了无数人命，
熙洽呢，他是多门的学生，一匝，二匝，三匝，亲自到了土门岭。”

“你们还记得罢，是九月十九，省城挂了日本旗子，日本兵进了城。
大老徐急得心惊意乱，因为那两个日本女人长的真行，
那天满街贴着安民的告示，不许人撕，撕就要割脖子[①]，
满城中作着军乐，日军把着入门，飞机塔塔[嗒嗒]飞着，撒着传单标语，
记得罢，那是九月十九，那时，我们是有名有实地做了奴隶！”

“那两三天中，日本帝国占了沈阳、辽阳、吉林、长春，
占了营口、牛庄、沟帮子，听说打营口只有二十个人，
他们进了锦州，是开着正步，叫着一！二！一！二！……
他们一直赶到山海关，在北边，同时也进了宁古塔，占了卜奎，
记得罢，那是九月十九，那时，我们成了明显的戴着铁链的奴隶！”

“从那时我们这块土地就处处受扫射，处处有人被割脖子，
我的弟弟被砍死了，我的母亲哭死，李九呀，你那里是不是也是如此？”
“朋友，你说得是，我那里也是一个样子，我那哥哥，你知道，是为人耿直，
他恨那日本当铺、日本药房，说那卖吗啡、贩军火，所以也遭横死，
朋友呀！那也是九月十九，从那天起，我们这儿不知出来多少惨事。”

“那是九月十九，那是九月十九，”各个人心里都重念，“那是九月十九！”
风仍在那里吹，树木仍在那里响，各人心中流泪，泪流在各人脸上。
风又似发狂，树又在越发振响，好像都在说：“那是九月十九！”
阴云沉沉要坠，好像要压住这座东方堡垒，似有新鬼旧鬼，
包围着这座山林，好像又有虎狼在啸，都在说：“那是九月十九！”

可是寂静终被打破，在流泪里，又有什么人在开始说出如下话语：
“我们家破人亡，流落在这个山沟，你们哪知道‘新京’里，
有人在出风头，在运动做官，听说宣统快要登基坐了金銮，

① 据说，爱国的民众被处刑时，不枪毙，不砍头，是用刀割脖子，状惨令人不忍目睹。

荣三还是有钱，熙洽越发有势，我们县里的大绅都搬到城里，
剩下的只是我们，我们无财无势，地又不能耕种，才做了亡国奴隶！”

“我们虽然贫穷，我们还有热血，我们这个岭上，不许他们修铁路，”
这又是一个人，怒忿忿地在说，“反正是武大郎服毒[1]，什么都得舍出！”
说着他又流泪，流过泪他又说，他说出多么厉害是那条铁路，
他说那条铁路如何快地载来敌人的枪械子弹来杀中国民众，
“反正是一个死，我们且拼一拼命！”他说，泪流着，最后不能成声。

忽然间，大家像是兴奋，说“不准他们铁路过此”。于是，做了决议：
大家把守这座哈拉巴岭，用各种方法，不叫铁路修成。
他们到农村找失业朋友，到城里去找贫穷的弟兄，
人越来越多，足有二三百个，来了好多学生、教员，更有打枪老手，
他们在省城安好探子，各处埋伏，各处扰乱，想阻止吉会铁路。

那天从岭上过来一群人马，是一些高丽人，来自所谓的“间岛”，
那是朝国义军，是被压迫的民众，家属也同样地遭过屠杀，
他们拿洋炮快枪，有的拿着木棒，他们要过岭来破坏吉敦铁道。
他们深深感到，日本占了东北，也是给他们朝鲜人多加一道链条，
他们要响应，响应中国义勇军，共同联合起来被压迫的民众。

他们过岭，是在那天清早，在东方，还没有太阳的辉耀，
巡哨的看见赶快回来报告，因还有两个日本人同他们一道，
“不好了！不好了！诸位弟兄！诸位弟兄！小鬼子发来了大兵！
快醒醒！快醒醒！”这令大家吃了一惊，睁开了睡眼惺忪，
端好了枪，捉住了棒子，扬着大刀，大家镇静着，预备去冲。

这才是“大水冲了龙王庙，自家人不认识自家人”。
幸而，那些朝鲜的朋友还手急眼快，没有慌神。
出来一个人作了一个反揖[2]，慢慢地说出了如下的话语：
“诸位弟兄，有所不知，兄弟有礼，我们是从珲春偷着来的，

---

① 土谚：“武大郎服毒，吃也死不吃也死。”
② 土匪用的敬礼，作揖时，手向相反的方向，即左边拜。

我们是高丽人，这两个日本人也是反帝的，都是朋友，一个样的。”
“你们在这里遭屠杀，我们也是同样，你们都想不出那种惨状，
多少人被杀死，多少人被烧死，告诉你们你们都不信那种情况，
说又有什么用，要的是大家抗抵，向着帝国主义大杀一场。
我们是一家人，我们都亡了国，现在只有我们大家要强。
这两位日本朋友也许有话要说，诸位朋友！要不要他们说个端详?”

大学生李凤舞和聪明的张奉止住了众人，叫众人放下枪口。
这时，两个日本人，从头到尾，到尾从头，说了过去，说了过来。
他们说“九一八”是怎样地是种必然，日本民众生活也是如何凄惨。
这种结结巴巴的、半通不通的话言，听见了，众人都默默无言，
大家都心里明白了是怎么回事，于是他们结合成了大的集团。

于是他们在满洲大野上北战南征，到处去敢死拼命，
从各处取得联络，炸铁桥，烧煤矿，打破了多少的大小县城，
在山野上溅着他的血和敌人的血，使敌人惊魂失魄，
但是，他们永不忘这座峻岭，不叫敌人的火车在那里通过，
几次，武装的测量员尸骨无存地失踪，据说就是他们的工作。

可是，现在呀现在，铁道已经开通，帝国主义火车已从那里运兵，
现在，那里已有日本军队守卫，那里，夜里也有些暗淡的路灯。
现在，火车如长蛇般地，吼吼地叫着，穿了过来，穿了过去，
然而，那里仍是布着恐怖，那使帝国主义军队胆怯地走来走去。
今天听见炸桥梁，明天说烧车站，有一次火车出轨，死了无数的敌兵。

现在，夜里，在那苍郁的古木上，只是压着黑暗的重云，
那里，重云像是越发阴沉，哈拉巴岭像是要把故事告诉给人，
哈拉巴岭像在点着头，面露着狞恶，那令护路的日军各各慌神。
那依稀的灯光，荡动的人影！铁路像是血河，鲜血淋淋！
在满洲的大野上，民众在流着血，在抗争，
在那岭上是密布着的重云。

（原载于《千秋》第 2 卷第 1 期，1934 年）

奴隶们底血

韩文潮

奴隶们底血不再冷了，
奴隶们底血已发热，
像沸汤的发热？不，
热度只是一分分地增加。

热度只是一分分地增加，
那它怎只是像沸渴[呵]？
只消有半个时辰它将变成，
火山口的溶岩，红炉中的铁浆！

火山口的熔岩，红炉中的铁浆，
是多么的厉害，可怕呵！
这个不平与残酷的世界，
总有天要被它毁灭的！

（原载于《市一中学生》第 8 期，1934 年）

奋斗

韩文潮

我的心灵是这般战栗，
我的全身是这么颤动！
我感觉着我是在火山上生活
或在那茫茫的大海里飘泊一样，
给那波涛淹没，

葬入了火山的喷口！
我看见我已将沦亡毁灭！
啊！十二万份危险的我啊！
你要怎样？
待毙吗？
抑或待人的援救？
这儿没有你的救星！
然而，也不是你求救的时候；
唯一的，只要你拼命奋斗！
你要拼命地由喷口里跳出来，
你要和那汹涌的波涛来奋斗，
使你安全地靠岸
脱离了那可怕的吃人虎口！

（原载于《市一中学习》第8期，1934年）

尹奉吉

冯玉祥

尹奉吉，尹奉吉，
知大体，明大义，
为民族争光，
为祖国吐气，
真是千古无比——大仁大义！
我民族，被辱欺，
不赔款，便割地，
羞辱已无比，
此耻何时已？
何不见我国之尹奉吉？
尹奉吉，在哪里？
尹奉吉，我等你。

我们竖起脊骨来去作尹奉吉

（原载于《玉祥诗集》，自印本，1934 年）

望穿牡丹

［韩国］金永郎

尹海燕 译

在牡丹花开之前
我还会一直等待着我的春天
待到牡丹花瓣纷纷飘落
我才会沉浸在春逝的伤悲之中
五月的某一天
那个闷热的日子
满地的落英也终归枯萎
天地之间牡丹花已无影无踪
满心的期待也终成泡影
牡丹花开花落
我的一年也就随之而逝
三百六十天
我都伤心流泪
在牡丹花怒放之前
我还将等待我那灿烂凄美的春天

（原载于《文学》第 3 期，1934 年；译文摘自尹海燕编译《韩国现代名诗选读》，民族出版社第，2006 年）

给高丽 M 君*

力扬

人们说你是箕子底后裔，
说太伯是我底祖先。
我是雁荡山下来的农民，
而你是鸭绿江畔的孑遗，
那些愚蠢的人们会以为：
你我之间存留着多么的
隔阂——辽远的历史，
辽远的山川，辽远的海。
但是，
兄弟！我们还要问——
什么血统，什么种族吗？
也不必问彼此的名字，
只更是追求着同一的太阳，
——太阳是只有一个的，
我们就该紧紧地握手。
来吧，兄弟！
我们紧紧地握手。
让我们的血流接个欢爱的深吻，
我们再放开脚步
前进，
看！
太阳就在那边！

1934 年

（原载于《枷锁与自由》，1939 年）

---

* 1939 年《枷锁与自由》中题作《再给高丽 M 君》，《力扬集》（中国社会科学出版社，2008 年）改题为《给高丽 M 君》。——本书编者注

礼物

[日本]长谷川照子(绿川英子)

一枝铅笔在地图上来往地跑，
指着弯曲的难走的路。
军官对汽车夫详细地指导，
怎样找到作战的队伍。
——“你把子弹运去××旅团，
二百里路程——不远，不近。
只是这里，在这里路要拐弯，
你要非常地谨慎，小心。
这里在森林里藏的有胡子，——
他们人数不少，势力很凶。
我们许多人在这里送了死，
你千万莫落到他们的手中。”
军官看了汽车夫一眼，
他站在那里满有精神。
军官见他一张忠厚的脸，
感觉得高兴，可以放心。
——“把军火送到——我有重赏。
我想，你不会违背命令。
你要知道，你的责任就是效忠天皇！”
——“报告少校，我记得我的责任。”
汽车夫不慌不忙地坐上了汽车。
他旋紧了摩托，开始移动。
他驾驶着载得很重的汽车，
在“满洲国”的路上直撞横冲。
前面和后面有人护送，
中间这部汽车当然重要。
他是军人和纯粹的日本种，

无疑问的，一切都很可靠。
路上飞起了很厚的灰尘。
车轮子不断地往前滚，滚。
车夫双手紧操住车舵，
嘴里唱着自己作成的歌：
“海上的波浪一层层翻起，
海的那边——亲爱的故乡。
我母亲在那里饿着肚皮；
小妹子呢，——卖给了街坊。”
大汽车已经走进了山冈。
地图摆在车夫的膝头上：
这正是那个转弯的路口，
车夫停住了汽车，
车夫走出了汽车。
——“喂，来人呵！”
——他的声音发抖
但是对他的呼喊没有回答，
周围只有树叶碎碎地响。
一片黄昏，夕阳已经西下。
没有人烟，车夫正在痴想：
前面是去××部队的大路，
后面有枪响，周围大雾笼罩。
汽车夫站着，心里忖度：
那里是东北义勇军的老巢。
他懂得，打枪是为的什么：
日本兵快要赶将上来，
假如再往前去，有点可怕，
他何不把汽车往回头开？
可是车夫站着，等着，心里着慌。
他决定了，上车，回到自己的座位。
他把汽车开动，离开那条路上，
开到树林子里去，看他们再追！
他站了一回，站在雾里。

他再喊了几声，再又等待。
什么人也没有。他从口袋里
慢慢地拿出笔记本来。

太阳从东方出现。
太阳把云雾驱散，
高高地照耀着山崖。
草上的露水还很晶莹，
小小的石路还很湿润，
在东北义勇军的脚下，
人们轻轻地走着滑的小路。
刺刀有时碰到树上的枝杈，
那是什么？看，那一丛大树，
右边一点，一部汽车停在树下。
五个战士——模范的游击小组——
拿着步枪、手榴弹往前爬去。
也许，那里有敌人的埋伏，
机关枪也许藏在树林子里。
小心点！包围那部汽车！
静得很，一声不响，森林也给呆住。
走近去……一个战士跳上了汽车，
双手抱住了那个车夫。
他抱住车夫的双肩，
紧紧地，用力地压，不让他出气。
但是车夫不动，头垂在胸前。
就象一块石头，没有了呼吸。
战士一看，马上心里明白，
他抓的是谁，和谁在搏斗。
日本车夫脸上没有一点血气，
黑血凝结在他的太阳穴口。
游击队长走来，心中惊奇。
看，在僵了的脚前有一支长枪；
看，在尸身的一个口袋里，

有从笔记本扯下来的小纸一张。
大树底下看得见黄土堆儿，
黄土堆上插着一面红旗。
队伍集合起来站在那儿，
异常地严肃、隆重、整齐。
队长来了，喊一声："脱帽！"
队长自己站在队伍的前面。
他读着一张小纸，声音提高——
那是从笔记本子扯下来的一片。

"我是日本'皇军'的一个兵士，
中国劳动群众的兄弟。
我开来了装着十万颗子弹的车子——
小小的礼物，战斗的敬意。
游击队的兄弟们，不要追究
我没有能够亲自送到。
你们从死者这里领受吧，
祝你们胜利地赶走日本强盗！
天色晚了，太阳往西山低落，
我没有法子能够找到你们，
后面有日本兵来追我……
回去吗？无论如何不甘心！
我宁肯自我牺牲死去，
省得再替敌人服务。
我亲手将我自己杀死，
军火留给你们作礼物。
我们这里象我这样的人还有不少，
你们最后胜利的日子已经不远。
打倒凶恶的日本军阀强盗！
此致敬礼！
一个日本共产党员。"

大树底下看得见黄土堆儿，

黄土堆上插着一面红旗，
队伍集合起来站在那儿，
异常地严肃、隆重、整齐。

（作于 1935 年，载于杨知秋编注《历代中日友谊诗选》，书目文献出版社，1986 年）

破伤

［日本］森山启
杨一民 译

北陆的荒海和湖水，
不知在我的脑际浮现了几回？
那滑溜溜的青波，
又卷起飞沫冲激病榻的枕边来。

丘陵中横陈着的湖水，
是伸往剧痛的胸口一只寂静的手儿。
丘陵的春日的绒毡，
渐渐深绿的悬崖，
秋色深浓，
飘雪中的湖光镜面。

我为什么不能把这镜子——
放回自然的面前？
要这样思念，
还要高唱那无风的森林中啄木鸟的歌儿。

我也常常想着——
即在梦魂中也不能逃脱时代去。

那薄寒的湖水只不过静止的清泉，
不足洗涤我的疮伤；
不住地海潮的湃澎，急速的奔流，
冲荡我的生活的岩崖。

可是，在这不堪病苦的当儿，
还是要用时代的酸潮来洗涤伤口，
现再掬起饥饿的泥浆，
一直擦入破裂了的疮伤。

［原载于《现代文学》（上海）第2期，1935年］

在东海上①

［韩国］郑荣水
常任侠 译

愚钝之帆船啊
在大海上
如蜗牛样旋转
青色旅人之心乃有无穷之孤寂。

今东海张开浩森之巨眼
大气之秘密，海燕之羽音，其锐感
啊啊！在旅人之梦中
如聆南国琐锁之低语。

（原载《诗帆》第2卷5、6号合刊，1935年）

① 此诗朝鲜郑荣水作，原登朝鲜文艺同人杂志《三四文学》第三期，在东京帝大时，编者韩泉君赠予。后于新筑地剧团识朝鲜友人金波宇君，借以日语讲述，今重译之，以当纪念——任侠识

马拿匠之歌

[日本]小熊秀雄
李芒 译

你不要哭泣，
你不要惊慌，
我的马儿哟，
我是马掌匠，
我要烫得你的四蹄青烟缭绕，
我的劳动可算是残酷异常！
年轻的马儿哟，
少年哟！
我要把通红的铁鞋
穿在你的蹄子上。
我还唱着劳动的歌：
——你要忍耐呀！
那铁鞋很快就会变凉，
同你的蹄子结成一体，
变成铁甲使你的蹄子格外坚强。
不管是荆棘丛生，
也不管是石砾满径，
你都能奔驰自如，横冲直撞。
我一边安慰你，
一切敲打蹄铁叮叮当当。
欧，我的马儿哟，
我的朋友哟，
请谛听我的歌唱！
我的歌唱并不甜美，
我的歌唱可能粗犷。
然而，

为了酬答你的痛苦，
我的歌唱满含忧伤。
一如把烧红的铁掌，
钉上你那连心的蹄子，
顷刻间青烟飞扬，
我的歌唱，
也灰暗无光。
你要更加坚强，
我的朋友哟，
青年哟！
请接受我这红色的火焰，
然后，用你那坚强的四蹄
踏碎岩石，
攀登险峻的山岗。
钉马掌啊，叮叮当当，
被钉的和钉的，
你和我都是兄弟，
一同生活在，
既现实又痛苦的生命线上。

1935

（原载于《世界反法西斯文学书系·日本卷2》，重庆出版社，1992年）

马车出发之歌

［日本］小熊秀雄
李芒 译

即便是黑暗，
永远把地球纠缠，
人民的权利
也时刻在眨眼。
蔷薇是黑色的，

仅是因为它处身于黑暗；
一旦太阳升起，
将证明它确实是蔷薇，
色泽鲜艳。
悲叹和痛苦属于我们，
那些家伙不会把它们承担；
欢乐和感动
也同样跟他们无缘。
我了解黑暗，
因而我也相信
黑暗的尽头便是光明的蓝天。
你啊，即便是用拳击取火，
也要从中感到意义无限。
几千个声音
在黑暗中喧嚷，
空气在颤动，
它知道哪儿是洞窗，
仿佛抽出一根线头，
从那里引进胜利的光芒。

身儿依傍着蔷薇，
切莫一声不响，
只有行动才是希望的代词，
你的感情便是英俊的新郎。
套上马车，
去迎娶新娘。
现在就立刻出发，
喇叭把冲锋的调子吹响。
痛苦的鞭子。
让车辙发出高亢的歌唱！

1935

（原载于《世界反法西斯文学书系·日本卷2》，重庆出版社，1992年）

阿里兰

杨××

车站的近处，那些高大的房舍，
全是日本人的家；
追于山之深处的
是朝鲜人的小屋。
阿里兰！阿里兰！阿拉里哟！
阿里兰！越过山谷，
到那快乐的居处，
谷或江流着不尽的水；
我们的眼里满含着泪。
三丈宽的马路，汽车在不停的飞驰，
汽车中嬉笑着日本人之群。
青空闪烁着灿烂的星光，
我们的胸里涌现着无限的愁。

（选自森子《朝鲜印象记——献给我所爱慕的朝鲜》，原载于北平《四十年代》第5卷第5期，1935年）

你的

［韩国］申采浩

你的眼睛化为太阳，这里那里照遍吾国一处光明。
你的热血化为花朵，这里那里开遍吾国美丽无边。
你的呼吸化为清风，这里那里吹遍吾国洁净无染。
你的话语化为火焰，这里那里燃遍吾国火热无比。
肉腐而为泥土，骨坚而为岩石，吾国得以重建。

（原载于申采浩《丹斋申采浩全集》，萤雪出版社，1982年）

朝鲜妇

胡明树

像白帆船般的古老的
你的鞋儿，
像浪伞般的翩翩的
你的黑裙，
像孩子般的简陋的
你的衫儿。

短薄的简陋的你那衫儿，
它——
敌不过迎面的冷气，
它——
刻划出了你那鹅蛋的圆圆的肚子，
它——
卫护着你怀里的
未来的新世纪的婴儿。

在怀里，你抚摸着他。
在怀里，你唱着歌给他听。
在怀里，你把你的奶给他吃。

眼角的绉纹
刻上了你那生涯的痕迹，
阴翳的眼海
浮上了你那生活的痛苦。
你流落在异乡，
不发归还的梦

已是几个年头了啊？

你那眼角的褶纹
却留下忍辱与奋斗的痕，
你那阴翳的眼海
却深藏着希望的光。
在着忍辱中，
在着奋斗中，
你抚养着未来的婴儿；
在着奋斗中，
在着希望中，
你抚养着未来的
新世纪的战士！

一九三五岁末

（原载于《前奏》第1期，1936年）

海岸炮台（史诗）

［日本］鹿地亘
施谊　姬明 译

海风从地底向上吹涌，
蜡烛的灯光在天花板上晃动。
烛泪沿指尖流下，
滴向铁的地板上结冻。
黑漆的地道，
狭长的壁洞。
无边的阴暗罩住这微弱的光圈，
两条铁轨长长地卧向前面不动，
一直引向了黑暗的底，
这儿简直是墓般寂静，死样虚空。

这是装在壁上的铳架，——小孩指着它
但是已经没有了枪铳。
只剩下霉湿的水门汀的臭，
硝烟的气息久已散失随风。
厨房的大锅积满了尘芥，
阴沟久塞，水箱早崩。

医疗室还留下有伤兵的病床，
地上残存着一堆堆“担架”的死伤。
壁缝里埋葬着旧日的呻吟；
黑斑点原是他们血痕的旧创。
埋在尘灰下的永远的睡眠，
漾起了醒意，对着这烛影彷徨。
从前咆哮过得二十八“生的”，
却沉默在这睡眠之中不响。
炮塔的天灵盖已经磕破，
炮身中也只余铁锈盈腔。
在偶然泄出的一闪阳光里面，
海风在头上放声歌唱。

高歌罢，海的风！高歌罢，海的风！
高歌在故国荣光的幻影中，
唱出那士兵们被苦恼燃烧的昔日，
唱出那葬身在这海角要塞下
苦力们无边的哀恸！

试倾听风在歌唱——
啊，天空，大海旭日的辉光！
汗和血都已经干了，消失了，
只留白垩的街笑在一旁。
自从上帝带来了动渐的文明，
这儿便不再是宁静的渔庄；

自从教士带来了侵凌和隶属，
这儿更不复是和平的古乡。
土著人民的愤怒，流了福音的血，于是
西方的船载来了他们的兵丁满舱。
古老的渔村是从此被驱逐了，
代替着占据这半岛的，是一片的剑和枪。

在黄土上面筑起了白垩的街，
雪白的道路一条条地拓开。
在这条条的街上聚起了财富；
不能不筑起城堡来守护的就是这些富财。
鞭打着拉来的许多苦力，
不分昼夜地赶着扛抬。
鲜血渗透了开凿的石骨；
水门汀和汗水凝结在一块。
但是，洋鬼子有的是金钱，
预约好的报酬在鼓励着大家把力卖。
虽然是无比的苦工，
他们总还巴望着这一种期待。
这一天，完工的这一天，终于到了，
笑容浮出在每一个瘦削了的腮。
他们排列在白种人的前面，
怀着拿钱的心静候安排。
突然是机关枪扫射的声音，
拢总的苦力们，就这样大伙儿死在一块。
（知道了军事秘密的人，原是不许让他活的）
在血泊里，产生了这守卫海角的炮台。

带着受伤的血迹，在暗夜里爬行，
一个苦力头目侥幸在死人堆里拾回了一条性命。
后面是罩住了太空的全黑的圆盖，
海画着半圆形，静静地送过来潮水的低音。

拖着低微的诅咒（呻吟还是爬行），
在黎明之前，他算爬到了街心，
消失到一条龌龊的街里去了，
他悄悄沿着那建筑物的阴影。

战争开始了，敌人的大军渡过海来。
海陆双方地围住了这半岛的市街。
市街冷冷地没有一点声音，
太阳的光辉还是照耀着那无敌的炮台。
白人们群集在秀丽的沿海散步道上，
他们正凝视着天边的景色开怀，
顷刻之间在水平线彼方的远处，
忽然涌出了一朵小小的白色的云来。
轰隆似远雷那般的响声，
紧随着云彩渡过了海，
这一声，在他们的耳边仿佛是
圆浑的天空忽地裂开。
海角的炮台开始怒吼了——二十八“生的”的，
地底的震撼，使他们脚步齐歪。
陆地的炮台也开始战斗了，
跑回家去，大家赶快。

诅咒吧，秘密显然已经被敌人明了，
恐怖一霎时传遍了市街的每一条。
唯一的火力发电所——
会变成敌方炮弹猬集的目标。
有一天，一个巨弹从海里飞出，
飞速地落在建筑物上——正巧，
火光！接上是蒙蒙的黑烟喷涌；
破砖碎瓦上，参[掺]杂着血肉烟硝。
夜伴着绝望同临，
炮声载着恐怖，声声不了。

只有繁星还是在暗中闪烁，
照临这失掉了动力的街头。
陆地的炮台在清晨悬出了降旗，
白垩之街流进了队队的敌骑，
枪剑的闪光已经照耀到道上，
但是，海角的二十八“生的”依然吐着余威，
巨弹从海上，从陆上，都集中到海角，
炮台被杂色的云密密封围，
咆哮继续到黄昏的夕照中，突然——
火柱将圆顶揭起，守护队也葬身在地底？

高歌罢，海的风！高歌罢，海的风！
市街又重新恢复了旧日的繁荣，
白的道路依然输运着财富，
船舶被货物追逐，
——苦力头也早变了富翁。
东方第一的跑马场，
自行车比赛，海水浴临风，
酒吧，戏院，大饭店，
卖淫乞丐“依旧春风”。
果然，市街是恢复了繁荣。
可是，市街虽恢复了繁荣，
海角的炮台，却好似火伤的疤痕一样，
赤土上，草的生机也不萌。

原作者一九三六年一月于青岛
构词者同年十月于京沪车中

（原载于《光明》第2卷第1期，1936年）

雪雨的黄昏

［日本］鹿地亘
须沈 译

一群旅人，
走在雪雨濡湿的租界底铺路：
男的背着失了布纹的大布袋，
走在一行底先头；
稍后妻子提着较小的包，
重得侧了肩；
老太婆土囊似的挂身于拐杖，
时时苦苦地喘息；
最后男孩子蹒跚着脚步，
间歇着无力的哭泣。
他们默默地走，
他们底距离因脚步而远离；
远离着——父亲可就站住了，
于是母亲也停了步，
老太婆和孩子才慢慢的跟上。
也没有话，
没有安慰或鼓励，
因饥饿和疲劳失掉感觉了，
在麻痹了的表情上，
只有对都市的恐怖。

但那眼睛，当越过暗黑的砖墙，
到静静的大邸宅底窗灯时，
也现出那消失了的希望似的憧憬了。
狭的人行道——街树都没有；
连喇叭也懒按地

汽车底电炬掠过蠢然的人影，
裂溅着泥浆——在路上留下轮迹，
去了。
公共汽车摇摆走了身体，
巡逻队合步调而过去，
只有他们老是被剩在后边！
不久——街光照了脸，
呵，逼着看吧！
他们那里讲过快乐的话儿呢？
老太婆站住脚，
父亲回头了，
接着把袋子抵住湿墙头站着，
母亲孩子也立定了；
这时候，老太婆底身体忽然从拐杖滑落，
蹲到铺路上，
血，血，吐了血！
——不住的吐，噎着又吐，
立刻又无力地咳呛了；
父亲和母亲，只失神地木立，
连槌一槌背脊也忘记。
——老太婆尽是咳呛着，
于是立来了人，三个，五个，至于七个，
他们惊诧地眺望着，
而附近底巡捕装做不看见。
突然，孩子走出到人前，
呐呐地衷诉，
伸出他底手，开始乞讨了。
呵呵，我从袋里抓出铜板，
可是呀，这值得多少药呢？
我被打击而走开了。
他们是天天流到街头来的农民之群，
被水和荒芜、剥削和饥饿所迫来，
我底铜板到底值得几个大饼呢？
归途中——我存心再要看一看他们，

但老太婆、孩子父母亲都已没有了，
只有污水淤积在那，
烟[湮]了的血迹上。
年红底光条曲折地摇，
不知那里来了留声机底陈旧的啮啮声，
酒场底女娘底愚笨的歌声。
而——那被多余的黄包车也为雪雨所遇，
斗伤雄鸡似的拉着过去了。

一九三六年五月

（原载于《时代知识》第1卷第7期，1936年）

朝鲜

金元[①]

朝鲜哟，朝鲜
世纪的重担
紧紧的压着你们
魔手中的火把
熊熊的燃烧着你们
在这二十五年中
榨干了你们的血汗
烧尽了你们的生命

朝鲜哟，朝鲜
你们要像一群骆驼
肩起世纪的重担
走向无尽的前途
你们要像一群夜鹰
乘着魔手中的火把

① 《诗歌杂志》1937年第2期，作者作“彭澎”。——本书编者注

向那自由的天地
奋飞吧，朝鲜

朝鲜哟，朝鲜
脱下你们那阔大的外衣长长的白裙
用你们的脂膏
再燃起火葬场中的死灰
来吧，来吧
我们死死的挽着手
把这时代的巨船
拉向鸭绿江的上游

一九三六写于日本施政朝鲜二十五年的纪念日

（原载于广州《新宇宙》半月刊第 3 卷第 10 号，1936 年）

在湖畔

［韩国］金光洲
韩晓 译

成熟了　呼吸着清晨的
新绿的低语！低语！
在这里　我无数的悲伤和忧愁
扩散成循环小数
每天清晨、傍晚
徘徊的异域的湖畔！
青春　也与今天跳出水面的
金鱼一起

（原载于《东亚日报》1936 年 8 月 24 日；译文摘自韩晓《民国时期来华留学韩人作家的跨体验与文学书写》，山东大学博士学位论文，2017 年）

李红光女英雄

佚名

周游　译

清明节前雪刚停，
手拿着唱本满街行，
尊一声南来北往的过路客，
住脚儿停车仔细听，
开言不把闲文来唱，
单唱那东洋鬼子占关东。
四年前占了几千里，
如今又要北京城。
洋枪大炮来得猛，
快马兵车一阵风。
中国的衙门心害怕，
战兢兢，低声下气满口儿应。
叹只叹遭殃的全是老百姓，
受罪挨饿不敢哼。
关东的百姓没法子忍，
想一想，再忍也是活不成。
还不如，大伙儿齐心拼了罢，
一百个打他一个××兵。
抗×联军把旗子立，
人人呼弟又呼兄。
大队人马有几万，
××兵见了脑袋疼。
内中有个女司令，
她是个能征惯战的女英雄。
李红光，三个字儿叫得响，
快枪白马八面威风。

带领兵丁一千个，
人人似虎又如龙。
前一年，李将军兵打东兴县，
兄弟只有八十名。
东兴本在××手，
守的是铜墙铁壁一般同。
鸭绿江到东兴县，
百来里，扎兵一层又一层。
鸭绿江，水上的巡船日夜有，
巡江放哨守住敌兵。
李将军又从长春朝南走，
半夜包抄围了东兴。
兄弟们人马安顿好，
一声令下往前冲。
××兵，本来不愿离乡土，
奉差遣，没法子才漂洋来战争。
谁也不愿意来打仗，
皆因是，长官的命令不敢不听。
李将军，不怕机枪和大炮，
手拿着大刀往前攻。
吓得××人连忙跑，
当天战马到东兴。
××兵营的枪和炮，
全部落到咱手中。
告示安民别害怕，
义勇军，打退东洋才太平。
百姓全明白这个理，
送茶送饭到兵营。
还有年轻的精壮汉，
立刻加入义勇军。
十七八大姐瞧见李司令，
想一想，全是爹娘父母生。

人家带兵打××，
英名传遍在关东。
我们为啥房中坐，
立时也，李将军帐下报花名。
男女兵丁添了不少，
合力同心建大功。
一同打起了新旗子，
“人民革命”写得清。
不但要把东洋打，
卖国的狗官儿也不能留情。
咱们老百姓不受你有财有势的气，
不怕你做官儿的派大兵。
要把天下来改样，
受苦的翻身享太平。

拿自己的血汗争平等，
拿自己的刀枪打洋兵。
自己的国家自己管，
做官儿的都是吃人的精。
唤起人民来革命，
要自由，要平等，
看看李氏红光女英雄！

（译自《新文字》半月刊，载于《生活教育》第3卷第7期，1936年）

李红光礼赞

任钧

找不出适当的词句，
来形容你的勇壮；

也找不出适当的话语，
来表示最大的钦仰。
李红光呀！
你真是黑暗满洲的红光！
在长白山脚绥芬河上，
你统率着健儿们横冲直撞；
在重重的包围封锁里，
你袭击得敌人意乱心慌。
你那跨着白马的英姿呀，
简直比法国当年的女杰还要雄壮！
你所到的地方，
农民都跟你站在一条线上；
敌兵也来投降，
杀死了奴隶性成的官长；
大众都愿受你指挥，
为着争取民族的解放！
慢说娘儿们干不了大事？——
李红光，你愧煞了须眉；
你是女同胞的好榜样！
谁说中国人尽是冷血动物？——
李红光，你愧煞了无耻的汉奸；
你是中国人的好榜样！
找不出适当的词句，
来形容你的勇壮；
也找不出适当的话语，
来表示最大的崇仰。
李红光呀！
你真是黑暗中国的红光！

（原载于《妇女生活》第2卷第6期，1936年）

泪

[韩国]梁柱东
郑元衡 译

今年的冬天，
我们乡下的山前山后，
下了几尺深的白雪？

长久的冬天，
尽量的下也没有人扫的，
母亲坟上的堆积的寒雪！

我们乡下的后山，
亲爱的母亲墓上，
今年的天下了几尺深的白云？

［原载于《兴华》（上海）第 33 卷第 2 期，1936 年］

无题

佚名

英雄！英雄！民族的英雄！
肉体虽死，
你的灵魂与天地同终，
你精神比日月光明。
“大韩独立万岁！”
惊醒了半岛迷梦。
断指矢志，何等精诚！

（原载于王寒生《战血》，汉口：一般文化出版社，1936 年）

芭蕉

[韩国]金东鸣
尹海燕 译

何时远离的祖国
可怜兮芭蕉的梦

燃烧的乡愁向往南国
你的灵魂比修女还孤寂

渴望雷雨的你是热情奔放的女人
我拿泉水倾注在你的脚背

夜已冰冷
我还会置你于我的枕边

我乐为你的奴仆
用你的长裙来遮隐我们的冬季

(原载于《朝光》第 1 期,1936 年;译文摘自尹海燕编译《韩国现代名诗选读》,民族出版社,2006 年)

岩燕

[朝鲜]朴世永
尹海燕 译

你来自南国
还是来自北疆
在山顶的最高峰
在无法攀登的高处栖息的燕子啊

你们就像是自由的化身
谁能束缚你们的躯体
又有谁能跟你们寒暄
仿佛天空是你们的　大地也属于你们

用绿豆般的眼睛　俯视天下
拳头般的躯体像离弦之箭直入云霄
魔鞭般挥洒自如来去自由的岩燕啊
你们是多么伟大

我气喘吁吁地攀登了一整天
才能有俯瞰天下的感叹　来嘲笑我吧
我多么盼望能像你们一样展翅翱翔
瞬息之间　直破云霄
只想体会你们的无穷神秘

每当朝阳照在悬崖峭壁
你们会在顶峰悠然地梳理毛羽
每当山中灵气袅袅升起
你们会放怀畅饮　尽情戏水
原始森林传来这世界的奥秘　你们会聆听无余

每当野猪挖起赤土
你们只想飞向星空
每当饥饿的老虎盯着弱小的动物四处游荡
你们会传递人间的悲讯
传到一个又一个的国家
你们就是千里鸟
飞翔吧　岩燕
仿佛离弦之箭　翱翔吧
你来冲破那重重的浓云迷雾吧

土地龟裂
飞吧　你们飞翔吧

为了那些贫穷的农夫
你能否集云致雨
飞吧　自由地翱翔吧
你就引来雨云
飞翔吧　岩燕
仿佛离弦之箭　翱翔吧
你就冲破那重重的浓云迷雾吧

（原载于《浪漫》第1期，1936年；译文摘自尹海燕编译《韩国现代名诗选读》，民族出版社，2006年）

旗帜

［韩国］柳致环
尹海燕 译

这是无声的呐喊
朝着那蔚蓝的海面招手
那是永恒的乡愁的手帕
纯情如水波在风中飘荡
只有在那纯洁而坚定的理念标牌尽处
哀愁如白鹭展开双翅
啊！究竟是谁
让我如此凄婉的心灵
最先高高悬挂在空中

（原载于《朝鲜文坛》第1期，1936年；译文摘自尹海燕编译《韩国现代名诗选读》，民族出版社，2006年）

桔梗之歌

[日本]野山广(西泽隆二)
李芒 译

在牢房角插上一只桔梗，
欣赏着，勾起我回忆重重：
忆起我前去观览
战场上空的苍茫暮色
和雾里瀑布的途中；
忆起那五郎十郎的墓旁
和斑鸠飞起的草丛；
小坂矿山弥漫着铅色烟雾，
烟雾下面伸展着幽静的山谷，
还有那山谷中盛开的桔梗……
人生处处，偶而伫足欣赏过的桔梗啊！
欣赏着，我感到
太空的蔚蓝色像在淋浴着桔梗，
桔梗的蓝色像已在太空中消融。
如今身系囹圄，
朝夕与桔梗相共，
啊，让我游思悄然驰聘[骋]在太空！

1936

(原载于《世界反法西斯文学书系·日本卷2》，重庆出版社，1992年)

哭朝鲜

热血

(一)

萧萧的夜雨动我柔情，
“铮铮”的匣剑壁里长鸣，

想到东海滨上已亡的朝鲜，
焉不叫吾中华的男儿涕泪纵横？

(二)

朝鲜呀，你是可怜的奴隶！
朝鲜呀，你已埋藏了你的国旗！
你所过的是牛马的生活，你所尝的是敌人的铁鞭！

(三)

朝鲜呀，你不是箕子的子孙吗？
为什么现在到了这么田地？
朝鲜呀，你不是亦有热血的同胞吗？
为什么却甘心在苦海里长眠？
唉！可怜的，
一切的一切，终是恨你自己不会觉悟自己！

(四)

宇宙下谁没有公理？
只有吾弱者和你奴隶！
我们要打破敌人的迷梦，
惟有赖我们的头颅，径直向敌人宣战！

(五)

打起了战鼓，
扯起了旌旗；
擎起了你的枪，
磨锐了你的剑，
起来罢朝鲜的同胞！
起来罢中华的少年！

一九三七年，一，二八　甬上

（原载于宁波《青萍月刊》第2卷第2期，1937年）

蒙古高原战歌

林英强

那是风吗？百万的兵马扫过了平原，都是那样的无阻。是的，那是风啊，它是毁灭敌人的营寨的武士。

黄金的城堡，已陷落了多时，我们是该执着红盾在沙场里骋驰。

骏马在阴山高嘶，鼓角在巴彦白响呜，旌旗飘扬在布科尔，热血将上敌人的甲胄。

谁说我们个个不是巴图鲁[①]呢？我们高戴着铁色的战盔，我们蹬上了肥壮的良驹；我们扬手高喊道：起来！起来！被压迫的奴隶！他们的信玄，还不如我们的铁木真，我们快前进前进！

我们是勇骁的战士，我们要雪历史的奇耻；我们的马蹄要踏碎敌人的尸体，我们的刀剑要砍破敌人的首卫！

看：我们的兵马进退的疾徐，何能顾及那密弹如雨？我们要把敌人坚固的营寨攻毁，我们要割下敌人的头颅当作荣誉的战利；我们要把受压迫的同胞救起，我们要收回失去了的土地。

谁说我们个个不是巴图鲁呢？我们高戴着铁色的战盔，我们蹬上了肥壮的良驹；我们扬手高喊道：起来！起来！被压迫的奴隶！他们的信玄，还不如我们的铁木真，我们快前进前进！

一九三七年二月十三日

（原载于《内外杂志》第 2 卷第 6 期，1937 年）

---

① 巴图鲁，意为英雄，满语。

安重根刺伊藤博文歌

——献给热情的爱国青年和军人

童彬

咆！咆！咆！听，我打了三枪，
打中了伊藤氏的手、胸与肩头。
咆！咆！咆！听，又是四枪！
这是胸中的郁气尽量地发吐。

咆！咆！咆！听，我打了七枪！
伊藤氏，你听见这枪声了么？
三枪中了你的手、胸、臂，
你知觉了没有，我就是安重根！

咆！咆！咆！听，我打了七枪！
警察发觉了，逮住了我的俄顷，
我问他们，“伊藤氏怎样？”
啊，伊藤氏！你听见了没有？

咆！咆！咆！听，我打了七枪！
警察发觉了，逮住我到法庭。
我不断问讯你的死耗。
听说，你没死，我放声哭了。

我号咷的哭声，不要想
是我痛悔我枪刺你的罪恶！
——我是哀痛我爱的祖国，
在我的死后，还要受你的压迫。

我的死便是我的光荣，
我也更甘心为我的祖国牺牲，
因为耶稣也曾为了
他的民人百姓上了十字架。

咆！咆！咆！我打了七枪，
三枪中了你的手、胸与肩头，
在你虽防备得那样的严密，
七枪却都要钻入你的肉！

咆！咆！咆！听，我打了三枪，
打中了伊藤氏的手、胸与肩头，
咆！咆！咆！听，又是四枪，
这是我的郁气——它出完了，我也死！

安重根是韩人，自从朝鲜亡国后，常受日人——尤其受当时内相伊藤博文的压迫。于是他忿怨，忿恨，提着手枪，闯进了会场，照准伊藤氏打了七枪，打中了他的手、胸和肩头。我看了《安重根传》后，心头也起了感动、忿慨，便写了这点东西，献给那热情的爱国的青年和军人！

童彬识于八月二〖十〗三日夜

（原载于《西京日报》1937 年 10 月 12 日）

保卫大上海

［苏联］V.Loogofsky

孟殊 译

译自苏联《真理报》，作者为苏联名诗人鲁果夫斯基，原题为《上海》，因响应最近上海民众的呼声，及纪念四行仓库我军谢团八百壮士的英勇抗战，故改译此题。——译者

一

不要让步!
那浓烟和巨雷,
正笼罩着上海,
日本炮口的狂叫,
那种钢的,
可恶的,不断的狂叫,
在吴淞隆隆地咆哮,
在天边燃烧——

二

不要让步!
上海活起来罢!
斗争,决胜!
战争开始了,
时间来到了,
这正是战斗测量我们的时候。
闸北起火了,
浦东燃烧了,
虹口爆炸了,
你在这金色的火焰中,
你在这大气层的巨雷里——
起来罢!

三

不要让步!
上海活起来罢!
斗争,决胜!
你最先就望见,
扬子,
那伟大的长江,
挥太平天国的利剑,

鼓义和团的雄风，
不愿做奴隶的人们——
准备，起来罢——

四

不要让步！
上海活了吗？
血染了上海！
度着您命运里的年代——
伟大的，
那可怕的年代，
八万万只手，
向您伸起来。
抓住机关枪和飞机舵！
装上炮弹！

五

不要让步！
上海活起来罢！
上海决不屈服！
荒唐的生活也曾有过，
当时的国家，
已走到了动摇的尽头，
但从一切人们的心里，
起来了战斗，
神圣的战斗。
老百姓对兵士说：
“不要舍弃我们哟！”

六

不要让步！

上海活起来罢！
为上海牺牲奋斗！
从凛冽的北方，
到酷热的南方，
正奔放着凶猛的洪流，
在那些地方，
日本人的刀枪，
带来的都是耻辱和死亡。
坦克车手，飞行手，射手——
都是些日本型的虚弱妖魔，
他们要夺上海，
上海却为你们掘了坟墓。

七

五千多年，
生长起来的民众——
勤劳，智慧的民众，
他愿意在自己旗帜之下，
不怕任何的苦痛。
你是这样
或者不是这样——
都英勇地站起来罢，
决定要——
火中的上海！
血泊中的上海！
我们决不让上海陷落！

（原载于《中苏文化》第1卷第2期，1937年）

献给殉国的中国兵士

［英国］奥登

远离了文明的中心，他完成了使命，
他的长官和他的虱蚤便将他放弃；
在棉被窝里面，
他合上了他的眼皮，
冥然的长逝。
当这一次伟大的战争，
将来编成书籍，
他也不会被人提及，
他的脑里并没有带走什么资料；
他的笑话陈旧，做人像打仗般枯燥。
他的名字和他的容貌将永远消失。
啊，欧罗巴的教授们，主妇们，平民们！
请向这一青年致敬。
你们的记者，
并没有注意当他在中华变成了尘埃，
从此他的土地配你们的儿女钟情，
从此他不再在狗跟前受侮辱，
从此有山有水有房屋的地方，也有了人。

（原载于《抗战文艺》第 1 卷第 9 期，1937 年）

灯塔

[日本]金子光晴
李芒 译

一

不准仰望天空的深处，
因为天空深处，
一群天神正在那里挤来挤去。

天体的腋毛，
兀鹫的落羽，
正像糖浆般漂荡着乙醚。

天神的肌肤，
宛若青铜般灼热和猛厉，
发散刺鼻的臭气！

酷似摆在关卡的台秤，
一切过口的货物，
都要经过它称量才能放行。

不准凝视天空的深处，
那里的光焰会烧瞎你的双目。

从那天空深处降临的，
乃是永劫的权力！

反抗天神，
将被处以刑狱。

只有至诚至信的灵魂才能升天，
朝拜矗在天心的那座灯塔，
一支白色的蜡炬。

二

只有它才是大海的航标，
天光的卫吏。
（这对心术平庸的人会是福气！）
那是一支包茎的性器，
那是秃顶的苏格拉底。
沐浴着蔷薇花香气的晨熹，
我们沿着那白垩粉刷的灯塔蹒跚地绕过一周，
用长满眼眵的双目仰望那灯塔的终极。

天神……三位一体。
爱，不灭的真理。
这是至上言语的苗圃，
漂动的琉璃，
琉璃乳汁的一滴。

在天空的深处
我们听到了天神的声咳和喘息。
灯塔像两支耳轮在飘忽，
灯塔在摇曳。

三

我们对那照亮心灵的天空，
曾经诚惶诚恐地讳忌。
我们也曾经愚鲁地扬言：
——天神并不存在于天体。

然而，
我们身边的天神的戒律，
如今却又是多么严厉！
我们打一降生，
就把身体卖给了天神。
我们的生命就变成天神的财富，
天神的牺牲。
既然如此，
就该主动地把这条生命舍弃！
……
……

在那石头、肢膀、唾沫和子弹
一切的一切都够不着的地方，
天神俯瞰着下界，
是那么清闲安逸。
于是，我们悲愤，
我们憎恨，
我们吼叫，
指着黑暗的天体。
——就是它，就是这家伙，
要把它拉下大地！

但是，我们冒渎天神的人们，
追求自由的人们，
立刻就受到妄自尊大者的惩罚。
霹雳，
不，不，
那却是一群苍蝇在灯塔的鼻子尖上
嗡嗡乱叫，飞来飞去。

那是为了威吓人们

龇着冰冷的牙齿，
列队横飞的羽翼。

一架，
一架，
带着天神命令的
五架水上轰炸机。

1937

（原载于《世界反法西斯文学书系·日本卷2》，重庆出版社，1992年）

种田山头火俳句13首

[日本]种田山头火
李芒 译

俳句是由短歌的前半首五、七、五音数句式独立出来，当今世界上最短的诗。对于典雅的短歌来说，俳句是大众化的俳谐诗，不避俚俗。在日本国内普及率很高，在全世界影响也很大，我国模仿它的音数句式从十二年前产生了《汉俳》。

烈日炎炎一片心，街上千人各一针。

以下十二首附有总标题《后方》，写于1937年日军发动全面侵华战争以后不久。在这一组俳句前面有这样的序诗："天不灭我，让我作诗。我活在世上，就要作诗，作我自己真诚的诗。"这首标题为《街头所见》，是客观的写生。"千人针"为日本妇女为保佑被征入伍的亲人平安归来，请街头过路妇女用红线在白布上每人缝一个结，据说达到千人千结以后便有效应。

月光朗朗，不知又在炸何方？
冷雨凄凄，思中国，云碎西飘去。

未闻人语，八角金盘花寂寂。

这首标题为《战死者之家》。

冷雨凄凄静寂处，恭迎遗骨六百五。

这首标题为《迎接遗骨》，遗骨即侵略战争中战死士兵的骨灰。

将君遗骨埋在山根温暖处。

街道上节庆方酣，君归来白骨片片。

双手抱汗珠直落，濡湿了遗骨白盒。

这首标题为《手抱遗骨归乡的父亲》。日本一般把骨灰装在木盒内，包以白布。

一片白骨，秋来化作故乡土。

一匹马亦被征用，老夫妇何以为耕？

最后一餐日本饭，簌簌直冒汗。

这首标题为《欢送》。被征入伍难以重返故乡的士兵受到欢送，强忍着内心的悲痛，但不能流泪只有流汗。

双眸紧盯，盯进对方双眸中。

这首标题也是《欢送》。表现一对情人或年轻夫妇难以割舍的惨别深情。

手和脚留给中国，回日本重睹山河。

（原载于《世界反法西斯文学书系·日本卷2》，重庆出版社，1992年）

听见了呀!

[日本]鹿地亘

东京市近郊的川崎千佳荒川的出征兵士和他们底家族,当开船的时候举行了反战的示威,三十个在开了枪的军警底枪子下面倒毙,一千多个遭了逮捕。一看到这条新闻消息,我底血马上奔涌上来,几几乎要大声地叫了。这些地名正是在我底梦里也会出现的亲密的灵魂底故乡,是和京滨南葛并称的日本革命运动底摇篮地,是控制军事法西斯主义者底死命的重工业底心脏,是火和铁底街市——劳动底堡垒!

哦哦,我底眼前出现了,那些睽别了许久的亲切的面孔!在不能制止的怀念里面,我把喷涌出来的声音拼命地移到了纸上。

听见了呀!
我的的确确地听见了呀!
兄弟呵,
母亲们呵,
姊妹呵!
喷涌的血底怒号
绞裂的心脏的绝叫
在我底心底响着了呀!

不会错的!
不会忘记的!
兄弟呵,
母亲们呵,
姊妹呵!
摇撼了火和〔和〕铁底街市,日本底心脏的
你们底
那个战斗底声音,

现在还在响着，
在我底耳里拖着尾子。

哦哦，在悠长的时间底流里
我是怎样地期待着，
怎样地侧着我底耳朵呀！
像待望寒夜底过去一样
我是怎样地因为期待而压住呼吸的呀！
浮在眼里的六乡底河岸——
连续地站着的钢骨水泥的堡垒——
张着巨人底手臂的起重机之群——
伸向天空的大烟冲之林——
力底源泉——
火和铁底街市呵！
你们——劳动者，
在民众里面注入生命的
革命底动力呵！
然而，我知道
在黑暗的时间底流——
现在，
在包着愤怒的胸膛前面
有刺刀在指着。

夜——防备天空的黑暗，
我描写着遥远的梦。
然而，我听到了，痛苦的呻吟，
那是充溢在街路上的诅咒——
被饿，被冻，被损害了的生命，
小孩子们底，女人们底。
软弱的我底心忍受不住了——闭上窗，
窗——哦哦，悲哀底堤防！

于是，早晨。
在早晨，阳光落到弄堂里面，
但是，没力的冬天的阳光射不进来。
玻璃昏暗了，染上了雨底痕迹，
像是泪干了，失去了气力的面孔一样。
被蹂躏的几百万的血呵！
被侮辱的几万万的灵魂呵！
忍耐罢！忍耐罢！石头一样地忍耐罢！
我抱着痛苦的胸膛。
向着晴朗的天空
投去恐怖地诅咒，
向着落雪的天空
投去暗淡的流亡的眼光——
想一想罢！在大陆
燃烧着愤怒底圣火！
哦哦，兄弟呵，
母亲们呵，
姊妹呵！
举起巨人底手臂罢！
伸过火线底这边来罢！
扣住屠杀者底呼吸罢！
然而——
被凶烟遮断了的祖国底消息，
悠长的冬眠日子向前流去。

起床罢——
同伴呵，起来喝点早茶罢——
我把疲乏的心倾到报纸上面。
今天是——
一九三八年二月二十三日。
啊！你看！你看！
你看这！

眼睛呵，没有错么？
心脏呵，疯狂的兽呵！
压住要炸裂的怒吼，
哦哦，我要窒息了！
祖国！血的祖国！
无言的堰决开了——
不要哭，哦哦，同伴！
然而，眼泪马上涌了上来，
流着，流着，流下了。
哦哦，终于……我看见了。

那是黑潮底波浪么？——不，
那是群集，向码头逼拢了。
那是鲸波底响声吗？——不，
那是暗淡的，不吉的骚音。
兄弟呵，曾经响过
你们底铁锤的巨体——船，
现在，深深地沉到了吃水线，
静静地升着烟。
飘荡的征旗，纸带子底云——
背着枪的满载的劳动者——
敌人是谁？你们到哪里去？
哦哦，可亲的兄弟呵！
看见了么，注视你们的
皱纹深深的悲痛的眼睛？
青年人呵，那是你底母亲，
在人群里被推挤着，伸着头，在寻找你。
眼睛陷落，没有了光，
举着没有乳的幼儿，
疯狂似的喊着你——
是你底爱儿！是你底妻！没有听见么？

要被诅咒的
人类之敌呵！
屠杀者呵！恶棍呵！
塞住耳朵，蒙住眼睛罢！
用血污的刺刀排成城墙罢！
你敢！——你敢把注视着你的
不稳的眼光抹去！
阴暗的呻吟，像从海底
涌上来的风一样，
迸发了忍耐了又忍耐的涕泣，
刺进了兵士们底心底。
马上压下了群集底骚者，
冲天的巨声响了——
六乡底勇士呵，把敌人忘记了么？
下船来！挽起手臂！
掉转你们底枪口！
打倒法西斯们！
群集底怒吼变成了暴风雨，
兵士们底胸口炸裂了。
哦哦，看罢！他们丢了抢[枪]！
从船沿跳下，潮水似的下来了！
欢呼声轰然地腾起了，
兵士们被高高地举了起来。
前进！向着我们底堡垒！
六乡底勇士用手指着。
到工厂去！停止动力！
停止战争的呼吸！
监视的军官失色了——
慌忙地命令守兵
开枪！开枪！向他们！
然而，没有开枪——军官着慌了——
造反的东西！为什么不开枪！你们也……
他要拿手枪了——

大地摇动,海在叫喊。
守兵举起了枪。
看罢,因苦恼而苍白了——不要放呵!
哦哦,然而,轰然地,枪口喷出了火!

打开窗,我呼吸,
吐出了深深的深深的一口气。
早晨的阳光陡然射入了,
不知从什么时候起,
已带有春天的气味。
我看着房子被炸弹炸掉了的墙壁。
据说,骷髅沾着了亲人的眼泪
就会渗出新鲜的血来。
哦哦,六乡底勇士们呵!
兄弟呵!
母亲们呵!
姊妹呵!
我底心脏发痛,
裂开了鲜红的伤口,
血管跳动着——
像化雪期的河里的波浪一样。
哦哦,染在码头上的血流——
那是流在世界上
一切民众底心里的
战斗的血,是燃着的火!
看罢,看罢!法西斯们呵!
血污的刽子手们呵!
火焰在你们底脚底下跳着!
在烘烘地把你们包着!

一九三八,三,七在汉口

(原载于《七月》第12期,1938年)

给 V.M.

田间

中国的胜利是全亚洲甚至是全人类明天的一把钥匙。

——日本 V.M.女士

V.M.同志！
把亚洲的命运从法西斯蒂的地狱里
解放出来。
在你底故乡，在你底祖国，
你听到——
日本
和它底人民，
企图自杀的
呼声吗？
而 V.M.呵
你不能站在悲剧里，
随着哭泣，
必需领导
兄弟们
起来，
战争……
——把亚洲的命运从法西斯蒂的地狱里解放出来，
V.M.同志！

一九三八，三，二四　西安

(原载于《七月》第 12 期，1938 年)

敬礼

——谨献给池田幸子和鹿地亘先生

椰青

敬礼！
池田幸子，
鹿地亘先生。
你，
日本法西斯底叛逆，
中华民族的友人哟！

“中国的兄弟啊，
认清楚敌人和朋友罢！
要是这样，
才是真正有勇气的人！”
“那个时候我一定成为中国人的！”
是第一次，
我听见这真挚的话语，
眼睛润湿了。
这泪，带来了无限底期望，
全寄托在你身上，
像个正义火把的传送者！
日本无数的大众，
我们底朋友——同志，
将勇敢地起来，
似火山的烈焰，
六月的风暴，

长江的洪潮，
为了你正义的宣传，
作出惊人的，
高喊着：
打倒法西斯军阀！
轰烈底反战革命。
那时候我们伸出胜利的手。

敬礼！
池田幸子，
鹿地亘先生。
永远健康着吧！
中华民族的友人。

一九三八，五，二日　寄自马来亚

（原载于《少年先锋》第8期，1938年）

中朝民族联合抗日歌[1]

杨靖宇

山河欲裂，万里隆隆，大炮的响声，
帝国主义宰割弱小民族的象征。
国既不国，家何能存，根本没有和平。
黑暗、光明，生死线上斗争来决定。
蹶起呀，中朝民族！
万不要再酣梦。
既有血，又有铁，

① 作于1938年5月，是为东北抗日联军第一路军所作的歌词。

只等着去冲锋。

全世界上，最大的仇敌日帝数头等，
焚烧掠夺，奸淫侮辱，亡国且灭种；
并朝吞中，莫非《田中奏折》的兽行！
同仇敌忾，共赴国难，决不让再久逞！
团结呀！中朝民族！
团则生，离则亡！
谨防备离间计。
手携手打冲锋！

热血沸腾，杀声冲天，民族齐觉醒。
壮夫断臂，争先恐后，共夺万年灯！
旌旗所至，势如破竹，虏焰自息影。
阵容强化，战线巩固，基础早奠定。
团结呀！中朝民族！
互相间，本赤诚，
坚持那最后五分钟。
勇冲锋！

照耀全球，灿烂不灭，最惊人的火星！
万恶日寇，自掘坟墓，非人能回生。
勇猛打冲锋，吉凶祸福并非天来定。
事在人为，诚到金开，自有曙光逢。
前进呀！中朝民众！
既有始，要有终，
誓杀到敌人大本营。
猛冲锋！

（原载于萧三编《革命烈士诗抄》，中国青年出版社，1959年）

中国在射击着

田间

起来！
朝鲜的民众，
台湾的民众，
生长于亚细亚土地惨苦的民众，
一起吧，
向帝国战争。

在这东方，
山岭的
村落的
房舍的周围，
使战争的欢呼，
广远地
播开。

而我们，
亚细亚痛苦的兄弟，
辛劳的
兄弟，
必须战争。

因为呵！
夜的婴孩，
殖民地的婴孩，
将从战争的音节里，

血纹里
守望——
东方的
复活，
旷野的
复活，
农场的
复活，……
战争，
当战争带回胜利与自由
之后，
我们，
死吧！

黎明的芦笛，
也将由辉煌的血泊上，
骄傲地吹起
仇敌的
葬歌。

（原载于《烽火》第 14 期，1938 年）

听歌

——再给 M 君

力扬

你底歌带来了
那辽远国土的哀怨，
帝国践蹈下的呻吟，

被覆灭了的王朝的怀念。
我看见了
你底民族的郁抑的姿态。

但是我知道——
这是你底祖父时代的歌，
你底父亲时代的歌；
你是年青而健康的，
你没有唱你自己的歌哪。

将来，你如回到你底故国，
你应该有一只最年青的歌，
在你底兄弟姊妹间唱着，
有如今晚在我们之间一样，
以治疗你底民族的郁抑。

M君为高丽人，此诗写于抗战前。这是从力扬的诗稿《枷锁与自由》中选出。就像诗集的命名一般，集中所收，有在“枷锁”下的悲愤沉痛的太息，但也有望见了“自由”之曙光时的兴奋和呐喊。后者是抗战以后的作品。

（原载于《文艺阵地》创刊号，1938年）

《七月》周年献词

庄涌

——“太阳照耀在东方！
胜利的前途在望！
胜利的前途在望！
胜利的前途在望！”

抗战的一天来到了，
我们
用毫无厌倦的歌吼，
向天空
披示悲喜。

你不能沉默，
你不能犹疑，
你就是自命懦弱
也要抖擞起；
操场，
监狱，
柳外高楼。
野猪林，
柏油路，
斜阳古寺……
像大海不疲于
跳跃的波涛；
风奔走于长空
把“义勇军进行曲”
挂在嘴边呼啸：
“起来
不愿做奴隶的人们！”
是深夜三点钟
怒鸣的号角，
唤醒雄鸡
向四点钟啼！

七月七，
神仙幽会的日子
开始杀戮，

开始哭泣，
在卢沟桥，
敌人用炮弹
把我们的地雷掀起，
佟麟阁，
赵登禹，
以生命作信号，
于是，战争开始。

八一三，
在窒息的噩梦里，
一枪既响，
万枪皆发，
闸北陡地站起来！
姚子青，
阎海文，
侵略——抵抗，
膺惩——雪耻，
战争开始。

——“流浪，
流浪，
整日价在
关内流浪。”
——“走遍了黄河长江！”
不管你家乡在那里，
战争一开始，
你就开始奔波的记忆！
不是逃走，
是找寻
各自的岗位，

战斗的方向，
战斗的阵地！
从广州
向陕北，
从迪化
向南昌，
从平津，
向昆明
从剑阁，
向汾阳，
三千万青年
用跳动的心，
用壮健的步履
“×”
在古老的中国土地上
划一个“否定”符，
让姊妹
走新的道路。

——“把奴隶的枷锁，
快快打碎，打碎，
打碎……”
古来的传说：
日神提线戏地球！
谁？
谁要把我们
在自己的土地上
驱使牛马！
谁？
谁要头颅？
有！
什么？

还要烧我们房屋，
鞭打我们的父母，
逼他们打平自己的田园，
让敌人的孩子踢球！
去，
去祈祷魔鬼吧！
这儿是生长我们的土地，
我们自己把守！
陈怀民，
中国的铁拳头。
看见了没有？
当奴隶镣铐俱碎的时候，
谁敢颤抖？

——“把自由的旗帜，
高高举起，举起，
举起……”
自由旗，
用血染，
自由的意义，
用生命解释。
我们是中国人，
中国人的心，
中国人的意志，
保护中国的土地，
像保护父母的坟。
爱自由，
像爱我们的未婚妻。
谁强占我们土地，
谁限制我们呼吸，
最近卫，末次，

板垣，松井，
土肥原贤二，
站稳吧！
一千个安重根在海底，
一万个苏菲亚在陆地。
渴望你的身体，
守候你的“死”。

“中国人热度五分钟，”
这恼人的言语，
怎么再没有人提起？
第一期抗战，
淞沪，
平型关；
第二期抗战，
台儿庄，
临沂……
第三期抗战，
潘[鄱]阳湖，
函谷关，
中原大会师！
七十万无名士。
光荣的战斗，
光荣的“死”，
时光如矢逝，
又是七月七。

七月里临风立白荷，
脉脉地，
把扑鼻的幽香散播！
然而固执的时代，

给我们注定了命运。
多少人悲惨的去死，
多少人在
屠杀与饥饿里生活，
去找谁？
人类都是一样的，
在阿比西尼亚，
在西班牙，
把生命、财产作一回统计，
谁不惊愕！
然而这是时代的命令呀！

昨天，
时代命令你们到中国，
焚烧，屠杀
现在，
命令你们去“死”！
——“我们是铁的队伍，
我们是铁的心，
卫护中华民族，
永作自由人！”
雄壮的歌声消沉了！
然而我们都知道
钢铁是怎样炼成的。
钢铁的队伍，
结束固执的战斗，
“替天行道”
我们不打杏黄旗；
把时代划一道
鲜明的痕记！——
一边是悲惨的战争，

一边是和平的永生。

明年，七月自然要来的，
那时候
夕阳送白荷一抹嫣红，
谁还会记忆战争的歌颂？

（原载于《文艺阵地》第1卷第6期1938年）

在日本反战空气弥漫中致反战作家鹿地亘

汪义彰

朋友，你是多么的伟大、勇敢，唤醒了人群，
在凶暴的法西斯蒂怪兽的爪牙之下，
尽量的奋发着勇气，
排除一切危险、困难。
你们的苦衷，就是你们的“正义”和“正气”！
也是你们“先觉”者的任务。
你们三十万被军阀监视的同志，
早已明白时代的趋势和潮流！
我们应该肩并肩，手携手，向着光明的和平的坦途上前进！
斩断了丛丛的荆棘、簇簇的刺球，
我们燃起了辉皇的火焰，
冲开了漫漫的长夜，黑漆漆的晦暗！
我们就开始做了一件唯一有意义的工作，
在那“执迷不悟”沉醉于侵略主义者的迷梦中，
注射着05cc的强心药剂，
等待他醒觉时，别再走上了歧路，
叫他勒马回头，一同共登彼岸！

朋友，你是大和魂中沉浸着的先知先觉者，
你是奠定东亚和平的福星，
你是太平洋里的灯塔，
你是一个推进时代的巨轮！
朋友，你的任务完了就是你的成功！
把人类融成一条火链，锁住了怪兽的肢体，
把人类锤筑一座堡垒，填满了一切鸿沟与弥缝，
叫大众都来信仰你，追随你，
莫让陷落了深坑陷阱！
优秀的大和民族，
他们有天赋的聪明慧质，
莫叫他白白的断送了大好的头脑、鲜洁的血浆，
染红了法西斯人的宝座，
跟侵略者走了此路不通的绝径。
如今——我们在暴风雨中，
我们只有于奋斗中求和平。
朋友，你是我们肝胆相照的好朋友，
我们要以亲爱精诚的精神，
造成人类永久的和平！

（原载于《决胜》第5期，1938年）

给鹿地亘并无数的日本革命作家

邹狄帆（邹荻帆）

鹿地亘
你曾被军阀
认为叛逆的恶徒
囚在狭的笼里

一次又一次地
……

为正义
你呼号
为公理
你呼号
为弱小民族
你呼号……
愤恨的火种啊
烧得你暴跳

你不愿
让火种烧死你自己
你更不愿
看千百万屈死底灵魂
出现在你底眼前……
你不愿要“不属于我们的权力下的苟安”[1]
……

你说
“几千万人底生命
成问题的时候
我们
个人底生命
又算得什么”[2]

是的
在你祖国底文坛上

---

① 见鹿地亘《送北征》。
② 见《七月》九期鹿地亘通讯。

我们知道
还有多少无耻的文士
懦怯的文士
像一只狗
摇着尾
摆着头
歌颂着法西斯
把千百万的生命
当作儿戏
当作自己底食粮
像龟鳖
缩着头
缩着足
不敢听四周底呼吁

而你
鹿地亘
挣扎着
和那画面上的
我们看着眼睛就发红的
拿着牛耳尖刀
拖着木屐
青脸
多毛的膀子的军阀挣扎
你蹴开了铁锁
像海燕
冒着暴风雨
像天鸟
展翅在天郊
我们听着了
你底呼啸

鹿地亘
你流着滚滚的热泪
离别了你底祖国
你是怜惜着
你祖国底弟兄们
今期[朝]在军阀底压榨下
有多少呻吟
多少痛苦
然而你更咬紧了牙齿
你更坚决地挥着手
在亚细亚底土地上
在赤红的地球上
你为着你祖国被压迫的弟兄说话
你为着全世界被压迫的弟兄说话

鹿地亘
我将狂吻着
你热情的诗句
九〇〇〇〇〇〇〇〇只膀子
都举起了
向你招手
向你欢呼
因为
兄弟们底中国
今朝已认清楚了
谁是朋友
谁是仇敌
鹿地亘
我知道
你祖国底弟兄们
也将认清楚了
谁是朋友

谁是仇敌

鹿地亘
有一天
九〇〇〇〇〇〇〇〇〇只手
将欢送你东归
那时候你底祖国
将正如“七月的延安”
两个五年计划后的苏联
在你祖国底土地上啊
将“竞开着生物底花朵
机械底花朵
新人类底花朵”[①]

你祖国底弟兄们
将招着手
唱着自由的歌
欢迎着你

鹿地亘
你更坚决地走吧

（原载于《七月》第12期，1938年）

蒙古之歌

沙雁

亚细亚的草原上，

---

① 见胡风诗《敬礼》。

扬起了伟大悲壮之歌。
像重山中苁[葱]茏的森林里之虎啸，
像大洋的巨浪间澎湃之起落。

四月的风，
正鼓吹着絮花在战场上婆娑，
打漠漠的西北之大陆上，
嘹亮的热烈的传来了革命之吭歌！

在广旷的沙海，
在无尽的大路上。
驼队，兵——
大中华男儿的行列，多英雄。

是一个步伐，
是一种心声：
——打日本！
——中国复兴！

（原载于《文艺月刊》第1卷第10期，1938年）

是时候了

——檄朝鲜人、台湾人

胡明树

一

是时候了

朝鲜的志士们
快结束奴隶的命运吧!
谁说奴隶的命运是天赐的?
现在,也无须我们来说
日本人的凶恶、残忍和无耻了,
因为这些,这些
你们要比我们更加明白。
你们还记得,
一九一九年
你们揭起了全国的革命的暴动
结果你们是失败了,
而你们被杀害,被囚的竟达七万人的故事么?
你们还记得
一九二三——大正十二年
东京大地震后
日本人乘机杀害我们——中国人、朝鲜人的故事么?
你们还记得
一九三〇年全韩学生的抗日运动
结果不又是演成了
被捕四万余、被杀数千人的惨剧么?
现在,侵略者的炮弹
又飞向中国的内地来了!
反抗者的我们的炮声你们该是听见的吧?
起来呀,朝鲜的志士们
不起来还待甚哪?
难道你们还忍心被日帝国的铁蹄
永远践踏在
一千九百万的生命的背上么?

二

是时候了,
台湾的兄弟们!

历史已经示意你们翻身的日子，
历史又告诉我们
数千年前我们原是一家的。
不仅你们这五百万同胞
是中华民族的宗支，
而且你们的家乡(历史家说)
在千万年代之前
该还是和大陆相连的啊！
你们的言语　是祖国一样的言语，
你们的文字　是祖国一样的文字。
你们还记得郑成功的名字吧？
他是明朝的遗臣
满清的劲敌，
他曾赶走了侵入台湾的荷兰人
他曾和满清的兵队打过仗……
因此，你们爱他如爱自己的祖父，
他死后你们又立祠堂奉敬他。
谁知未及两个世纪，而你们的家乡
却又为腐败的满清断送给凶恶的日寇的手中呢！
现在，日寇又用同样的手段来对付我们，
现在，日寇又要迫害我们步你们的后尘，
可是，祖国的同胞都醒悟了，
而且揭起了民族解放的战争了，
甚至连闺秀们也不能躲在房里绣那鸳鸯枕了。
于是她们到了前线去了，
于是她们举起了枪杆瞄准敌人的头颅了……
然而，台湾的兄弟们，
你们的时候到了没？
到了，历史已示意你们翻身的日子！
起来吧，快振作精神和祖国连成一气，
为自由为解放而举起你们的铁掌吧！
你们的革命者前躯的灵魂——罗福星、余清芳会在黄泉下祝福你们的胜利！
光荣的英勇的你们的革命的史迹，
足以证明你们也是英勇的！

三

是时候了，是时候了！
朝鲜的、台湾的百姓啊！
朝鲜的、台湾的青年啊！
起来吧，不起来还待甚哪？
难道奴隶的命运是传家的宝业吗？
真理和正义都是属于我们的！
最后的胜利也无疑的将是属于我们！
起来啊！朝鲜、台湾的青年啊
和你们同命运的还有着四万万五千万个兄弟啊！

［原载于《战时艺术》（桂林）第1卷第4期，1938年］

献给朝鲜的战友们

穆木天

朝鲜的战友们
在保卫祖国的阵线上，
在被压迫的民族的
解放的阵线上，
我们要紧紧地握起手来！

我们握着手，
是会要流起泪来的；
但是，那不是悲伤的，
那是欢喜的眼泪！

我们欢喜得流着泪，
我们流着泪欢唱着。
——因为我们的解放的日子，
一天一天地临近了！

我的家和你们的家
只隔着一道水，
那白浪滚滚的鸭绿江。
我的家和你们的家
只隔着一道山，
那高高的哈尔巴岭。
在那一边，
散布着你们的城镇和村庄，
在这一边，
横亘着我们的山林和原野。

六年来的流亡生活，
使我越法[发]地〔发〕怀恋我的家乡，
六年来的流亡生活，
也使我越发地怀恋你们的家乡。
现在，
在鸭绿江的两边，
在哈尔巴岭的两边，
到处
已经起了民族革命的烽火！
朝鲜的大众
和满洲的大众，
在血泊中
向着同一的目标，
战斗起来了！

六年来的流亡，
把我们炼成为钢铁了！

可是，你们是比我们还要坚强！
没有祖国的战友们！
你们是从血泊中健全地
生长起来的！
没有祖国的
和没有家乡的人们，
今后
要更坚强起来！
今后
要更健全起来！
向着我们的同一的目标，
要更有力地
战斗下去！

在鸭绿江的两边，
在哈尔巴岭的两边，
猛烈的烽火
燃烧到一起了！
那里的弟兄们
给我作了好的榜样。
我们要学习着他们，
在民族解放的大旗的下边，
携着手前进！

（原载于《朝鲜民族战线》第4期，1938年）

朝鲜人

草莱

吉卜西人，波希米亚的人，
我们都是没有国籍的人。
飘泊，飘泊，穷困的飘泊，
这世界没有我们的家，
也没有我们的墓穴。
我们就是葬身在沧海里，
谁来同情我们，可怜我们。
“上帝吗?”上帝不是我们的!
它的甘露，滴不到我们的头上，
它的光明，是照着杀人的匪徒，
进行着对无抵抗者的残杀。
匪徒们努力抽打奴隶的皮肉，
死绝的悲声，惨痛的号哭，
是他们最悦耳的音乐，
在他们耳朵里，也许
胜过彼多芬的《月光曲》;
奴隶身上赤条条的血痕，
是他们藏在心底的欢悦的虹;
他们捆缚着奴隶的四肢，
安摆在高山的危崖，
露出一个头，眼睛俯瞰山底的野花，
刺刀劈下去，项颈里冒出一缕鲜血，
头壳自然地落下，
仿佛成熟的瓜茄。
他们口衔着刀，脚蹈着奴隶的腰，

双手高举，发出胜利的狞笑，
意思是："他们是残害无抵抗者的英豪。"
朝鲜人！朝鲜人哟！
鸭绿江上的悲涛，何时怒吼？
釜山一般高的耻辱，何时洗雪？
李完用的耻骨已经变成泥土了，
安重根的眼睛是永远睁开着的，
他希望你们即刻起来，
蹈着他的血迹，争取韩国的独立。
祖国的弟兄们都起来了，
民族解放的呼号，
如海啸，如奔涛，
随处展开苦斗的血潮，
起来！朝鲜人！
斩断你们的镣铐！
一个大声音，已在头上喊叫：
"朝鲜人！你们的时代来了！"

[原载于《文艺月刊》(汉口)第1卷第12期，1938年]

给中国兵士

[美国]**Vidikauskas Kazis**

马耳 译

生多[①]似的美国呵，我请你听，
我的心在告诉我，
要送给中国的士兵
月桂冠一顶。
他在蒋将军的指挥下，

① 生多(Centauro)为古代神话中的巨人狮身人像。

用小狮子那么一股劲，
挂着微笑的双颊，
固执地为他底自由而斗争。
像一个东方的骑士，
在受难中他仍是昂然高唱。
全世界于今闪着惊奇的眼，
望着他那活泼和英勇的神情，
说“他是一个爱斗的中国小鹰，
打退了猴猕们的进攻，
和奸狡的日本，
他——是一个勇敢的参逊[①]”。

（原载于《文艺阵地》第2卷第3期，1938年）

我们不需要战争

——日本青年妇女的反战歌曲

佚名

（一）

在这黑暗的世界的小街里，
灾难亦复来临。
啊，可恨的战争哟！
只见泪儿流个不停！

（二）

被蹂躏直到今天，
已经受够了，

① 参逊（Samsouo）是《旧约》里面的一个大力士，为解放他的种族和腓力士人斗争。

丈夫又被迫着
送到战场上去，

（三）

无止境的战争呦，
在家乡人们受着饥饿，
世界上只有你是可靠的，
早日回来吧！

（四）

假如都回来，此后——
和平就要来到。
拒绝侵略战争，
欢迎快乐的和平！

［原载于《学生时代》（邵阳）创刊号，1938 年］

送北征

［日本］鹿地亘

去罢，
梅呵，黄呵，陈呵，
朔风在召唤你们。

匆匆地——默默地收拾着行装的
你们底胸膛底鼓动，年青的欢喜，
是怎样地骚动着
我底跃动着的血呀！

去罢，

梅呵，黄呵，陈呵！
朔风在召唤你们。
在这里，是不属于我们的
权力下面的苟安；
温暖的太阳，清澄的海，
不知季节的南国底花
怠惰地开着；
在瘴气里酝酿的奴隶底和平，
腐烂着新鲜的生命。

哦哦，朔风哟！
我在待望着，待望着你吹送来的□息。
哦哦，每天每天，
像那从原野从山岳
腾舞上去的砂尘一样。
向四面八方冲扩的朔风哟，
泛滥地吹罢！
卷起战斗底激情罢！
再也恰当不过地，人们
把你叫做第八路军。

倭寇呵，夸耀罢，你底炮火，
沉迷罢，你底妄想，
说是皇威要和炮烟一同
把大陆掩蔽。
但是——等着看罢，
满野的风，马上
会把毒烟吹得无影无踪，
在冰雪里闪耀的山峰
会留下壮严的姿态的。
尽量地表演罢，把你底寒伧的威胁，
那瞬时的炮烟！
直到枯尽为止，尽量地表演罢，

把那和你底妄想一起。
直到你底梦
在冷酷的北方底魂魄里面
冷了为止！

去罢，
梅呵，黄呵，陈呵！
朔风在召唤你们。
把你们底燃烧的激情，
用冰雪底心武装起来罢。
去罢，和朔风一起，
用坚决的心
去把凶烟吹散！

不久——时间会来的
山野底冰溶解，
黄河底水增高、泛滥，
要把汹涌的新的生命
伸流到平原，
伸流到在苟安里睡着的南方底海边罢！
要把充满了欢喜的生命泛滥、沸腾的罢！
然而——现在是冬天，
山呵，野呵
用冰雪底心武装起来罢！

去罢，
梅呵，黄呵，陈呵！
朔风在召唤你们。
哦哦，那声音——
是在所有的胸膛里面
唤起回声的地壳下的雷鸣。

（原载于《七月》第 9 期，1938 年）

赠鹿地亘先生

铁髯

日本文学界巨子鹿地亘，愤日本军阀之猖狂，爰弃故乡挈妻子绝万难来我东土，欲以笔阵醒万军，欲以智慧改造世界，其愿至宏，其志尤壮，因歌古风以赠。

东瀛有奇士，气欲吞昆仑。
被褐谒中山，腮首矢贞勤。
愿言永盟好，共挽国沉沦。
曰君扬汉声，我造太和魂。
用维东亚业，建此不世勋。

其人如虬髯，
厥为日本加藤州上之高贤；
怀珠自号南蛮铁，
出世无殊洞里仙。

我钦其人，
我仰其名，
而今之后三十载，
沉沉三岛，谁继其声？

可怜逆竖正狓猖，
夺我热察，并我平津，
侵我鲁、豫、浙、皖、苏、绥、晋、冀如豺狼。
天声忽自扶桑起，
横绝宇宙震洪荒。

彼其之子鹿地亘，踏歌而来何峥嵘。
心如楚石笔如铁，愿与华夏共存荣。

吾忆跛拜伦，

破土存希不顾身；
吾忆苏玄瑛，
抛家别母来神京。

呜呼一士正谔谔，
忍令天龙饿虎相追扑；
强藩跋扈梦醒，
破釜沉舟阵云恶。
蝴蝶兵横祸无已，
凡我同胞起，起，起！
册[卌]年血海报深仇
伐彼暴夫雪国耻！
鹿地先生笑且歌，
伟哉，伟哉，中华民族精神其不死！

（原载于《全面战周刊》第 17 期，1938 年）

中国的弟兄努力罢

[日本]久能正一
青萍 译

中国的弟兄！听见么，我们的叫声？
大炮、机关枪与炸弹的
不绝的轰隆爆炸的声音
使大地断裂，空间骚乱，
土砾飞散，白烟漫天，
被数千百里的浊水隔断的了，
而且在黑暗牢狱的角落里，
坐着凝视小小的铁窗的
我们喊出来的这呼叫声
虽是微小脆弱，
然而，中国的弟兄！听见么，我们的叫声？

——“中国的弟兄，努力罢！”

中国的弟兄，听见么，我们的叫声？
沉重的铁链锁住了我们的手足，
光亮的白刃围着我们的身体，
枪口对着我们的胸膛，
然而我们却叫喊，在心里叫喊：
——“还我！我们的自由与和平！”
“还我！我们的弟兄的被夺去了生命！”
夺去我们的自由，夺去我们的生命，
夺去我们的面包，夺去我们的叫声的
这个渴血的恶魔，
现在又来强夺你们的自由、和平与生命
拿鲜血来洗涤丰绿的大陆。
酷爱和平的阿比西尼亚的弟兄们
已经惨毙在他们的毒牙之下，
自由之光——伊比利亚的居民
现在将被他们蹂躏完了。
呵！这恶魔——法西斯
它就是将人类推倒地狱里，
把我们与我们的亲爱的中国的弟兄的
紧紧握着的手活生生地分开的
我们的敌人，
我们民众的共同敌人。

中国的弟兄！听见么，我们的叫声？
与人类共敌日本法西斯拼命斗争，
以血与魂来守卫垒星的你们的叫声，
我们在黑暗静寂的牢监房里听到了。
坚坚地抓住冰冷的铁窗的格子，
凝视着那一方小小的西边天空
而叫唤出来的我们的心与声

听见么，中国的弟兄们？
——“你们的努力就是我们的救星！”
你们的胜利就是我们的胜利！
只有能够执武器而战的你们，
就是把我们从牢狱里救出的唯一力量！
祝你们战胜，祝你们战胜！
为了拥护自由、和平与生命，
把新的阳光重照到人类头上来的弟兄，
你们就是极东之光，就是世界之誉，
是新历史的创造者。
拜托你们呵，弟兄们！努力罢！

代表日本全国劳动组合自由联合会数万工友而作

（原载于《烽火》第15期，1938年）

颂香港

[日本]鹿地亘

我疲劳了，
温暖的内海
使怠堕的疲劳更厉害了。
我焦燥着，
忘记了季节的太阳
使无为的焦燥更难耐了。
宁静的街道呵，
夹竹桃是红的，
不知名字的黄的花紫的花，
在白的石屏上面，
连续地投下绚烂的影子。
风也没有，冰雪也没有，

不知不觉地就要过年了。
哦哦，失却了时和世底进展的
没有联系的南海底岛哟，
你——像子爵总督阁下底
温顺、弛松的面孔一样，
使我厌倦了。

（原载于《七月》第9期，1938年）

玄海滩

［韩国］林和
尹海燕 译

这片海城
自古以来波涛汹涌

而我们青年人
勇气胜过恐惧
是熊熊山火
把一群小鹿
驱赶到茫茫旷野

过了对马岛
惟有一条水平线
不见一丝尘埃
太平洋的狂澜怒涛和
南下的大陆北风
在此针锋相对

那惊涛骇浪高过勃朗峰
狂风、暴雨、浓雾、密云、闪电

亚细亚的天空星光也已暗淡
半岛常常亮起了红灯

我们青年人
岂能是为了追求平安幸福
而来到这险峻的浪头之上？

第一次航行学会吸烟
第二次学会谈情说爱
下一次又尝到金钱的魅力
这些绝不是我们的青年人

我们的青年人
总是满怀希望地渡海
而回来时充满着决心
在那老榉树下的传说中
在幽村小溪边的摇篮曲中
他们如花茎般茁壮地成长

而今
异国他乡的风风雨雨
摧残了他们白皙的脸
背负的重担
压弯了他们的腰如农夫般

我知道有多少人
曾消逝在这片海域
如同片片花瓣随风飘落
有的人一去不复返
有的人回来丧九泉
有的人生死永不明
有的人为失败痛哭

——假如有人曾经玷污出卖过
希望、决心、骄傲
我今天可不想记住

只为那
在比大海更严寒的
大陆凛冽的朔风中
始终如一的男子汉
为了这些青年的荣誉
我想尽情歌颂这大海
青春的欢乐与希望
今已埋到大地深处
让所有人悲痛不已
玄海滩却从未志哀
眼前依然波涛汹涌

今天　那年轻一代
依然像勤奋的孩子
不断地来往于这片海域
而明天
玄海滩还会属于青年人

玄海滩永远都是我们的海峡
在三等舱的深处
肮脏的床铺被母亲们的眼泪浸湿
昏暗的灯光伴随着父辈的叹息
失去亲人的年幼的孩子们
禁不住痛哭流涕
究竟何罪之有？
忽然一声斥责
我还清清楚楚记得那外国口音

噢！玄海滩啊，玄海滩！
你系着我们的命运
永远都无法让人忘怀！

青年人！
仿佛踢开一个鹅卵石
你们轻松踏上玄海滩的浪涛
然而　在关门海峡的那边
早春的风儿
比半岛的北风要温暖吗？
在那思念的釜山码头
大陆那边的风浪
果真低过玄海滩吗？

噢！有朝一日
在那遥远的某一天
和着我们的痛苦历史
我相信你们的名字和坎坷一生
也会刻印上历史的长廊
一八九〇年代的
一九二〇年代的
一九三〇年代的
一九四〇年代的
一九××年代的
…………

当一切都成为过去
废墟上只剩下高耸的大石碑
每当晨星照耀着你们的名字
玄海滩的浪涛
如同我们儿时
捕鱼的小溪流

在那美丽的传说中
会赞美你们的一生

然而我们至今仍在
这片海域险峻的浪涛之上

（原载于诗集《玄海滩》，1938 年；译文摘自尹海燕编译《韩国现代名诗选读》，民族出版社，2006 年）

破屋

［韩国］李庸岳
尹海燕 译

夜以继日
蜘蛛忙碌于织网的房屋
全村人都视为凶宅忌讳的破屋
曾住过这里的人们
世世代代子子孙孙
都不曾拥有传家的银簪和珊瑚冠

曾经翻山越岭贩粮的毛驴
驮着大豆往返港口的老黄牛
早已不见踪影
那牛棚里虽然还充满着寒酸的气息
却谁都不得而知大胡子一家的去向

铁轨铺过来之前
狍子、野猪、黄鼠狼这些动物
无拘无束满山奔跑的那个时候
大胡子家的老三
我那儿时的伙伴

就在这家里的针线筐旁呱呱坠地
“听说大胡子家又生了儿子。
要是添个牛犊倒能卖点钱哩。”
村里的婆姨们漫不经心地
让这些冷言冷语随着秋水飘散
那天夜晚
麻秸灯耿耿于怀
喝醉烧酒的大胡子眼睛也更加血红
听着斗笠和尚的故事和可怕的传说
在贫穷中长大的我的伙伴
成天都在提心吊胆
赶着毛驴出门的老爹深夜未归
大黄猫也哭泣不止
在那始终不能成眠的夜晚
在母亲忙碌的磨房一角
我那小伙伴
还拥有着橡栗般小小的梦想

他九岁那年
在猎狗追赶野鸡的冬季
这一家七口
消失得无影无踪
待到翌日清晨
雪地里只见朝北的足迹在颤抖

有人说是去了兀良哈岭
有人则说去了俄罗斯
邻里的老人们
都猜测着可怕的地方

而今无人居住的房屋
全村人都忌讳为凶宅的破屋

每到季节　曾挂满可口的杏子
那棵果实累累的杏树
如今也只剩下了树根
任凭花季来了又去
那后院里
也不见一只蜜蜂飞来飞去

（原载于诗集《破屋》，1938 年；译文摘自尹海燕编译《韩国现代名诗选读》，民族出版社，2006 年）

向胜利的早晨

——纪念“一·二八”

［日本］鹿地亘
乃超 译

在那天紫电炸裂了恐怖的城市，
我的祖国变成黯夜了。

在那天，恐惧笼罩了慌乱的城市，
我的祖国变成牢狱了。

哦，难道我的眼睛没有看见么？
难道我的祖国没有耳朵么？
难道我的心脏没有爆裂么？
难道我的祖国里没有热血的沸腾么？

一·二八！你悲伤的日子哟！
人类耻辱的业火，
烧红大陆天空的日子哟！
好像无数赤体蒙羞的母亲一样，

城市被玷污，被劈裂，
好像无数探摸□冷乳房的婴儿一样，
失去希望的市民走到灭亡的日子哟！

此刻还鲜明地浮现在我眼中，
那留着恐惧烙印的脸孔之群。
不安的白天又白天，愁苦的黯夜又黯夜，
无虑十百次，记忆常苏醒，
彷徨无主，绞出悲鸣，山崩似的人群，
从黯云低迷的恐怖环境逃生。

而且悲愁的春天又春天，悄悄地
无名的草木茁出嫩芽，
墓碑刻着无名战士，
留着无声的痛哭的痕迹。
哦，勇士哟！你怎样地
在攸[悠]长阴暗的岁月中，
把哀愁的身躯枯杇[朽]在地底里！

一·二八！你悲伤的日子哟！
痛苦的日子哟！悲愤的记忆哟！
可是，可是，我们要到什么时候才停止
哦，一·二八，你到什么的时候才停止要我们拿眼泪来纪念你？

紫电竟炸裂了地底。
迸喷热火的暴风掩盖着整个大陆。
我的祖国现在还是黯夜，
可是，可是，谁能够说？
黑暗之中没有孕育着黎明。
砭骨的冷气不是破晓的前兆。

看啊，听啊，今天也是
雷动的呼声，雪崩，潮涌着的人群。
然而，额上已经消失畏惧的烙印。
声音涨满着希望的力。
那是意志坚定踏着大步的人民的雄姿和哄声啊！
向着胜利的早晨！
向着胜利的早晨！
黎明的天空放出光明！

我的祖国在黯夜里欢呼。
牢狱要破裂地摇动。

（原载于《扫荡报》1939年2月4日）

失去了的两个苹果

——病床杂记

［日本］绿川英子

在招受着阳光的走廊上，我做着照例每月一次的，对于母亲的特别服侍。

今天多么怪呀，一向总是不到一点钟就拔完了的白头发，现在拔了这么久，不但没有减少，反而越来越多了。

——英子！

一直闷着不做声的、非常疲乏了的镜子里的母亲用从没有听见过的严厉的声音喊了。

——妈妈特别给你的苹果，为什么两个都不见了！

——妈，但是……

我怨恨地把手送到自己底苍白的脸颊上面。

——在上海还有一些的，但后来在广州，在汉口，在重庆，都没有，终于吃掉了呢……

母亲什么也不说了。我也使气得不愿意做声的动着手。白头发越来越多。怪呀,差不多全头都雪白了。我忍不住叫了起来。

——妈!

不答应。

——喊你也不……

我一半生气一半撒娇地把手扶在母亲底瘦削的肩上,俯向前去看她底脸。

啊呀,不是妈妈,是石亮[膏]像。冷的,冷的,冰一样……

一瞬间,醒了。

头脑心戚戚作痛。胸脯上腻腻地冒着粘汗。

周围的灯都闪闪地眨眼
为什么,只有您底窗子
寂寞地像瞎了的瞳仁一样,没有光呢?
妈妈呵
穿过嫩叶拂来的春夜的微风
当会温和地在爱抚
您底沉寂的头,
在黑暗里面也现着微白的庭前的沉丁花
当会用那甜蜜的香气
柔和地在拥抱你底忧倦的身体罢。

不,我知道
在紧紧地关着的玻璃门
重重地吊着的天青色窗帘底后面,
您用着静脉凸起的容易打颤的手
在旋转无线电收音机底开关。
您顶喜欢的三味弦的哀调停止了
叽叽,咯咯……
杂音焦躁了你底神经
然而,不一会
越过无数重的海山的电波
要把您常常在身边听惯了的那杂音,

像羽毛长成了的小鸟一样
从您底怀里飞走了的女儿底声音，
清悉地送到您的耳里。

每晚每晚，在播音机底前面站着的我
有时候被想叫一声
——妈妈！
的冲动抓住了心里一抖。
但接着的一刹那
在我底眼前浮现的，是
悲伤的　疲乏透了的　饥饿的　怨恨的　愤怒的
各种各样的无数的面孔
——男的，女的，年轻的，年老的。
妈妈呵
你是我的唯一的，最爱的，
但我不能够仅仅是你底所有。
在这个残忍的战争底正当中
你已经不会命令我
虽然被眼泪、叹息、诅咒包围着
也只要把您和我底渺小的幸福偷偷地享受罢

“失去了夸耀的大和抚子”——
法西斯代言人的毒舌
还有周围底无情无知的人们的白眼
使你就是没有那也已经衰弱了的心更加痛苦

然而，妈妈呵
请张开眼睛仔细地看一看英子罢！
对于弱小的，贫穷的，被损害的人们的爱
对于一切虐待他们的东西的憎恨
——从您得到的这尊贵的“夸耀”，至宝，
就是一点点也罢，我什么时候失去了吗？

您底女儿本不应该失去但终于失去了的
仅仅是——两颊的红潮。

前几天
我为了寻找失去了的那两个苹果
到 m 温泉去了一次。
在绿的大地上闪闪地燃着的阳光
在前面突然展开了的菜花田
淡紫的蚕豆花放散出来的恼人的香气
使疲劳的我茫然了。
啊啊,这不是
我过了少女时代的 k 村吗?这不是
抓住我底长袖子
一面唱着春来了春来了
一面跳着跑着的那个野地吗?
——不知道有战争的永远的桃源——
但我却比预定更早地
匆匆地回到了人多灰尘多的街市。
是不是回忆使我住不下去了呢?

从北到南,从东到西
在这个没有止期的流浪的两年中间
不知道在什么时候
我两颊上的苹果不见了。
然而我知道
把它们抢了去的是谁,
而且这个可恨的手
和那个把这中国底,祖国日本底
千千万万的青年们和孩子们底那些
残忍地抢去了的手,
正是同样的一个。

我　我们
非把被抢了的东西抢回不可。
然而，靠着暂时的苍白的“休养”
那怎样能够得到呢？

妈妈呵
虽然可怕，但闭上眼睛塞住耳朵是不行的，
只有从燃烧的斗争底熔炉里面
总有一天罢，我们一定会夺取回来的。

然而，妈妈呵
就是您底女儿永远地失去了从您得到的苹果，
但也请您不要见怪罢，
因为那是为了
要在这大陆，那三岛，以及整个大地上
永远地丰富地结成光辉的红的苹果
因而未到时候就凋落了的
无数个无数个里面的仅仅两个的原故。

（原载于《七月》第4卷第1期，1939年）

思乡曲

[日本]吉田太郎
陈斐琴 译

在故乡，
那漏的茅屋里
等候着，
毫无希望的春天。
妻和女，
是如何的寂寞呀！

回想起，
前年离开家门时，
妻子啊，
给我那个保命符，
真可怜，
她为我祈祷的心！
这封信，
是我爱妻写的呀，
月光下，
看着不觉泪直流。
我的心，
飞到难忘的故乡。
你走后，
小孩每天叫爸爸，
春天哟，
虽然又回到人间，
但是呀，
母子们的春天呢？

（原载于郝雪廷《国际友人与爱国华侨在武乡》之《吉田太郎：从顽固军人到反战勇士》，山西人民出版社，2011年）

给朝鲜的少年

黄药眠

啊，你朝鲜的少年
让我们来亲热地握一握手罢，
在你的眼睛里，我看出了你蕴藏在心头的，愤恨的怒火，
在你的额角上，我看出了你所经过的风霜的足迹。
朋友，你为什么这样憔悴，这样疲倦？你是打从那儿来的呢？

你是从那山林密处，偷过了鸭绿江的急流，当北风要吹倒行人的时候，你背负着行李，爬过了那披满着白雪的长白山峰，然后又漏过了敌人的盘问，翻过了那古老的长城，辗转的才到达此间？

抑是你匍匐在轮船的舱底，就这样渡过了东海，来到黄浦江，来到香港，再来到这南国的山城？

是的，你一定碰见了不知多少的追索，检查，威吓，危难，才达到了我们这受难的南方！

请你告诉我罢，
朝鲜的少年，
请你告诉我你的国度里所有的消息！
我们都愿意静听，静听，
你那汉城的街上也有着许许多多的男男女女拿着旗帜示威么？
你那里耕田的农夫也已拿起了锄头当作了武器使用么？
你那里的士兵已掉转了枪头刺杀了敌人的军官么？
你们那里的人民大众也已知道我们中国已发生了伟大的斗争？

请你告诉我罢，
朝鲜的少年，
你一定从你的国度里带来了许多动人的消息！
那站在流线型的汽车旁边，赤着背，纤拉着车儿的朝鲜兄弟，
是时候了，今天应该是你们翻身的时日！

远在五年前的冬天，在一个远方的国度里，大雪在风前疾走的时候，我曾经在一间斗室里第一次碰见过一个朝鲜的少年，他告诉了我一些朝鲜的消息：在那儿丈夫要得看着妻子受人侮辱，每个人都得伛偻着背脊，连叹息和不满都变成了罪名……

也是在冬天，我乘着轮船从日本海赶回故国，在东方，我看得见那浓雾里闪烁着日本国境的灯光，然而在西方则是那么一片沉黑，沉黑，我穷着目力想去发现那儿的海岸，我脑子里又重温着从前那位朝鲜少年所告诉给我的朝鲜的事……啊，这悲哀的三千里的山河，那里面发生了多少流血的，和不流血的悲剧！

从这以后，我就再没有看见过朝鲜的朋友，一直到今天！

但是今天，
当我们在遭受着苦难的时候，
当我们正在和敌人死与活地斗争的时候，
我又碰见你，另一个朝鲜的少年！
我不知道为什么，
我一看见你，我就感觉得十分亲热，
虽然我还不懂你的话语，
虽然我们还得做着手势交谈，
但我们早就好像十分了解。
难道我同你不是一向就受着贫穷的重压？
难道我同你不是一向就有呵责来灼热我们的面庞？
我觉得，
在我们的血管里同样的有复仇者的血液在奔流，
在我们的面前有着同一的仇敌！
感谢你，朝鲜的少年，
感谢你，这样冒险离开了你那熟悉的家乡，来到这陌生的国度，
感谢你，带着这样侠义的精神，来奔赴我们的国难！
但是很抱歉的，我们对你没有什么好的招待，
因为我们今天正在斗争和乱离的时候！
我们的房子已给敌人烧毁！
我们的家人儿女都已给敌人冲散！
但是难道你是为着了舒适而来么？
不，我知道，你来到我们这里是为着了自由，为着了斗争！

也许你会有点儿失望罢，
当你看见了我们这些破瓦残砖，这样多零乱的屋宇，
当你看见我们这儿的许多伤兵病民到处流离，
但是你也得看一看那炸毁了的瓦场上新兴的房屋，
你也要听一听那整齐地排列着的壮丁的呼喊，
听一听那千百成群的少年的呼声！

是的，我们都是慌乱中挣扎出来的粗野的孩子，
我们有着热烈的心肠、壮健的手臂，
虽然我们吃的是粗粝的饮食，穿的是褴褛的衣衫。

但是朋友，你为什么总还是呈露着一些焦灼呢？
你也许还在留恋着你那回不去了的故国？
或是因为初到我们这里感觉得有些不安？
是的，也许前方的战讯已激动得使你不能久待……
但是朋友，你再也不要去留恋你那故乡的父母兄弟，

就使你能伴着他们时，他们还不是一样的受着敌人的驱遣？
你在这里，这里四万〖万〗五千万人都是你的兄弟，
在这里再也没有什么法律来拘束你的手脚，侦探跟在你的身边，
你在这里应该仰头望着天伸一伸腰，
你应该捏紧着你的拳头吐一吐气，
我们要排列好我们的队伍，
欢迎你，这远道而来的国际友人！

是的，你要复仇，
这里正摆着了你所需要的武器，
这里有着步枪，刺刀，机关枪，大炮……
是的，你将来，一定还要回去，
你要挟着这些步枪，这些刺刀，这些机关枪和大炮组成了铁的队伍，
重新爬过长城，爬过长白山，渡过鸭绿江，回去，回去！

于桂林

（原载于《抗战文艺》第5卷第1期，1939年）

你是义勇的战士

——给前方朝鲜〖义〗勇队同志们

[韩国]李斗山

你是义勇的战士，义勇的结晶！
义，不容你沉醉在“沙泼”上躲卧，
勇，不许你缄默在斗室里蛰伏。
你像火块似的热烈，
你像电气似的飞跑！

呵！我年青的同志们记〖的〗吧！
我和你在羊垣拍案起时，
珠江风月怎敢来留恋我们的飞步；
白云山林也不敢遮着我们北上的路。
那时的血潮，还在你和我的心脏鼓涌着！

战士们，鸭绿江水等着你早点来，
涤你青龙刀上仇血班[斑]痕；
同志们，东海水候着你快点来，
洗你沙场上炮烟污泥的身躯。
你是义勇的结晶，去吧向前去！
死也是“永生”，生也是“求生”，
这是无上的光荣，也〖是〗人生的最高理想。
阿，年青的我的“成”弟呀！
我愿你单刀直入，冲渡鸭绿江，
快把母亲的荒墓扫除扫除，
早把徘徊路傍的父亲安慰安慰吧！
你是义勇的战士，我让你赶上报仇！

阿，一儿呀，你不顾虑我这你的父吧！
我和你为着神圣而死，是我的理想，
若你违着这理想，就给我痛心的。
我若不幸，不先你死，
给我摩看你的名字刻在烈士墓碑上吧！
这是你对我的“孝”，也〖是〗我的至愿。

二儿呀，我已知你在火线上搏斗，
我的喜□混着三杯酒，雀跃在我的心窝，
你杀一个，我酒一杯；杀两个，我饭六个大碗，
二儿呀，你不给我吐饿吧！
若你没战迹，我怕我的营养不足呀！
你是义勇的战士，多出些勇敢吧！

一九三九三月五日于桂林

（原载于《朝鲜义勇队通讯》第 6 期，1939 年）

朋友，你去吧

——赠别朝鲜义勇队吴民声同志

雷石榆

朋友，你去吧，
你常涉北国河川，
踏破中原肚腹的脚跟，
需要不息地奔驰于战场，
奔驰于铁血交迸的前线。
你的两肩
负着朝鲜革命的桥梁，

负着中华民族解放斗争的杠杆。
你不能停息在狭隘的环境里，
你不能呼吸一瞬间沉闷的空气。
朋友，这样你就要走了，
你去吧！
我没有送行的礼物，
让一颗赤心烘着你热情的胸膛，
为伟大的革命事业，
闪耀我们光荣的光芒。
将来有一天，
我们的再见，
是一对笑颜，
互闻着胜利的花朵！

一九三九，三，十于话别一刻中

（原载于《西线文艺》创刊号，1939 年）

我要回到金刚山

[韩国]若曦

我要回到金刚山，
我与金刚山已离别了十年。
我要回去看一看，
她是否还是昔日的容颜。
错杂的山谷，
峭立的岩石，
绿阴的夹道，
潺潺的溪涧。
啊！是这样的巍峨而幽美哟！

我要回到金刚山，
我与金刚山已离别了十年，
我要回去看一看，
她是否还是昔日的容颜。
兽蹄踏身躯，
鸟迹污颜面，
谁人来安慰，
谁人来仰瞻。
啊！是这样的孤独而可怜哟！

金刚山啊！
当我离开您的那一年，
那一年的春天，
那时杨柳初绿，
草儿初青，
野花儿初露脸。
当一个清醒明媚的早晨，
您是默默无语，
成[我]是珠泪涟涟，
是这样无情的离开了您的身边。

当我离开您的那一年，
谁□这一别——一年，两年，三年……
到而今还未能和您见面。

我只有气愤，只有悲惭，
待不久的将来，
待明天，
唱着前进的歌曲，
奏着壮烈的凯旋，
铲去兽蹄，
除掉鸟迹，

将长此和您作终身的侣伴。

（原载于《朝鲜义勇队通讯》第10期，1939年）

献给前线的同志们

为和

1

你们是义勇的战士，
你们是杀敌的先锋，
在你们利剑的挥动下，
那人类的刽子手已在颤栗了。
战斗吧，
祖国需要你们这一群。

2

同志们，不曾看见吗？
在祖国富丽的庄园上，
长满了茂盛的稻。
在那些繁嚣的城市中，
粗大的烟筒一天天的增多了。
但是哪！
露着苍白面孔的枯瘦人儿，
却填塞了每一个大小的街头，
他们已无力嘶喊，
只是在招着手，
企待你们早日到临。

3

同志们，不要忘记吧！

三十年来劫夺祖国的强盗，
不正是面前的敌人吗？
三十年来流浪的苦生，
不正是敌人的“恩赐”吗？
三十年来的仇恨哪！
要用你们的热血来洗雪。
三十年来的血债哪！
亦只有要求血的抵偿。

4

战神在告诉我们，
“没有战斗，
便没有生存”。
同志们，冲吧！杀吧！
在鸭绿江的那一边，
已排好了火线，
只等着你们去引燃。
同志们让那血火烧吧！
烧，烧，烧，
烧到富士山巅。

5

勇敢的斗士们，
前进吧！
看，
透过炮火的烟雾，
那白衣的安琪儿，
不是在拥着笑脸吗？
新的、幸福的朝鲜，
就将出现在你们面前。

（原载于《朝鲜义勇队通讯》第 15 期，1939 年）

我们永恒地携起手

——献给朝鲜义勇军的同志们

沈静芷等

这是一个伟大的时代
新的再生，旧的毁灭！
在西欧，在东亚——
提克斯拉夫，
阿比西尼亚，
阿尔巴里亚，
奥大利和中国，
先后卷入了
战争的澜涛，
那么沉痛，那么惨刻，
被分割一块肉，
被充做了牛马！
阴霾更加哭丧，
“炮弹代替了面包”。
血腥底法西魔鬼呵，
是鸩毒，
是针刺，
是斑斓底猛虎，
是吮血底妖狐！
午夜里挣扎着明天，
贫血底脸上显现出红颜，
真理在混浊中体现。
希望啊，希望！
靠近了明天，

弟兄们，同志们，
握手了！
朝鲜的义勇军，
中国的抗日伙伴，
我们
不去等待明天！
我们为了被压迫的弟兄，
为了被压迫的姊妹，
为了被压迫的子女，
为了被压迫的命运，
为了开着解放的花朵，
独立的花朵，
新的一代的花朵，
为了祖国，
为了全人类独立和幸福！
我们起来了，
成长着，
跳跃着，
欢呼着，
战斗着，
燃起革命的火舌，
焚去一切可耻的罪恶！
真的起来了，
战斗坚强了我们，
在炮火中洗了一把澡！
东方的，西方的，全世界的，
每一个角落的被压迫的民族，
都在热望着我们，
织成灿烂的一页，
光照着他们，
把耻辱去洗雪，
这是人类底福音，

流尽我们的酸泪，
流尽我们的热血，
这东方睡狮的一声怒吼，
扫去一切法西斯魔魅，
洗尽我们最可耻最污垢。
我们握着友爱的手，
兄弟们，同志们！
一个真理，一个目标，
也只有一条生路
和一条死路。
铸铁炼就了钢，
在这一革命的熔炉，
我们永恒地
握着友爱的手，
兄弟们，同志们，
我们别了，
我们别了，
踏着胜利歌声的节拍，
在汉城，
在南京，
在长白山头，
在图们江边。
我们再见了，
我们再见了！

一九三九，六，二〇　贵阳

（原载于《朝鲜义勇队通讯》第 18 期，1939 年）

扬子江

——敬赠中国的战士们

［韩国］金维

扬子江，
扬子江！
中国的动脉扬子江！
几千年一脉的洪流，
培养了中国伟大的力量
过去啊，
你曾高唱着和平、自由、解放；
你光荣斗争的历史，
已证明了你始终在和人类的公敌猛扑着；
而今啊！
炮火烽烟在笼罩着你，
虎豹豺狼踏在你身上，
吸吮着你的血，
吞噬着你的肝脏——上海，南京，武汉……
你只有挣扎，怒吼，咆哮。
中国的生命扬子江啊！
掀起你汹涌的巨浪
向着那万恶的野兽猛扑吧！
为争取民族生存的战士们，
为求自由求解放的朋友们，
扬子江的洪流在启示着，
只有奔腾你的革命的怒潮，
向着东方迈进。
听吧！扬子江的怒涛在咆哮，

看吧！扬子江的浪潮在奔腾。
她已警醒了沉闷的大地，
唤起了千百万的民众。
勇敢的战士们！
扬子江的流水正象征着你，
你们的血——浪涛，
你们的呐喊——咆哮，
你们的意志——洪流；
为了人类正义、世界和平，
非把一切危害人类的野兽消除，
永久奠定下世界和平的基础，
只有奋斗，决不罢休！

（原载于《朝鲜义勇队通讯》第19、20期，1939年）

日本人民的反战诗

仓夷

一年啊，又过了一年！
这惨酷的战争啊，喋血方酣！
进，进，前进的征途无限，
战友们不断的死亡——昨天接着今天！
我们渺茫的命运呵！更有谁来预算。
每天每夜，
我们都沉沦在痛苦的深渊！

什么是王道乐土？
不过是专制恶魔的欺人术语，
看吧！八年前的满洲，
已留下了许多实例，

那虚伪欺诈的和平，
对我们究竟有什么赐与?!

从残秋到了严冬，
在零度下的酷寒当中，
那无辜的民众们，
正受着难堪的苦痛。
这是错误的侵略战争，
起来,日本的战友们!
我们的前途是只有和平!

起来! 日本的伙伙[伴]们!
为了得到真正的幸福!
为了真义和自由的实现!
打倒法西斯军阀的重责，
是落在我们的两肩!
建设新日本,就在伟大的明天!

寄自西战场

（原载于《新华日报》1939 年 8 月 25 日）

八二九

[韩国]重光

被蹂躏的国耻日，
八月二十九日哟!
从悲惨的八月二十九日起，
人面兽心的日本强盗，
霸占了美丽的朝鲜，
吮吸全民的血，

剥削全民的肉，
榨取全民的汗，
迫得颠沛流离！

美丽的国土上，
成群的纵横到荒野！
从八月二十九日起，
爱国的大众们，
跳跃着，
向日本军阀，
向日本财阀，
向韩奸走狗，
打击，暴动，暗杀！

如今
不愿做亡国奴的人们呀！
打断钢与铁的锁链，
团结起来，
向着光明的道路前进吧！

（原载于《朝鲜义勇队通讯》第 24 期，1939 年）

一年来的成长

为和

时代驱着轮子，
转向新的方向。
生长在东亚的人们，
为了迎接新时代的降临，
都在热情的拼着血肉，

与那罪恶的反动者，
做无情的搏斗。

在这斗争之群中，
出现了一个光荣的队伍
——朝鲜义勇队。
这个队伍
是三千万不愿做奴隶的人们
用血肉当做水土
所培养起来的啊！

朝鲜义勇队是在炮火中
诞生，成长而壮大起来的。
因为她在炮火中诞生，
所以充谥[溢]着先天的战斗性；
因为她在战斗中成长，
所以格外的坚毅和英勇。
在南北各战场，
她的名字何等响亮；
在亚东晴朗的太空，
她那正义的旗子，
亦在高高的飘扬。

一年来的奋斗，
现示了她伟大的力量。
在敌人心中，
他们投进了无形的精神炸弹，
千万个敌兵在喊着：
“朝鲜的弟兄们，
我们将履你们的后尘”。
但亦曾激动敌阀羞怒的狂吼：
“一个队员的头一千元。”

（这正表示着它们的惶恐）。

一年的成长，
她已变成壮健的孩子，
在今后，
她将更有力的奋斗，
因为她还担负着
“民族先锋”的重大任务！

（原载于《朝鲜义勇队通讯》第25、26、27期，1939年）

我们是朋友

——给日本反战的弟兄们

白易

屠场
在制造着罪恶，
昼夜不息地高涨工作，
赤血将变成大海了。

踢碎黑暗与阴影，
你们无畏地前进着，
到自由的土地上，
为自己为同胞去寻找一颗光明的石火罢。

以我们坚决的意志，
在强暴世界上
竖起人类的真理纪念碑罢，
因为宇宙快不呼吸了。

宁愿喝一杯毒酒安然死去，
不在狡狯的手上乞取
一块肉，一瓶酒。
血，汗不能无辜地流……

你们从军阀们压迫
醒来了，诅咒着，
无耻的贪婪的侵略战争，
让阴谋家在我们底脚下死灭吧。

从工厂，田庄，城市，
你们拾起唯一的武器，
锄头，镰刀，木棍……
去！给侵略者以致命的打击！

（原载于《笔阵》第14期，1939年）

记一位朝鲜同志的谈话

逢美（钟逢美）

李熙彬，
一个陌生的面孔，
凝上一群祖国的孩子的目光，
变成一副兄弟的
稔熟的颜面了，

微红的脸，
对着这一堆奇异的目光，
好像一个被豺狼拖去的小孩子

从黑夜的森林
逃到了家，
无限的欢喜
混合着一层耻辱的颜色。

他说：
“很久，很久
我们就盘算着
计划怎样逃脱……
已经一年了，
我们生活在禽兽的营盘里……”

“我们不知道我们的国是怎样灭亡的，
因为我们还没有出生
我们早就做了奴隶，
感谢日本的禽兽，
它在中国的土地上，
让我们看见四十五年前
那一个同样残忍的情景，
它开始给今天
每一个亡国奴的心上，
燃起了四十五年的仇恨……“

祖国的孩子们
听吧，
坚决的把手伸过去，
握紧我们的兄弟……

一九三九·十·十三　晨

［原载于《西线》（山西）第2卷第7期，1939年］

北行者

雪原

他们去了！
向着寒冷的北方。
为保护雪地下迎春的绿草，
为人类的自由正义真理。
他们去了！
向着北方雪寒封锁着的北国。
漩流着的战斗者的热血，
将温解北方的寒冷，
突破大地的黑暗。
为扫荡大地的悲哀，
展开着伟大的斗争，
为人类的正义。
他们去了！
向着北方被敌人占去的土地，
抛弃了自己的一切，
摸着寒冷的沙漠风；
为突进三千里原野，
为收复悲哀的国土，
展开庄严的复仇战。
为人类的理想。
他们去了！
向着广大的北方，
为保护雪地下新生的绿草，
为争取人类的自由、正义、真理。

雪原于一九三九，十二，二八

（原载于《韩国青年》第1卷第2期，1940年）

朝鲜义勇队

力扬

我们是朝鲜义勇队，
我们一百二十个，
从帝国的鞭挞下，
从哭泣着的国土上，
从海的那边，
走向斗争的中国。
从辽远的年代起，
中国和朝鲜，
就是最亲切的兄弟。
今天，
中国和朝鲜
呼吸着同一的痛苦，
呼吸着同一的仇恨。
日本帝国主义
带给我们朝鲜的一切灾难，
也在带给我们亲爱的中国。
为了中华民族的解放，
为了在血泊中
呻吟着的
悲哭着的
愤怒着的
朝鲜民族的独立、自由，
我们在中国的土地上，
向日本的法西强盗搏斗！
和中国的兄弟们
在同一的战场上一起战争，
一起流血。

西班牙的
国际正运用铁手!
扼住那人类叛徒
佛朗哥的喉咙;
我们要用正义的子弹,
射击那东方的暴君!
我们已经把斗争的手臂
伸给中国,
伸给我们的朝鲜,
伸给西班牙,
伸给全世界的兄弟。
中国的兄弟们,
已经用鲜红的热血,
预约了光荣的胜利,
在我们朝鲜的
白头山的森林里,
图们江的原野上,
我们朝鲜的千万兄弟,
已经从三十年的仇恨的日子里
站立起来!
在——
被法西斯的血腥所涂抹过的东方,
我们和中国的兄弟,
正准备着一个胜利的血战。
我们要从血泊中
站立起
新的朝鲜,
新的中国,
新的世界。
我们是朝鲜义勇队。

［原载于《军事杂志》(南京)第 112 期,1939 年］

中国在战斗

[苏联]君士特

绮云 译

冷酷的敌人在蹂躏中国的躯体
然而,中国的心——却还热着哪
多少的艰苦呵
这国家在担当着
使人不忍目睹
勤劳之邦
善良之人的国度
你的工作被破毁了
垒垒的频添了
多少无名的坟墓
你呵,在血泊中悸动
但是,你在做着
正义的事情
你保卫你自己
你所有人民
奋起英勇
准备为祖国而战
不,这血——不能白流
你要为这血债来复仇
你伟大,你公正
所以你呵——必然战胜
是第二个年头了
中国在凶狠的野兽蹄下呻吟
是第二个年头了
中国在战斗
是的,对敌人的惠施

是不会屈服的
他的人民
是光明正直
血流成河
尸骨堆山
这是暴兽
在他路上的遗留
但是中国要
赎回这冤仇
暴兽从膺惩之前
逃也〔不〕逃不及
时候近了
结算暴行的血债
时候近了
把强夺的血账清偿
中国已撕断了
暴兽的翅膀
那暴兽情愿
给战争个下场
显然是销沉了
暴兽的步法
渐次松缓了
那武士道的阔步
常是不敢回顾的
从中国军的面前
狼狈逃窜的
胆怯的敌人
先给了她一拳狠的
是在枣阳[庄]
这样的胜利
今后还多得很呢
中国已展开了

强壮的巨翼
暴兽在膺惩之前
逃也逃不及
带着鲜血和清泪
他办[辨]清了自己的路
在每滴的血泪当中
长成了复仇的力
对于非人的压迫
中国人不能忘
自尊心和力量
在中国还很壮

在东半球上
在远东地方
有一个国家
名称中华
关于这国家
有多少美妙的故事在人间留传
人们之知道他
像是一处诗意天苑
但是这算不得是
这远东之邦的特长
仅这优异的情调
还道不出中国的富丽堂皇
中国的优秀——是凭他的人民
在中国的内里
还有广大的富源
和无限的宝藏
固然在中国
还没修起天堂
但他对他自己的幸福
正在拼命的铸造

这国家在复兴
不会灭亡
这国家会找得到
他自己的幸运
这国家了解自己
这国家相信自己
坚定的
屹立在正当的路上

对自己的人民
中国是可以骄傲的
虽然说他的人民
是在重荷着艰苦的岁月
人民憔悴——
在暴兽的蹄下
城市在燃烧
血像河水似在流荡
但是人民总不低头求降
他们知道
为了正义
得厮杀下去
这国家在捍卫
自己的利益——
这国家在粉碎
敌人的进袭
自己拼——
反对敌人!
为了世界的和平
他在征战
中国被破坏着
中国受着折磨
但是不可能

谁想把这国家来灭亡
生命的脉膊
不会低降
中国将再生——
他精魄强壮
他永久的生存着
全世界期待着
这决斗的终局
也有那样的国家
在等人家的危亡
但是，也有朋友
他们相信中国的胜利
并且忠实的
来中国帮忙
现在中国在集合
自己的力量
这国家正在努力
使自己强大茁壮
这国家明白自己
他相信自己
胜利近了
欢乐的时日近了
但淋漓而流出的
中国人民的血
是为他自身
在怒吼着
这血呵——
是中国民众生有的
她是不肯
轻易就流的
走狗汉奸们
背叛了祖国

任他们替敌人效力吧
他们是小鬼头
妨害不了
我们最后的胜利
他们昏聩了
在人民的圣血之前
他们变成了狗
人民的疾苦
打不动他们的心
他们遗弃了他们的国家
在远东
血水流成河
在远东
人民受着危难
焚烧城市
杀戮儿童
为生存和幸福
战争在那里进行
强盗侵犯了
正义的国家
强盗摧毁她
并且凌辱她
但是伟大的中国
还保有自己的力量
他凭他自己这力量
向胜利迈进

（原载于《中苏文化》第 4 卷第 2 期，1939 年）

手溜弹之歌

[苏联]V·古谢夫
铁弦 译

我向你们，诸位弟兄
讲一讲哈桑湖那个地方，
手溜弹，我的飞快的小鸟，
怎样地在那里打了仗。

喂，手溜弹，喂，手溜弹，
我和你不会灭亡。
手溜弹，呀，我们把任何的敌人
击中，炸光！

日本鬼进攻的时候是什么样，
从每个裂隙里向外爬行。
我们用自己口袋里的小炮
向着他们抛扬。

日本鬼退却的时候是什么样？
他们吓得往树丛里躲藏，——
手溜弹从张鼓峰顶
送了他们一场。

弟兄们，法西斯威胁着我们，
他调集着师团。
喂，飞去罢，我的手溜弹，
把法西斯要撕得碎片飞扬！

我们掌握着武器，

这道路我们熟习不忘，
我们会用手溜弹，
痛打敌人一场。
喂，手溜弹；喂手溜弹，
我和你不会灭亡。
手溜弹，呀，我们把任何的敌人
击中，炸光！

（原载于《抗战文艺》第4卷第5—6期，1939年）

送八百战友

方行

二月十二日，广州敌军中之鲜籍士兵因不堪敌军压迫，大举暴动，击杀敌军官甚多，敌调大军包围，始告平息，当时捕获崔长贵、李永吉、金振韩等八百人，将为首者处以极刑，其余押解回籍究办。这种反抗强暴的义举，真令我们感动、兴奋！这里，谨向我们的八百战士致敬！（报端载鲜籍士兵的"士兵"，是系便衣队或工人，本社未接确报，因没有鲜籍正式军队故也。——编者）

谁是敌人，
谁是朋友，
今天，
你们看得清楚，

三十年的悠长日子，
是那样的残暴、惨毒，
你们三千万同胞，
已容忍下无穷的仇恨、愤怒！

日本强盗——东方的法西斯，

迫你们同胞用生命，用血，
替它写下“武士道”的“维新”历史，
——帝国主义吃人的故事！
要你们替“天皇”造福，
要向中国宣扬“王道”，
要把中国征服，
要你们来中国替“皇军”的死！

你们没有糊涂，
这里是广州，
这里是你们兄弟民族的国土；
在这广大的国土上面，
有你们真正友邦的中国兄弟，
打击那东方暴徒！

你们反转方向，
换了脚步，
你们的枪口，
已瞄准真正的敌人射出！

六七年来，
你们千百万的同胞，
不再驯服、忍耐，
越过鸭绿江，
渡过黄海、东海，
在兴安岭、长白山，
在松花江畔，
在中华民族的国土上，
和中国的兄弟一起在受苦，
一起在争取中韩两民族的解放前途！
现在，
敌人又拘押你们回去，

回到你们的国土；
你们不怕威胁，不会屈服，
要带领你们三千万同胞，
从敌人的心脏冲出！
三十年的血史，
今天，
要用血去结束！

去吧，
你八百个英勇的朝鲜战士！
我们遥向你们祝福！

（原载于《东方战友》第7期，1939年）

广州市朝鲜兵反战

天风

表的是敌人占了广州城，
开来了许多朝鲜兵。
其中有个崔长贵，
为人能干又忠诚。
自从来到中国后，
走遍了上海和南京。
他眼见日军到处行残暴，
奸淫烧杀任意行。
他明白了中国抗战是求解放，
那日寇蛮不讲理只是逞凶。
他想到朝鲜亡了四十余载，
百姓们的苦痛说不清。

看起来中韩两国要联成一气，
打不倒日军阀谁也不太平。
我崔某本是顶天立地男子汉，
决不做醉生梦死的糊涂虫！
我定要联络众弟兄，
不打中国打日兵。
只要是中国抗战得了胜，
朝鲜的独立解放也成了功。
他果然时时留心找机会，
团结朝鲜众弟兄。
慢慢的各位弟兄都觉悟，
反战团体组织成。
皆因为日本军官监视得紧，
没得机会把事行。
这都是以往的事情且不表，
我且把敌人占了广州的情形明一明。
虽然说我军退出广州市，
一个个都成了游击兵。
又和民众结成一体，
扰乱得敌人坐卧不宁。
顾不得防备朝鲜众兄弟，
崔长贵一见喜心中。
这一天夜半十二点，
猛听得枪声四起震天惊。
又听得大声人呐喊，
朝鲜兵冲出了广州城。
寇将闻讯吓一跳，
带兵追赶不消停。
朝鲜兵一面打来一面退，
众寇兵紧紧追击不放松。
双方打了一天整，
不分胜败与输赢。

寇军官又调来海军陆战队，
四面包围不透风。
也是那朝鲜军没和我军连络好，
因此上他们大半作了牺牲。
八百位朝鲜志士被逮捕，
一个个五花大绑上了绳。
押在刑场来枪毙，
崔长贵头前第一名。
高声喊“中韩民众快团结，
打倒那日本军阀享太平！
独立解放万万岁，
永远不再受欺凌！”
啪啪啪枪声不断连珠响，
众豪杰应声倒在地流平。
劝同胞杀敌务要多努力，
才对得起朝鲜殉难的众位英雄！

［原载于《通俗文艺》（成都）第15期，1939年］

反战同盟会歌

佚名

一

广大世界听，人类幸福声。协力共宣传，同盟会日兴。

二

反对侵略战，自由平等天。快快早成立，同盟会务全。

三

我们全体劳动者，打倒日本法西斯，中日民众同努力，实现世界大和平。

四

喂，日本的战友们，你们作战是为谁，即时觉醒呵，借此机会加入呵，我们的同盟会。

［原载于《生力旬刊》（福建连城）第2卷第7—8期，1939年］

南大门

［韩国］金丽水

尹为和 译

庄丽古老的南大门巍然雄立于汉城最繁荣的一隅。不幸朝鲜亡国之后，所有的城门都被拆毁了，此独有仅存的南大门、却成了祖国的背影。然暴日高压的魔手是无孔不入，自亡国那日起，国人已失去言论的自由。志士们怀祖国，愤恨暴日，只有诉于无形的诗文。在此篇慈［悲］愤缠绵剀切动人的诗文中，可以看到朝鲜人民深埋不灭的民族意识，而此种高度民族意识，将成为明鲜坚固的复国基础。

锦绣，慈祥，幸福的故都——汉城，
怀抱着庄丽古老的南大门。
正如青年抱着他的爱人，
衷心充溢了无名的欢欣。

十年来极苦生涯，
我怎样挨过了呵，
夜雾中默默伴守古城的南大门，
坚实地支持了我尚存一息的神灵。
古城内的人们都同我一样，
抱着愤郁得要爆烈的胸，
病夫般徘徊街头。
谁能安慰他们，
唯有庄丽古老的南大门。

我被幸福抛弃了！
举起铁拳咆哮最后怒吼。

茫然中仿佛听到她的密语：
“忍耐吧！准备吧！
光明，幸福，就在不远的黎明。”

同胞，若启开你们的心扉，
亦将听到茫然中的密语：
“久待失望的人们呀！
准备吧！东方已将黎明！”

我闭着眼睛默望南大门，
千万无辜的人们在那里筑起祭坛，
虔诚的祈祷着：
“巨人来吧！
自由，幸福，光明的日子来吧！”

我携着心爱的女儿——福顺，
很早的清晨又走过南大门。
她，伴过我们的祖上，
并将伴着我们的子孙。
她，有父母般的厚爱，
并有预言的威权。
我们伫立在她的面前，
谁忍心向她于别！

［原载于《国际与中国》（桂林）第3卷第3期，1939年］

蒙古进行曲

佚名

弩箭牢实挽起，
谁来挡住我们的路，
我们将坚决的和他拼命。
事——光明的事，
光明属于自己的！
强弓拉开幸福之门，
利镞射进自由之路，
把我们古代的历史，
印刻在我们的脑府。
我们这个躯壳，
是成吉思汗的血。

［原载于《现实》(上海)第1期，1939年］

自画像

［韩国］徐廷柱
尹海燕 译

父亲曾经是奴隶
深更半夜还不见归来
只有白发苍苍的奶奶
和一株枣树站立着
母亲临产前渴望吃一颗酸杏
然而……泥墙上挂的煤油灯下

她的儿子却有着黢黑的指甲缝
都说我长得就像那甲午年间出海而一去不返的外公
有他那茂密的头发和大眼睛
足足二十三年
养育我的几乎只有风
这个世界
活着活着也只有愧疚而已
有的人从我的眼睛中读到了罪孽
而有的人从我的口中读到了蠢笨
然而
我决不会留下丝毫的悔意

在某个金光灿烂的早晨
额头上凝结的诗的露珠
总是还掺杂着几滴鲜血
正如那无论在阳光下
还是在阴影里
都垂着舌头的病恹恹的公狗
我气喘吁吁地走到如今

（原载于韩国《诗建设》第7期，1939年；译文摘自尹海燕编译《韩国现代名诗选读》，民族出版社，2006年）

早春

[日本]小野十三郎
李芒 译

人们都会窒息，
猛烈的风在呼啸。
这么寒冷啊，
竟然望不到一只飞鸟。

然而，据说鹬鸟和白鹡鸰
许许多多都已飞来。
季节还早啊。

广袤啊，
一片枯槁呀，
去年此刻也曾走过这条远道。

苇和芦究竟有什么区别，
恐怕是有区别的，
那又是为什么？

远方的铁架、钢骨，
是何处？
那是藤永田造船厂，
是驱逐舰吧？

大海多么清澄，
激浪滔滔呀，
走过去瞧瞧。

1939

（原载于《世界反法西斯文学书系·日本卷2》，重庆出版社，1992年）

不停地说下去

［日本］小熊秀雄
李芒 译

我并非向你提出抗议，
——是因为你说我的诗是饶舌。
我现在是幸福的，

因为舌头还在转动。
我清醒地晓得，
沉默就是一种屈从。
我也晓得，
沉默绝不等于表明什么思想感情。
因此，我要说下去，
年轻的诗人啊，
你也要说个不停。
我们要不管那些沉默的人们，
向前猛冲。
装腔作势的诗人哟，
还有那看错事实的批评家哟！
假若我真在饶舌，
那你该是什么
——你不正是语焉不详吗？
我害怕把同样的语言
重复一遍，
而饶舌，却是把同样的语言
反复说上二遍、三遍，
甚至四遍。
我的诗从未强制读者来接受，
因为我没有那种权力。
只要读者坦率地颔首，
我就达到了作诗的目的。

我是在为谁鼓劲——
你又是为谁嗫嚅不清？
假若你是为了无产阶级才舌头失灵，
那就成问题了。
列宁说得好：
——在集会上保持沉默的人，
就可以认为他没有意见。

谁也不会撬开你的嘴，
要你讲说阶级的事情。
我们现在很忙，
——还有发言的吗？
那就是没有意见，
就这样决定了。
同志哟，我们要这样进行工作，
我，为了维护发言权，我要诉说。

读者啊，
蔷薇没长嘴，
用香气对您的鼻子诉说，
月亮没长嘴，
用清辉对您的眼睛诉说。
那么，
诗人应该用什么诉说？
四个女人
能够让一个男人保持沉默，
我们也要像她们一样，
用同伙的力量，尽情地诉说。
无产阶级诗人哟，
我们要尽情地诉说，
团结起来热烈地去说，
直说得敌人只能保持沉默。

1940 年以前

（原载于《世界反法西斯文学书系·日本卷 2》，重庆出版社，1992 年）

绝顶

[韩国]李陆史
尹海燕 译

严酷时节的鞭笞
终把我驱赶到北方

苍穹尽处的高原
我站在那霜刃之上

不知应容膝何处
寸寸步履,四面维艰

惟有闭目沉思默想
冬季好似铁铸的彩虹

(原载于《文章》1月号,1940年;译文摘自尹海燕编译《韩国现代名诗选读》,民族出版社,2006年)

你又来了

——为纪念"三一"节而作

[韩国]李斗山

那沙俄剩菜残羹的毒素
透过三月、十月的红线中,
尽化了灰尘无遗。

那凡尔赛的“和平”妖女，
挂着“民族自决”招牌乱舞，
在引起浪客的肉感，
掀动了“弱小”无赖抬起头。

这时，你骑着白头山松涛，
踏上半岛江山来了。
你给东海呼啸着巨浪，
你给黄海奔腾着洪涛。

低垂着的千万人的头，
抬起在眩[炫]目的光芒中摆动；
蛰伏在迷雾里忧郁的灵魂，
飞跑着，狂叫着，
电火一样飞跑，大海一样狂叫！

你一敲生命的大鼓，
播下了无数的“生”的种子，
使在廿一个年头的血泊中生长，
筑成了不可摧毁的阵营。

你又来了，你来看
那家乡，还在狼烟蒙罩的下挣扎呢！
但，阳春已到大地来了，
那血潮在涌，烈火在烧。
这一次，你一定看得到
我的爱，笑得像太阳的狂欢！

（原载于《新华日报》1940年3月1日）

悼森下九郎之死

剑魂

四月三日，敌机轰炸西安，大同学园反侵略剧团宣抚班长森下九郎，因病赴西北医院诊治，适敌机滥炸，森下亲睹本国军阀残暴，轰炸中国平民，极为痛恨！时炸弹声轰隆作响，森下竟惊惶失措，倒地身死，临终时称：余努力于反侵略工作已进二年，未想到军阀未倒身先死，望本会同志更加努力，唤醒日本全民等语，闻者莫不痛惜：

朋友！你生长在海外的东瀛，
为何死在中华民国的西京？
为的是：上国观光，投入你们文化由来的母国？
为的是：岛夷横悍，
想改变你那扁小狭隘的胸襟？

朋友！我知道你离开你的桑梓
和你可爱的家庭，
完全出于法西斯军阀的强迫，
三声惨痛的Banzai（万岁）之下，
断送了你纯洁的灵魂！
无情的鞭挞，
驱逐你如野兽的奔腾，
不容你丝毫的依恋，
不容你片刻的欢欣。
可怜你白发如银的父母啊！
忍将泪眼送亲人！

"不成骨灰，不得回祖国！"
这是何等残酷的丧钟！

谁知冲雍大雅的中华，
并不仇杀那嗜好和平的弟兄，
“放下你的枪枝，投入我的怀抱”，
这是我们最高的统帅的手谕，
也是我们爱好和平者待人的精神。
朋友！因此免成了“骨灰”的载送，
而投到了我的一视同仁的怀中！

“不到中华，不知中华的伟大”，
我也曾知道东邻父老羡慕的真情。[①]
朋友！你现在躬亲阅历啊！
黄河的浩渺，华岳的峥嵘，
民风的大雅，物产的丰盈，
还有那雨后春笋的建设，
众志成城的军民，
朋友！你才知道
“洋洋乎！大国之风”！

齐整我们的步伐，
攻破帝国主义法西斯的阵营；
团结我们的力量，
铲除资产阶级“东亚新秩序”的狺声。
方欣异国的朋友，为我竖起义声的旗帜，
召号那正供敌阀鞭笞的人群，
何期万恶兽机的炸弹？
摧毁我反战同盟的英雄，
朋友！可怜啊！
你作了“自作自受的牺牲”！

我们将秉着你那赍志以终的遗言，

① 作者留学倭国时，以坐车不花钱之关系，得以遍游各地，深入民间，常与有识之父老闲谈，均认我国为其祖国，并有“得生中华无任欣羡”之意。

用作求和平幸福的方针。
对于你那后死的乡亲，
我们愈加敬爱他，维护他，
使作我们同一抗战的先锋，
期杀尽扰乱东亚和平〔平〕的军阀。
折[拆]毁欺骗世界的鬼域[蜮]的魔宫！
朋友！试看吧！南北战场齐吼了，
胜利将在不久的时光降临！

胜利将在不久的时光降临，
我们放出那正义和平的异彩，
笼罩着你的故国的山村。
假使我随军远征再能踏遍你的祖国啊，
我将慰问你闺中的少妇，
扶植你失怙的儿童，
并请求国府恤养你倚闾失望的双亲，
使全世界知道我们中华民国，
是为着"人道""正义"而抗战，
并不是"孤人之子，寡人之妻"的无理的斗争！

朋友！安息吧！
待到凯旋之日，
再奠和平之酒，
遍植和平之花，
以妥你为和平而死的幽灵！

一九四〇，四，二五于西京写

（原载于《黄河》第1卷第4期，1940年）

献给小明弟弟[1]

毓华

小明，
六年前你诞生在中华民国的南京，
你带来无恨[限]的喜欣，
安慰了你那白发的阿爸和母亲。
朋友们都万分的庆幸，
因为你是那么的
忠厚，聪明，和善，沉静。
当东方弱小民族联合向共同的敌人开始全面的反攻，
你就走遍了中华民国的苏、皖、赣、湘、川、黔、闽，
想不到你就定[走]完了人生的旅程。
放弃你未来全部的责任！
我们拿出了所有的热情，
可是还温不暖你那脆弱的心灵。
好！你且作了我们的先行，
你不必哭丧拉脸，
为着暂别而伤心。
去罢！
亲爱的弟弟——小明，
祝你安宁！

一九四〇，八，一七　永安下岭

（原载于《韩国青年》第1卷第2期，1940年）

① 诗中的“小明”是韩国志士柳子明的儿子，病逝于福建。

我们紧拉着手

高汉强

我们被压在牢笼中枷锁着，
不知多少时候了。
好似一个盲者，
在黑暗中生活着，
失去了青春，
失去了人生的快乐。

民族解放的号角，
奏出了雄壮的歌声！
看！
鸭绿江畔，
玄海滩边，
掀起了巨大的狂澜！

中国和朝鲜
同时遭遇厄运的弱者，
这时该是
大家紧拉着手，
冒着暴风，
迎着狂澜，
在无边广漠的芜地中，
开辟我们的生路；
在暴风雨巨大的狂澜中，
把握着我们司向的舵；
在奴隶的枷锁中，
翻起我们自由的火花！

（原载于《东方战友》第18期，1940年）

日妇哭夫

德心

在一个秋天的月夜，
风是凄厉的，
吹袭着大地上的一切。
叶子被吹得沙沙的发响，
有的从母体脱离，
纷纷的堕下地来！
澄清的空际，
挂着一个无缺的月壳，
像水晶般皎洁，
发出银白的光茫。

一间芦苇垛成的屋舍，
孤单地立在一条小河的岸上，
她在这里独个儿守着空床，
春花秋月已经两年多。
这夜，她的缕缕情丝，
捆她坐在门檐的下，
默默的回忆着二郎的话：
"快要回来，
伴你赏着这□里的樱花……"
而一行一行的珠泪，
透湿在单薄的袖襟上。

她，抖颤着，
发出微弱的呻吟：
"二郎，我为了你，
我的青春将要枯凋，

我的健康将要毁灭了！
二年来，总没见字儿来的
是为着‘皇军’尽忠的结果？
是为着‘报国’的最后呢？！
这些无为的炮灰
有着什么意义！
炮灰，谁给你做炮灰呢？！”

一阵一阵的冷风，
只在侵袭这孤单的弱女身上！
哀怨使她血脉涨大起来，
一声“还我丈夫”的哭喊，
压倒沙沙的冷风，
而打破这秋夜的凄寂。

（原载于《东方战友》第18期，1940年）

赠朝鲜战友李斗山先生

穆木天

在暴风雨中，
我听见了你的琴音激扬，
在黎明中，
我听见过你引吭高唱，
你怀着一颗火热的心，
你坚定着争取光明的意念，
朋友，
我好象看见，
鸭绿江水在你心中动荡！
为东方民族的自由解放，
你在战斗着！

朋友，
我看见了你的姿容，
使我想到了我的冰天雪地的故乡；
我们的家乡只隔着一道水呀，
如同现在我们只隔着一道板墙。
大地是可爱的，
我爱我们的山林和原野，
我也爱鸭绿江那边的平原，
都是何等可爱的土地呀。
同时我也想到
强盗用同一条锁链拴住了我们，
同时我也想到
在我们的故乡里，我们的战友们，
以一种铁的誓约，
在同一个战线上艰苦地战斗。

在哈拉巴岭上，
在松花江流域，
在鸭绿江边上，
在故乡的到处，
朝鲜和东北的战友们，
是共同地演出了很多的奇迹！
在白雪上洒着无数的战友的鲜血，
朋友，那血是伟大的！

朋友，
你的歌声，在暴风雨的夜里，
使我想像到在热带阿美利加的那个灯台守[①]！
可是我们祖国不是波兰呀！
我们也不是为别人守着灯塔呀！

① 灯台守，为波兰小说家显克维支小说《灯台守》的主人公。

我们在为光明战斗着！
我们的灯塔是我们的！
那是东方民族解放的伟大的灯塔！
那是人类解放的灯塔呀！
我们的探照灯照耀着我们的战斗的路，
我们的探照灯也要照破敌人的阴谋！
我们是一时都不敢懈怠呀！
东方各民族联合在一起，
共同守卫着我们的灯塔呀！
我们的灯塔是伟大的！

朋友，
清晨中，
看见了你的无言的散步，
我像是看见了你的心中的苦闷和狂热，
我知道你的心中的风暴，
我也无言地想起我们的故乡，
那里的雪地上的血迹，
我也像是在风暴中见到新的光明。
守卫着我们的灯塔罢！
东方民族解放的灯塔，
是要我们守卫着的！

朋友，
我们要紧紧地握手战斗呀！
在我们的岗位上，
东方各民族的战友们，
无言地或者是高歌地，
是要更热烈地握手的！

一九四〇年十月二十七日于施家园

［原载于《东方战友》第 23 期，1940 年；又载于《中国诗坛》（桂林）新第 6 期，1940 年］

歌蒙古

洪波

向东打去吧，
你成吉思汗的子孙，
中华民族的好汉。
为了要保卫牧地，
为了要保卫草原，
为了要保卫驼马，
为了要保卫祖先。
是时候了，
出征向东边，
和鬼子决一死战！
当年你神勇的铁骑，
曾把欧亚踏遍。
威武的英名，
也曾使中外震惊，
也曾使中外颤战，
也曾使中外佩服，
也曾使中外赞叹。
“上帝的鞭子……”
人们在呼唤着，
六百六十年前。①
历史上你光荣的武功，
曾把中华炫耀在人类面前。
如今怎能眼看着同胞们，
给东洋鬼子屠杀，

① 自元世祖称帝，到现在已经六百六十三年了。本书编者注：日本 1932 年侵占内蒙古。

给东洋鬼子悔[侮]慢，
给东洋鬼子抢掠，
给东洋鬼子强奸。
玷污了过去见义勇为的美名，
——绝不能恬不相干！
鬼子们的政策，
分明要灭亡整个的中国，
一贯的目标，
自然不管是华北，
自然不管是江南，
自然不管是海边，
自然不管是蒙满！
是中国地方，
他们都要侵占，
把同胞们当奴隶使唤！
如今强盗的魔手，
已伸进了蒙边，
大批铁鸟孕满了炸弹，
喊着把蒙军痛惩，
喊着把蒙军灭完，
喊着把蒙军扫荡，
喊着把蒙军除干。
这挑战太瞧不起了我蒙古，
骨子里是个奇耻大辱，
怎能不奋起一战——
神勇的铁骑冲上了沙场，
在伊克昭盟给了鬼子们个严重打击，
这，果然是名不虚传——
全世界人在庆贺，
全世界人在狂欢，
全世界人在钦佩，
全世界人在唱赞。

预祝这支神军，
配合了全国弟兄们的伟力，
争取胜利的明天！

（原载于《新西北》第2卷第3—4期，1940年）

对敌宣传

［韩国］东铭
为和 译

紧握着钢铁般的拳头，
悍然跳上伟大的战场，
这是朝鲜男儿壮烈的气势。
勇迈地奔驰吧！
帝国主义的命运已到山水尽头。

一手握钢笔，一手携传单，
盘转在敌人身边背后，
这是朝鲜青年特有的作风。
英武地战斗吧！
劳苦大众的呼声已震动全球。

标语！传单！将这正义之矢发射，
招引千百万敌伪军反战反正的风潮！
怒吼吧！
法西日阀已陷入万丈深渊。

为了民族解放与世界和平，
高唱被压迫大众大联合之歌，
这是我们义无旁贷的任务。
勇敢地前进吧！

自由幸福的曙光已在放露。

（原载于《朝鲜义勇队通讯》第31期，1940年）

积累的血债要在此时归还

——为纪念"三一"而作

奉文

野火燃遍了朝鲜，
半岛上有的只是火焰，
光芒照射了无边的原野，
大众的喊声在火光中出现。
前进！战斗！
战斗！前进！
朝鲜的大众们，
让我们同赴最前线！
"三一"的斗士三千万，
让我们快做反倭总动员！
悲怨、愤怒已不能抑止在心坎，
伟大的攻击战斗已辉煌在眼前。
肉搏，迫[追]击！
光明，不远。
朝鲜的大众们！
积累的血债，
要在此时归还。

（原载于《朝鲜义勇队通讯》第33期，1940年）

中国的女儿

明哲

今天，
解放的火炬
燃烧在亚细亚的大地，
在祖国的樟树镇，
你们英勇的站在起来，
像一群战斗的男儿，
呼唤着，
你的兄弟姊妹，
为解放，
为自由，
来和东方的强盗博斗！
我们是兄妹的团体，
遭遇着同样的苦难，
遭遇着同一个敌人，
我们
也和你们的兄弟姊妹一样地
敬爱你们。
光辉的太阳
已在暴风中显现，
奴隶的枷锁已经断了，
强盗的末日就要来到，
中国的女儿啊，
在这胜利黎明
更勇敢的前进吧！

（原载于《朝鲜义勇队》第 34 期，1940 年）

我怀念着你的祖国

——给朝鲜金昌满同志

万众

怅然，我怀念着你的祖国，
呵，鬼宰割着的地狱！
不，千百倍悲惨的活地狱！
封建，帝国，法西，重重残酷的压迫的古国！
忍不住悲痛的苦泪，
倒涌在自己悲痛的心底，
我将捧着这悲痛浸透了的心，
献给你的祖国，原也是我们的兄弟之国！

你总记得，长白山上的白云，
已不是你来时那样的低沉，
也再不诉游子乡思的呻吟，
那呻吟早化成民族的公愤，
更将化成千万个战斗的安重根！
千万个安重根的热血，
冲开了鸭绿江的源水，
溅红了大韩古国的国门！

你总记得，鸭绿江上的白杨，
已不是你来时那样的凄凉，
也再不牵长征战士的愁肠，
那愁肠早已结成了复仇的豪壮，
更将化成千万个战斗的李安昌！
千万个李安昌的热血，

沸滚了镇海湾、图们江血浪，
血，随着民族的解放，射起红笑的光！

光，民族圣战的光！
长白，太行，海南岛，图们江，……
是一条防线，是一个战场！
中国，朝鲜，台湾，……
是一个运命，是一个被宰割的屠场！
烽火唤醒了芦沟桥上的狮子，
呵，黄帝的子孙都像沸铁一样，
冲上圣战的光、红笑的光！

［原载于《大路》（江西泰和）第2卷第1期，1940年］

歌唱吧！　胜利的明天

朱莱士

七七——
这个伟大的纪念日，三个年头了！
从这一天
唤起了奴隶反抗的呼声，
展开了民族壮烈的斗争，
无数的人和无数颗的心，
卷入了民族解放的征程。

三个年头了，
祖国的原野
燃遍着复仇的烽火，
荡漾着战斗的歌声，
千万队铁骑纵横奔腾，

愤怒的火山已经爆发，
兄弟们，继续前进啊！
向胜利！向斗争！

七七——
你是用民族之血写成的史诗，
你是伟大的民族抗战的前奏，
今天，
我们高举着拳头，
宣读着复仇的誓言，
歌唱吧，
胜利的明天！

（原载于《朝鲜义勇队》第35期，1940年）

来到旷野

［韩国］柳致环
尹海燕 译

兴安岭附近的北方
我来到这广漠旷野的尽头
在我誓死不悔的心田里
七天七夜至今还愁雨绵绵
我照着无赖的样子
翻转着花斗牌
即使把烟头掐灭
我的内心深处终日震撼不休
啊——我这是又想让自己堕落
我已经辜负了太多太多
在这自虐的道路上
别人和我都不想回头

我宁愿抛弃十个失败的人生
啊——就是无处哭诉这悔悟的伤痛
默然起身　推门而立
也看不见我的愁思能逃亡的天空
车站也在二百里外
这被暗淡的泥泞围困着的如钢墙铁壁般绝望的旷野！

（原载于《人文评论》第7期，1940年；译文摘自尹海燕编译《韩国现代名诗选读》，民族出版社，2006年）

亡了国的人

杜衡之

这个高原城市
每日都在
暖和的阳光里
可是你们这一群人寄居这里
却不见光明的

我不敢在这里指出
你们的姓与名
深怕你们还有一些良知
不愿被称为亡了国的人

呵，看呵
你们这一群人
脸面是苍白的，没有血色
像那些啃树皮食野草的饥民
眼睛失了神采
看不出一些儿智慧聪明

精神是那样的萎靡不振
一个个像是落掉了灵魂
偶尔也听到几声笑
只更使我感到你们的憨蠢
你们没有尊贵的态度
你们没有自发的英挺
你们站立时坐着时行走时
都使我伤心
你们为什么这般不像样
不像生在二十世纪的人

这一切的一切你们似乎是很漠视
你们似乎已失去了自信
你们不想到往日的幸福
能够重见于今
你们不想到现在的不幸
是由于什么的原因
你们仅仅为了最低度的生存
一个个都做了顺民

呵,我知道了
你们是最可怜的人群
你们受那帝国主义五十年的毒害
才使你们变成这样的人
它剥夺了你们的智慧聪明
它涂抹了你们的文化精英
它吃了你们的血与肉
败坏了你们的心与形

呵,我知道了
你们是最可怜的人群
是你们的祖先太欠团结

太欠抵抗的心
没有燃起全民族的火焰
没有动员全民族的壮丁
这样一贯的屈伏，一贯的忍辱
就使你们成为了最不幸的子孙

呵，我们呢
我们不能讥笑你们
帝国主义也正向我们凶猛地进侵
我们是在生死关头作最后的斗争
如果我们也不团结抵抗
将与你们同一命运
呵，我们愿不愿
被称为亡了国的人

（原载于《文艺月刊》第5卷第1期，1940年）

石头（二）

［日本］壶井繁治
李芒 译

炮弹不住地轰鸣，
太阳落在天边的云中。
长空一片黑暗，
遍地刮着黑风。
巨大的羽翼铺天盖地闭上眼睛，
没有花园，
蝴蝶也停止了舞动。
睁开眼睛，
树叶都已落尽，
秋色正在加浓。

我在寻求一块石头，
那石头要比铁还重。

1940

（原载于《世界反法西斯文学书系·日本卷2》，重庆出版社，1992年）

为阿尔风斯·都德诞生百年纪念而作

穆木天

怀着温暖的心情，
含着泪，
你描写了
普鲁士人铁蹄下的法兰西，
你写了
你的“最后的一课”
你写了
你的“柏林的攻围”，
你写了
强盗在凡维塞牧马！

可是，你想像过没有，
在你生后的百年
你的祖国所坠入的运命？
已经不止是失掉了阿尔萨斯，
已经不止是失掉了娄林，
而且连你的故乡尼斯，
都要割让给阿朵尔夫的把兄弟！

阿尔风斯·都德，
你的祖国已坠入了
一八七〇年以上的悲惨的运命！

一八七〇年，
是给与人类以一种伟大的教训！
失败的历史，
使世界上更清楚地认识了光明之路！
现在新的光到来了，
可是你的祖国的那一些人们不要光，
却要走上永劫不回的道路！
现在在你的祖国中，
是有多少个汉麦先生
在对着孩子们无言地伤心！
是有多少小学生
在对着故国的风光流泪！
可是，恐怕连“最后的一课”，
都成为不可能的啦，
流泪，
也许是成为犯法的啦！

阿尔风斯·都德，
就是在你诞生百年后的今日！
一八七〇年，
他给人类留下了血腥的遗训！
阿尔风斯·都德！
解放你的祖国的
并不是“法兰西的行动”，
也不是你的雷昂。
今天，你晓得
是谁引着法兰西灭亡的！
新的光引导人类的解放，
你晓得的，
只有新的光才能救法兰西！

新的光
是照耀着我们的民族解放之路呀！

可是你的“最后的一课”，
你的“柏林的攻围”，
也激励了我们的不少的青年的心！

阿尔风斯·都德！
在你的诞生后百年的今日，
我们一方面在争取着我们的最后的胜利，
同时怀念着你，
我们哀叹着你的祖国的阴暗的前途！
现在阿尔萨斯，娄林怎么样啦？
现在凡尔塞怎么样啦？
现在山明水秀的尼斯怎么样啦？
比我们的东北还悲惨么？
比我们的北平还悲惨么？
比我们的苏杭还悲惨么？
那还用问么！
我们也用不着去比较贝当和汪精卫！
我们有我们的坚决的信念：
中华民族自力更生，
只有中华民族革命成功，
才能毁灭一切的法西斯蒂！

一八七〇年
给人类留下了伟大的遗训：
为人类的自由解放，
全世界大众要团结！
阿尔风斯·都德！
你的祖国的命运
使我想到了你，
想到了你的“最后的一课”，
想到了一八七〇年。
我们怀念着你，
想到那历史的教训。

可是阿尔萨斯，娄林怎么样了呢？
尼斯又怎么样了呢？
在自由平等友爱的三色旗下，
法兰西的大众，
就要对着强盗的法西斯蒂，
团结起来的啊！

十月二十六日

［原载于《大公报》（香港）1940 年 11 月 29 日］

国家出版基金项目
NATIONAL PUBLICATION FOUNDATION

国家社科基金重大项目结项成果

“十四五”国家重点出版物出版规划项目

二十世纪东亚抗日叙事文献整理与研究丛书

丛书主编——牛林杰

文学编·诗歌卷 II

分卷主编——王延红　牛林杰

山东大学出版社
SHANDONG UNIVERSITY PRESS
·济南·

图书在版编目(CIP)数据

二十世纪东亚抗日叙事文献整理与研究丛书. 文学编. 诗歌卷. Ⅱ / 牛林杰主编 ; 王延红，牛林杰分卷主编. 济南 : 山东大学出版社，2025. 8. -- ISBN 978-7-5607-9012-1

Ⅰ. K152;I310.2

中国国家版本馆 CIP 数据核字第 202569FB97 号

策划编辑　张铭芳
责任编辑　陈海伟
文案编辑　孙燕红
封面设计　卡古鸟设计

二十世纪东亚抗日叙事文献整理与研究丛书·文学编·诗歌卷Ⅱ
ERSHI SHIJI DONGYA KANGRI XUSHI WENXIAN ZHENGLI YU YANJIU CONGSHU · WENXUEBIAN · SHIGEJUAN Ⅱ

出版发行　山东大学出版社
社　　址　山东省济南市山大南路 20 号
邮政编码　250100
发行热线　(0531)88363008
经　　销　新华书店
印　　刷　山东新华印务有限公司
规　　格　720 毫米×1000 毫米　1/16
　　　　　62.75 印张　1121 千字
版　　次　2025 年 8 月第 1 版
印　　次　2025 年 8 月第 1 次印刷
定　　价　350.00 元(诗歌卷全 2 卷)

目录

新诗·1941—1945年

新诗·1946年以后

新诗

1941 — 1945年

在五月的首都

[日本]绿川英子
龚佩康 译

五月的鲜花开遍了原野，
鲜花掩盖着志士的鲜血。
为了拯救这垂危的民族，
他们曾顽强地战斗不息。
——引自歌曲《五月的鲜花》

在两条江之间①……

天高气爽，蓝空中飘浮着白色的云朵。

从地面直至山顶，树叶青翠欲滴，闪烁发光。树林中黑墙和灰墙蜿蜒起伏，戴着一顶顶大草帽的人们或快或慢地走动着。

——呵，重庆，你是多么可爱的内陆城市！

但是，我不想献给你五月的田园诗，因为，尽管你披上了绿装，然而你，伟大的抗战的心脏啊，现在战斗意志正如火如荼。此外，今晨你受过了几次红色的洗礼！

在三日，四日，十三日和二十五日……

空中出现了银翅膀和魔鬼。

嘣！嘣！嘣！

我脚下，大地在流血，你头上，天空在燃烧

那人啊……

呵，你摇着头。似乎你不喜欢我讲那世上悲剧中的悲剧。

肯定不是我这个外国人，而是你自己忍受着最深重的灾难。

为了几千名死者，为了比这更多的可怜的孤儿寡妇，你在哭泣。

由于你那炸断的胳膊，由于你那烧伤的大腿，你感到疼痛。

---

① 重庆的长江和嘉陵江。

你浑身在流血——但毫不畏惧。

你那些贪生怕死的寄生虫——汪精卫之流——已经离开了你，投入了嗜血成性的日本法西斯怀抱！

那些汉奸和侵略者应该懂得，血的威胁丝毫不能使你屈服，而只会给你增添更强烈的战斗意志。

你，重庆，新中国伟大的母亲，将会永远经受住任何考验。

五月……

在这个半殖民地中国的五月，有着血迹斑斑的历史。

——即便在其他“独立”和“民主”的国家里，工人们不流血，也不能真正庆祝这个自己的节日。

那末——

四日——（一九一九）这个反帝革命运动的日子，那天北平的学生们为了惩罚卖国贼起来造反了。

七日——（一九一五）那天日本帝国主义向中国当时的总统、反动军阀袁世凯发出了最后通牒，要求立即接受日本提出的二十条。

九日——（一九一五）那天袁世凯接受了日本的条款。

三十日——（一九二五）反帝运动的日子，一九二五——一九二七年中国大革命的前奏。

五月在中国被称为“国耻月”。

但是，中国朋友，你们错了。尽管失败了，但是你们的前辈们跟你们一样为着救国反帝而英勇地战斗过。

为了纪念他们，现在请你们把这个月份重新叫作“光荣的五月”。

而为了替他们报仇雪恨，将来一定把它变成“胜利的五月”。

东京的五月——

我不能忘记它那樱花谢落后的奇特的美，因为正好在战争爆发前，我度过了那敏感的少女时代。

那种说不出的“嫩叶时期的忧郁”，时时像抓住我的朋友和我的同志们那样抓住了我。

啊！——因为在我的祖国没有狂轰滥炸的飞机和大炮，她被另外一种东西沉闷地窒息着。

香港的五月——

它尤其因为有着“被保障的和平”而壮丽辉煌。
去年的五月，我在那儿。
然而，当时我生活得多么惨淡，因为——我是个被驱逐的人。
亲爱的中国拒绝接受我投入她的怀抱，而我又无祖国可回。

今年，我在战斗的中国的中心。

我自出生以来第一次懂得，并亲眼看到，红五月是多么美丽，多么亲切——而我是绿五月呵！

“五月的鲜花”首次生长在满洲，在那儿演出了这场大规模“侵略进行曲”的序幕。

从那时起，花开花落已经九回了，从遥远的东北到这儿西南，一年胜似一年，越开越多。

这月的鲜花映红了重庆，但它们不是盛开在战士们的尸体之上。

而明年的五月呢？
啊，谁怕呢？怕什么呢？
如果需要——
全城总能红遍。
甚至全中国，甚至整个世纪，整个时代！

这一天肯定将会到来。
那时在绿色的大陆上，
五月的鲜花将以奇特的艳丽到处微笑，
它们没有把吸吮的鲜血白白消耗。

一九三九年五月于重庆

（原载于《暴风雨中的细语》，重庆世界语刊物《中国报导》编辑部汇编出版，1941年；译文摘自龚佩康编译《绿色的五月》，生活·读书·新知三联书店，1981年）

数星星的夜晚

尹东柱

尹海燕 译

季节嬗变的夜空
一片秋色正浓

我心无忧无虑
仿佛能数尽秋夜的星星

刻骨铭心的每颗星星
数也数不清
那是因为晨光易现
还要留待明夜
我的青春年华也尚未逝去的缘故

一颗星星一帘回忆
一颗星星一腔爱意
一颗星星一丝凄凉
一颗星星一片憧憬
一颗星星一首诗歌
一颗星星一份思念啊 母亲

母亲，我给每一颗星星都起了一个美好的名字。小学时候，同桌的名字：佩、镜、玉等异国少女的名字；已经身为人母的女孩子们的名字；穷邻居们的名字；还有鸽子、小狗、小兔、骡子、狍子以及 Francis Jammes、Rene Maria Rilke 等诗人的名字。

他们都离我太远太远
正如那星星遥不可及

母亲
您也在那遥远的北间岛

我怀着无端的思念
在这星光灿烂的山岗
写下了自己的姓名
再用泥土把它掩埋

整夜不休的虫鸣
是为惭愧的名字而悲伤

然而 待到寒冬已过 我的星星也迎来春天
正如坟墓上嫩草青青
埋下我名字的小山岗
也将是一片骄人的绿色

1941 年 11 月 5 日

（译文摘自尹海燕编译《韩国现代名诗选读》，民族出版社，2005 年）

永远的墓场

［日本］坂本秀夫（汐见洋）
秋子 译

国际公法已经轻易地
被抛入字纸篓啦。
像凡尔塞条约的规定，
跟随着榨取的动脉，
世界重新惹起了战乱。

人民们疲劳的叹息
和挑起战争者的哄笑，
缭绕着硝烟衡[冲]上来。
昨天，法国政府逃亡了，
北欧被德意志所蹂躏；
今天，意大利空军
又袭击了英国的殖民地。
柏林和伦敦的相互袭击。
杀戮和破坏潜入了
北海，地中海，
击沉了商船，
人民的食料
送给那海底的鱼。
人们——
现在呀，
得翻起街路的石块，
挖掘防空壕！
法西斯蒂们下了命令：
吃马铃薯和没有菜的汤，
快造军舰和飞机！
涨着青筋的瘦腕，
怎样去打造钢铁？
为甚么——
米勒的绘画进了火炉？
连希腊的塑像也要化作泥土？
征集和战死者。
女性和强化劳动。
婴孩和高价的罐头牛奶。

狂燥的战车之无限轨道，
从帝国主义社会里，
卷起战争的旋涡。
伏地的士兵们的鼻端，

给烧焦了的草香，
搽起压抑着的意识。
负着侵略重担的士兵们，
眼睛里只深深地刻印着，
自杀在炮弹下的战友们的形影。
现在人类的社会，
荡起巨大的波纹。
它——
圈围着各样文明和思想，
在地面上掘成庞大的窟窿。
这个窟窿呀，
成了帝国主义者们
受着人间血的报复
而沦没的永远的墓场！

我们正预备着他们的墓标！

（原载于《新军》第3卷第1期，1941年）

港岸

[日本]坂井敬二郎
胡成之 译

我不敢到港岸去了！

我曾经和小宝贝在港岸伫候着，
眼睛像拥抱似的
注视一艘艘入港的轮船；
而港岸给浓重的惨雾笼罩着，
你呢？总不见归来！

早啊，晚啊，
轮船驶近又离开了，
我们所希望的呢？
一如船舵的拨水——
不是停了，就是越拨越远去，
越远越模糊起来了！

对着日历，指数着长长的年月，
你啊，出征已经四年了，
使我们白白伫候了四年，
悸怖了四年，空虚了四年！
那小宝贝底面孔和我底面孔呀：
都像□运在港岸的
伤病的兵士，那样的苍白
那样的苍白了，也还得伫候在港岸……

今天啊！
这驮着我生命与希冀的小宝贝
挨不过无限的饥寒，无限的寂寞，
终于呼着你的名字永逝了！
永逝了！永逝了！
港岸的水在哭泣！
港岸的天在哭泣！
港岸，永远抹上了悲哀！

我不敢再到港岸去了
尽管轮船汽笛的悲鸣，是熟悉的
我恐怕，会当它是一种什么的声音……
那还有什么可期待的呢！

（原载于《诗创作》第3、4期合刊，1941年）

光辉灿烂的中华

[日本]押切五郎

大哉中华，
有五千年悠久的历史，
有五万万优秀的国民，
有伟大的抚育人类的文化。

二十六年七七的清晨。
芦沟桥的炮声，
惊破了她的和平之梦！
谁卷起这样大的旋风？
日本的军阀，
燃起了侵略战的巨火。

中华的兄弟们哟！
起来吧！
日本的兄弟们哟！
醒来吧！
打倒破坏东亚和平的日本帝国主义！
向民族解放的前途迈进！
努力实现永久和平的大同世界。
看吧！
青天白日旗正飘摇着！
象征我们的胜利！

[原载于《黄河》(西安)第2卷第4期，1941年]

伟大的黄河

[日本]押切五郎

从昆仑山发源，
东流至黄海；
浩浩荡荡，
万里奔驰的，
伟大的黄河！

七七的狂风暴雨，
混着血腥，洒遍了华北的平原，
然而，日本军阀席卷中华的企图，
终于为了巨蟒的怒号遏阻了，
伟大的黄河！

守护最高的真理，
支持正义的抗战，
将满四年了，
伟大的黄河！

大中华爱国的国民哟！
大中华战斗的勇士哟！
你们为国家，为种族，为人道，
快把残忍的日本军阀，
消灭在伟大的黄河里吧！

[原载于《黄河》(西安)第 2 卷第 4 期，1941 年]

大同学园

［日本］押切五郎

我们面对着清澈的渭河，
灵魂也为之清澈了，
我们的心，
只有一个：
就是打倒日本军阀，
坚决地反对侵略战争！

疯狂的侵略战，
将要把我们幸福的故乡毁灭了。
翘首东望，
我们的血液沸腾，
我们的灵魂颤栗，
可恨的军阀！

觉悟了的青年同志们，
我们在这样春光明媚的环境中，
要好好的锻炼身手，
以必死的决心，
准备和日本军阀决斗！

同志们！
坚定我们的信仰吧！
我们不仅要打倒日本军阀，
打倒日本帝国主义，
我们更要为
东亚永久的和平而奋斗！

［原载于《黄河》（西安）第2卷第4期，1941年］

和平鸽

[朝鲜]安偶生

龚佩康 译

献给在中国电台进行日语播音的日本女世界语者——绿川英子

在由于战争而精神错乱的东方，
你是那样安详，有似一只在狼和蛇面前的绵羊，
竭尽全力估量了一切，但又勇敢异常。
一个正确的计划出现在你的心田，
就这样你离开了自己的祖国，
离开了父母和亲朋，好象飞到了天边，
怀着这样一个信念：
定将给予他们无愧于人类的永久和平的人间。

如今你站在麦克风前开始翻译、播音，
向你的同胞们把真理预言。
你那尽管温柔的嗓音，
却足以制造电闪雷鸣。
你句句金玉献给仍有良知的心灵。
你的声音是不会白费的呵，
因为它定能将那喝血入迷、制造痛苦的狼心
打得粉碎，撕得干净。

那末，我有何希望于你呢，亲爱的？
你是来自隔海国家的和平鸽！
是的，你不是仅仅逃出了牢笼，
而是由于你年轻，欲望强烈、冲动，
不能象一个麻木不仁的人那样
留在沙漠似的樱花国之中。

呵，现时暗无天日的田野多可怕，
为了秋季的收获，你五月[①]常绿吧！

（原载于绿川英子著《暴风雨中的细语》，重庆世界语刊物《中国报导》编辑部汇编出版，1941 年；译文摘自龚佩康编译《绿色的五月》，生活·读书·新知三联书店，1981 年）

一九四一年进行曲

继贤

历史的车轮在转进，
泥污被甩弃在道旁。
看吧！
法西斯的前辈们，
正在东奔西撞。
那里是他们的归宿？
那里还有他们的福享？
人群们，广大的人群们，
眼看着，
法西斯已消失了当年的辉光，
他变成了黯伤，
他化为了凄凉。
不！
他似乎还不愿表示失望，
重整旗鼓，
再调大军，
加强力量。
挣扎，挣扎，挣扎
但，命运是无情的，

① 绿川英子的世界语笔名 Verda Majo，直译是“绿色的五月”之意。这儿作者借用她的名字，赋予新的含意。——原编者注

呼唤着他，
先辈们，后辈们！
五十年代，
注定了你们要走向灭亡！

历史的车轮在转进，
泥污被甩弃在道旁。
看吧！
狞笑的东方小鬼的面庞，
今天也变成了忧伤，
倒不是兔死狐悲吧！
因为他的目光似乎没有注视到先辈，
却钉在自己“奴隶”的身上，
人群们，广大的人群们，
眼看着，
小鬼已不像当年那样的猖狂，
一切都成了幻想，
一切都成了创伤。
不！
他似乎还不愿表示失望，
重整旗鼓，
再调大军，
加强力量，
挣扎，挣扎，挣扎，
但，命运是无情的，
呼唤着他，
小鬼们！小鬼们！
五十年代，
注定了你们要走向灭亡！

一向被宰割的奴隶们站起来了！
有的手拉着手，
有的臂挽着臂，
他们一致高唱着进行曲：

奴隶们！奴隶们！
时候到了！
我们要用我们团结的力量，
把强盗们、刽子手们一齐埋葬！
我们要用我们团结的力量，
永远走向那光明的方向！
历史的车轮在转进，
泥污终也被甩弃在道旁！

（原载于《朝鲜义勇队》第 39 期，1941 年）

献给韩国青年

静霞

一

冰天雪地里，
在那西北风中，
广场上跃动着——
跃动着
可爱的一群。
是谁？
韩国的彗星——青年——
你们——
孜孜攻读，
精神奕奕；
你们，满怀着韩国的复兴，
高唱国歌，
光复山河，
争取那——独立自由——
除去那——奴隶的锁枷。

二

你们的——
妻妹被掳被奸淫，
兄弟被奴役屠杀。
田园的收获
早被敌人掠去了。
不愿做奴隶的人们，
赶快洗去这可耻的烙印了。
今天——
你们要：
踏着先烈的血迹，
在沉痛中
来争取
革命的理论，
来学习
杀敌的技能。
明天——
你们要
拿理论和技能，
扑向那张狂者——日本，
取得大韩的光明。

三

中韩携起手来，
同向那敌人。
中国民族争取了胜利，
便是韩国革命的成功。
请看罢！
正义已传遍了全世界，
更有那
无数的被压迫者，

已放出解放的歌声，
渐渐地
遍满了韩国的原野上。
大韩的彗星——青年——啊——
你们的热情诚恳，
已深印在我们的内心。
快提高警觉，
充广力量，
准备争取那
明天的胜利。

四

大韩国的志士们，
请举起
你们的巨掌，
掀起那鸭绿江的万丈狂澜。
在这里——向你们
诚挚的致敬。
让我们共同努力——打倒日本。
瞧吧！
革命的烽火，
已燃遍了暗淡的角落。
弱小者
已觉醒了，
怒吼了。
胜利的曙光，
已在向我们招手。
努力吧！
宇宙〔向〕终有灭亡那
“太阳旗的一天”。

（原载于《韩国青年》第1卷第4期，1941年）

胜利是我们的

[苏联]阿谢耶夫
王语今 译

战争已经敲打我们的大门，
背叛地从窗口往里面冲，
好吧——这种事情的发生
终归有一天是要到来的。
我们在歌唱里曾提过这件事，
也曾思想了这么多的年头，
我们本有崇高的目标，
那是使每个人都有作战的准备。
伟大的时限到了，
让每个人都成为英雄吧，
领导我们的党啊，斯大林，
在这最后的和决定的斗争。
被笼罩在一个共同思想之下，
全民众都团结起来，
布尔塞维克的长城
涌动了整个的国家。
我们不自夸，也不呻吟；
我们不能同法西斯蒂在一世界上共同生存，
那一双血污的手——一直齐到肘湾[弯]，
我们必定要给他砍掉。
前进吧——没有停歇地。
永远地粉碎掉法西斯蒂，
要让那个被诅咒的术语
从地面上毫无痕迹地灭去。
要让那双血污的手
不更在夜里恐吓孩子们，

要让他们的野蛮的科学
所染上毒的基地熄灭无存。
前进吧——胜利是我们的,
追随着最光荣的斯大林的——
以其优秀的男女为荣的,
两万万人口的大家庭。

（原载于《中苏文化》第9卷第2—3期,1941年）

去出征

［苏联］普罗科菲耶夫
王语今 译

去出征！去出征！
祖国在召唤勇敢的人。
去出征！去出征！
已经宣布了战争。
去参加战斗的事业
苏维埃的国家召唤我们所有的人。
我们,凡是需要的,都能贡献给祖国,
军队已经开动去争取战斗的功勋。
引导我们走向新的胜利,斯大林,
亲爱的祖国的伟大的领袖。
我们像不可遏止的怒潮而去出征,
我们的愤懑不能捺住,人数也多到不能数。
我们去出征,这是我们的权利,
也是我们的战斗的光荣。
我们以光明的语言这样地宣誓,
回答卑劣的挑战和强盗的行为,
为苏联,为亲爱的斯大林
我们去战争,去战争。

打倒法西斯主义：
我们造成我们的袭击，
在工作中，在战斗中作一切的结算
如同以往，出英雄的人民
又要为祖国而去战争。
勇敢的国家，劳动的祖国
告诉红军，告诉人民：
——要粉碎我们的敌人
永远不能复生！

（原载于《中苏文化》第9卷第2—3期，1941年）

鬣狗

［苏联］阿谢耶夫
王语今 译

他想要同拿破仑
汗流满面地，争比个长短。
但是
那一个
确曾是眼光锐利而勇敢非凡；
而这一个
在他的怪诞的幻想之中
投入了——
只是强横和谎言。
向那一个
曾经静静地看过，
那雄伟的
几千年的证人——金字塔。
而向这一个睁着眼睛看的——
乃是一座由被摧残过，被杀死了的

妇女和老人所累积起的高山。
他憧憬着
走近阿提拉[1]的身躯，
但是对于那一个
洪流般的时间已经向前奔去，
而对于这一个——
裹满了疯癫和狂暴
却是使他
竟逆着时间而向后飞跑。
你不能把他并排地
和成吉思汗来相比，
即或不加任何特殊的颜色——
把他和任何一个发散着芳香的名字
一同比拟，
从斯特勒的身上
放着腐朽的臭气。
不要去惊动
古代的□子吧。
无论它曾是怎样的惨酷
或是掀起人们如何的荒凉的感触的，
而这一个
完全不是从那里面出来的。
绝不能相提并论：
鬣狗和天才[2]。
这一个
趁着曙光还没有出现在天空——
只是懂得，
像鬣狗一样地
向那还在睡着的人——对准他的喉咙
猛然地一冲。

① 众修士之神。
② 俄语鬣狗和天才，语音极相近。

这就是他
在我们的
进途上出现了………
天空
被炮火的威严震裂！
红军！
打断他的腿吧
让他从这里连骨头也带不回家！

（原载于《中苏文化杂志》第9卷第2—3期，1941年）

准备吧

[苏联]勃拉基妮娜
王语今 译

一片寂静轻轻敷在地面，
纸[只]有凉爽的微风在缓缓地踱着，
正如同船上，站在海船上，
或是站在扶梯下的房产管理人。
他已经三夜没有闭过他的眼睛
也没有想到过温暖的家庭，
因为他接到了命令：
“每一秒钟都要在准备中！”
他的邻人在自己的房里正在酣睡；
在微微呼吸着的，纸[只]有一条棉被，
她今天睡得那样地香甜——
她昨夜在岗位上工作得十分疲倦。
但是，假如你低低地说一声：“钟已敲过了一点。”
她的梦便要中途扯断，
因为她接到了命令：
“每一秒钟都要在准备中！”

皮肤黝黑的孩子在侧卧而眠，
天真的梦境又深邃、又香甜。
他的头上粘满了黄沙——
他曾经把它装满了八只木桶。
但是，倘若你试验着走近他的身边
他会跳起来，并且绉起他的眉尖，
因为他接到了命令：
“每一秒钟都要在准备！”
斯大林的神鹰队和战士们，
高高地举起你的战旗吧！
你们这些为丈夫的，为兄弟的，为父亲的人们，
不顾一切地去战斗吧！我们同样地满怀敌忾之心，
因为我们热烈地爱着你们
用我们全身的血液的流动。
因为在心灵上也有这条命令：
“每一秒钟都要在准备中！”

（原载于《中苏文化》第9卷第2—3期，1941年）

无情地打击敌人吧

[苏联]列别迭夫·苦玛契

王语今 译

人类的残渣
进攻了我在的国家。
我的祖国在进行
神圣的战争。
燃烧起雄狮们的勇敢
奋起了年老和年幼的人们——
像一个伟壮的巨人一般
蹶[崛]起了□□坚强的全人民！

灭去吧，你这血污的吸血妖怪！
你的末日已经出现！
勇士——人民巍然地陡立起来，
高扬着锋锐的宝剑！
为了我们，黑色的刽子手
准备下了立柱和横棍。
我们要粉碎这些跳梁小丑
并且要洗掉那恶蛇的毒氛。
让那烈焰般的憎恨
充满我们所有的心
它要燃烧那□□的巨蛇
整个的成为灰烬！
灭去吧，你这血污的吸血妖怪！
你的末日已经出现！
勇士——人民巍然地陡立起来，
高扬着锋锐的宝剑！
为了孩子们的血迹和泪痕，
为了强盗的抢掠和暴乱，
德国的狗群
将要用它们的法西斯头颤来偿还，
在神圣的，胁严的暴怒之下
我们一定要〖在〗它们的肩上斩掉它。
无情地打击敌人吧；
砍□吧，我们峻酷的宝剑！
灭去吧，你这血污的吸血妖怪！
你的末日已经出现！
勇士——人民巍然地陡立起来，
高扬着锋锐的宝剑！

（原载于《中苏文化》第 9 卷第 2—3 期，1941 年）

出征

[苏联]马尔夏克
王语今 译

春天伴着夏天
一同在莫斯科游玩。
也不知散下了多少阳光
在乌云□碧色的天上。
莫斯科悠悠地醒转来，
在这六月里的一天
刚刚开放
公园里的紫丁香。
摩托脚踏□飞驰如电，
它不断地□□振颤。
网袋里的网球和球拍，
青年人们正携往公园。
欣赏着和平与夏天，
莫斯科迎接着清晨。
突然，在太空里播传
深入心坎的语言。
凭那肯定而又严厉的语声，
全国立刻辨识出它的主人翁。
早晨，在我们的门坎上
爆发了战争。
凶恶的，背信的敌人
逼上了苏联的大门。
像是一片忧郁的乌云
面向着我们的太阳飞进。
一下子，一瞬间，
周围的一切都改变了。

那穿着春季背心的青年人
也射出了威严的战斗员的眼光。
姑娘变成看护妇，
一个红十字——缠在她的衣袖。
不知有多少个未来的英雄
正行走在莫斯科的街头。
他们又该有多少在矿穴，在集体农场
有多少正在学校的书桌的一傍，
在熔铁炉边，在机关车中，
在每一个苏联的家庭。
一切——都为了与敌人的斗争啊，
参加那威严而遥远的长征吧！
天空上回旋地飞来飞去
国家的守卫者——飞机。
一切——都为了与敌人的斗争啊，
参加那威严而遥远的长征吧！
记住：胜利是属于我们的。
列宁和斯大林的旗帜
正领导着千百万人去斗争！

（原载于《中苏文化》第9卷第2—3期，1941年）

战斗的女性

［苏联］亚历山得洛娃

王语今 译

我们不因新的离别而哭泣，
当送丈夫去出征的时候。
现在，国家正需要多数的又敏捷又年轻的手——
在那威严的日子里，战斗的女性啊，
让她们每个人都找到自己的工作啊。

不要使我们的旋床没有工作而停息，
不要让山里的庄稼荒弃——
我们要多多地供给国家以粮食和钢铁，
凡是大地所蕴藏的一切。
我们与前线同一呼吸，
我们的心脏要像一颗心那样地搏动。
战斗，工作，保护孩子们，
我们的权利完全相同。
我们亲密地走进战斗的行列，
□□绣有红十字符号的背囊。
要作为勇敢而有魄力的人，
在日常的，普通的家庭之中。
我们不因新的离别而哭泣，
当送丈夫去出征的时候。
现在，国家正需要多数的又敏捷又年青的手——
在那威严的日子里，战斗的女性啊，
让她们每个人都找到自己的工作吧！

（原载于《中苏文化杂志》第 9 卷第 2—3 期，1941 年）

勇者之歌

［苏联］苏尔科夫
王语今 译

乌云密布，
电光闪烁在天上。
飞扬起的尘云里，
警号声音在歌唱。
斯大林号召起勇敢的人
去打击法西斯蒂匪帮。
遇到勇者——枪弹要害怕

刺刀见了也不敢伤他。
飞机鼓翼到高空
坦克车队向前冲。
狙击中队带着歌声
为了祖国去出征。
歌是生有长翅的鸟儿
它唤着勇者上战场。
遇到勇者——枪弹要害怕
刺刀见了也不敢伤他。
用毕生的光荣
在战斗中盖上我们的姓名。
只有果敢而刚毅的英雄
才能享受到胜利的欢欣。
勇者在追求胜利。
勇者的前途光辉无比。
遇到勇者——枪弹要害怕
刺刀见了也不敢伤他。
勇者在与敌人的厮杀中，
一点也不顾惜自己的性命。
勇者高举着，旗帜般地，
领袖的灿烂的姓名。
斯大林引勇者们为自己的光荣。
人民也热烈地爱着勇者们。
遇到勇者——枪弹要害怕
刺刀见了也不敢伤他。

（原载于《中苏文化》第9卷第2—3期，1941年）

没有后方

［苏联］亚吉勒尔
王语今 译

苏联的公民！
战争开始了。
我们将有重大的战斗。
被激怒的国家将要举起
她的筋肉累累的巨手。
如果你已经勒紧你的皮带，
扣好了你的战袍，
那么你将要有光荣的白天和黑夜，
你的目标又明显，又高超。
假如国家的意志要把你留在后方，
那你就要压下你的不平之气。
像拿步枪一样地举起炭锹或是手锯：
并且拾起任何工作吧。
如果你是旋工而站在旋床的旁边，
你就要珍惜每一分钟的时间。
你的手切不可颤抖一下，
因为你正是和敌人在作战。
如果你是面包师而站在烘炉的身傍，
你在工作中就要灵敏而紧张。
你的面包□应个个肥大而滚烫，
使勇士们吃了身体强壮。
如果你是□□师，记住：敌人正在听着
我们的歌声，带着恐惶的脸。
军队在□□调整他的步伐。
无论是谁：那怕是最忠实的战斗员，
听听强有力的人们的心的搏动的声音

全国都在清醒的生存。
谁将忠诚地工作——谁就是威严的战士，
熟练地打击敌人的人。
随时随地都要工作不倦，
公民，布尔塞维克，公社社员！
每一个人类的劳动的钟头，
都是严酷地打击法西斯的拳头。
在这个战争里没有后方，也不可能有。
国家的性命委托给了我们。
每一个忠实的工人，凡是有益于国家的人，
都是使我们的死敌望而害怕的人。

（原载于《中苏文化》第9卷第2—3期，1941年）

和苏联站在一起

［日本］鹿地亘

欧阳凡海 译

天崩，
气塞，血，逆流，
五脏六腑为之沸腾——
“你们无赖呀！ 小丑又在跳梁了！
你们无赖呀！ 你们无赖呀！”
我一口气读了新闻，
可是——亲爱的苏联兄弟呀！
那坚强的信念心
已经充溢在我全身了！
“伟大的列宁、斯大林的队伍：
社会主义苏维埃共和国的铁的防线
去歼灭它！ 去粉碎它！
欧洲走入不安的坟墓的日子到了！”

我的心急跳——
血，急流——
战斗的意志往上冲！
呵，兄弟呀！是多么欢快的情绪！
“我永远和你们站在一起！”

五万万人民的血与泪的海，
我们远东的怒发冲天的日子——
辉煌的人类解放的主流，
那苏联呀！苏联的兄弟呀！
你们啊，鼓励了
我们不屈的勇猛心！
在满目惨夷的强掠，屠杀，
悲愤的战斗之中——
你们呀，也将必胜的信念叫我们得到了！
真像是抚慰兄弟一般的你们的
革命的情谊与礼物，
叫我们几时才能忘记呢！
时候到了！
好，以满腔的欢欣献出我们的身——
去接受爱！
真正的友爱——
用我们的教训
去给莫明其妙的没有信念的家伙
以刻骨的深深的印象吧！

“在不断的动员之中！”
强力的电波，莫斯科的电台——
哦，看呀，这人类的奇迹！
它呀，
从地球上呼起铁的队伍，
画着波纹，扩大着纹圈——

看着看着，山，原野，海也一起！
奇迹似的战士们蜂拥一般
集结到红旗之下了！
光荣的革命领袖呀！
伟大的人民呀！
接受我们赞叹的敬礼吧！
电波是逐渐逐渐的，逐时逐时的
从地球的全面呼起了奇迹——
毁着铁锁的勤劳者人民的队伍；
诀别奴隶运命的抗战诸民族的队伍——
兄弟呀，好哇！
我们也不落后！
在四年的火热的战斗中——
锻炼起远东的革命的炮垒
是要严厉的监视，压制那
窥探着你们后门的虚隙的
那小气鬼偷儿的！

地狱的皂卒以狂唁的眼睛
傲慢的面看着天，对饥饿与死亡的
欧罗巴的夜，唱着赞歌说——
“啊，上帝呀！”
把他追回，追回地狱去！
你们这些无赖是如何在长久的岁月中
把人类放在苦恼与血泪的海里，
浸溺到现在的啊！

（原载于《新华日报》1941年11月7日）

蔓莉（蒙古情歌）

洛宾 记

依样的青天，依样的平原，只是少了你！
蔓莉，你在日本强盗疯狂之下死哩，
我很伤心，不能使你同我们生活在一起；
只有拿起枪，立誓把我的罪恶赎呢！

[原载于《新西北》第3卷第5—6期，1941年]

蒙古战歌

洛宾 记

牵着白马，拿了长枪，走上山岗，这时
月亮照在东方。林中现出敌人的
身影，他们将在黑暗中灭亡！

（原载于《新西北》第3卷第5—6期，1941年）

蒙古革命进行曲

洛宾 记

我们的国旗，高举在天空，我们的国家，
放在心中。万众一心，随从领袖，
抗战到底，完成革命。

（原载于《新西北》第3卷第5—6期，1941年）

内蒙古

李辉英

（一）

内蒙古，
看不见花，
这里有石头，有沙，
谁知道那里是家？
今天我在红格子图，
明天就在百灵庙，
我也到海拉苏台，
我也到康宝，
沙漠上的日子干燥哟，
骋驰着无尽的长路，
万里迢迢——

（二）

内蒙古，
看不见花，
这里有石头有沙，
日本鬼闯来了，
变了天下，
中国人起来哟，
保住自己的家，
打退了鬼子哟，
内蒙古开出来遍地的鲜花！

（原载于《新音乐月刊》第 3 卷第 4 期，1941 年）

序诗

尹东柱
尹海燕 译

俯仰天地直至离世
只求不留一丝愧疚
绿叶间泛起的微风
也都让我心痛不已
用歌颂星星的胸襟
去珍爱渐逝的一切
摆在我面前的这条路
也还要走下去

今夜星星依然被风掠过

1941 年 11 月 20 日

（译文摘自尹海燕编译《韩国现代名诗选读》，民族出版社，2006 年）

十字架

尹东柱
尹海燕 译

尾随而来的阳光
已至教堂的顶尖
挂在那十字架上

尖塔是如此地高耸
如何才能攀援而上

连那钟声也听不见
惟有吹着口哨徘徊

曾经痛苦的男子汉
正如
那幸福的耶稣基督
获准背负起十字架

我将断然垂下头颅
让我那鲜花般怒放的鲜血
在渐趋黑暗的夜空下
静静地流淌

1941 年 5 月 31 日

（译文摘自尹海燕编译《韩国现代名诗选读》，民族出版社，2006 年）

去找谁呢*

[朝鲜]赵明熙
周必忠 译

西风劲吹的夜晚，
鸟儿也在窝里睡了，
我去找谁呢？
在黑暗的原野上徘徊。

为了寻求屈辱、痛苦的爱情的微光，
为了和你会面，
我从险恶的路途上，
急急地奔波而来。

---

* 编者按：因赵明熙诗译作较多且出自同一文献，故按其卒年（1942 年）集中编入书中。

为了获得爱情，
为了和你会面，
在夕阳斜照的山坡上，
我抱着淤血的胸膛倒下，
唱起人生孤独的悲歌；
象一只疲惫的羔羊，
想靠一靠微弱的草茎，
靠在破碎的石碑上，
抚摸着受伤的脚哭泣。

西风劲吹的夜，
梭鸡也在声声哀鸣，
我去找谁呢？
在黑暗的原野上徘徊。

（原载于赵明熙《赵明熙诗文集》，人民文学出版社，1983 年）

我的故乡

［朝鲜］赵明熙
周必忠 译

假如我的故乡在白云的那边，
我就要借飞鸟的翅膀去寻找。
但是，我只能在黄土大地上移动着沉重的脚步，
仰望苍空，吹起口哨。

假如我的故乡在高山的那边，
我就要沿着梦中漫长的道路去寻找。
但是，生之绳索捆缚着我，
只能顿着足发出一声声呼号。

孤寂者，诗人啊，

你转过身来，背朝着
为朦胧的生的欲火而喧嚣的市场，
踩着多年的枯藤，
望着西沉的太阳，
为旧恨新愁而哭泣。

孤寂者，诗人啊，
去寻找天边的灰云之国——
那不知道名字的新国家，
在遥遥苍空之路昏暗下来的时候，
你象鸟儿一样飞去，
闪动着孤独的身影；
你把声声哀鸣寄付给风儿，
迈着痛苦的步子，
到朦胧的梦乡，
去寻求永恒的光明。

（原载于赵明熙《赵明熙诗文集》，人民文学出版社，1983 年）

旅人的路

[朝鲜]赵明熙
周必忠 译

那南北通达伸展开去的大路，
古往今来不断来来往往的旅人。

哦哦，去者连影子也已悲哀地消失，
来者仍旧是常于古画中看到的赶路的旅人。

啊啊，那掠过丛林的风可是什么人的叹息？
那湍急的江水的呜咽可是什么人的哀悼？

太阳和月亮轮番地点起祭烛，
苍空象丧舆盖永远高悬在头顶。

（原载于赵明熙《赵明熙诗文集》，人民文学出版社，1983年）

在卖肉店里

［朝鲜］赵明熙
周必忠 译

人们杀掉意识的牲畜，
摆设起肉林，
在血淋淋的刀俎上割着骨和肉。
假如人获得解脱以后，
不能为被杀者设起祭坛，
洒一掬悲悼的眼泪……
哦哦，神哟！
难道人间永远没有净土？
难道这世界永远是众生的地狱？

（原载于赵明熙《赵明熙诗文集》，人民文学出版社，1983年）

我灵魂的一角纪行

［朝鲜］赵明熙
周必忠 译

当初，我多么憧憬人类的爱！
天真烂熳的孩提时代，
是人生的初春，
游丝发出迷蒙的闪光，

江边雨歇天晴；
黄金的经纬织出我灵魂的原野，
我稚嫩的灵魂在那里跳跃呼喊：
“朋友，你听，我胸中血液流动的声音，
象洪水一样汹涌！
朋友，来，握住我的手，
在你我的心与心之间架起一道桥梁！”
这便是我灵魂的摇篮里的梦乡。

握手的朋友转身走了，
冷风席卷世界，
我惊愕，我恐怖，我的灵魂在颤栗、哭泣！
…………
我生命的流水，
滚过狭小的山谷和贫瘠的旷野，
奔泻到大雾弥漫的血色的江口，
眼前出现了暗黑无边的海洋。
啊啊，我的灵魂又在无声地哭泣，
发出悲怆的血的叹息。
在这黑沉沉的夜晚，
那天涯孤星发出的微弱的光，
可能照亮我胸中暗黑的海洋？
哦哦，这是怎样捉弄人的海洋哟！
人们啊，听吧，
当丧衣圣徒在祈祷的时候，
当沉湎于美梦的情侣谈情说爱的时候，
你们会听到醉汉的歌声。
是屈服？是放浪？还是？
昏暗的天空重新开朗，
放浪！放浪！
这声音象铁鼓咚咚作响。
是的，放浪，

我的灵魂要从这里整装启程。
过去我经历过的苇滩，
还有那些岩石、草木，
现在都是我的朋友！
一切恶友和善友哟，
相信吧，人类跨过善恶的门槛，
就会有真正的爱情。

（原载于赵明熙《赵明熙诗文集》，人民文学出版社，1983 年）

苦恼

[朝鲜]赵明熙
周必忠 译

哭泣是没出息的表现，
容忍是蠢人的天性，
笑，自然不可能，
那么，你怎么办？
你？
……

（原载于赵明熙《赵明熙诗文集》，人民文学出版社，1983 年）

成熟的祝福

[朝鲜]赵明熙
周必忠 译

秋天到了，乡村的朋友，
到那广阔的田野去吧，
踏着阡陌，唱起歌子。

田野的禾穗，
垂着沉甸甸的头，
仿佛在说：
“大地，母亲哟，
我们将重新回到你的怀里。”

朋友哟，俯首祈祷吧，
和那所有的禾穗一起……

（原载于赵明熙《赵明熙诗文集》，人民文学出版社，1983年）

惊异

［朝鲜］赵明熙
周必忠 译

妈妈，你听，
那黄昏的絮语——
黑暗在丛林中窥视，
溪水声更微弱了，
这是连树木也在祈祷的时刻。

妈妈，你听，
握起手，侧耳倾听，
墙垣下的栗树，
响起栗子坠地的声音。
啪哒！落下来了，
宇宙宣告了新“儿子”的诞生。
掌上灯，来吧，
去迎接新客的来临。

（原载于赵明熙《赵明熙诗文集》，人民文学出版社，1983年）

在春天的草地上

［朝鲜］赵明熙
周必忠 译

我在这草地上跳跃，
我的母亲不能来看一看么？
象孩子在母亲的怀里撒娇，
我在这草地上打滚，
我的母亲真的不能来看看这光景？

我按捺不住发狂的心情，
“妈妈！妈妈！”发出喊声。
“呜唉！”大地在呼叫，
“呜唉！”天空在回应。
究竟哪是我的母亲，我分辨不清。

（原载于赵明熙《赵明熙诗文集》，人民文学出版社，1983 年）

朋友哟

［朝鲜］赵明熙
周必忠 译

朋友哟，
如果我们被称作狗，
那就象一只狗，
不必掩饰，干脆象一只狗，
匍伏着去舔大地，
直到舌尖上的鲜血流进地层，

直到大地说话的时候……

朋友哟，可怜的朋友！
如果心欺骗了我们，
就去大声质问太阳：
“这颗心能否永远燃烧？”
不要移动脚步，直到变成石像的时候。

（原载于赵明熙《赵明熙诗文集》，人民文学出版社，1983 年）

降火吧

［朝鲜］赵明熙
周必忠 译

在这个没有诚实的国家里，
哪里会有痛苦和眼泪？
没有眼泪的百姓，
哪里会有爱情和正义？
主哟，求求你，在这土地上，
降雨吧！降火吧！
在燃烧的火海里，
寻找诚实的骨头，
在腐烂的灰烬里，
寻找爱情的种籽。

（原载于赵明熙《赵明熙诗文集》，人民文学出版社，1983 年）

十月的歌

［朝鲜］赵明熙
周必忠 译

被压迫者的一滴滴鲜血，
渗进地层，大地爆炸了，
升起一座新世纪的火山。
苏维埃共和国——
一座新的喜马拉雅山在北方出现！
旧制度象山崩一样在她面前垮下去了，
整个世界象海洋一样翻腾、激荡，
哦，神圣的苏维埃共和国诞生了，
我们的步伐一步比一步坚强，
我们的力量每一天都在成长！
在迎来十四周年的早晨，
在明亮的阳光下，
把胜利的鼓擂得更响，
让灿烂的红旗更高地飘扬，
万国的豺狼都咬牙切齿，吓得发抖！
狮子啊，新火山的儿子，坚强的人们啊！
向着敌人冲杀，向着朋友召唤，
大声地，更大声地高呼：
“万岁！”
“万岁！”

我们手握铁锤，
我们足踏车轮，
我们肩上扛着枪，
我们的头上，
照耀着太阳和科学的光芒。

我们的建设永不停息，
我们的武装将把敌人埋葬！
铁锤啊，更有力地敲打吧，
车轮啊，更快速地转动吧，
太阳啊，更灿烂地照耀吧，
我们的脚步一阵快似一阵，
我们的四肢跃动着新的力量，
前进！前进！只有前进！

（原载于赵明熙《赵明熙诗文集》，人民文学出版社，1983 年）

蒙汉青年团结起来

盛家伦 采编

蒙汉青年团结起来，我们是朋友兄弟，不是冤家仇敌。拿起我们的武器，组成铁的队伍，齐向日本强盗前进。

日本强盗野蛮猖狂，夺去了东北领土，还抢蒙古地方，我们不愿国破家亡，就团结奋起，争取民族自由解放。

抗战三年越战越强，我们要收复失地，我要重返家乡，不分男女老少，不论中原边疆，齐把强盗赶出鸭绿江。

蒙汉青年团结起来，我们是朋友兄弟，不是冤宗仇敌，拿起我们的武器，组成铁的队伍，齐向日本强盗前进。

（原载于《新音乐月刊》第 5 卷第 2 期，1942 年）

日本反战将士纪念歌

董生 配词

黄源洛 曲

黩武的军阀底命运，今天已走到了末路——

你现在光荣的死——去，死在胜利的天堂；你为了人类的正义，你为了东亚的曙光，你坚忍不拔的勇气，永远留在我们的心坎——！

啊——！你战斗过的地方，斑斑的血迹放光芒，但愿你精诚涤洗三岛，再看那青天白日辉煌！

（原载于《青年音乐》第1卷第1期，1942年）

向祖国呐喊

台魂

海风啊！
我要倩你澎湃的涛声，
带给我母亲，
这沉埋了四十八年的，
血的呐喊。

四十八年前，
我是一个无忧的婴孩，
紧偎着你的胸膛；
我是一颗无价的明珠，
紧握在你的掌上。

那无限的温馨慈爱，
不敢怀想！
我只记得你频频的唤着：
我的乳名——台湾！
我的乳名——台湾！

谁知道暴风雨忽来海上？
恶魔的利爪，
硬生生血滴滴地，
将我从你的，
怀抱中，手掌上，
割裂撕开。母亲啊！
你总该记得，
我哇的一声，
那临别的凄惨嘶喊！

从那日起，
我便没了凭依，
失了靠傍，
在恶魔的鞭策下呻吟，
在恶魔的狞笑中生长。

四十八年了，
残风！苦雨！
烈日！严霜！
我开不出生命的奇葩，
我只有悲郁的怨望！

清晨，我咬着牙咒日出；
黄昏，我噙着泪送斜阳；
最怕的是那海风平静的夜晚，

头顶上，传来高丽哥哥挣扎的哀吟，
脚底下，又有琉球弟弟抑郁的悲唤，
这些声浪，啮着我的心，睡不安，
我只有睁大了眼睛西望，
蓦地见，青山一发，
那是我慈母的苍颜，
我哇的一声哭了：
“我亲爱的娘！”
母亲啊！你看：
这青的，红的，
紫的，绿的，
遍体的鳞伤。
这是铁蹄踏的，
那是利爪掏的，
这是针灸，
那是刀伤。
唉！岁月积累的怆痛！
历史写下了血账！

四十八年了，
昔日无忧的童心，
如今满载着悲愤，
昔日无价的明珠，
如今晦暗了宝光。
我也曾几度竭力的挣扎，
我也曾几度竭力的反抗，
母亲啊！
这不是泪痕还挂在颊边
这不是血迹还留在颈上？！
七月七日，你那一声神圣的呐喊！
震动了全世界的人心，

惊眩了全世界的耳目。
尤其我——你的孩子台湾，
欢喜的如患病狂！

一二·九，你鲜明的第二声呐喊！
解除了那痛心的十一款条约马关，
那割裂我脱离母体的利刃，
那捆扎我陷入魔手的绳绑。
母亲啊！你可知道，
这时候，你的孩子，
肉体虽然仍捏在魔手；
灵魂已在嘘着气，
庆幸他自由的曙光。

如今无论是白日夜晚，
我睁大了眼睛西望，
烽火熊熊，中原那一片美丽的光！
母亲啊！我看见你立在光中，
挥动你那招魂之幡，
慈声的唤着：
“失去的孩子啊，快回到我的身傍！”

我欢喜得发狂了！
在恶魔的利爪里，
不顾利害的跳荡。
我用血与肉作证明，
暗地在扯他黑色的心肝。
母亲啊！
 你别以为你失去的孩子无望，
 虽然四十八年了，
 生命受着摧残；

但秉着你伟大的天赋，
灵魂依然无恙。
没有染上些儿恶魔的腥膻。
他白费了四十八年的奴化教养，
徒然养痈自患，
他强迫我为他着上武装，
我的枪口便竖着倒向，
准拟着商纣的自焚，
便是今日昭和的下场。

母亲啊！听我这一声孺慕的呐喊！
请你申开你慈爱的双腕，
请你敞开你温暖的胸膛，
你的孩子,你的明珠，
依然要投入你的怀抱！
依然要擎在你的掌上
啊！要投入你的怀抱！
要擎在你的掌上！

海风啊！
我要倩你澎湃的涛声，
带给我母亲，
这沉埋了四十八年的，
血的呐喊！

（原载于《新华日报》1942 年 4 月 5 日）

黎明的合唱

[日本]长谷川照子(绿川英子)

为了希望的未来我们不惜流血成海
五年的抗战奠定了中国解放的基石
筑成了人类和平的堡垒
今天我们挺着胸脯高唱黎明的赞歌吧
这响亮的歌唱在明年第七个七七
一定会变成侵略者的黄昏送葬曲

(原载于《新华日报》1942 年 7 月 7 日)

光复之歌

陈旧

是中韩……共同的敌人,
也是全人类的公敌,
——日本帝国主义
请打开中韩近百年来的历史罢!
每页记载是:
泪滴,
血迹!
韩国到了今天,
已奴隶了三十余年!
啊!
这三十余年的漫长岁月
多少同胞被杀?

多少田园被占？
这日本魔手赐予韩国的恩惠。
同样，它——日本
到处显扬对中国的“亲善”：
“九一八”在东北，
“一·二八”在淞沪，
“七七”在卢沟桥，
“八一三”在上海。
这一串都是日本向中国提携的“亲善”？
今天，
首都，杭州，徐州，广州，武汉……
都被强占：
飞机，大炮，毒瓦斯，□□弹……
这些“亲善”的礼品，
正不断地送向中国的人民大众。
更还梦想着：
以华制华——扶持汪傀儡
坐收渔利。
但是，告诉你：——日本
中国人，
朝鲜人，
我们原是一家人，
谁肯帮鬼子来杀
自家人！
今天起，
我们精诚团结，
联合一气，
对准这疯狂的魔鬼，
我们齐心把它打倒。
我们不怕敌人的残暴！
我们为了：
洗刷亡国的耻辱，
维护东亚的和平，

争取人类的正义
求得民族的独立、生存，
我们要打倒我们当前的公敌——日本
将青天白日〖旗〗插向鸭绿江畔，
让长白山头太极旗帜临空飞扬！

卅年，八，十一　于韩青班

（原载于《韩国青年》第1卷第4期，1942年）

握手，朝鲜义勇队的弟兄

王门

握手
我们的
亲爱的
朝鲜义勇队的弟兄

三年前
从海洋的彼岸
涉过
争自由的波浪
向我们
伸出援助的手
亲密地
抱吻着我们
并且
献身于我们的战争的
那就是你们呀
我们的
亲爱的

朝鲜义勇队的弟兄

三年来
从南中国的海岸
到北中国的高原
在尘埃的岁月里
在酷热和严寒里
始终安祥地
紧靠着我们的臂膀
走在我们的队伍里
和我们一同战斗
笑
并且歌唱
把汗
和我们的汗流在一起
把血
和我们的血流在一起
把枪口
射击着
我们所射击的方向的
那就是你们呀
我们的
亲爱的
朝鲜义勇队的弟兄

今天
你们五个同志
站在我们的面前
站在你们的国旗
和我们的国旗的面前
高声对我们说
中国和朝鲜

原来就是兄弟
今后
将永远是兄弟
而中国的战胜的荣誉
也就是朝鲜的荣誉呀
你们一个字一个字地
清楚地说着
你们说得多好呵
我们的
亲爱的
朝鲜义勇队的弟兄

今天
你们五个来自远方的
尊贵的宾客
像发着光彩的金属物般
站立在我们的面前
默默地
望着我们
你们
中国的友人
真理的斗士
是东方的荣耀
是世界的荣耀
是应当骄傲的呀
可是你们并不骄傲
在你们的眉宇间
闪动着的
只有诚挚的光辉
那也就是真理的光辉呀
我们的
亲爱的

朝鲜义勇队的弟兄

我们应当怎样感谢你们
应当怎样为你们祝福呢
在深深的感动中
言语是多余的
让我们
虔诚地
紧紧地
握手吧
我们的
亲爱的
朝鲜义勇队的弟兄

四月十日晨 于流波礃[疃]

（原载于《中原月刊》第6卷第1期，1942年）

悼四将士

[韩国]文靖珍

我遥望
荒凉的北战场，
向四位殉国的将士敬礼。
我低头
唱着光荣之歌
使许多在醉生梦死的人
激起坚毅果敢的精神
来继承你们的使命。

一峰，现淳，东旭，铁镐：
你们坚贞，你们勇敢，

你们是成仁的勇士
杀敌的好汉，
你们的为民族解放的光荣事业
将永留给后代的儿孙。

将士们，
你们是光荣的逝世了，
你们以胜利的微笑
向仇敌射发了最后的一粒子弹。
将士们
你们纵然永别我们而去
却将火样的燃烧的热情
献寄给为解放而工作的同志们。

孙，王，朱，崔四位烈士们
你们曾以英勇无比的气魄，
将笔杆视为枪杆，
枪杆视为笔杆
奔驰于南方战场上，
和士兵们一样忠义，果敢，冲锋杀敌。

记得——
一个秘密的夜里，
你们在上海暗杀敌之要人
我担负着响[向]导的责任。
你们挥舞着狂热的拳头
竟向那罪魁猛击
那些零星的巡捕一见你们威风凛凛的姿势，
便不能不惊慌失色地躲在一边！

记得——
又一个酷热的夏天

你们与某师敢死队
站在队伍的最前面
攻击锡山，
夺获战利品
战胜归来。

如今
以你们壮烈的牺牲，
换取了邢台光荣的胜利。
你们伟大的革命精神当永垂千古！
在你们的灵前，
我们宣誓：
为完成你们的遗业，
踏上你们的血迹前进！

（原载于《朝鲜义勇队》第42期，1942年）

山路

［韩国］梁柱东
邓遏 译

走着山路　一个人
我　走着山路。
日落　鸟不啼
兽的跫音　轻微地——
走着山路　夜
一个人　走着山路。

沉默的夜
暗淡的森林。
走还走不尽森林。

连星星都看不见的昏暗的森林
山路险峻
山路远。

在行程遥远的山路
看见一盏灯。
(没有路的路何时了?
夜的黑暗　何时亮?)
在岩上
看见一盏灯。

四二年八月　译于太原

(原载于北京《艺术与生活》第 34 期,1942 年)

被卖去的女儿

[日本]南龙夫
秋子 译

枯干的稻寂寞地摇着,
向街上走去的被卖的女儿呵。
回顾着像秆草一样瘦弱的双亲,
女儿的眼睛中正闪亮着什么。

没有血气的女儿脸上,
浮现着绝望的微笑,
这微笑的,害苦了那晚上母亲的眼眶。

(原载于《诗创作》第 7 期,1942 年)

探访亡友的家庭

［日本］南龙夫
秋子 译

探访死在狱中友人的家庭，
妹子也出嫁了，
只有孤独的母亲呆坐着。

对着被囚死的友人的母亲，
没有提起那被囚死的事情。
她口头上常说的“只有一个儿子”，
不要让他死在狱中才好呀。

想起了悲惨的友人，
照片上还是那爽朗的笑容。

（原载于《诗创作》第7期，1942年）

尘埃中

［日本］最上二郎
秋子 译

吃到了尽头，
移向满蒙的边界去，
有谁愿意做流浪的人呢？

在尘埃底下缩短了生命，
虽然很可惜；
但是，全家的生路就只有这一条呀。

老婆病了，
我背着孩子上工厂，
清晨的小路上冻结着寒霜。

在白金猿街渡过半年，
像被追逐般的
到这大崎来了，

儿子追着妻在哭喊，
上工的时间到了，
我也得出去啦。

学校出身的小鬼，
在殴打五十岁的老工人，
这样，心里就舒服了吗？

遭恶意的同伴们殴打后，
像被人背叛了一样，
涌起凄零的感觉。
长久的忍耐着
这屈辱，不是也将
混合在就要到来的重大工作中么？

知道了浴盆中肥圆的孩子，
是工人的孩子以后，
苍空也像在眼前浮动起来了。

（原载于《诗创作》第7期，1942年）

出狱的朋友

[日本]最上二郎

秋子 译

得看见出狱的朋友，
比欢喜更先来的是
对着他那枯瘦样子的眼泪。

他并不责怪
我的逃避行为，
倒因我的安全而欢慰呢。

（原载于《诗创作》第7期，1942年）

悼词

——献给反法西斯斗争中殉难的朝鲜烈士们

艾青

亲爱的战友们死了，
英勇的同志们死了，
你们死在中国反侵略的战场上，
你们死在反法西斯的斗争中：
你们的死增加我们的光荣，
增加我们的祖国——朝鲜的光荣。

我们是没有自由的国土上的
没有自由的人——
我们的祖国已被异族人侵占，

我们的父母受尽异族人的压迫，
我们的财产变成了敌人的财产，
我们所耕种的田地长出敌人的粮食，
我们的女儿被敌人抢去作了妻妾，
我们的道路上震响着敌人的马蹄，
而敌人并不以这些为满足；
他们却还要用皮鞭抽打我们，
还要用监狱囚禁我们。

无数勇敢的反抗者，
都死在敌人的毒手下了；
我们——而为了保全生命
继续为祖国斗争，
我们流亡在中国。

中国是朝鲜的兄弟，
在悠长的日子里，
它同样地受着敌人的迫害，
但它终于爆发了反抗侵略的战争。

我们毫无保留地将自己贡献给这战争
在无限广大的地域上，
我们和中国的兄弟
并肩作战已五年了。

阿里朗的歌声
从华南唱到华北，
我们的脚迹
踏遍中国的战场。

一起战斗的同志们死了：
有的死在上海的地下工作里，

有的死在后方的病院里，
而更多的却死在火线上——
死在和敌人的肉搏里，
死在临危不屈的反抗里，
更有的是
刺死了敌人之后退却在悬崖边，
打开了胸膛，让敌人刺死。
你们的勇敢牺牲，
已洗尽了祖国朝鲜的耻辱。

亲爱的战友们，
请安息吧！
在为自由而战斗的中国土地上，
阳光与云影将抚拂着你们的坟墓。
我们将继续你们留下的事业，
带着永远不会钝锉的意志
战斗着——直到我们最后的一口呼吸。
而你们的面貌、语言和思想，
已深刻地烙印在我们的心里，
我们将以你们的名字为旗帜，
去为你复仇，
去歼灭敌人，
去为祖国朝鲜争取解放。

到那一天——这不会很久的，
最后的一个敌人已从朝鲜逃走，
我们将重新来纪念你们，
在祖国朝鲜的解放史上，
将记载着你们英勇的斗争；
在祖国朝鲜的土地上，
将竖立起纪念塔——
庄严的塔，胜利的塔

将像三角山一样高耸在天空，
让祖国的自由的子子孙孙
日日致敬与瞻仰。

一九四二年九月十七日

［原载于《解放日报》（延安）1942 年 9 月 20 日］

星星和枯草

［日本］壶井繁治
李芒 译

星星和枯草在叙谈，
夜深人静，
只有我身边刮着风。
我总感到有些寂寞，
也想跟他们叙叙衷情。
星星却从天上掉了下来，
我在枯草中寻觅，
终于未见星星的踪影。

黎明，
我睁开眼睛。
只觉得一块沉甸甸的石头，
落在心中。
从那时起，
我每天都独自叨念：
石头什么时候会变成星星，
石头什么时候会变成星星。

1942

（原载于《世界反法西斯文学书系·日本卷 2》，重庆出版社，1992 年）

掌上的鸡蛋

[日本]壶井繁治
李芒 译

受尽痛苦的折磨，
母鸡好不容易才分娩，
生下了浑圆、漂亮，
地球般充实的蛋。

羽翼洁白，
鸡冠鲜红的莱克亨哟，
如今，
我把刚刚生下的蛋托在掌上，
要来掂掂地球的重量，
这未免荒唐。
这也许是可悲的，
因为我实在无法掂量：
你下蛋的痛苦，
地球的重量。

为此，
在我的掌上，
鸡蛋愈来愈重；
为此，
在我的掌上，
地球的重量愈来愈强。

啊，刚刚生下的蛋哟，
请在我掌上孵化，
把关键的时刻鸣唱：

地球旋转一周，
就会迎接新的曙光。

1942

（原载于《世界反法西斯文学书系·日本卷2》，重庆出版社，1992年）

街头诗：新秩序

[日本]薄田泣堇
安东鬼太郎 译

大东亚的战尘里，
我独自吟诗。
大东亚战尘里，
我独自吟诗。

诗是火炬呀，
燃着击灭美英祈愿的。
这火的文字下，
草呀，树呀，
山河都烧得炎炎。

山河都烧得炎炎：
焦土里茁生了新生命，
新生命的秩序，
不久将包容了全世界！

（原载于《华文每日》第10卷第10期，1943年）

给中国

[英国]Robert Payne
杜运燮 译

一个人，独自一个，
一个老人有象牙的脸，
一个石头的前额，
从泰山的雾里讲话：
“我的肉已变成草。
有一天从我的胫骨里，
将长起一片稻叶。”

一个人，独自一个，
一个老人有象牙的脸，
一个石头的前额，
从泰山的雾里讲话：
“我的肉已变成草。
有一天从我的肩脾[胛]骨里，
将长起一片稻叶。”

一个人，独自一个，
一个老人有象牙的脸，
一个石头的前额，
从泰山的雾里讲话：
“太阳，太阳，又上升，
在覆雪的荒野那边，
从我的骨髓里繁衍，
一代又一代的主人。”

[原载于《大公报》(桂林)1943 年 1 月 17 日]

孩子的血

[苏联]V.古塞夫

无以 译

我到哪里去找寻言语，
说出我底痛苦，
要用什么样的仇恨报复敌人？
我怎能忘掉那瘦削的手，
那在松林的雪里受冻的人？
安眠吧，小姑娘！
这两个幼小的受伤者，
胸膛给打穿了。你的父亲在哪儿，母亲在哪儿？
他们前去了，在我们坦克车的西边，
坦克车手不能忍住眼泪。
你是谁呀，孩子！这给敌人杀死的姑娘，
你是谁家光明的希望？
风把雪花吹得狂吼，
那阴郁的森林围在周围。
祖国的土地呀，你在为孩子哭泣，
雪中的森林也在夜里悲伤。
为着那发光的眼睛和向[响]亮的笑声，
为着那再也不会向[响]起的歌。
我们修建了学校，四围布置着花园，
我们为孩子们垒砌巨大的建筑。
我要问全世界，可是谁能回答我呢？
在哪儿，在什么时候是这样爱孩子们，
像在苏维埃的国土里爱他们一样？
我们生长在东方的城市，
我们突击到边地，到泰加，到深邃的森林。
第一个世界，新的高大的房屋，

第一朵花儿——全是为了孩子。
安眠吧，亲爱的小姑娘呀！
吹来了雪堆
为你做枕头。
谁向我说：是希望或是爱情，
或者简直是你母亲叫你的玛兴卡？
安眠吧，小姑娘呀！
坦克车手突向前头去了，
他不能忘记你的死。
你们会战栗的，杀死孩子的凶手，
当你们在战斗中遇见他。
你们会在他的眼光里领会到自己的死。
他无限的愤怒，对你们是没有援救
为孩子的死，为苦痛和灾厄
为了一切，为了一切他们要回答敌人呀！
我的儿子和我的女儿，你们在辽远的城市，
那城里吹着春天的风。
让我的话今天飞到，
你们平和的，明亮的窗前。
你们对我伸出小小的手，
在这儿，山与森林的后面，
让我的忧伤，我别离的悲哀，
在远方听到你们的声音。
是的！愤怒和仇恨在我们的眼中闪着，
他比铅弹更可怕，比猛烈的暴风雨更恐怖。
呵！我们怎样憎恨那些，
把灾难，火，死，带到我们和平疆土的人呀！
不，我不能忘掉那瘦削的手，
那白色的雪堆和旁边的林子。
为了每一滴眼泪，每一次的离别，
为了孩子的血敌人要偿还我们。
在灰烬中的城市，受难的田园，
大炮吼出了火的言语。

为着走近我们胜利的日子，
孩子们笑的日子，
欢乐的日子，
相见的日子呀！

（原载于《顾平》笔阵革新第1号，1944年）

赠路易·艾黎诗

［英国］李约瑟
劳陇 译

前往长安道上，行行渐近剑门，
八月将尽时分，忽遇大雨倾盆。
我们来到浩荡的涪江边沼泽草原；
越过了一个深坑，又遇到塌陷的沟渠，
只好在茅舍里过夜，等待渡江。
到天明，江水陡涨，洪流泛滥，
冲走了两岸屋舍，砰啪作响，
正如宋代的火药，爆炸轰鸣。

我们赶快退到高地躲避，
可是沟渠继续塌陷，汽车无法回行。
我们只好坐等江水降落，听天由命。
就这样，我们（几个希腊人）羁留在涪江之滨。

在一个学校的阁楼上，暂时栖身；
晾开了我们的衣服，手表和书本。
洪水的高峰已经和汽车相平，
路上只看见露出水面的电线和桥顶。
就这样，我们（像古代的罗马人）在这里被困。

但是，我们心中仔细体味，
觉得，这光景倒也颇为动人。
七尺高的白茅，迎风招展，
远看起来，就像剑戟森森；
又像旌旗飘扬，在迎接汉代的敌人。
但走向前去，挨着身子，却又柔和可亲，
好像汉武帝的李夫人，步履轻盈，罗袖无声；
凭借李少翁的仙术，霎时复生，泪眼盈盈。

我们也曾见到过鲁莽的举动，
也曾听到过粗鲁的笑声；
也曾见到愚民屋子里肮脏邋遢，
官僚和市侩脸上盛气凌人。
但是，在这小小茅屋里，却另是一番光景，
小天使，穿着蓝裤，头上戴着银发钗，
农妇周大妈给我们烤玉米棒子，
屋子里炭火熊熊，
是素萱手砌的炉灶，一室生春。

在河边站着船家孩子，
在大沿草帽下，目光灼灼，笑靥迎人，
（想当初米迦勒面对着浑沌的王子，也正是这般神情。）
还有满面皱纹，和蔼可亲的老乡们，
说话一本正经："自从光绪十六年，
没见过这样的大水，直到如今。"
塔楼上两个老道士，在晚霞里捏塑泥桃，
还有地质学家们，绑着裤腿，骑车满山跑。
那么多的好人啊！怎不教人相爱相亲？
难道我们是被羁留在这里吗？
不，我们是被热情挽留，在这里多耽几天吧！
（试问：一个人会像恋人般热爱一种文化吗？）
也许，我们确实要在这里长期停留；
也许，我们（像乔治一样）要在这里了此一生，

葬身于棕色或红色的土壤之中，
葬身于锤声叮当的岩石之下，
葬身于流水潺潺的长河之畔，
葬身于青青山麓的松林之中。
归根到底，生命总要结束，不论在何时何地，
尽了自己的力所能及，就与世长辞吧！

但是，谁还比这些黑发老百姓更需要我们帮助呢？
他们受到历史的歧视，
他们没有钢铁的巨轮，坚硬的玻璃，金碧的糖浆；
他们不能制服闪电和雷霆；
世世代代受尽了艰难困苦。
他们有漆黑的头发，棕黄色的皮肤，深渊般的眼睛；
他们腰腿矫健，鼻梁端正。
可是注定了受苦受难的命运；
疾病磨折，才得六十岁的寿命。
汤姆斯爵士，他到处为家，随遇而安，
热拿亚的马克说杭州胜过天堂。
这里到处有好人相助，
正是我长眠的乐土。
当然，还有许多工作尚未完成，
但是上天会赐予更有才能的人。

再过十天，我们又要告别登程。
公路的工程师王先生，举起了筷子，劝我加餐；
他说道：“真遗憾，中国的公路实在糟。”
我们（希腊人）回答说：“那没什么，修理修理就行；
可是中国的天气有时真够呛！”

作于1945年

（原载于《科学前哨》，1948年；译文摘自《四海之内：东方和西方的对话》，生活·读书·新知三联书店，1987年）

朝鲜底脉搏

［韩国］梁柱东
丁来东 译

我热情满腔，合着眼睛睡觉，
好比那夜半消灭的寒灰一样。
我试探着朝鲜底无力的脉搏——
觉得我就是“爱”底毛细管，就是他底脉搏。

东方闪着淡淡的曙光，
我便鼓起了一团希望，一团勇气，
我听见朝鲜底苏生的太息——
觉得我就是“爱”底气管，就是他底呼吸。
可是，看呀，清晨来往于路上的那些坚强的青年们。

那些年少的学生们打球的好身手，
那些拿书包的女学生有力的手腕，
他们光润的面貌，他们活泼地走着的神气，
啊，这岂不是真正的朝鲜底生的脉搏么？

那含葩欲放的小孩子们底可爱的两颊，
他们要乳吃，叫将起来的那强壮的哭声，
他们那小而有力的像要抓着些什么似的手，
那微笑的嘴唇，那充满欢悦的晶莹的眼睛——
啊，小孩子，朝鲜底大动脉，朝鲜底肺就是你呵！

（原载于《中韩文化》第1卷第1期，1945年）

神

［日本］壶井繁治
李芒 译

那是活在人世的神祇，
那是好战分子护身的圣明。
在那神祇的名义下，
一切都是至高无上的命令。
经常从天而降，
犹如万钧雷霆。
在那神祇面前，
什么人诚惶诚恐，
伏首听命，
头上就会降下慈悲，
就会得到恩宠；
凡是不知畏惧的，
绞绳就会锁住脖颈。

啊！神祇，这样的神祇！
不论是睡梦中，
还是正在觉醒，
它都君临在我们头顶，
连呓语都不能轻易出口，
说话都不能由自己决定，
都只是用来
把这神祇歌颂。
高喊过多少次“万岁”啊，
都是为了歌颂这位圣明。

于是，战争爆发了，

这次不是为了芸芸众生。
而是那神祇和造神者们
密谋发动。
他们宣布战争无比神圣，
也就是那神祇挥动佩刀发出的最高命令！

开赴遥远战场去的士兵，
曾宣誓为神祇而牺牲，
述说为神祇而死才是生命的价值，
欢送你们是“万岁”的喊声！
你们投入战斗，
然后以失败告终！

你们尽管尚无妻室儿女，
但有双亲和情人，
也有几个知心的亲朋，
你们或者已有妻室儿女，
未来得及告别就把他们撇下，
投身于那神祇和造神者们发动的战争。
而今你们在战争中遭到失败，
回到祖国的怀抱，
或用沉重的双腿支撑着身子，
或把自己装在骨灰盒中。

败北的门在冷酷地等待着你们，
穿过这道门就是一条笔直的路径。
这路径直通神祇的祭坛，
这神祇曾把你们驱向战争。
你们还要低下头去，
向那神祇鞠躬致敬？
你们要把身体受到的创伤，
让那神祇看个究竟。

你们要提出抗议，
让他面孔苍白，感到自己的罪行。
再不要畏惧，
再不必惶恐，
直至今日那神祇曾经制裁我们，
而今却在祭坛上战战兢兢！

1945 年 12 月

（原载于《世界反法西斯文学书系·日本卷 2》，重庆出版社，1992 年）

门

[日本]壶井繁治

李芒 译

必须走过那道门，
必须走过那道门，
几万士兵一心想着这件事，
曾经走出那道门，
去参加战争。

如今战败归来，
那道门已经变成幻景，
消失净尽。
然而，凡是活着回来的，
在一切人面前，
又树起一道新的门，
张着大口等待着人们。
不管你是好战的，
还是厌恶战争，
如今，
通通都要钻过这道门。

这道门，
活像一条隧道
那么黑暗，
那么潮湿，
那么阴森。
当你钻了过去，
没有人摇旗，
没有人献花，
没有人唱歌……
啊，然而，
你却必须钻过这道门。

在这道门前止步的人，
就是在历史的中途止步；
害怕钻过这道门的人，
就是害怕历史的前进；
拒绝钻过这道门的人，
就会在门前变成盲人。

新的山，
新的河，
啊，为了看到照耀这新山河的新太阳，
必须钻过这道门，
必须钻过这道门。

1945 年 12 月

（原载于《世界反法西斯文学书系·日本卷 2》，重庆出版社，1992 年）

胜利之春

［朝鲜］朴八阳

杨利培 译

朋友啊！你还记得吧？
“冬之暴威”征服全世界的时候，
一切生灵窒息着，战栗着，在那暴威下的时候，
你在绝望深渊中悲痛的哭泣着，
天抱着快要绝灭的生命，老是哭泣着。

还有，朋友你还记得吧？
被那恐怖的暴风和雪寒追逐着，
软弱的生命们，隐伏在石缝的土下，
全世界都在暴徒般的狂厉风雪中，
呼吸要停止，是不是完全像要死灭呢？

但是，自然之力，终究不知在什么时候，
千万年仍旧持续着，驱逐了那冬的暴威，
我们也不知在什么时候，山、丘、野，
送来了多情的春风，催促着生命的苏生。
呼喊着：“起来吧！起来吧！春来了！”

啊，伟大的自然力啊！
他终究抱起一切的生命了。
那烈风、那雪寒，现在潜藏在何处？
那暴威、那恣行，现在潜藏在何处？
一切的生灵，经过长期的蛰伏，现在把头抬起来了。

春终究访问我们来了。
春终究回到我们这里来了。
自然终究宣告我们的胜利了。

啊，春，春。苏生的春，更生的春，
山、丘、野，花开着，鸟的鸣声听见了。
春，现在完全是胜利者之春。

一九三六年

（原载于《国光日报》1945年10月7日）

北风来了！

［韩国］黄锡禹
天均　丁来东 译

北风的乱舞，北风的高叫，北风的突喊！

北风是在进军，北风吹着嘹喨的喇叭在进军！

呵！北风吹！呵！北风来！呵！北风的总袭来！

呵！北风是在动员了。

北风的队伍，北风的行列，连亘万里。

北风好像那流转着的海上洪涛，一齐的奔进来了。

呵！北风好像那脱离了密林的猛虎队，好像赤身的"巴尔痴山"底突击队，好像骑士团，好像义勇军团，又好像伏兵的野战兵，一气的奔进来了。

北风好像苍天底盛大的怒气叫喊着奔进来了。

北风好像那些在广大的废坛上建设起一个新世界的创造队底勇士一样，欢跳着，狂跃着奔进来了。

北风是在进军，北风是在进军。

北风好像在白昼的街上，高翻着叛旗，蜂拥起来，一致举乱的，激怒着的群众，叫喊着，排山倒海的拥进来了。

北风跳着，喊着，冲着天，踏着地，奔进来了。

在北风叱咤之下，广阔的天上云片，像鼠队一样的慌忙地被驱逐而逃跑。

在北风呼喊而来的地方没有敌人了。

在北风跟前，一切都是落叶。

北风跑来了，狂怒的北风呼喊着跑来了。

呵，北风负着什么使命到什么地方的斗士队呵?!

（原载于《中韩文化》第1卷第1期，1945年）

杂诗

[韩国]金山

一

看看吧！
有的既发国难财，又发胜利财
有的既作伪派者，又作正派官，
咳！正气消沉何如此……

二

“国家兴亡，匹夫有责”，
天职尽到不计功，
无衣无食有谁怜？……

三

外表互相周旋，
暗地互相倾轧。
还说什么“精诚团结”？
于今，不是那抗战时……
你明明的是个正义凛冽的，
他明明的是鬼态狡诈的，
看吧，现今怎样？
忠勇的结果竟可怜！

[原载于《华北新闻》(济南)1945年12月15日]

给一个红军战士

[苏联]Y.乌特金
铁弦 译

我看见了一个被杀死的小姑娘。
有一些花枝放在桌旁。
她带着永远闭上了的眼睛,
仿佛,小姑娘在睡着。

而她的梦境似乎是轻浅的,
她整个地在紧张着,
好像一个婴儿在期待着什么……
问一问,她期待着什么呢?

同志,她期待着一个消息,
这是像从战斗中得到的——
它述说着严酷的,毫不容情的复仇,
为着自己的纯洁的小姑娘!

(原载于《中苏文化杂志》第 17 卷第 2 期,1946 年)

新诗

1946年以后

涌出来吧，伟大的力量！

［韩国］金海刚
天均　来东 译

这地方，却像重门深锁难开放，
久不见太阳光，
难道便永远声沉气丧？
难道便成了座冰冷的坟场？
竟不能放开脚步，挺起胸膛——

太阳上而落，落而又上，
朝朝暮暮，
年年月月，
岂不是一事无成所愿难偿？
到今来，只紧压着肺腑，只掩抑着胸膛——

山谷间，边境上，散布着城市，村庄，
到何时，那洪大的脉搏才能跳荡？
且打断这奔流不止
万劫如斯的“时光”，
一团不灭的烈火正潜伏在心儿上，
且让它遍身激扬——

阴云低压，郁闷难当，
却甘抛生命在断头台上。
如今身欲动，不自由，
纵有气，也难扬！
心里燃烧如火样，
要把阴云驱散，要使地球下降！

涌出来吧，伟大的力量！
挥拳头，微风不荡，
碍墙壁，没有些儿反向[响]。
涌出来吧，伟大的力量，破重关，让光明前来无阻挡！
涌出来吧，伟大的力量，扫游梦，似唤起春晨底洪音巨向[响]！

无数的心儿正团成一片，把天样似的真诚交付在你手上，
呵！在这里，涌出来吧，伟大的力量！
且向那奔走着的太阳横腰冲上，
倾泻那熊熊的火光，
使血凝脉结的城市山村都气壮，涌出来吧，伟大的力量！

（原载于《中韩文化》第1卷第2期，1946年）

花

[韩国]李陆史
尹海燕 译

东方的天空已到尽头
滴雨不落的那片土地
这花竟开得如此鲜红
不断充实生命的岁月啊

在北国冻土寒冷的清晨
深雪掩埋之下　依然有花蕾的萌动
依旧在期待着群燕飞回
终究无法辜负的誓约啊

深海中暗流涌动之处
随风燃烧的那花城里

蝴蝶般沉醉于回忆的人们啊
今天 我在这里呼唤着你们

（原载于《陆史诗集》，1946 年；译文摘自尹海燕编译《韩国现代名诗选读》，民族出版社，2006 年）

图们江

[朝鲜]赵基天
张琳 译

蜿蜒在这个国家的北疆，
奔腾不息的图们江呵，
你滚滚的冰冷的波浪，
多少次映出过
白衣人凄惨的影子？

愁惨的脸，破烂的衣裳，
财产，唯有郁结于胸的奴隶的悲哀，
依靠，只是手里的一根粗糙的招杖，
被侵略者赶出家园，
一切都被剥夺精光——
图们江呵，这不是
你映现出的朝鲜男子么？

受尽苦难的折磨，
一句话不敢多讲，
泪水浸烂了衣带，
盼望着明天忍气吞声——
图们江呵，这不是
你映现出的朝鲜妇女么？

刺骨的冰，寒冷的水，

追击的枪声穿透耳膜，
遥望着晨曦初上的山岗，
把生与死都交给了碧波——
图们江呵，这不是
你映现出的朝鲜志士么？

死也不能落入魔掌，
把最后一颗子弹射向敌人，
跃身投进悲愤的江水，
沙滩上留下带血的脚印——
图们江呵，这不是
你映现出的朝鲜义兵么？

图们江，
含恨的江，血的江，
这个国家的眼泪和痛苦汇成的江，
如今终于自由地流淌！
哗—— 哗——
浪头像闪光的刀劈开前进的路，
直奔向水天一色的海洋！
图们江呵，这始于
哪一年？哪一天？

江水为这片土地的欢乐，
又笑，又哭，又跳跃；
一会儿怒吼着，奔腾着，
像是要去消灭一切人民的敌人；
一会儿絮语着，闪烁着，
像是要用舒展的呼吸筑起的墙，
挡住那伤心的流年，坚信
这个国家将五谷丰登、鲜花开遍！
图们江呵，这始于
哪一年？哪一天？

红星照耀水面的那一天，
进攻的炮声把你惊醒，
当血战得口渴的正义战士，
用钢盔畅饮江水的时候，
图们江呵，你成了
朝鲜的生命河！

浪花在激动人心的欢呼声中舞蹈，
侵略者吓得仓皇逃命的时候，
你用胸膛托浮着威武的战士，
第一步踏上这片国土的时候，
图们江呵，你带来了
朝鲜的解放！

蜿蜒在这个国家的北疆，
荡尽污垢的图们江呵，
你是那样纯净！
你是爱国气节的象征！
你映现出的白头山①天池，
是那样庄严，
永远守护着解放的祖国大地和天空。

正义的国家，青葱的山岭，
撒遍了欢庆解放的珍珠花，
太阳也钦敬地
照耀着解放祖国的军队。
幸福的江，友谊的江，
你跳吧，舞吧，
永世不息的奔流吧！

1946.3

（原载于《世界反法西斯文学书系 朝鲜卷》，重庆出版社，1992 年）

① 今中方所称长白山。下同——本书编者注

降下旗帜吧

［韩国］林和
尹海燕 译

曾经抓获
赌徒强盗的手
如今却要拽住
伟大革命家的衣袖
如此蒙羞的天空中
还要什么旗帜
迎风飘扬啊？

同胞们！
我们齐心协力
降下那旗帜吧！

正在虎视眈眈
贫穷同胞的口袋
那些外国商馆的
老奴仆们
正在图谋
棉布和罐头的秘密交易
我们不必
为旧王朝的商标
在我们的头顶
飘扬着
国旗

同胞们！
我们齐心协力

降下那旗帜吧！

杀人的自由
掠夺的神圣
昼夜被宣扬的
南朝鲜
那肮脏的天空下
还要什么旗帜
迎风飘扬啊？

同胞们！
我们齐心协力
降下那旗帜吧！

（原载于韩国诗集《赞歌》，1947 年；译文摘自尹海燕编译《韩国现代名诗选读》，民族出版社，2006 年）

白头山

[朝鲜]赵基天
张琳 译

序诗

三千万同胞呵，
今天，我也要讲！
传说白虎无声的笑，
激起的天池的绿色巨浪，
能把满天的乌云吞光！
我要用这天池的浪涛，
滋润我被席卷祖国大地的杀风
吹得枯竭了的胸膛；

把长满千年青苔的巨岩，
当作我的石砚，
蘸饱我霉干了的笔，
象杀敌的枪尖一样！
在解放了的今天，
我，一个祖国无名的诗人——
我也要讲！
巉岩层层刺破青天，
悬崖巍巍令人目眩，
在传说天女乘虹下降的天池，
在云雾也望而生畏的高山，
逆着岁月的河流，
掉转我回忆的小船，
什么时候，哪一年，
祖国的游击战士登上这高山之巅，
头顶天心，
把义愤化为烈火，
点燃了解放战争的最后烽烟？

今天，抗日的正义战士，
给濒临死亡的祖国，
带来了新生的光焰；
解放史的辉煌的大路，
跨过图们江的滚滚流水，
穿过白头山的叠嶂重峦，
直通到民主朝鲜！
长白山的条条峡谷中，
往昔的战迹历历在目，
今天，我舒心地来到这里，
象望着手掌上的纹络一样，
清晰地俯瞰祖国三千里江山！

啊，啊，祖先的土地呵，
当日本帝国主义的军刀，
斩断你五千年的血统，
支离破碎的土地上，
有多少仇恨的鲜血滚滚？
当朝鲜的命运走上了绝境，
有多少万爱国志士摸索着夜路，
投身到白头山的密林？
是谁，渴慕着枯叶丛中的睡眠，
出入死境象出入家门？
山呵，祖先的山呵，
说吧，在解放了的土地上，
谁在为人民而战斗？
谁站在民战[1]的最前头？

嘘——嘘——
白头山的猛虎出山了！
猛虎跳上了岩石，
有力地跨出前脚，
怒视着南方的天空，
“呜嗡——”
发出摇撼山谷的吼声；
它举起前爪，
仿佛要把什么击碎，
“呜嗡——”
又在风声中消失了。
现在，只剩下岩石寂然高耸，
青苔上掠过阵阵轻风，
岩石上仿佛还有猛虎的身影。
我抖擞精神，侧耳倾听，
可还听到猛虎出山的风声么？

① “朝鲜民主主义民族统一战线”的简称。

可还听到翻山倒谷的巨鸣？

岩石！岩石！
不知道可是这座岩石，
啊，一定是在这里，
游击队的哨兵怒视着敌人，
爱国先烈们举刀宣誓！
铭刻着游击战士解放祖国的勋业，
矗立在长白山的无名的岩石呵，
同样牢牢地扎根在我的心中！
我探寻着昔日的战迹，
编织着笨拙的诗句，
虔诚地描绘白头山的主人公！
三千万同胞呵，在你们的面前，
高也好，低也好，
我要用自己的声音，
敞开襟怀，纵情歌颂！

第一章

一

山接连着山，
究竟有多少呵？
翻过一座又一座，
象专候在那里似的，
一座座挡在面前！
穿越一条峡谷，
又一条峡谷，
落叶松、白桦树，密密层层，
阻拦着前行的去路。
山谷弯弯曲曲，
象累得精疲力尽的挑夫。
几百里莽莽苍苍的林海，

几千里渺渺无际的雪原，
凶猛的野兽也望而生畏，
不敢朝这里迈步；
鸟儿难耐深山的寂寞，
成群地飞来，终于又飞走。
这里就是——
长白山最深处的兴山沟！
绝壁间积满白雪，
雪地上显出一行清晰的脚印，
向北，向北，
一行孤单单的脚印呵，
向着北方隐没！
这是什么人的脚印？
是暴风雪中迷途的
猎手的绝望的足迹么？
是谁？为什么向北走？
在北方，白头山挥舞着白发，
漫撒着铺天盖地的大雪，
发出凄凉的叹息！

二

雪地上的脚印多么清晰！
仔细看看吧，
脚印上全没有绝望的踪迹！
事情发生在昨天夜里：
一队身着白大袍的人，
脚穿雪靴从这里走去。
几百个人向北走了，
留下的只有一行脚印！
今天，脚印被踏没了，
几十个鬼子踏着齐腰深的雪，
要在这深山密林，

放起“讨伐”的火。
两条军犬在前面奔窜、跳跃，
一个戴眼镜的家伙随后紧跟，
接着是寒风闪闪的枪刺的林。
戴眼镜的家伙扫视峭壁，
茫茫然自言自语：
“都到哪里去了呢？
怎么只有一行脚印？”
“奇怪……神出鬼没……”
另一个鬼子的话音未落，
“噬——”
枪声响了，
枪声震破了冻结的空气。
戴眼镜的家伙，
来不及从雪堆里拔出腿来，
鞠躬似地栽倒下去。

三

刹那间……
刹那间兴山沟爆炸了，
枪声、手榴弹声、机枪声，
声声夹杂着鬼子的悲鸣！
接着，悬崖倒陷下来了，
烟尘滚滚，乱石飞迸，
连山谷都填平！
“万岁！万岁！”
四面是声震山谷的欢呼，
隐身在山坡上的白衣战士，
飞奔而下，
“杀呀！”这边在突击！
“杀呀！杀呀！”那边在冲锋！
拼杀的刀光映着雪光，

象道道闪电划破寒空。
“同志们!
不要放走一个敌人!”
传来激烈搏战中的第一声命令!

四

一位青年将军，
飞身跃上山坡的岩石，
魁梧的身躯，
穿着雪白的大袍，
飘动的衣襟，
象强有力的翅膀，
准备随时飞向高空!
他的两臂和双腿，
他的整个身体，
都燃烧着跃进的锐光;
他的视线象两把闪光的利剑，
扫视着战场!
“不要放走一个敌人!”
他高呼着，
右手一指，
飞出一道弹光，
岩石下，两个疯狂挣扎的敌人，
倒下去了，中弹命亡!
“不要放走一个敌人!”
他再次发出斩钉截铁的命令!
他，朝鲜游击队的金将军，
三岛倭寇一听见他的名字，
就吓得全身索索抖动。
传说他能把长白山任意调遣，
能把高山一把攥在手中——
倏忽在西，倏忽在东!

传说他会使用缩地术，
一口气能跨越千山万岭！
一颗新星升起在北天，
在鸭绿江的水面上，
放射着耀目的光明！
朝鲜游击队的金将军，
人们从长白山谷间仰望着他，
欢呼祖国诞生了伟大的英雄！

五

结束了激烈的搏战，
密林的主人公——游击健儿，
清点着缴获的武器；
有多少鬼子在复仇的刀口下丧生？
有多少鬼子被游击队的战法，
打得七零八落，
把“天皇陛下”抛到九霄云外，
把“武士道精神”忘得无影无踪，
逃不掉，送了狗命？
哲浩前来报告：
“全部消失了敌人，
一个鬼子都没剩！”
“这一次，
鬼子又给我们送武器来了！”
金将军洪亮的声音，
伴随一阵豪爽的笑声：
“哈哈哈！”
笑声像一簇簇芍药花，
纷纷飘落在洁白的雪地上。

六

这天夜里，下雪了，
天上、地下一片银光。
大雪覆盖了岩石，
覆盖了兴山沟的战场。
象七月开花的麻田，
落叶松林全都变了模样；
钻天的古树上，
也开出不合时令的花朵。
就在这天夜里，
游击队又返回离别四天的营帐。
燃烧的篝火献上通红的火花；
袅袅轻烟也散发出醉人的馨香。
这天夜里，
只有将军的帐篷里，
通宵都亮着灯光……
早晨，雪大风狂，
政治工作员哲浩即将出发，
奉命整装去远方。
“哲浩，一路多加小心，
相信你会完成任务！”
这是将军的临行嘱咐，
紧紧地握手，久久不放。
任凭大地冻得象坚硬的檀木，
任凭风雪吞没了太阳，
但是，哲浩的心里，
却充溢着温暖的阳光。

七

风雪……风雪……
严冬在最后逞凶，

象在搜寻着什么，
奔腾在山谷间，
摇撼着松林，
发出凄厉的悲鸣……
风雪……风雪……
紧攫着白桦的树干，
颤栗着，呼号着：“活不下去了！”
象愤怒的野兽扑向绝壁，
撞击着，翻滚着，撕咬着，
又发疯似地呼号着奔向山顶，
然后，铺天盖地地向东南驰骋！
风雪……风雪……
你呀，翻过山去吧！
快跨过那一道道山谷吧！
快赶到鸭绿江去吧！
哲浩要和你结伴，
翻越过那座大山，
渡过鸭绿江，踏上祖先的土地！
风雪呀，风雪！
你听见了么？
你要助哲浩一臂之力，
你不是长白山的风雪么？
哲浩要到远方去了，
他要去国境线上的 H 市，
还要去城津和咸兴。
你，长白山的风雪呵，
刮吧！刮吧！
把哲浩掩蔽起来，
让倭寇统统窒息！
刮吧！刮吧！帮助哲浩渡过江去！
渡过鸭绿江去！

第二章

一

雾，飘落着，
夜雾飘落在山村。
雾，曳着夜幕来了，
没有向导，姗姗地来了，
探寻着火田谷的羊肠小道，
飘落在偏僻的山沟。
雾，飘落着，
象一团团蠕动的白羊群，
轻抚着沙钵峰的山岩，
悄悄地、悄悄地
隐去在松林里，
仿佛要找到一个村落，
好好休息一宿。
雾，飘落着，
白头山的雾飘落着。

二

“哎呀，天黑下来了！”
刨葛根的花粉的声音。
天黑了也不能停啊，
晚饭的锅里只有滚沸的开水，
几天前蜘蛛网就结满了米缸！
何必计算时间，枉费思量？
“哎呀，天黑下来了！”
天黑了也不能停啊，
早饭、晚饭全靠葛根活命，
这就是花粉的悲惨命运！
黑暗渐渐笼罩了大地，
村庄也隐没在夜雾中，

归鸟纷纷飞向丛林。
花粉只有装满她的篮儿，
才能转回家门。

三

啊，啊，葛根！葛根！
在这个国家的山坡上，
年年春天花开，蝶舞，
而手提篮儿的妇女，
为什么拖着浮肿的双腿，
在这里伤心地徘徊？
百姓们一生都被紧紧绑扎在葛藤上，
难道是这个国家葛根太多了么？
多少人活活饿死了，
而在高大的仓库里，
在宽阔的车站和港口，
大米堆积如山，
准备从大海里运走！
是什么人要抢走这些粮食？
是什么人要拿去享受？
啊，啊，葛根！葛根！
百姓们靠你也活不了命，
难道是这个国家葛根太少了么？

四

“嘎——嘎——”
乌鸦从头顶上飞过，
“嘎——嘎——”
乌鸦冲着花粉啼叫。
花粉站起身来：
“啊，该回家了！”
一手提起露水打湿的裙裾，
一手提着盛满黄昏的篮儿，

穿过夜雾，走下羊肠小道。
松林黑黝黝，
心房突突跳。
突然，有个黑影一闪，
松林里走出一个男子。
“哎哟！他是什么人？”
象个来去无踪的精灵，
黑糊糊的，挡住去路。
啊，是鬼？还是人？

五

“姑娘，你认识金允七么？”
这话象一块石头投在姑娘心里。
她机警地转动着视线：
一张晒黑的男人的脸，
两道锐利的目光穿人心田。
“金允七？是我的爸爸……”
惊异的神色，疑惑的答话。
“啊，你是花粉？”
听见来人叫出自己的名字，
姑娘的一双眼睛，
顿时放射出炯炯光华！
“啊，真是巧遇！”
那人这样喊叫着
转身面向松林。
“布谷——布谷——”
哪里来的布谷鸟的叫声？
“布谷——布谷——”
寂静的松林也传出欢悦的回音。
立刻，从松林里又走出两个人。

六

松树的后面，
隐蔽着四个人。
一个是哲浩——
他顶着风雪行程万里，
在什么时候、什么地方，
完成了工作任务，
在向阳的山坡上遍布绿茵，
一切都象沉入轻柔的梦境的时候，
在金达莱枝头春意正浓的时候，
又带着什么任务，
来到了鸢谷？
他翻过多少大山？
他走了多少夜路？
何必要问呢？
难道不问就不知道么？
另一个是半百的老人——
一位咸兴的工人，
他背着药材，
要在今天夜里赶到兴山沟。
他说兴山沟有个无名的新村，
一所医院设在村中，
在那里，病员和医生，
都以“同志”相称。
还有一个是哲浩的联络员——
名叫英男的十六岁的少年，
他要在今天夜里赶到 H 市去。
他爱笑，爱唱，
总爱唱那支民歌《阿里郎》。

七

“我叫朴哲浩，
你们受苦了！”
这是青年的第一句话，
黑暗中，花粉的脸上，
浮起了一片红霞。
她轻柔地、絮语般地叫了一声：
“啊，哲浩同志！”
姑娘没有和他会过面，
但在他的领导下已经工作了一年。
她印过送出去的传单，
还曾把支援游击队的被服送到兴山。
她原以为哲浩是个中年人
没想到竟是个英气勃勃的青年！
他有一副刚毅、温和的面孔，
一对眼睛放射着豪爽、热情的光彩。
“他不过二十来岁吧？”
姑娘低下头在心里暗自品猜。
哲浩向出发的同志作完最后的交代，
说他自己要在鸢谷留下来。
他询问花粉：
“花粉同志，
放油印机的地方远不远？”
油印机藏在泉边，
夜里可以取回——
姑娘这样想着，告诉哲浩：
“请你放心！”
“好吧，同志们！”
哲浩说着，站起了身。
村庄蒙着乳白色的雾，
静静地睡去了，

只有驻在所的高大的门楼，
面目狰狞，
死死地盯着山村。
山村里布满黑暗，
在火田谷的松林里，
四个人默默无语地分别。
“好，再见……”
手和手紧紧地握在一起。
那握手，
使他们心心相连，
那离去的足音，
叩动着每个人的心弦。
战友的握手，
是战斗的宣誓！
是胜利的信念！
我们的同志，
这样握过手，
冲进枪林弹雨，
义无反顾地出生入死！
我们的同志，
这样握过手，
被关进牢房，
大义凛然地走上刑场！
啊，啊，忠实的战友的握手，
象婴儿的笑声一样纯洁，
象慈母的爱一样温暖，
象战士的鲜血一样红，
象赤道上的太阳一样热！

第三章

一

鸢谷，在遥远的往昔，
白头山猎人的窝棚，
曾经隐蔽在这一片松林里；
鸢谷，因鸢多而得名，
那么多的鸢呵，
如今已经不见它们的踪迹。
沙钵峰上，
只有孤寂的昏鸦，
发出如泣如诉的悲啼！
昔日捕虎的猎手，
每当夜幕降临的时刻，
都围起篝火，
憧憬着未来的幸福，
拭擦猎枪，把尖刀磨利！
现在，连老一辈传下来的生锈的猎枪，
也都心痛地交到驻在所，
猎人的后代子孙，
沦为浑身漆黑的火田民①！

二

远离世尘的鸢谷，
村子里住着金允七，
在“三·一”②运动的那年春天，
妻子被日本鬼子活活打死，

---

① 解放前，不少被日本帝国主义和本国地主剥夺得一无所有的朝鲜农民，无以为生，迫不得已，上山烧荒垦田，名为火田民；烧荒开垦出来的土地名为火田。

② “三·一”运动爆发于1919年3月1日，是朝鲜一次全国性反日民族独立运动，参加的人数达二百余万。在斗争中，工人阶级开始登上政治舞台，标志着朝鲜民族解放斗争进入了新的阶段。

义兵[1]也渡过图们江去了。
从此，他把枪藏进橡树洞，
四处流浪，出卖零工，
几年过去了，
成了鸢谷的火田农。
他把惠山的女儿带来身边，
把愤怒和希望深深埋进泥土，
日复一日地度着艰难的岁月。
去年的一个时候，
他终于获得新的希望和力量，
因为有这样一个消息，
传遍了鸢谷地方：
“白头山里有一个大洞，
洞里有太阳，有月亮，
还有无数闪烁不息的星光。
这个洞宽广无边，
几万名勇士住在洞里，
把长剑磨得霍霍响！
勇士们磨着长剑，
等待出击的命令；
只要时机到来，一声令下，
石门就会大开，
石门开处，
勇士们将象潮水般地冲出来；
只要勇士们冲出石洞，
就要彻底消灭日寇，
解放祖国的战争将遍地展开！”
从那个时候起，
花粉开始在哲浩的领导下工作，

---

① 义兵斗争是朝鲜人民为反对日本帝国主义的侵略自发组织起来的抗日武装斗争形式，以农民为主，包括各阶层的爱国人民。1905 年至 1910 年日本帝国主义积极准备吞并朝鲜期间，义兵斗争如燎原之火，纷纷而起，一直延续到“三·一”运动时期，给予侵略者以沉重的打击，后来由于日本帝国主义的残酷镇压，有不少义兵部队渡过图们江，进入我国东北地区。

从那个时候起，
望一眼白头山，
枯竭的胸中便激浪奔涌，
象五月的大海！

三

白头山！白头山！
你是历史的见证人！
成吉思汗的马蹄，
丰臣秀吉①的血淋淋的军刀，
在你的胸膛留下难忘的创伤；
五百年的工业②，
变成使臣肩头的耻辱的重担，
在你的脊背上留下轻蔑的脚印，
每年渡过鸭绿江去的时候，
人民，只有人民，
高举起自由的火炬，
接过洪景来③的战旗，
发动了甲午农民战争④。
但是，当我们培育了五千年的国土，
被倭寇的毒牙撕咬着的时候，
白头山呵，
你的心头郁积着愤怒，
沉痛地垂下了头。
人民，只有人民，
点燃起反抗的烽火，

---

① 丰臣秀吉是16世纪日本的封建统治者。1592年他发动了侵略朝鲜的战争，朝鲜爱国军民奋起抗战，经过长达7年的艰苦斗争，终于打败侵略者，保卫了自己国家的独立。当时我国的明朝曾派军队和朝鲜爱国军民协同作战，体现了中朝两国唇齿相依的亲密关系。

② 指朝鲜的李氏王朝(1392—1910)。

③ 洪景来是19世纪朝鲜一次农民大起义的领袖，后在战斗中英勇牺牲。

④ 甲午农民战争是1894年爆发的朝鲜历史上最大的一次农民起义，起义军的活动遍及大半个朝鲜。农民起义军提出“内斩贪虐之官吏，外逐横暴之敌”和“平均土地”的口号，矛头指向本国封建统治者和日本侵略者。全琫准是起义军的领袖，失败后被统治阶级杀害。

拿起刀枪，掀起义兵斗争，
浴着鲜血，发动了“三·一”运动；
当罢工的烟囱上聚满仇恨，
农民们啼饥号寒的时候，
连松花江的水波上也晃动着倭寇的影子，
万里长城也遭到日寇践踏侮辱的时候，
这个国家的游击队起来了，
用鲜血染红反抗的旗帜。
啊，啊，白头山，
你激怒的胸膛，
如东海之水掀起滔天巨浪，
怒对岛国的倭寇——
不共戴天的仇敌，
投出仇恨的目光！

四

花，花样的美，
粉，粉样的白，
花粉在惠山的一个村庄，
度过她的童年，
来到鸾谷十几年了，
还从没见过学校是什么样。
可是在一个个漫长的冬夜，
在父亲的指导下，
她学习了祖国的文字，
已经能顺利地阅读
几年前发行的破旧的《新女性》。
她知道有个沈清[1]，
货船的商人把她投进临塘水，
多么残忍冷酷的家伙呵，
花粉为沈清的遭遇流过同情的热泪！

---

① 沈清是朝鲜18世纪著名古典小说《沈清传》的女主人公。

她每次去挖野菜，
就把野菜当作卞学道[1]的脖子，
狠狠砍断，远远地抛去，
她还从父亲那里，
听了许多悲惨的故事。
这一切都在姑娘心里变成一团火，
尽管岁月流逝，火却越烧越旺！

五

母亲没有吃到一口她渴望的大麦饭，
在己未年的“讨伐”中横遭惨死。
花粉常常想念死去的母亲，
思亲的痛苦如万箭穿心。
“一定要替亲人报仇！”
花粉恨得全身发抖，满腔悲愤！
她想起一位无名的青年，
咬断舌头，变成哑巴，
为了不在梦呓中说出真情；
他坚定地保守了革命的秘密，
忍受着敌人拷打，默默地献出生命！
“我若有这样的哥哥……”
这样想着，轻轻叹了口气。
她还想起一位村中的妇女，
敌人用刺刀逼她说出丈夫的行踪；
她怕藏在天花板上的丈夫闻声奔出，
直到被敌人刺死，始终不出一声！
“我也要做这样的妻子！”
花粉在心里暗暗发誓。

① 卞学道是朝鲜18世纪著名古典小说《春香传》中的一个酷吏的典型。

六

山村之夜，
四月的夜，
村庄的角角落落里，
苦难的生命，
在破絮下做着恶梦。
水碓声也已经停息了，
那最后的音响，
象在哀伤饥饿的村庄，
孤独地紧抱着小溪的流水，
发着凄绝的哭声……
可是，在一座孤零零的小草房里，
夜，是充满生命力的夜，战斗的夜！
哲浩和花粉，
印着最后的传单，
再印一百份就完成任务了，
天亮哲浩就要启程。
突然，
轻轻的脚步声从外面传来，
两人不禁心里一惊，
挂着窗帘的房外，
传来放哨的父亲急促的声音：
“花粉，快熄灯！”
房间里一团漆黑，
哲浩早把油印机和传单紧抱在胸前：
“花粉，开后门！”
那踏碎人心的沉重的脚步声，
已经响到了门边。
花粉兀立着，
好象连心脏都窒息了，
“出去有被捕的危险！”

这个念头在她脑子里闪现!
“怎么办?”
瞬息间象漫长的千年!

七

紧接着……
花粉发出坚定的声音:
“哲浩,盖起被子躺下!
爸爸也到厨房里去!”
被褥很快铺好,
哲浩、油印机和传单,
都被迅速地盖在被子底下。
外面传来巡查的气势汹汹的喊叫:
“喂,老头! 睡啦?”
“……”
“这老家伙,睡得好早!”
“是谁呀?”
花粉睡意朦胧的声音,
说着随手把上衣脱下。
她拉开窗帘:
“等等,等我点着灯……
“该死! 把灯打翻了!”
(其实灯还挂在那儿!)
“哎呀! 好大的煤油味儿!”
(其实是油墨的味儿。)
接着,窗纸上映现出人影,
少女的酥胸,
勾去巡查的眼睛。
“我穿上衣服,请等一等……”
花粉机警地说着,
把散落在房间的传单,
塞进哲浩的被窝,

然后拉开房门：
“请进吧，巡查先生！”

八

“妈的！什么气味……那是谁？”
“我……我的新婚丈夫……”
“你的男人？出嫁啦？
这女人，天刚黑就跟男人睡觉！”
花粉笑笑说：
“巡查先生，时候已经不早。”
“少说废话！
叫老家伙到驻在所去一趟，
时间在明天清早！”
巡查斜着眼睛扫视房间，
傲慢地转身走掉。
当巡查的脚步声消失了的时候，
花粉捧着热辣辣的面孔，
茫然地坐在了炕上。
哲浩站起来，激动得说不出话。
“对不起，请你原谅。”
花粉说着，低头跑进厨房。
房间里只剩下哲浩，
他万分感动，嘴唇发颤。
“花粉同志！”
他在心里这样叫喊。
“祖国可爱的女儿，
我真正的战友！”
他暗自向她说着致敬的语言。
夜深了，
窗外，夜色沉沉……
当天夜里，
哲浩又出发了……

第四章

一

篝火焚烧着黑夜——
密林的浓重的夜色，
铁一般压抑着长白群峰。
可怕的黑暗无边无涯地逼来，
仿佛要把黑幕一直垂到人们的心胸。
可是，篝火烧起来了，
闪光的火花飞迸！
篝火升起了，又低落下去，
低落下去了，又升起，
像一场你死我活的决斗，
在密林中激烈进行。
游击队的篝火呵，
只要人们的双手触一触它的温暖，
那奔流在血管里的生命的欢乐，
怎么能够消失！
只要人们听一听火花爆裂声，
那拨动心琴的声音，
怎么能不唤起希望和信心！
何况，游击战士刚刚突破“讨伐”的铁网，
经过激烈的肉搏冲出死境，
游击队的篝火呵，
便是战士的家，
便是战士的食粮，
便是战士甜蜜的床铺，
便是明天的斗争！
篝火，篝火！
是深夜中大海上的灯塔，是胜利的象征！

二

连哨兵也打起哈欠，
困得眼睛发涩的时候，
游击队战士全部沉沉入梦。
多少天了，
没有在这露火浸湿的铺位上，
舒展地睡过一晚！
尽管昨天的伤口还隐隐作痛，
尽管四天来没有粒米下肚，
尽管未来的道路崎岖、艰险，
但是，今天晚上，
他们傍着篝火睡得又香又甜。
只有一个人，他没有睡，
斜坐在篝火旁，
捧着一本书，全神贯注地阅读着，
忘记了渐渐逝去的夜晚！
当希望象春天的彩虹，
在远处闪耀，
心头充满喜悦的时候，
他阅读这本书；
当令人不安的乌云笼罩在心上，
绝望的影子悄悄冒头的时候，
他阅读这本书，
于是看清了目标，获得新的力量！
当煮在锅里的皮带的气味，
搅动饥肠的时候，
他阅读这本书；
当他度过童年的日夜怀念的旧居，
那坐落在松林山坡下的破败的草房，
冲破岁月的流水，
清晰地浮现在眼前的时候，

一年的春天，
母亲在灶边望着野菜叹息，
那忧心忡忡的面容，
打开他记忆之门的时候，
他阅读这本书，
于是看清了目标，获得新的力量！
这天夜里，他的思绪，
又循着一行行的字迹飞驰：
“现在，尽管我们的力量还小，
尽管我们还在饥饿、流血，
但是人民拥护我们，
新世纪的长城将永远矗立：
我们要消灭侵略和非义，
要让光辉灿烂的星辰，
照耀长白，照耀寰宇；
我们的信念将变成熊熊的火焰，
照亮祖国黑沉沉的大地！
我焦心盼望的运粮队就要回来，
一定还会接到哲浩的消息！”
通宵和黑暗搏战的篝火，
宣告休战似地熄下去了，
坐在火旁的那个人，
轻轻站起身子：
“啊，天亮了！”
东方破晓，
黎明徐徐升起，徐徐升起！

三

人们翘首盼望的运粮队，
今天早晨终于返回了，
他们没有带回粮食，
只牵来两头黄牛。

一想到天天吃的野菜粥，
人们就感到剜心般地难受。
他们紧张地忙碌起来，
准备在将军知道之前，
就宰掉这两头牲口。
篝火熊熊，
磨刀霍霍……
将军走来的时候，在众目睽睽地逼视下，
两头牛早已吓昏了，
浑身不住地嗦嗦发抖。
如果这是木材所日本人的牛，
膘一定会更肥，
还会配上一副更名贵的笼头。
将军发问了：
“这牛是从哪里弄来的？”
小队长顺善回答：
“从麻田谷木材所的门口。”
将军看看笼头：
笼头上吊着铜钱，
还有妇女们的手艺——刺绣；
那独特的鼻环，
带有民族的色彩，
不，不会是日本人的牛！
“同志们！
我们的游击队，
什么时候变成了土匪？
什么时候抢掠过群众的财物？
看看这笼头吧，
这一头是朝鲜农民的牛！
那一头是中国农民的牛！”
将军说到这里，
命令他们把牛放回，
命令他们去挖野菜煮粥！

当游击队员四散开来，
分头去挖野菜的时候，
两头牛沿着山梁，
啃着青草朝村子里慢慢地走，
全然不知道刚刚避免的那场灾难，
更想不到另一场大祸即将临头……

四

游击队战士围成一圈，
金将军无语地站在中间，
象深秋的严霜洒满天，
人们只觉得头顶上阵阵发寒。
早晨的阳光仿佛也窥出气氛异常，
悄悄地透进密林。
“谁把牛杀了？”
将军的声音严肃而又低沉。
“……”
没有人回答。
“是谁把牛杀了？”
又响起将军严厉的声音。
依然没有人回答。
沉默，沉默……
高度的沉默紧扣人心。
“司令官同志，
牛是我杀的……”
一个年轻的战士跨前一步说，
他的名字叫崔石俊！
“你？”
战士们个个大吃一惊！
石俊，一位可爱的战友……
石俊，在战场上胆大、勇敢，
石俊，在侦察中赫赫有名！

"你,你为什么……"
战士们愤怒了……石俊低垂下头,
内心痛苦,脸色铁青:
"司令官同志,还有同志们,
已经四天没有吃饭了……"
有人气忿地吼叫:
"哼,不要为自己辩解!"
又有人喊:
"你违犯了命令!"
小队长顺善举起拳头:
"你当了日本鬼子的帮凶!"
猛地,石俊抬起头:
"我是敌人的帮凶?"
"是的!"
"我?"
"是你!"
"不,我……
我会帮助日本鬼子?"
"是你!是你!是你!"
"那么……"
"咔嚓"一声,子弹上膛:
"好吧,我应该死……"石俊伸出了枪。
"安静!"队长一声命令,
像一块铁板压住了密林。
战士们象钉在地上,
全体肃然不动,
只有无底的沉默,
象巨大的锅盖扣在人们的头顶

五

"锅里的水能熬干,
那是因为它没有源头!

但是，一条小溪，
却能汇成奔腾的巨流！
同志们！
我们要变成江河，
我们要变成大海，
我们的根在民众中！
我们的力量来自民众！
难道忘记了
我们是和民众血肉相连的游击队？
忘记了这一点，
怎么能成就大事？
脱离民众，就是灭亡，
正中了日寇的奸计！
我们忘记了这些，
怎么能成就大事？”
战士们肃立着，
每个人的胸膛里，
都憋着一股愤怒的火！
将军责问石俊：
“你还不知罪吗？”
石俊回答：
“我错了。”
象遭到霜打的小草，
不，比小草还显得微弱！
“我知道我犯了罪了。”
石俊干焦的嘴唇里，
说出的每个字都在发颤……
他面临着军法的制裁，
他怎样才能度过这一关？
战士们心里个个明白：
只有一种办法：“枪毙！”
啊，暴风雨前的一刹那，
沉默……沉默……沉默……

“找到牛的主人，照价赔偿！”
将军下了命令，转身走去了。
石俊铁青的脸上红光闪闪，
战士们的脸上也布满了阳光；
无限的忠诚，坚强的信念，
注入游击战士的胸中，
激荡着他们的心脏。

六

十天以后，
游击队向东南出发了。
山村里的群众，
争先恐后地背来了粮食，
负伤战士的伤口也已经愈合，
小队长走出几十里外，
引开了日寇的“讨伐队”。
可是，每天，每天，
将军依然彻夜不眠。
直到有一天，
一位身穿劳动服的中年人，背着药材到来，
把一张小小的地图交到将军手里，
第二天一早，
队伍出发了，直奔东南。
东南的路上，
前有高山，后有峻岭，
路途遥遥，沟壑纵横，
没有一个人叫苦，
没有一个人回头！
向前，向前！
在连狼都冻死的季节，
战士们想着这条路，
心中就生长出嫩绿的禾苗；

在成年累月遭受饥饿熬煎的时候，
战士们想着这条路，
心中就矗立起一座座粮仓；
在归路上长满杂草，
心中只剩下灰烬的时候，
战士们想着这条路，
那象征着希望的篝火，
就照亮了前进的道路！
东南的路，
日夜向往的路，
粉身碎骨也要走的路，
活着走不了，
死了也要走！
这是去祖国的路，战斗的路！
游击队出发了，
踏上了去东南的路！
向前，向前，
啊，啊，
鸭绿江，鸭绿江就在前面！

第五章

一

枪声，
追击的最后一声枪声，
响过了很久，
哲浩才停住脚步。
他一路跑来，
心在剧烈地跳动，
嗓子里干得冒火；
他的听觉，
集中着全身的神经，
月光下一片林海，

高大的树木郁郁葱葱，
万籁俱寂，
四周死一样地静……
哲浩把怀里的少年，
轻轻地放下来，
低声地呼唤着：
“英男！英男！”
月光下，少年脸色惨白，
象不胜痛苦地说着梦呓，
发出低微的呻吟……
胸前流着鲜血，
鲜血染红了他的衣襟。
哲浩撕下衣袖，
包扎好他的伤口：
“英男，咱们走吧，咱们到鸢谷去！”
少年紧闭双目，
默默无语。
哲浩把少年抱起来，
像慈母抱起她病重的爱子。

二

夜，不幸的夜，
哲浩和英男要在今天夜里，
把最后的情报带过鸭绿江去，
但是，他们遭到日本守备队的追击。
夜，不幸的夜，
英男昏迷不醒，
哲浩一个人承受着巨大的不幸！
他迈着匆促的步子，
沿着夜路，向东北方向急行——
到鸢谷去，
要救活英男的性命！

夜路，
深山里的路……
身后，是监狱和死亡，
前头，不测的危险，
象守候在角角落落的猛兽，
对着哲浩虎视眈眈。
哲浩抱着英男，抑制着巨大的痛苦，
一步……两步……
步步似万箭穿心。
这就是山中的夜路，
哲浩正在走着的路！
这个国家的好心的旅人呵，
你们多少次走过这样的夜路，
你们不会不理解此情此景中的哲浩！
你们的心都汇集到这里来吧，
都来帮助哲浩一把，
替他把连指甲都湿透了的汗珠，
轻轻地，轻轻地拭掉。
夜路，痛苦的夜路，
默默无闻，无人知晓，
但是，它连接着一条
给祖国带来新生的康庄大道！

三

不知走了几里，
不知走了几时，
哲浩心里只有一个想法：
快快赶到莺谷，
把英男救活！
黎明时分，
他走进火田谷口，
英男突然清醒过来，喊着：

"情报……情报……"
这是他的第一句话，
接着他向哲浩要口水喝……
哲浩前去找水，
英男在一片绿茵上仰卧。
他瞪起一双燃烧的眼睛，
凝望着蓝湛湛的天空；
他突然挺起身子，奋力高呼：
"战斗到底，
朝鲜独立万岁！"
双拳高高举过头顶！
他象一只受伤的海燕，
跌落在岩石上，
又振起折断的翅膀，
呼唤生命和斗争！
他发出最后的呼喊，
又倒下去了，
一片乌云模糊了他的眼睛……
从嘴角里流出两道鲜血，
浸红了草叶上的露珠……
阵风吹来，
松枝轻轻摇动……

四

哲浩在挖掘坟墓，
在松树下为英男挖掘坟墓……
他挖着，叹息着……
叹息着，又挖着……
他何曾会想到——
把这个热爱生活的少年，
把他燃烧着爱国热情的胸膛，
把这颗象祖国的江水一样清澈的心，

在这里埋葬！
在一棵松树下，
哲浩挖好了战友的坟墓：
“安息吧，同志，
我们一定为你报仇！”
无休无止的泪水，
一滴，一滴，
滴滴落进松软的黄土。
我们怎么会不知道：
在长白的高高低低的峰峦间，
这决不是第一个坟墓！
血淋淋的黑夜，
层层包围着这个国家，
想一想吧，
有多少万先烈，
为光辉的明天而战，牺牲了生命？
哪一个山头，哪一个山沟，
哪一棵树旁，哪一块岩石下，
没有埋葬着无名的英雄？
祖国的樵夫呵，
你砍柴的时候，手要轻点儿呀，
那棵树也许在守护着先烈的英灵！
你走路的时候，别碰着路边的石头呀，
那块石头下也许就安睡着先烈的遗骨！

五

一条小路蜿蜒，
小路通向泉边，
花粉汲水走在路上，
晨雾在脚下弥漫。
泉边有道低矮的石垣，
在巡查来过的那天夜里，

花粉把油印机藏在石垣下面。
她早早晚晚从这里走过，
哲浩深夜离去的身影总浮现在眼前。
“他如今在什么地方？
走后一直消息杳然。
他是不是工作顺利？
他那里是否平安？”
想到他的身影，
心里为什么那样焦虑，
一天比一天更加思念？
姑娘一步一步地走着，
心里象坠着一块沉重的铅。

六

走过石垣，
到了泉边，
金达莱花开得火红，
花枝掩映着一汪清泉。
夜间的落英，
覆满了清泉的水面。
花粉蹲下身来，
两手捧起水面上的花瓣。
她捧起一捧放在石头上，
又捧起一捧在石头上放下……
凝望清泉的姑娘心乱如麻，
脑子里突然闪出一个想法：
“还能再见面么？”
清澈如镜的水面映出她明亮的眼睛，
眼睛里流露出内心的牵挂。
“唉，我想到哪里去了？”
霎时，脸上浮起一抹红霞。
她正要放下手里的花瓣，

蓦地又把手停下，
岩石旁站立着一个人——
啊，是他！
“哲浩！”姑娘喊了一声，
声音里惊喜交加！
花瓣纷纷从手里落下来，
又覆盖了水面……
花粉望一眼哲浩沮丧的脸色，
不由得心里一紧：
“发生了什么事？”
“昨天夜里，英男牺牲了……”
“英男？他……”
巨大的悲痛，
绞着、咬着，
折磨着姑娘的心……
一个小时以后，
哲浩走了，
花粉也上路了。
姑娘动身去 H 市，
真是稀罕呀，
头顶一篮金达莱，
据说是要去卖花！
泉边的金达莱，
是多年来亲手培育，
今天全部都折掉，
一朵也没有留下。

第六章

一

这个国家的北边的长江——
七百里鸭绿江，
落日的余辉，

洒在碧绿的水面上，
木筏，木筏，
满载黄昏，
顺水飘荡，顺水飘荡！
是什么人的饱含血泪的倾诉，
激荡着木筏上的窝棚？
是什么人的悲惨的一生，
伴着篝火燃烧，
化作一缕青烟飘失无踪？

吹起水笛哟，如泣如诉，
渡过江水哟，关山万重，
翻山逐云哟，无尽止地飘零，
哎嗨哎嗨哟，无尽止地飘零！

啊，为什么会有这样凄绝的歌声？
祖国的莽莽森林被人砍伐了，
这歌声怎能不满含悲痛？
祖国的房舍梁折屋塌，
千年的大树却去为鬼子建造舞场、歌厅，
供他们在灯红酒绿中尽情享乐，
这歌声怎能不满含悲痛？

二

江边上凉风拂拂，
夜深了，
水冷了。
“嘘——嘘——”
江对岸的岩石下，
有人吹响口哨，
木筏上立刻亮起闪动的火光，
前进的木筏也掉转了方向，

头朝那边的江岸，
尾朝这边的江岸，
霎时间变成一架桥梁。
窝棚里迅速闪出两个人来，
飞一样向这边的江岸奔跑——
一个是筏工，
一个是哲浩！
接着，从对岸的岩石下，
冲出一队战士，
一个个飞身跃上木筏，
渡过了鸭绿江，
啊，游击队渡过鸭绿江来了！
过了江的战士在山下隐蔽起来，
木筏也不见了踪影，
“哗——哗——”
冰冷的浪头冲击着江岸，
远处又飘来阵阵歌声：
飘流呀，飘流呀，
造起船来飘流呀，
扎起木筏飘流呀！

三

游击队渡过鸭绿江来了
在倭寇蹂躏的土地上，
活着，没有活路，
死了，没有葬身的地方！
人民失掉了一切，
一切都被掠夺精光！
同胞们，想一想吧，
当我们象乞丐一样，
伤心地叹息着渡过江去，
凄凄惨惨地踏上异国土地的那一天，

已经过去了多少个星霜？
那弥漫在江上的湿漉漉的夜雾，
不就是百姓们的叹息么？
那起落、飞溅的江水，
不就是渡江百姓们的眼泪么？
啊，啊，鸭绿江！鸭绿江！
今天夜里，你咆哮了，
抛起冲天激浪，
“哐——哐——”
涛声把祖国江山震得隆隆响！
祖国的游击队，
跨过你回来了，
点起解放战争的火焰，
用燃烧的爱国精神，
把前进的道路照亮！
把千锤百炼的意志，
变成高高举起的长剑，
祖国的战士，
回到祖国的土地上！
鸭绿江！鸭绿江！
腾起你的巨浪吧，
让涛声在祖国的江山回响！
挺起你豪情奔涌的胸膛吧，
呼啸着杀向决战的疆场！

四

坐落在山谷间的 H 市，
夜里十一点……
送走仆仆风尘的一天，
居民们都已经卧炕入睡；
尔虞我诈的商人，
一家家都关上了铺店；

喧闹到很晚的酒馆里，
卖淫妇淫荡的笑声也听不见了，
象瞎子的深陷的眼窝，
家家的窗口都一团黑暗；
一个在大街上横冲直撞的家伙，
哼着《草津好地方》①
叫着“吆宝呀佬”②，
踢开一座二层楼的大门，
走进去了……
夜里十一点……
在林场后面的贫民窟里，
一位妇女从黄昏起就放声地哭诉着，
她的被木头砸死的男人，
裹着席片停放在破房中间，
此刻，这位妇女的呼天抢地的哭声，
也已经中断；
象五六月的干明太鱼一样的婴儿，
瘦骨嶙峋的青年，
佝偻的老人，
都蜷缩着疲惫的身躯，
沉沉地睡去了……
夜里十一点……

五

夜里十一点
街道上人迹断绝，
路灯发着昏黄的光亮。
连值班的巡查，
也困得打起瞌睡的时候，
突然有一男一女，

---

① 日本的一支流行歌曲。

② “吆宝”是朝鲜语的译音，中文“喂”的意思。“呀佬”是日语“野狼”的译音，是骂人的话。

出现在驻在所的门旁。
女的拉扯着男的，
男的被女的缠住不放：
“鬼东西，跟我进去！”
男人醉醺醺的声音：
“哈哈……你……你要怎么样……”
“干什么的？”
巡查一声怒喝，
对进来的男女上下打量。
“巡查先生，这家伙喝酒不给钱……”
“哈哈……可笑……
巡查先生，可笑吧？”
“混蛋！敢在老子面前放肆！
你知道这是什么地方？”
巡查向前逼近一步，
刚要举起拳头，
黑洞洞的枪口就顶住了他的胸膛！
那巡查没有来得及出声，
翻起白眼倒在房角的地上。
女的（鸢谷的花粉），
迅速切断了电线；
男的（政治工作员哲浩），
打开大门把手一招，
立即响起了信号枪声，
惊醒了睡梦中的街道。
接着，
在邮局，在银行，在林场，
枪声连着枪声，
“轰隆——”
手榴弹爆炸开来，
哒哒哒，哒哒哒……
一道道弹光纵横交织，
机关枪发出了吼叫！

六

敌人顾不得反抗，
死的死，逃的逃；
监狱的上空，
一片大火冲天燃烧！
官厅，日本人的住宅，
民族叛徒的巢穴，
都冒出了熊熊火苗；
漆黑的夜空，
被烧碎了，烧焦了！
当火焰升起的时候，
一处，两处，所有的地方，
爆发出欢呼“万岁”的浪潮！
这个被欺辱、被践踏的市镇，
响遍反抗的吼声，
斗争的火焰烧遍黑暗的街道！
光头的老人，
赤脚的妇女，
赤身露体的孩子，
啊，白衣群众潮水般地涌来了！
曾经是绝望充塞的大街，
变成了五彩缤纷的大花园，
火海中，千万朵火花飞跃；
火光在闪，火光在跳，
带着求生的热望冲上九霄！
面对着夜海般澎湃的人流，
绝世的英雄——金日成将军，
站在高处，
手扶军刀，朗声宣告：
“同胞们！
看见那大火了么？

朝鲜没有死！
朝鲜的精神还活着！
朝鲜的心脏在跳跃！
把火燃得更旺吧！
让烈火在敌人的头上猛烧！”
“万岁”的声浪滚过房舍，滚过大街，
震动着这个国家的黑暗的夜空，
随着火焰升高，升高！

七

灿烂的火光在大街上流动，
游击队踏着满地的火花，
高唱着革命歌曲，
又从这里出发了。
啊，是他们，
给这个奄奄一息的市镇，
带来了生命的希望之光，
群众恋恋不舍地送别亲人：
“英雄们，一路平安！
你们永远战无不胜！”
可是，今天他们走了，
这里又将变成黑暗的街，眼泪的街，
送别的群众热泪盈盈；
“一路平安吧，英雄们，
今天离别，何时能重逢？”
滚动在两颊上的泪珠，
映着火光，血一样鲜红！
群众送别亲人，
亲人呼唤群众：
“再见吧，同胞们！
战斗吧，同胞们！
在欢度解放的宴会上，

在庆祝独立的宴会上，
我们一定会重逢！”
火光护卫着游击战士，
冲破黑暗，
向着战斗的路，
嚓——嚓——
前进不停！
嚓——
嚓——
嚓——

第七章

一

夜，无底的深沉，
游击队翻山越谷，
来到鸭绿江边，
要再次渡过这条涨满仇恨的河流！
但是，今天的这条路，
不再是断肠的流放的路，
这条路，
是胜利的路，报仇的路！
木筏一靠到江边，
鸭绿江欢乐地述说着什么，
波浪起伏地穿过黑夜，
向辽阔的大海奔流。
在游击队正要架起浮桥的时候，
突然，响起了意外的枪声，
黑暗的山坡上，
机关枪在发疯地狂叫，
啊，是“讨伐队”追击来了！
前面，是夜雾笼罩的大江，
后面，是追击的敌人。

“包围？包围！”
这个念头，象一道电光，从每个人的脑海里闪过。
“噗嗵。”一个人跳下水去
“噗嗵。”接着又是一个。
“噔——噔——”
金将军连发两枪：
“听命令！”
黑暗和江水立刻吞没了
两个叛徒的可耻的尸体！

二

哲浩担任了后卫队长，
全军摆开了杀敌的阵势，
反击战的烈火，
又把黑夜烧红！
金将军率领一个分队，
跳上了木筏，
子弹发出死亡的呼啸，
嗖嗖地钻进水底。
金将军排起木筏，
在生死搏斗的几分钟，
冲向对岸，
对岸，早已有人在那里接应。
主力部队在后卫的掩护下，
在迷雾中渡过江去的时候，
敌人又缓过气来，
黑暗的山坡上哄出钢铁的火焰，
象一个巨大的喷火口。
主力部队立刻组成一道火网，
掩护撤退的后卫战士——
政治工作员哲浩，
还有他身边的石俊……

两人一面射击，一面跳上木筏，
“砰——”
啊，哪里来的响声？
哲浩默默地倒下。
“是什么声音？
眼前为什么一阵发黑？”
哲浩心里这样想着，
昏迷过去……

三

敌人疯狂的喊叫声，
从几步外的迷雾中传来，
哲浩又清醒了，
把全身的力量集中到手臂上，
甩出了一颗手榴弹：
“轰隆——”
敌人一阵惨叫；
又甩出一颗：
“轰隆——”
鬼子一片悲鸣！
这时候，
木筏被拦腰炸断，
炸断的两截向两岸飘去。
这时候，
哲浩看清了他的战友：
石俊紧握折断的武器，
倒在木筏上，
身旁躺满了敌人的尸体。
哲浩使出最后的气力，
抱住石俊，站起来，
朝前走去……
走几步，倒下了，

再站起来，
依然把牺牲的战友紧抱在怀里。
一步，两步，
步步坚定，没有犹疑！
忽然，哲浩站住不动了——
一颗流弹穿过战士的心脏，
他“啊”了一声，挺一挺胸，
向前扑倒在地上……
“哗——哗哗——”
鸭绿江冰冷的水，
埋葬了我们的两位战士……

四

失望的敌人，
丧气地停止了射击。
当空无人影的木筏，
飘到江岸的时候，
江边上传来少女的声音：
“哲——浩——石——俊——”
啊，是花粉在呼喊！
“哲——浩——哲——浩——”
啊，分明是将军在召唤！
可是……没有人回答，
只有悲愤的江水，
奔腾着，颤栗着，
撞击着木筏！
姑娘还在悲痛地喊叫着：
“哲——浩——石——俊——”
依然听不见答话……
只有奔腾的鸭绿江，
从黑暗中传出阵阵涛声：
“哗——哗——哗——”

五

山顶的巨岩上，
站着金将军，
站着顺善，
站着花粉，
站着全体游击队战士……
谁在这个队伍里消失了？
队列里空出了谁的位置？
不见了哲浩！
不见了石俊！
“讨伐队”的枪声隐隐传来，
战士们用喷着怒火的眼睛，
注视着祖国黑沉沉的大地。
“同志们！”
金将军颤动的声音：
“我们在国外连年奋战，
终于突破了敌人的
连鸟儿也飞不进的警戒线，
今天夜里，
在自己的国土上惩罚了敌人，
让被榨干了血汗的同胞，
看到了战斗着的祖国的坚强精神！
但是，同志们！
我们的敌人还很强大，
我们今天夜里不是又渡过江来了么？
我们失掉了自己的战友——
哲浩和石俊，
不是连尸首也没有找到，
被悲愤的鸭绿江永远埋葬了么？”
将军的声音哽咽了，
有人用拳头拭着泪水，

花粉在低声啜泣……

六

“可是，同志们！”
将军的声音象钢铁：
“我们攻打的，
虽然是个小小的市镇，
而在那里升起的火炬，
已经把斗争的火花，
撒播在濒死的民族的心里！
今天，我们，
虽然又离开了那个市镇，
朝鲜呵，朝鲜！
我们一定会回来！”
金将军举刀宣誓，
战士们举起枪刺的林！
“朝鲜呵，
我们一定要打回来！
我们的人民活着，战斗着，
我们力量强大无比！
我们要用正义的剑，
砍下侵略者的头颅，
要扫尽一切罪恶的垃圾！
发扬光大我们的爱国精神，
更高地举起解放斗争的火炬！
游击战士们，
为了生与死的决战，
射击！”
礼枪声震动山河！
“为了安慰先烈的英灵，
射击！”
礼枪声震天撼地！

“朝鲜呵，朝鲜！
为了你的解放和独立，
为了民主和幸福，射击！射击！”
礼枪声响彻祖国三千里！

尾诗

天山圣岳，白头山呵，
你把东方的条条山脉，
象扇轴一样紧握在手中，
向着万里长空，
挥动着你的白发，
从茫茫太古的时候起，
就目睹了这个国家的全部风霜！
今天，祖国破晓了，
天池上彩云缭绕，
你的顶峰上，
展现出万里晴空！
你，白头山，
朝鲜的山呵，说吧，
沉落的太阳，
怎样在这个国家升起？
当太阳重新升起的时候，
你迎来了什么人？

挥舞着世纪的白发，
白头山在回答：
“听着，
我要说了！
炮弹激起图们江的水柱，
浪涛腾空，劈开云层，
抗日游击队登上山巅，
把致命的铁火倾泻到倭寇的头顶，

这时候，
沉落的太阳，
又升起在祖国的天空！
我的头上放射出耀目的银光，
我的胸中有清新的气流升腾！
那时候，
我迎来了——
冒着枪林弹雨而来的
无敌的游击队，
他们从东西两面粉碎了侵略者，
给宇宙带来了光明！
那时候，
我迎来了——
祖国人民日夜想念的
我的真正的儿子——
我的良心，我的意志，
我的信念，我的希望：
游击队的金将军！
我迎来了——
顺善和花粉！
那时候，
山谷和山谷，房屋和房屋，
街道和街道，广场和广场，
会集的人流，
紧紧拥抱在一起，
在跳，在舞，
在哭，在唱！
自由的旗帜，
纵情的欢呼，
沸腾的激情，
'万岁'的声浪，
熊熊燃烧的爱国热潮，
汇成一片白浪滔滔的海洋！

那时候，
我深受压抑的肺腑，
第一次大口地呼吸自由的空气，
欢呼我的永生，
欢呼祖国的解放！”

那么，白头山呵，
朝鲜的山，说吧，
今天，你看见了什么？
今天，你看见了什么人？
挥舞着世纪的白发，
白头山在回答：
“今天，
我从烟囱里冒出的浓烟中，
看见了燃烧着创造热情的劳动，
看见了自由的田野上，
呈现出一派丰收的景象！
看见了民主的新朝鲜，
阔步跨上历史的大道，
展开了飞跃的翅膀！

今天，
我看见了奠定了独立基础的人民，
我看见了站在民战前列的金将军！
今天，
我看见了昂然屹立的
人民的巨岩——牡丹峰[1]，
在展望光辉的未来，
满怀美好的理想！

---

① 牡丹峰，在平壤，是著名的风景区。

今天，我还清清楚楚地看见了——
在三角山[1]下，
尽管麇集起一伙狐群狗党，
尽管在光天化日之下闪动着
恐怖分子的凶狠的目光，
但是，民战的响亮的号召，
使南山[2]的松柏更加郁郁苍苍！”

白头山说着，说着，
抑制不住满腔的愤怒，
从将军峰上刮起一股旋风，
直插到彩光璀璨的天池！
天池立刻咆哮起来，
掀起吞天吐日的浪头，
击打着岩石，撞翻了绝壁，
声震天心，摇动地轴！
白头山，
直竖起世纪的白发，
遥望北方的灿烂的乌拉尔山，
又转向昆仑山、喜马拉雅山，
望着新生的中国，
接着，掉转头来，
把充满憎恶的锐利的目光，
投向太平洋的恶水和富士山，
大声地宣告：
“全世界呵，都听着！
在这里，要建立起我的国家！
用我磨炼了千万年的岩石般的意志，
用我世世代代积聚起来的力量，
要消灭一切灾难和罪恶，

① 三角山，在汉城。
② 南山，在汉城。

建立起我的国家,民主的国家——
象我的根一样深,
象我的岩石一样坚固,
象我的顶峰一样崇高,
象我的天池一样光辉灿烂!
要建立起一个——
自由的国家!
独立的国家!
人民的国家!"
白头山这样高呼!
百姓们这样高呼!

(作于1947年,原载于赵基天《白头山》,人民文学出版社,1978年)

不死鸟

[朝鲜]朴世永
李仁恕 译

每逢四月初八,
你换上新衣裳,辫子上垂着红布条,
象被谁呼唤似地匆忙出去,
跟着妈妈朝拜恩津弥勒①。

顺伊,你是朝鲜的好女儿,
锦江弯弯曲曲地流下来,
你在江畔的草地上摘白茅吃②,
和村里的儿童玩耍;

① 恩津弥勒在忠清南道论山郡,它是朝鲜最高的石造佛象。
② 白茅是多年生草本植物,其嫩芽可食。

遥望着巍峨的鸡龟山①，
你在江倾平原上长大起来。

在竹林茂密的院落里，
你曾爬上摇摆的桃树——
枝叶已经遮盖了院子。

你离开家乡已经二十八年，
当时不过是十六岁的少女，
矫健得象鲜花一样。

你早已感到祖国历史的悲惨，
你的眼里曾噙着泪花
送走那些到远地逃亡的乡亲们。

在你那年轻的胸膛里
燃烧着的热情，
日寇无法使它熄灭。

这三千里江山，
要迎接新的生活，
解放的火焰熊熊上升，
“独立万岁”的呼声象暴风
吹向祖国的每个角落。

你从汉城回来，
叫醒沉睡的故乡，
带领千万农民前进；
你那小小的拳头，
成为打击敌人的炸弹。

---

① 鸡龟山在忠清南道。

敌人被吞没在怒涛中，
站不住了，被赶走了。
他们在你面前畏惧、发抖。

你从监狱里出来，
举着火把，
参加了示威，呼喊“万岁”，
鬼子又把你投入监狱。

你在监狱里高呼“万岁”的声音，
使“囚徒”都站立起来。
你也听到了
越过墙垣传来的
走向新生的人民的声音。

闪烁的群星透过铁窗的缝隙，
映入你的眼帘；
少女时代眺望过的那巍峨的鸡龟山，
怎么能让敌人夺取？

豺狼般的日寇露着牙齿说：
“你说！说‘我的父亲让我这样做’。
不说？杀你的父亲！”
你的回答却是：
—— 我的良心让我这样做，
叫无辜的父亲回去！

仇敌究竟是仇敌，
在你眼前把你的父亲杀死，
你愤恨得晕了过去。
睁开眼睛的时候，
蓝色的天空变得更蓝。

过了几天，
你的母亲也在你眼前惨遭杀害，
你的眼里闪烁着怒火，
厉声斥骂着敌人：
“兔崽子，也把我杀掉！”

霪雨霏霏的一天，
年轻的你也被杀害了，
在祖国的土地上，
你的鲜血是不会干的！

你最后高喊的“独立万岁”的声音，
谁说在地上已经消逝？
我们的江山也会听到
你那随着旋风呼唤人民的声音。

就这样，在我们的国家，
日寇败退逃走了；
在这片洋溢着自由和幸福的土地上，
你渴望的新国家建立起来。

在打倒卖国贼的喊声里，
今天，你的呼声还活着。
群鸟在葱郁的竹林里歌唱：
顺伊，你还活着，
在新的国家里
和人民一起永垂不朽！

1947.3.29 译

（原载于朴世永《不死鸟》，人民文学出版社，1959 年）

北间岛

[朝鲜]韩明泉
冰蔚 译

序诗

久远的往昔，
德甫的爷爷，身背一个包裹，
走过会宁，涉过图们江，
来到北间岛①
在海兰江畔②种植白杨，开垦土地。

关北！
险峻的山峦象起伏的波涛，
从白头山遥遥伸向东南，
陡削的摩天岭③，
一条向东，一条向西，
直捣东海④和黄海。

甲山，长津，
气势磅礴的高原啊，
几千年来，
你肩负着血迹斑斑的历史，直到今天。

啊，关北的群山！

---

① 即现在东北的延边。
② 在延边。
③ 朝鲜摩天岭以北咸镜南、北道地区。
④ 指朝鲜的东海。

你们知道，
这个国家的老百姓
是多么淳朴，多么正直，多么雄伟！

每天深夜
越过六镇[①]六十八个关卡
出生入死，走向北间岛……
啊，多么值得骄傲，
他们是那样刚强，又是那样可歌可泣！

从什么时候起，茂山岭被叫做了“叹息岭”？
从什么时候起，车逾岭被叫做了“血泪峰”？

关北的群山啊！
你们知道，
很久很久以前
这里的两班[②]——
有钱有势的土班、乡族和乡员，
还有那统治乡里的座首、别监和风宪[③]，
在漫长的岁月中
是怎样践踏和逼死忠厚的老百姓，
是怎样凶残地榨尽民脂民膏！

山啊！
你们知道，
那无数奴隶，是怎样被他们夺去了土地？
吸血鬼们，是怎样以“纳贡”为名，

---

① 指原在朝鲜咸镜北道庆源、庆兴、庆宁、稳城、咸境和会宁的六个镇。
② 封建李朝的贵族阶级。
③ 座首、别监和风宪都是李朝的地方官职。

闯进每户人家，
翻箱倒策[箧]，恣意掠夺民财？

山啊，
你们知道，
每天有多少无辜的老百姓，
被抓进乡衙大厅？
光天化日之下，
宽敞的院落里杖声噼啪，
从那里抛出的人
个个奄奄一息，怨声震天！

关北的群山啊！
你们还记得吧，
哲宗十三年[①]，
为反抗官宪残酷压榨，
那“三南民乱”，象滔天巨浪冲击着关北！

“拿起家伙，干吧！”
人们的吼声
爆发自各个村落。
捕校的包围森严无隙，
突然，
闪电般冲出一个勇士！

赤手空拳的青年，
怎抵得手执枪刀的官宪？
只好在一天深夜，

---

① 一八六二年。

携着妻子的手，
背着包裹，
渡过图们江，
登上戎狄岭，
了望东盛涌荒原。

就在这海兰江边，
种植了白杨，
开垦了土地。

他诅咒着祖国的官宪，
痛恨着世界，
一年，两年，五年，十年……
终于把德甫的爹——生在异国天空下的独子，
留在间岛荒原。

尸骨埋在异国的青山，
转瞬四十多年……

啊，关北的群山！
百年来的北间岛，只有你们才是见证！
图们江啊，海兰江啊！
百年来的北间岛，只有你们才是见证！

光阴在险恶的道路上流逝，
父亲已经离世二十年；
日本鬼子万恶的魔爪
蹂躏着朝鲜，
伸进了中国的东北。

鬼子在龙井设立领事馆，
又在各地设立分馆，
屠杀了大批的爱国志士，
惨杀了无数善良的老百姓。

儿子，住在汪清县百草沟，
心中一团烈火在燃烧，
父亲千古之仇
一定要报，一定要报！

天生的性格，
跟父亲一模一样，
发誓要把雄鹰似的心
变成利刃，刺透敌人，
让胜利的旗帜
飘扬在日夜怀念的祖国土地上！

每天深夜，
青年志士们汇集在茅屋里，
计议怎样袭击领事馆。

谁知消息走漏了，
一个黄昏，
三十多个青年
壮烈牺牲在二河江畔。

年青的宝彩，
背着顺伊，抱着不懂事的德甫，
跟着痛哭失声的老乡，
来到江边，

呼天抢地，昏倒在丈夫的尸体前。

怀着一颗碎裂的心，
她跟随表亲
来到江原道的一个山村，生活了整整十五年。

一年春天，德甫十九岁，
妈妈把兄妹俩唤到枕边；
“你们要继承父亲的遗志！”
说完这句话
就离开了她所痛恨的世界。

啊，北间岛，一百年！
苦难的岁月，漫长的岁月，
在那块土地上，
爷爷怀着仇恨死去；
在那块土地上，
父亲也怀着仇恨死去！

可是，这种日子不会长，
北间岛处处在战斗，
听，越过长白山
飞来了胜利的号声！

第一章

一

你，
生活在人们最痛恨的日子中的北间岛！

你知道，

老百姓，在世代相传的肥沃土地上，
活不下去，被赶了出来，
背着一只破瓢，离开心爱的祖国。
老大爷，老大娘，儿子，儿媳，孙儿，
跨过千山万水，饿着肚子，走向北间岛。
每一趟列车，
载着无数受难的人，
驰过图们江的大桥。

啊，你，
生活在人们最痛恨的日子中的北间岛！
你知道，
那是穿得比稻草人还褴褛的身躯，
那是激动地痛哭着的胸膛，
那些包裹，是生活在颠沛流离中的包裹！

大雪纷飞，
蒙古风在呼啸，
异国的夜，凄凉的车站和街道！
但是，寒冷和黑夜，
凌辱、驱逐和威胁，
现在，再也不能主宰人们的命运。

夜深了，
一个青年，
在朦胧的月光下，遥望长白山。
尽管他衣不遮体，
但他那高大的身躯，
眉宇间逼人的锐气，
无论如何也掩饰不住他的坚强性格。

异国的夜路，

更加凄凉，更加深沉，
明月沟的每条胡同
躺在敌人刺耳的歌声中。

后街中国人开的旅馆里，
寒冷的灯光在颤抖，
那里住着一个含恨的旅人，
传出令人毛骨悚然的惨叫声。

月光朦胧，
黑夜冰冷，
蓝色的月光带着寒气照在脸上，
金德甫站在那里，象威风凛凛的路丞[①]。

“狗东西们，
是想活活把人饿死！
兴洙，
又冷又饿，
怎能挨过这一夜?！
班长那个家伙，
说是去买糕，
我看一定是喝醉了，
要是能够一拳结果所有鬼子的性命。……”

“别说废话，
能过图们江已经不错，
现在可不能蛮干。
顺伊，冷不?”

“不要紧，反正我们胸有成竹！
哥哥，你看，

① 朝鲜古代路标上刻有文武官员面孔，叫做路丞。

那边隐约看到的
可是长白山?”
“是啊,
大概是长白山!”

渡过图们江的秘密,
不能泄漏给别人,
但是,其余的许多人,
却不知道已经受了敌人的欺骗,
捧着饿瘪的肚子
痛苦地挨过这个严寒的夜晚。

天亮了!
“全都上车!”
狗东西们
满嘴酒臭,嗥叫着。

人们象被驱赶着的羊群
在黎明前走上了山路,
转过一个山坡又是一个山坡,
穿过一片密林又是一片密林,
卡车向着漫无人烟的山林不停地飞奔了几百里。

二

这里是悬崖下的峡谷,
篝火溶化着冻僵了的大地,
大人,孩子,背着,顶着,
背肿了肩膀,顶弯了颈子。

只要狠毒的眼睛一眨,随时都会受到迫害,
但是人们不得不说:
“崔警长,发发慈悲吧,

对牛马也不能这样啊，
天黑，路滑，
明天再干吧！”

“浑蛋！
叫你们干，就得干，
乱吵什么，
难道你们想给武装共匪捉走？”

“捉走？
哈哈，
他们会捉我们，
捉我们这些不幸的人？
难道他们没有人可捉了？”

“住口！”
白色的刀把，
随着怒吼，
落到背上，弯了。
人们有气无力地
迈着倾斜的步子，
今天，昨天，多少天来，
在咬牙切齿的愤恨中
做着苦工，
累得精疲力尽。

这里，不是盖草房，
也不是垦荒地，
而是敌人在构筑土城和炮台，
企图建立据点
抵御我们的游击队。

三

鬼子，强迫人们，
越过高山，跨过峡谷，
到森林中滥伐树木。

被拉来
在这异国的边疆做苦工的人们，
每天晚上，围着篝火，
倾听德甫激动人心的每一句话。

“我们是被驱赶来的人，
是日本鬼子逼我们离开了可爱的家乡，
到这万里以外的异国，
受着惨绝人寰的苦难。

吃不饱，穿不暖，
十指磨出了血，
干活，一天到晚地干活，
但日子却越过越苦。
这都是日本鬼子带来的灾难！
看！
前面虽有高山和森林，
但是，
我们一定要回到祖国！
千山、万水，
哪怕今天还不能回去，
哪怕路上布满了荆棘，
终有一天我们一定能够返回祖国了！

乡亲们，
看那群山！

是谁，
在山里？

乡亲们，让我们向他们致敬，
在那深邃的山谷中，
有为了光复祖国
勇敢战斗的
金日成部队！

拿出力量，
拿出我们所有的力量
团结一心，
帮助他们！”

紧紧地握着拳头，
说出的话，比篝火还温暖；

兴洙接着弯下腰，
摇手悄悄说：
“我们
决不向敌人出卖半点良心，
决不阿谀奉承！
还有，德甫，
我们尤其应当注意周围的一切。
这几天，
班长忆锁和崔警长搞得火热，
那家伙也是一个走狗。
有人，
嘘，嘘！”

是的，
纯朴、正直的民族，

受压迫的民族，
永远怀着坚忍不拔的宏伟气魄，
永远举着严如秋霜的愤怒之剑！

这里，
飞鸟绝迹，
是这样凄寂。

尽管鬼子把飞鸟和老鼠斩尽杀绝，
但是，人们不怕重重苦难，
团结一心，
坚定地紧紧站在一起。

“我们，在这离乡万里的异国，
不熟悉这里的山，也不熟悉这里的水，
应该相信谁？

没有祖国，没有自由，
我们什么也没有，
应该怎么办？

想想看，
不管三九与三伏，
驰骋在山岭上，
率领游击队，
时刻同敌人战斗的是谁？
应当相信我们卓绝的爱国者——
金日成队长！

我们，也要跟着他战斗，
毫不吝惜自己的生命！”

初春，
细雨霏霏的夜晚，
从德甫口中吐出的每一句话。
如团团烈火，
煮沸了人们的热血。

细雨落在火上，
发出噼啪的爆炸声，
火苗一闪一闪地跳着舞；
顺伊坐在对面，
美丽的带酒涡的双颊
泛起了红晕。
“哥哥，
这样下去，
该怎么办？
崔警长那个家伙，
越来越不象话。

今天，我顶着草皮走，
他活象一只野兽跑上来
要搂我的腰。
哼，真气人，
他胆敢再来一次，
赏他耳光是小事，
非咬断他的脖子，和他拼个死活不可！”

“什么？
这小子胆敢这样胡闹？
看吧，
离开这里的时候，
一定勒死他！”

兴洙——顺伊的未婚夫，
挥动着拳头咬牙切齿。

兴洙、顺伊，
生长在同一个村庄，
一起做饭玩，一起捉迷藏，
从小就心心相印。

日久月长，
仇恨越积越深，
火热的心上的反抗的利刃，
磨得更加锋利。

四

山巅，
白云如朵朵棉桃含苞初放，
忽停忽落，变化万端，
向南飘去，向南飘去。
“啊，白云飘去的地方，
是日夜想念的祖国，
今天，她生活在苦难中……”

六月，
向阳的山坡绿油油，
兴洙清早登上山，
坐在那里，望着遥远的天边。

今天，是这里人们的佳节——端午，
野兽般的敌人，
也因为今天是寻欢作乐的好日子，
叫人们休息一天。

云朵
翻滚奔腾在蔚蓝色的高空，
兴洙
出神地沉思着，
思绪如涌泉。

突然，
天空飞过一朵鲜花，
回头一看，
不知是谁躲在巨大的红松后面。

“哈哈……
你在做什么？”
顺伊从树后探出头，
笑得前倾后仰。

“出来吹吹风，
你来做什么，顺伊？”
“我？
我来……”

顺伊三脚两步跑过来，
并肩坐在兴洙身边，
兴洙抓住顺伊的手腕，
仔细端详她的脸。

“顺伊，
如果我马上离开这里，
进山找游击队，
不带干粮，
赤手空拳走过树林，穿过荆棘，
忍着饥渴，到游击队去，

你打算怎样？”

顺伊红着脸
低下了点。

“跟我进山的决心，
不会变吧？”

顺伊
默默地点着头。

“真的？”
“嗯……”

兴洙，蓦地抱紧顺伊的肩膀；
“你看，
天边上，
白云正飘向南方。

白云那边，
是我们梦中也想念的可爱的祖国！

她，正在受苦受难；
我必须赶快进山！”

“我也这样。
我多么想
早日扛起枪，
勇敢战斗，
让祖国的国旗
在那山顶上飘扬。”

"顺伊!
德甫,你,我,
咱们三人……"

兴洙两只有力的手
再一次抱紧顺伊,
顺伊偎依着兴洙
火热的脸贴在他那宽厚的胸脯上。

阵阵和煦的春风,
拂过顺伊美丽的粉颈,
轻轻掀起她那柔软的头发。

可是,
群山千万重,
游击队
在哪条峡谷,哪座森林?

来到这里
已经四个月。
怎样才能找到关系?
什么时候才能进山?

五

在遥远的异国天空下,
五月过去了,
六月过去了。

好容易盖起一百多座小草房,
每座房子
只能挤进三四人。

东门外，
西门外，
挖好了带轱辘的深井……

等，等，
还等什么？

敌人要组织“武装自卫团”，
人们听说这件事冲起了无比的愤怒。

逼得他们无法在故乡肥沃的土地上生活，
把他们赶到异国的边疆，
现在，又叫他们向游击队开火?!

不，
我们决不再受骗，
决不上丑恶的敌人的当!

清晨，
峡谷中弥漫着浓雾，
勒勒勒，勒勒勒，
中国姑娘们驱赶牛群的声音，
震荡着峡谷。

山崖下，
是“自卫团”练训场，
崔警长担任教官，
忆锁担任团长。
“立定!”
“齐步走!”
成天喊着号令，
脖子上蹦起了青筋，

但是人们的脚步总是走不齐。

越是气得脸膛变成红萝卜，
越是走不齐，
“八格雅老[1]！”
教官朝着德甫的眼睛
一连劈了几拍掌。

“浑蛋！
装什么疯，卖什么傻！”
站在一边的忆锁，也窜过来，
象一只恶狼。
“哎呀……打人…… 忆锁，
狗东西，
等着瞧吧！”
“瞧？你能怎样？
小子，我忆锁是团长，团长……”

大皮鞋飞上来，
无情地又踢又踩又跺，
遍体鳞伤。

“啊！”
德甫喊了一声，
昏了过去，嘴唇发青。

队伍中匆忙跑出一个人：
“德甫！”
兴洙
急促地喊。

---

① 日语“浑蛋”。

"浑蛋!
谁叫你离队?"
刀把嗖嗖地
砍在背上,砍在腰上。

"哎哟……哼!"
兴洙咬着牙
倒在地上。

不知过了多少时刻,
太阳已经落下西山,
队伍走得无影无踪,
他们象两个死人
仍然躺在乱草中。

渐渐地,
兴洙缓过一口气,
爬了起来。

象从恶梦中惊醒,
清楚地听到:
"水,水……"

回过头去,
定睛一看,
只见德甫躺在那里,
口吐白沫,渴得不住地呻吟。

咕咕,咕咕……
不知从哪里传来了杜鹃的叫声,
叫得那样凄凉。

兴洗用战斗帽[①]
接来泉水，
“喝吧，水，水……”

勒勒勒，勒勒勒，
暮色苍茫的峡谷中
传来了姑娘驱赶牛群的声音。

声音越来越近，
一会儿，牛群
走下杂草丛生的山坡。

中国姑娘的眼睛里，
燃起了愤怒的火焰，
她们也是
长期受到鬼子凌辱的民族。

两人朝着夕阳照射下的原野，
朝着村落，
一跛一跛地走去；
姑娘玉兰，
兀立在远处了望。

她不声不响地握紧两个拳头，
在心里狠狠地说：
“等着瞧吧！”

六

牲口的环铃叮叮当当，
玉兰挥着长鞭，

① 日本军队的便帽。

迈着匆促的步子，赶着牛群走回家。

小河对岸，
有一座白杨成荫的村落，
人们叫它
七个顶子。

七个顶子，
啊，七个顶子！

有一个时期，
它是路过这里的游击队
温暖的宿营地；
现在，这样的一个地方，
日本鬼子的军刀
刺遍了所有的峡谷。

一天夜里，玉兰的爹——
年老的姜殿阁，
被绑进县城；
玉兰的哥哥——姜福祥，
被绑到大甸子。

日子越久，
迫害越多；
七个顶子，
在不断地迫害中挣扎。

涉过小河，
玉兰的身影
慢慢移进长长的土城。

令人恨之入骨，
两个青年倒在山路上，奄奄一息；
两个面孔，
在玉兰的脑海里浮现着。

“爹，哥哥！”
玉兰急急跨进门槛，
挖开墙上的洞，
取出包了一层又一层的手枪，
深深插进裤腰。

“爹爹心爱的枪，
女儿，今天拿起来了！”
玉兰打开窗户，
望着远方的群山。

第二章

一

七月过去了，
八月过去了，
异国的峡谷中，
挂满了熟透的野葡萄。

黄色的栎林中，
落叶降落在明安道上，
昨天，今天，
开过无数卡车，一辆接着一辆。

日军，伪满军，特设部队，
永岛工作队，警察增援队，
乌合之众，不停地涌来，
塞满了村子，塞满了大街小巷。

敌人的凶狠，
军刀的威风，
大皮靴踢着每家的房门：
“快说，你们有几间房子？”
“牙宝”[1]“雅老”[2]还骂不绝口。

“一家八口，
总共三间房，
实在腾不出……”

残暴的敌人，
怎能理会这些：
“住口，
把女人留下做饭，
男人出去站岗！”

鬼子的走狗崔警长，
崔警长的走狗忆锁，
洋洋自得，作威作福，
以为在做了不起的大事。
从这一条胡同，从那一条胡同，
人们被赶出来
挤满了大路。

秋深了，
寒霜降落的夜里，
人们赤身裸体，
在悉索的高粱地里挨冻，
不知还要冻上几天几夜？

---

① 朝鲜语“喂”。
② 日语“浑蛋”。

二

那天夜里，
被子，褥子，
全被鬼子抢去做铺盖
连那婴儿用的垫布，
也被无情地抢去。

家家户户的女人们，
偎缩在厨房的角落里，
吓得瑟瑟发抖，再也不能入睡。

突然，从双东家的胡同里
传来一阵撕裂夜空的哀叫：
“哎呀，救命啊！”
那是谁？
是不是顺伊？
顺伊怎么啦？

一会儿，
呼救声从四面八方传来：
“救命啊！
孩子他爹，救命啊！”

一个，又一个，
到底抓走了多少人？
呼救声渐渐地远了，
消失在敌人的分驻所里。

夜深了，灯光昏昏欲睡，
夜深了，灯光朦胧如醉，
那里，围坐着多少鬼子？

"满洲，好地方，好！"
鬼子喝着白酒，拍手狂舞，
猪一般的嘶喊，狼一般的嗥叫。

一个女人挣扎着，气喘着，
发出锤扎似的尖叫：
"哎呀，哎呀，
你这个畜生！"

"嘿嘿嘿嘿……"
"哈哈哈哈……"
敌人，
又在干什么勾当？

顺伊怎样了？
车石妈怎样了？
七星妈怎样了？
通川家①儿媳怎样了？

远方，
黄沟岭上唤侣的虎啸，
乘着夜风传到夜空笼罩下的峡谷。

长庚星
在天上眨眼，
七个顶子那边
狗叫声越过小河传来。

这一夜
繁星满空，

① 朝鲜习惯用乡里地名称呼人，这里系指来自通川的人家。

东门外站岗的兴洙
正在黑影里打盹。

突然，
“救命啊！”
附近尖厉的叫声刺醒了他，

“咔嚓！”
子弹推上了枪膛，
兴洙注视着漆黑的地方。

——那是谁？
顺伊！
分明是顺伊！

车石妈！
七星妈！
通川家儿媳！……

“怎么回事？
怎么回事？怎么回事？”

大路上女人们
跌跌撞撞和死亡挣扎，
被拉进分驻所。

兴洙的脑海里似灯光一闪，
出现了一些
模糊的身影。

兴洙站起来了，
象一个巍然立起的路丞；

兴洙站起来了，
好象要把大地踏碎。

可是，就在这个时刻
被赶到城外去的德甫，
怎么知道发生了这样事情，
象一只虾，
蜷伏在地垅里，沉入了睡乡。

三

夜深了，灯光昏昏欲睡，
夜深了，灯光朦胧如醉。

忽然，一个人影，
无声地越过分驻所的围墙，
象一只矫健的飞虎！
象一只火速的飞箭！

屋里，灯光阴森暗淡，
没有车石妈，
也没有七星妈……
她们被拉到哪里去了？

只有顺伊，
披头散发，
脸色苍白，
紧抱前胸，偎依在墙角里。

鬼子队长垂着狗涎，
充满了淫荡；
顺伊用燃烧着仇恨的眼睛，
死盯住那付丑恶的嘴脸。

兴洙注视着屋里的一切，
咬牙切齿，
气得浑身打颤。

鬼子猛冲过去，
顺伊霍地站起来；
“浑蛋！”
一声清脆的耳光。

顺伊的呼吸急迫了，
两耳嗡嗡发出雷鸣，
鬼子，象一头疯狂的野猪，
第二次冲了过来。
鲜花眼看就要被糟蹋，
但是，顺伊拿出所有的力气，
左推右闪。

越是挣扎，
越是气得发抖，
粗棒般的两只胳膊，
越象钳子似的紧紧钳住她的乳胸。

“哎呦……哟，哎哟……”
顺伊断断续续地尖叫着。

兴洙怎能再容忍？
他猛然踢开房门，窜了进去，
飞快地用枪顶住鬼子的胸口：
“狗东西！”
再也没跟他说第二句话，
只听见“啪”地一声枪声。

鬼子象野兽般倒在地上，
兴洙顾不得再去看他，
踢开房门，
飞虎般地跑了进去。

啊，车石妈，七星妈，
瘫软在地上，
浑身稀烂。

是谁把她们糟踏成这样？
是谁把刀子捅到她们身上？
是谁这样残忍地拔掉了她们的十指？
是谁害死了她们？

另一间屋里，
通川家儿媳
咬着舌头死去；
只有她那可爱的宝宝，怀着无限仇恨
抱着妈妈的奶头哭叫。

啊，祖国纯洁的女儿们，
你们为什么闭上眼睛离开人世？
祖国青春的花朵，
你们为什么闭上眼睛离开人世？

四

清晨，寒霜飞舞，
兴洙一跛一跛地走在前面；
捕绳一道一道
牢牢捆着
他的两臂和胸口。
清晨，在冰冷的道路上，

顺伊走在后面。

五花大绑，
散乱的头发
象一堆乱草，象一块丝瓜瓤；
撕碎的裙片，
迎风呼呼作响；
一跛一跛，脚痛得象针扎。

明安道，
曲曲弯弯三百里，
“我要喝水！”
溪水飘着落叶，
清澈如镜。

“水？
不许捣乱！”
崔警长瞪着毒蛇一样的眼睛，
象要吃掉他。

“反正是要死的人，
喝一口水
也不会使你掉脑袋！”
“什么？
克诺雅老[①]！”

大皮鞋不住地踢，一下又一下，
兴洙翻滚着，
爬起来怒骂不休。
“狗东西……”

---

① 日语“你这个浑蛋”。

顺伊
也不甘示弱！
“狗东西，
日本鬼子的走狗……！”

意志坚如钢，
不怕死亡和痛苦。

碎石路越走越险，
石尖刺破了脚心。

要去什么地方？
大甸子警察本署[1]
还很远很远。

噗啦啦——
啄食秋果的野鸡，
给吼声惊起，
慌忙飞过对面的山。

五

罪名，不是杀人，
也不是滥用武器。
关进漆黑的牢房，
已经半个多月。

黎明，在拷打中降临，
太阳，在拷打中落山，
鲜血淋淋的日日夜夜！

---

① 即警察局。

昨天，今天，
从抓来的第一天起，
毒辣的辣椒水不住地灌，
不知昏过多少次。

“说，说实话，
是谁叫你这样？”
“不知道，不知道！”
“妈的……”
“咳，咳，咳……”

五升的水壶朝鼻孔灌水，
喘不过气来，
又灌鲜红的辣椒水。

“不知道！
啊，不知道！……”
“说，是谁？”
“咳，咳……啊！”

随着吱嘎吱嘎的咬牙声，
兴洙昏过去了。

有什么嫌疑？
说是“通匪”，
通游击队，
进行破坏工作。

顺伊踉踉跄跄走进来，
杏核儿似的眼睛，
苹果似的两颊，
全都变了样。

撕碎了的衣衫，
烧焦了的衣衫，
遮着数不清的烙痕。
啊，惨不忍睹。

"臭女人，今天，要说实话！"
"我不说，
知道也不说，
何况不知道！"

"什么？
该死的东西！"
通红的烙铁
烙进顺伊的皮肉

"强盗，狗强盗！
即便把我烙成千万条，
朝鲜人，不怕死，决不怕死！"

"臭女人，住口！"
"啊，哎哟！"
顺伊
也昏过去了。

下一个，是谁？
严刑拷打了很久，
脸上只剩下颧骨，
但是，两只火炽的眼睛，
射出坚定的光芒。

他就是
玉兰的哥哥——姜福祥！

他始终坚毅不屈，
只说出一句话：
“我不知道！”

啊，雄伟的气概！
他是中国的爱国青年，
游击队的地下联络员！
让我再一次高呼他的名字：
姜福祥！

第三章

一

远山复[覆]盖着白雪，
严冬来到了中国东北。

北间岛，夜晚，
寒风象野兽怒吼，
十一月三日，
是鬼子的“明治节”。

鬼子一早大唱大嚷，
一个个
喝得酩酊大醉。

夜里，
牢房的看守，喝得象个红鬼，
坐在那里打盹。

寒风刮得更猛，
牢房里不时传出
兴洙的呻吟声，
寒霜般刺人心房

姜福祥，
轻轻地爬起来，
摇晃兴洙的肩膀，
小声呼唤：
“老李，老李！”

“快逃吧！”
是的，看守正打着鼻鼾，
不省人事。

这是盼望了多么久的
好机会！

兴洙蹲在墙跟，
姜福祥踏着他爬上去，
掏出一个藏了很久的四寸洋钉，
插在窗户上。

嚓！
玻璃发出清脆的破裂声，
只要把头伸出去，
身体就能出去。

姜福祥
跳到外面，
一会儿，
扔进一条绳。

兴洙，抓着绳子，
爬了出来，

两人在黑暗的墙下

悄悄移动脚步，
“稍等一等！”
四只眼睛注视着里面。

看守睡得更熟了，
呼，呼……鼻鼾响个不停。

姜福祥轻轻打开门，
一步，两步……
来到看守前。

闪电般地
夺下枪，
用枪托打了一下鬼子的胸：
“把门打开！”

鬼子吓得浑身哆嗦，
打开了牢房的门。

拉出顺伊，
把一块破布塞进鬼子口里，
又牢牢捆住，
丢进牢房，代替顺伊。

夜，依然如故，
只有寒风在外面呼啸。

越过围墙，
涉过江水，
三个人影
奔向北方。

二

夜，满天繁星，
朝着深山所有的峡谷倾泻。

白桦
象穿着白衣的人，
不知停了多少次，
然后才敢小心翼翼地扶着它前进。

走了几十里？
走过多少峡谷？

对面，
接连传来狗叫，
三个人躲在黝黑的岩石下，
抱着寒冷的身躯，
等待黎明。

吐出的气，
结成了冰霜，更加寒冷，
渐渐地，东方天上
冒出了白光。

“啊，这是七个顶子！”
姜福祥惊叫起来。

是的，
玉兰还留在这里。
美丽的七个顶子！

可爱的七个顶子！

从小和玉兰赶着牛群
走遍了所有的山谷。

现在怎能进村?
鬼子搜索的魔爪,
早已伸到四面八方。

村落死一般沉寂,
眼前
一只回山的狐狸,
拖着粗大的尾巴,
窜进树林。

咯吱——
城门打开了,
一个老头
担着水桶一歪一斜地走出来。

小时候
担着水桶,来到河边,
用赤榆扁担捣破厚冰,
冻得红肿的手,不停地舀水,
这些,似乎是年深日久的往事。
姑娘们出来了,
玉兰
也出来了。

啊,
他多么想
放声高呼。

但是,他只能望着她。

玉兰，象一个木头人，
呆呆地望着西边天际。

象盼望一去不回的人
在天边出现……
人们一桶一桶汲着水，
玉兰无心汲水，
仍然兀立在那里。

高声呼唤，马上能够听到，
但是，不能喊，
只能看不能喊……

啊，天光大亮，
天空泛起红色的朝霞……
家家炊烟，
村落暂时一片沉静。

一会儿，一个青年
低戴狗皮帽，
双手插在袖里，
走出城门。

山路，顺着山凹
曲折迂回，
莫非是经过二合前往敦化的旅客？

姜福祥
从岩下站起来，
一步一步走下山。

"噢，老姜！"
"嘘！"
"哈哈……没来！"

青年走了，
姜福祥返回岩下。
"快下去吧！"
"他，可靠吗？"
"没有问题，
带刀的家伙没有来！"
"好！走，顺伊！"

三个人默默无言，
微笑着熄灭炭火，
埋在雪里，
朝村子走去。

三

"哥哥！"
玉兰把脸贴在哥哥的胸上，
激动得流出了热泪。

姜福祥抚摸着妹妹头发：
"快走吧，到山里去，
他们是我的朋友……"

玉兰抬起头，
看着他们，
忽然："啊！"
这不是他吗？
夏天，在训练场
被鬼子打伤的两个人中的一个！

她回忆起
在夕阳照射下的原野上，
他们渐渐消失的背影，
“同志！”
民族不同，
美好的未来都是一个。

玉兰伸出手，
兴洙，顺伊，
亲热地握紧她的手。

现在，敌人正瞪着充满血丝的圆眼，
打着电话，
拍桌跺地……

顺伊，心如刀割，
虽然近在咫尺，
却不能去找哥哥。

必须走了，
立刻到
金队长所在的地方。
迷魂阵！
迷魂阵，在遥远的地方。

可是，他们去了，
越过重叠的群山，
跨过无数的峡谷。
穿过麻密的森林，
勇敢的小伙子，勇敢的姑娘，
紧紧拉着手，
走向北方，走向北方。

第四章

一

有一座村庄，
一批鬼子兵刚走，
另一批接着又来了。
这座村庄，
叫做青沟子。

那天夜里，
兴洙和顺伊，
被绑到大甸子以后，
德甫怎样了？

这里是阴暗的牢房，
鲜血淋淋的情景惨不忍睹：
“狗东西们，要活活把人害死，
你们的末日快到了！”
严厉的喝声，
震撼着分驻所。

鬼子无故把他捉来，
拔掉他的十个指甲，
打伤他的肋骨，
受尽多么酷毒的恶刑！

寒冷的空气刺扎着皮肉，
短裤单衫粘在鲜血上，
难忍的寒冷，
难忍的疼痛。

千刀万剐也不解恨，

这些鬼子恣意强奸妇女，
屠杀老百姓。

现在，
又无缘无故地捉来德甫，
拳打脚踢，滥施毒刑。……

可以随便加个罪名，
可以随便说他犯法，
反正罪名和法律
都掌在鬼子手里。

反正靠暴力
愿意定“通匪”罪，
或是判为“不良分子”，
谁又管得着?!

“狗东西们，
等着瞧吧！……”
越是拷打，
越加憎恨和愤怒，
德甫咬牙怒吼。

一天拉出去多少次，拷打多少次，
“把逃跑的家伙交出来！
一定到你那里去过，
说，送到哪里去了！
你一定知道到山里去的路，
快说，快，快！”

每当这个时候，
虽然被打得奄奄一息，

但想到兴洙和顺伊已经进山，
德甫心里禁不住地高兴。

二

夜晚，
天空中飘着鹅毛大雪，
朝鲜民族，
要报仇雪恨！

但是，朝鲜人中，
也有败类，
也有不配做朝鲜人的家伙——
猪狗一样的家伙。

“朝鲜人特设部队”——
讨鬼子残羹剩饭吃的走狗，
鬼子吹嘘为“精锐”部队。

村里的老乡全被拉到分驻所，
站在积雪的院子里。

“我们是皇国臣民，
今天，能过太平日子，
能安心种地，
是因为皇国日本强大，
是因为天皇陛下的洪福齐天。”

一个姓朴的军官，
在鬼子面前低三下四，
在百姓面前耀武扬威，
把谁也不放在眼里。
这个家伙，发号施令，

说军队要来，
叫老乡把屋子全部腾出。

在大雪纷飞的深夜，
这种事，
有谁不咬牙切齿，有谁不愤恨？

天杀的民族叛徒——亲日分子。

“间岛省”省长李范益，
“满洲国”国务院参议李范益！
他的名字人人咒骂，
他的名字人人痛恨。

这个穷凶恶极的家伙，
讨好“关东军”，
组织了“朝鲜人特设部队”，
背叛了自己的民族。

但是，
狗东西们高兴不了几天，
狗东西们活不久！
风雪，
席卷着北间岛，
将使发抖的敌人受严峻历史的审判；
猛烈的风雪，
号召战斗，
呼唤胜利。

三

一个月过去了。

深夜，
三台星移向北方，
寒风卷着雪花，
朝河心泻个不停，
又熬过了一夜……

河对岸，七个顶子那边
传来了第一声鸡叫。

城墙下，
每隔几步
就倚有一个抱着带霜的枪的
瘦弱的人影。

守备队的鬼子们，
早已进入睡乡；
但是，自卫团为什么
必须象拴马桩子一样贴着城墙。
熬过寒冷的黑夜？

为了谁？保卫谁？

“狗东西们，让他们睡吧，
金日成部队一来，
管叫那些昏睡的家伙变成萝卜，一刀一个……”

“对，
那时候，我们也

决不便宜他们！”

啊，游击队，
快些来吧，
快来
消灭敌人！

让天下都知道：
朝鲜，
朝鲜人，
并没有死亡！
人们，
日夜盼望，
盼得多么心焦！

第五章

一

拂晓，
寒风卷着雪花，
从峡谷猛烈吹来，
吹到冰雪古洞江畔。

突然，江对岸的山上，
射击城门的清脆的枪声，
震破了拂晓。

在这庄严的时刻，
有谁的心，不激烈跳动？！

来了！
来了！

游击队！
游击队
披着雪白的伪装，
来到了倾斜的雪原。

前山响起了机关枪，
后山也响起了机关枪。
自卫团，
能不能还手？
能不能开火？

村里突然天翻地复[覆]，
三石跑上城墙，
高声呼喊。

“朝天上打，
天，
朝天上打！”

他的声音渐渐远了，
分驻所敲起洋铁桶，
发出十万火急的信号。

敌人士兵从沉睡中惊醒，
跌跌撞撞
窜出胡同。

有的只穿了上衣，忘了穿裤子，
有的只提着枪，忘了带子弹，
有的一面跑，一面上装。

鬼子的走狗——
“特设部队”和伪满军

涌向炮台。

从没受过炮火洗礼的峡谷，
立刻硝烟弥漫；
枪声如雷鸣闪电，
鬼子个个胆战心惊。

战斗激烈，爆豆般的枪声
越来越近。

游击队的前锋，
已经来到城下。

风雪更加猛烈，
指挥战斗的声音，
压到[倒]了风雪。

“冲呀，前进！”
宏亮的号令，
震撼着峡谷。

啊，他是
卓绝的将领，
长白山如在他的掌中，
他的名字，人人爱戴——
金日成将军！

城外的声音激动着城里的人，
城里的欢呼激动着城外的人。

心连着心，
一起跳跃，

人们在
共同呼吸。

“德甫！
德甫！
打开城门吧！”

德甫在牢里，
是谁喊他？

三石毫不犹豫，
箭也似地跑向城门：
“等一等，
我来开！”

“八格雅老！”
接着，
“拍！……”
三石倒下去了，
抓着拉开的门闩：
门“呀地”开了，
三石倒下去了。

二

“万岁！”
游击队高呼着，
怒涛般涌进来。

“德甫！
德甫！”
德甫怎么啦？

“这是谁？
三石！……”
是三石倒下去了！

“醒醒！
三石！三石！”
“唔……”
三石无力地睁开眼睛。

“兴洙……
德甫……德甫……在牢里……”
三石停止了呼吸。

顺伊来了，
“顺伊！
牢房，快……”
两个人飞也似地奔向牢房。

“大家出来吧！”
顺伊和兴洙
“哗啦”一声打开了牢房的大门。

牢里的人们，
高呼着万岁，跑了出来。

“德甫！”
“哥哥！”
他们紧紧地拥抱。

啊，这一天，终于来到了！
两人扶着德甫，
走向大街。

突然，一团黑烟冲上天空，
火舌吞吐，烧红了半个天。

多么痛快！
看，
四周的炮台烧毁了！

“一个敌人也不能轻饶！”
德甫蓦地站起来。

“我要和人们
运送武器和弹药，
你们，
快去战斗！”

是的，
要消灭得干干净净！
兴洙和顺伊，
冲向街心。

枪声，
四面八方都是枪声。

人们跳过敌人肮脏的尸体，
该射击的射击，该用枪托打的就打，
该用手榴弹消灭的，一齐消灭。

硝烟越来越浓，
几十分钟过去了，
枪声渐渐停下来，
东门传来了嘹亮的号声。

祖国的号声啊，
人们想念你，
已经多少年！

啊，太阳升起来了，
胜利的红旗
飘扬在城头，
太阳，光芒万丈。

三

凯旋了，
游击队凯旋了。

凯旋的队伍
越过高山，
跨过江河，
到哪里去？

迷魂阵！
迷魂阵是
布满原始森林的山岳地带。

它是一个
一进去就无法出来的地方。

鬼子兵，伪满兵，
曾多次进攻这个地方，
可是，没有一个活着回去。

一到这个地方，神魂如迷，
因此，敌人给它起了个名字——
迷魂阵。

峡谷越走越深，
风雪旋转着，
白桦气喘吁吁，
弯下了腰。

古代，
这里的民族，
是不是靠淘金过活？

队伍走过溪畔，
淘金的痕迹，
隐约埋在雪中。

队伍踏着盐田似的雪地，
新的脚迹，
有那刚落的雪花
把它掩盖。
风，刮得更猛，
队伍，
不停地前进。

村里勇敢的小伙子，
赌着输赢，
看谁走得快。

他们背着、抬着
游击队的战利品——
鬼子的军粮和武器，
跟着队伍走进深山八十里。

“同胞们！
感谢你们

不怕寒冷，千辛万苦
帮助我们！”

“冬天天短，
早些回去吧！
钱很少，
每位三百元，
请收下，贴补贴补生活。

希望大家回村以后，
永远团结一心，
克服一切困难，
决不向鬼子屈服。

我们相信，一定能胜利，
朝鲜没有灭亡，
胜利就要来临！

希望大家，
回去以后，
继续坚决斗争！”

这是金将军
仁慈而又坚定的话。

从这里开始，
是游击队的根据地；
外人，
不能走进一步。

人们依依难舍，
紧紧握手

决心为明天战斗。

村里的人，回村去了；
游击队，回密林去了。
“再见，德甫！”
“再见，兴洙！”
“再见，顺伊！”

人不住地喊着，
挥手作别。
凯旋的队伍，
又增加了一个新同志——
金德甫！
他走上山巅，
最后再一次挥手，越过山去。

第六章

一

迷魂阵，
麻密的森林，是那样深幽，
隐藏着千万年的秘密。

月夜，
越过一座座的雪山，
有一个陡如臼底的深谷；
游击队的营房，进入了睡乡。
营房，
是把红松截断
插进地里
搭上茅草的矮房子。

夜，

蓝色的月光，
透过屋顶的破洞
幽静地照进营房。

月光照着游击队勇士的脸，
他们梦见了美丽的祖国
和可爱的故乡山河。

夜，更深了，
峡谷塞满了群山的影子，
美丽的流星划过天空，飞向北方。

黎明离现在还很远，
没有一丝风声，
满天星斗
象无数冰块在天上闪烁。

一个人影，
静悄悄地
从这座营房移向另一座营房。

哨兵
立正举枪致敬，
他
不声不响地走进草屋。

仔细看着
每个沉睡的勇士，
给没盖严被子的盖严被子，
给灭了火的屋子生上篝火。

啊，

永远象父亲一样慈祥的
金日成将军！

二

月光落下霹雳峰，
把脸藏在杉树后；
黎明，越过重迭的远山，
来到营房。

游击队炊事员，
忙着做早饭，
战士们，在白桦林里
热火朝天地进行射击训练。

突然，山下传来
得得的马蹄声。
背着捷克式步枪的人，
骑着马，踏着雪路，
穿入密林。

箭也似地飞来了，
姜福祥走在前面，
玉兰，满身雪尘，
紧紧跟在后面。

马儿浑身是汗，
吐着热气，
聪敏地长嘶一声，
来到队部宽敞的院子。

恨不得掏出焦急的心，
翻身下马：

“报告！
关东军一个团，
昨晚七点，
从明月沟动身去安图。”

他们是
游击队
第二大队联络员。

“好，辛苦了。”
将军沉思片刻，
深山的一草一木都静了下来，
莫非也在等候庄严的命令？

终于：
“准备出击！”
山岳震动了，
大地也震动了。

看，
将军威风凛凛的英姿！
看，
游击队员们英勇豪迈的姿态！

“哥哥……”
顺伊喊着德甫，
激动得嘶哑了喉咙。

“是的，今天，
是我的第一次参加战斗。
兴洙，
盼望的这一天终于来到……”

德甫和兴洙
正在紧紧握手，
玉兰和姜福祥
又离开了队部。

“姜福祥同志！
玉兰同志！
祝你们胜利归来！”

人们挥着手，
两个年青的游击队联络员
熟练地跨上马鞍。

德甫，兴洙，顺伊，
跑到马前。

无言的凝视，
是保证完成任务的誓言，
是在某地营房见面的默契。

“走！”
扬起鞭子，
箭也似地隐进密林，
勇敢的青年兄妹，
驰马飞下山。

三

黄沟岭，
月明之夜，
野猪群恣意出没。

黄沟岭，弯弯曲曲九十九道弯，

转过九十九道弯，
七十里獐岭横在眼前。
朝鲜人，
走上獐岭，
有谁不停下脚步，
望望山下?!

山巅
有一个小石座，
上面立着一根陈旧的木柱，
用墨写着：
“吉村中佐奋战之地。”

鬼子们，
曾叫一个姓金的叛徒带路，
偷偷越过黄沟岭。

但是，我们勇敢的游击队，
在这里
杀得鬼子片甲不留。

当时，人们传说
金日成游击队
会升天入地。
游击队，
神出鬼没，忽东忽西，
昨天出现在青沟子，
今天又在黄沟岭出现。

吉村大队，
带着长长的队伍，
杀气腾腾越过黄沟岭。

骑兵个个挥着日本刀，
步兵一色打着裹腿，
炮兵拖着笨重的炮车。

侦察兵
匆匆跑步前来，
高声报告：
“没有发现任何可疑情况！”

不管火力多么强大，
不管怎样狡猾，
死亡的影子
都时时罩在头顶。

发现一根树枝，
立刻吓得屁滚尿流，
喊着“大和魂”，壮自己的胆子。

山，依然如故，
但是，岩石后，
早已摆好重机枪，
德甫，兴洙，顺伊
目不转睛地盯着鬼子。

黄沟岭，
弯弯曲曲九十九道弯，
每道弯里，
早有枪口在等待。

敌军队伍，
有如长蛇阵，
越过黄沟岭，顺着公路走下来。

时间到了，
霹雳般的号令：
“射击！”
机关枪吐着火，
哒哒响个不停，
德甫的眼睛也喷着火，
子弹雨点般飞向敌人。

真是晴天霹雳，
有的魂飞魄散，命丧黄泉，
有的跌跌爬爬，抱头鼠窜。

军马抬起前蹄狂嘶，
驴驮接二连三滚下山；
步兵打得落花流水，
一批批有如伏浪倒在地面。

“狗东西们，尝尝吧！”
德甫咯吱咯吱咬着牙，
不停地射击。

“冲呀，前进！”
寒风吹起白色的伪装外衣。
金将军矗立在山巅；
钢铁将领——金日成将军，
鬼子一听就发抖！

啊，英明的将军，
望着
起伏迤逦的摩天岭。

威严的仪表，巍然矗立，

高山显得逊色；
霹雳般的号令
震撼着天地。

听到这号令，
异国的群山也欢欣若狂。

——前进，前进，团结一心，
前进，消灭敌人！
拿起武器，走上决死的战场，
前进，同志们，
革命的旗帜在前面飘扬，
前进，同志们……

神出鬼没的游击队，
高唱雄壮的凯歌，
回山去了。

第七章

一

转过去年“日野骑兵团”
在游击队手下
全军复[覆]没的山凹，
顺着峡谷走向东南，
有一个小小的村庄——
木兰屯。

从那里越过南边的山岭，
再走一百里，
古木参天的森林中
有一个伐木场——
五道杨岔。

鬼子中村经营的
“亲和木材会社”
设在这里。

朝鲜人,中国人,
不下五六千工人,
在森林警察队的皮鞭下
做着繁重的苦工。

复[覆]盖着白雪的峡谷里,
矗立着白松、落叶松……
斧子声,锯子声,
震破了严冬。

人们,
穿着掉了底的草鞋,
穿着破麻袋做的裤褂。

寒风无情,刺人骨髓,
雪花弥漫天际,
人们哆嗦着从早干到晚。

背枪的警察队,
牵着凶狠狼狗,
每次来到山上,
必定拖走几个人。

这里,树上吊着一些人,
麻袋衣衫被皮鞭打成了碎条,
流血的两腿不住颤抖,
忍受着最大的痛苦。

“妈的，
有什么病，要躺好几天?!”
“老爷，心口痛，
没有病，谁也不愿意躺……”

“什么?
老家伙病多不管他，
年青的必是无病装病，
今天，妈的，王八，
一定给你们个颜色看!”

接着，撒开狗绳，
狼狗，狂吠着
扑了上来。

“哎呀，哎呀，
老爷，老爷……”
“哈哈哈王八，王八……”

狼狗凶恶地
咬着衣服，
咬着皮肉。

啊，看，
大雪下了一天，
奄奄一息的同胞
吊在树上……

天空，俯瞰着下面，
“狗东西们，
你们的日子不会长，
我死了，也要睁着眼睛

看你们怎样灭亡！”

人们，骂不绝口，
咬牙切齿
瞪着鬼子。

二

这时，
对面阴暗的森林里，
有一个青年，注视着这一情景。

他藏在粗大的红松后，
嗖地拔出枪，
拍，拍，拍！

警官倒在雪地上，
青年，
飞快地跑进树海。

跨上山路上的蒙古马，
抓着辔头驰走了，
快如飞箭，迅似闪电。

成群的狼狗
狂吠着，追赶着，
雪越下越大，
德甫消失在北方……

这天早上，
森林警察队的电话响个不停，
值班的警官拿起了听筒。

"是，是，你好！
什么？……金日成部队？
什么？……你是谁？
你，你……"

声音没有了，
警官慌忙放下听筒，
跑进队长室。

"大事不好！
共匪，刚才来电话，
明目张胆地在电话上说，
一个星期之内必来进攻。"

队长大惊失色，
霍地站起：
"什么？一个星期之内？
快，紧急集合！
快，向总部报告！"

森林警察队，
象捅了一棍的蜂窝，乱成一团，
值班的家伙拼命摇电话。
但是，不通！

五道杨岔街上，
大白天响起警哨；
一个手足失措的警官，
跌跌爬爬上气不接下气跑进队长室。

"报告！
到山上去的四名警官，

刚才遭到共匪袭击，
三名当场毙命!”

队长，呆呆地望着前面，
象一具僵尸，
心头压着一块岩石：
“哎呀，来了……”

接着，又失神自语：
“阿弥陀佛，
阿弥陀佛……”
浑身哆嗦。

三

三天过去了，
一星期过去了。

鬼子从四面八方调来了援军，
比五道杨岔原先的兵力
增加了四倍。

十天过去了，
游击队没有来
半月过去了
游击队还没来。

严阵以待的鬼子，
见游击队没来
渐渐放了心，
又嚣张起来。

每天晚上，

宰鸡杀牛，
喝得醉熏熏，
横冲直撞，满街满巷。

从黄昏闹起，
都疲乏得昏沉睡去，
现在，是深夜两点。

突然，山顶，
吐着火的机关枪，
震破寂静的夜空，
射向警察队队部。

嗵，哗啦啦，
手榴弹爆炸了，
房屋倒塌了。

警察队队部，
火焰高有三丈，变成了火海，
鬼子兵，在冲天的火光中
死的死，逃的逃，
鬼哭狼嗥。

战斗了一小时，
游击队占领了木材会社总部，
同胞们
高呼万岁，从四面八方涌来。

几千个工人
霎时挤满了会社的院子，
不停地鼓掌；
将军矫健地

跳上熊熊火炬照耀下的讲台。

“各位同胞!
朝鲜并没灭亡!
光明在我们前面,
胜利,就要来到!
同胞们,
为了那一天,
我们要团结一心,
战胜一切困难,前进!
我们,永远和你们在一起,
让我们勇敢战斗,光复祖国!”

啊,卓绝的爱国者,
金日成将军!
太阳一样光明,
我们的将军!

游击队回去了,
在每个人的心里播下了胜利的信念,
播下了民族自豪。

胜利的号声
高亢嘹亮,
游击队回去了,
顺着险峻的山脊。

第八章

一

严寒的冬天过去了,
草木争长的六月,
来到了中国东北。

这里是桦甸县马号地方，
传说——
古时候，满洲旗人，
曾在蔽天的森林里
秘密种植罂粟。

走上高高的山岭，
白头山最高峰耸立在远方，
有如群山的操纵者。

滔滔松花江，曲曲弯弯几万里，
穿过峡谷，绕过吉林，
流向苏中国境。

中国船夫，头戴草笠，
悲愤的歌声
随风吹来。

营房，
有四天
没有见到炊烟。

第二大队长，率领队伍，
去了安图县。

联络员姜福祥和玉兰，住在营房，
从昨天起就饿着肚子，
挖葛根充饥，
焦急地等候消息。

“怎么还没回来？”
玉兰担心地说。

预定昨天回来的队伍，
为什么今天还没回来？
“是啊，也许今天能回来。”
姜福祥镇定地回答；
但是，今天部队仍然没有回来！

猫头鹰叫了一夜，
野兽吼了一夜；
营房静寂，
通宵不能入睡。

拂晓，峡谷中浓雾弥漫，
“哥哥，我去看看！”
“不成，一个人不能去。”
“不要担心，哥哥，
我就回来。”

玉兰的眼睛
射着坚定不移的光芒，
姜福祥只好答应：
“好吧，路上要小心。”

雾，更浓了，
掩没了峡谷，
“哥哥，我走了。”
玉兰敏捷地跳上马背，
扬起鞭子，
箭也似地消失在树海中。

二

玉兰骑着马，
不停地飞奔，

白桦在两旁唰唰倒退。

走了多远？
南安图县还远得很。

刚要奔入西北岔，
突然，
拍！
右边树林里发出枪声。

玉兰抚着左肩，
摔下马来。
马儿摔倒了，
连忙又伏在她的身旁。

一会儿，
四面八方僻僻啪啪，
朝着她集中射击。

玉兰按着流血的伤口，
抬起蓬乱的头，
原来是“讨伐队”埋伏在四周。

玉兰爬起来，
“狗东西们！”
啊，她那愤怒的面孔！

滚到树后躲起，
从昏迷中强打精神，
掏出小本，
忍痛一个字、一个字地写着。

“西北岔东口，
讨伐队有七百左右；
玉兰负伤，
决心战斗到底！”

好容易爬到马身边，
把纸条放进马鞍，
“马儿，你快回去！”

马儿也无比悲愤，
默默低头站起，
驮着鞍子四蹄如飞。

“我要战斗到底，
直到停止呼吸……”
玉兰隐身树后，
端起枪，开始射击。

鬼子的枪声密如爆豆，
子弹落在前后左右，打开了草丛，
砰，砰……

玉兰拿出所有的力气，
等着爬近的敌人，
拍，一个，
拍，两个！

五个，十个，二十个……
可是，怎么办？
子弹打光了，
眼前渐渐模糊了。

剩下最后一颗子弹，
怎能卑怯地死在
敌人肮脏的子弹下？

玉兰，
把枪口对准自己的左胸，
拍！
闭上了眼睛。

玉兰倒下去了，
太阳升起来，
照耀着玉兰倒下去的峡谷。

三

没有主人的马，
嘶叫着，象一匹千里驹，
飞向马号。

马号营房！
姜福祥在擦枪，
怀着不祥的预感。

哪里来的马蹄声？
谁？
什么事？

没有人，
马背上的鞍子空着，
出了什么事？

急忙跑出来，
细瞧马鞍，

有一个折着的字条。

“玉兰负伤了。
啊，玉兰牺牲了。
玉兰，玉兰！……”

“哎呀，我还瞎等什么？
联络，联络！
迷魂阵！
迷魂阵，一百五十里，
是的，快去联络，
报告金日成队长！”

姜福祥，
迅速地跳上马背，
闪电似地驰向迷魂阵。

第九章

一

这里是迷魂阵，
兴洙
化装去明月沟，
已经三天。

顺伊，化装去安图，
也有两天。

见面的地点，
定在二道白河松结沟。

“德甫同志！”
将军在喊。

“有！”
德甫跑步上前。

“你立刻到马号去，
昨天应当来联络，
但是一直没有消息。
早去早回！”
“是！”

德甫快马加鞭
奔向北方……

二

从马号到迷魂阵，
从迷魂阵到马号，
悬崖笔陡，如切如削，
屏风般耸立在两旁。

清晨，
一片沼泽，
杂草横生，
饮水的小鹿！
听到“得得”的马蹄声。
慌忙逃上山。

德甫向前一看，
有一个人
骑马飞奔而来。

“谁？”
两人互相猜疑，
急忙端起枪，

一步一步走向前。

一百步，
五十步，
西边首先喊出：
“谁？”

刚要射击，
“噢，姜福祥！”
“咦，老金！”

德甫连忙背起枪，
“哈哈哈哈……”
笑声震动着峡谷，
绕过高高的山峰。

“你怎么啦？”
“看，这个！”
玉兰的遗书！

“玉兰？
玉兰牺牲了？”
德甫紧紧咬着嘴唇。
“好吧，
我把它带回去！”
“辛苦你了，
我就去安图！”

一分，一秒，
是多么宝贵！

“好！”

“再见！”
两个青年，
在马上紧紧握手。

一个马头转向南，
一个马头转向北，
姜福祥到安图去找队伍，
德甫返回迷魂阵。

三

马蹄得得，
响个不停，
“回来了？这样快？”

金将军蓦地站起来
遥望着山下的溪谷：
“喝，好快！”

转过岩下曲折的山路，
德甫快马加鞭来到营房前。
没等马停住，
翻身跳下来。

“报告！
在巨岩沟
遇到二大队联络员姜同志
带回这个条子。”

“辛苦了！”
金将军打开纸条，
沉痛地望着北方遥远的山。

突然，将军发出命令：
“准备出击！”
仅仅一句话，有如霹雳。

霎时，
队伍齐集，塞满了峡谷，
勇士们的眼睛里
射出愤怒、坚强的光芒，
金将军骑马站在队伍前面。

“敌人，七点钟从西北岔动身，
企图包围第三大队，
现在，正向大蒲柴河移动。
因此，我们要先去
大蒲柴河。
同志们！
我们要勇敢战斗，
把敌人消灭干净！
我们要百分之百的保证！”

队伍，
跋山涉水，
继续向西前进。

四

晨雾笼罩着峡谷，
游击队的
机关枪、迫击炮……
早已悄悄埋伏在三角点。

周围依然静寂无声，
只有猫头鹰

不知道天已破晓，
仍在呜呜啼叫。

一会儿，
敌军军官骑的马
高声嘶叫，出现在雾中。

敌军队伍，
紧跟在后面，
走入屏风入口。

突然，
一声枪响，震动了峡谷。

战斗开始了，
敌军在雾中
分散地
爬上山。

在咫尺难辨的浓雾中，
“射击!”
金将军发出了
严峻的命令。

峡谷中充满敌我的枪声，
双方的炮弹，
不停地爆炸。

战斗，更加激烈，
雾，更浓了。

象早已安排好，

游击队，
霎时无影无踪。

看吧！
敌人睡在鼓里，
陷身浓雾中的峡谷，
互相射击，互相刺杀，
胜负不分，
不到一小时，打得落花流水。

五

这里是西北岔入口，
从昨天到现在，
敌人有的呻吟，
有的奄奄一息。

风，
带着刺鼻的血腥味，
阵阵吹来；
太阳，照在当空。

……革命的旗帜在前面飘扬，
前进，同志们……
游击队走来了，
凯歌高亢嘹亮。

德甫，
拨开齐腰的草丛，
来到大树下。

“啊，玉兰！”
玉兰，周围全是子弹壳，

脸上浮着微笑。

“玉兰同志！
安息吧！光荣属于你。”
金将军悲痛的声音。

勇士们，
一齐举起枪，向玉兰致哀，
把她轻轻放上担架，
庄严肃穆，回山去了。

第十章

一

游击队的营房转移到
长白山下的松结沟。

这里是乐浪府高原，
月明之夜，
从遥远的白头山天池
鸭绿江瀑布直泻千万丈，
轰鸣不息。

来到这里已经两天，
一个白衣女人
在朦胧的月光下，走进松结沟森林。

顺伊，
曾经乔装成疯子，
离开迷魂阵营房，
前往安图。

“报告！

安图方面的敌军
四天以前，在两江口獐颈岭
被我军第二大队全部消灭。
安图县城里，
现在，
只有警察队一百多人。
听说，几天之内
将要增加三千鬼子军。

第二大队，
正向大蒲柴河方面转移，
二大队联络员姜福祥同志，
已在两江口战斗中牺牲。”

“辛苦了……
姜同志！一个好同志……”
将军默默低下头。

夜，更加深沉，
轰鸣的瀑布声
冲激着心胸。

二

从拂晓起，
天空阴沉，又低又矮，
落叶松的绿叶
在雾中挺拔，
刺扎着乌云。

一个青年，
头戴中国草帽，
折下一根树枝，

打着身上的露珠，
匆匆走上山路。

这是曾经乔装农民
到明月沟去的兴洙。
“报告！
有三千敌人从明月沟出发，
昨天宿在青沟子，
今天宿在大甸子，
明天宿在大沙河，
后天到达安图。”

“辛苦了！”
将军
满意地微笑。

微笑
接着变成了严峻，
将军，朝大沙河方面怒视。

峡谷的雾，
更加浓密，
盖住了群山。

“同志们！”
霹雳般的声音！
“队伍，立刻出发，
到大沙河去！”

游击队，
在伸手不见五指的雾海中
走下山去。

唰，唰，唰
游击队，
拨开齐胸的乱草走下山。

三

深夜，
游击队来到小沙河。

这里，离大沙河二里。
峡谷深幽，
绝壁高耸。

右峰上是迫击炮部队，
左峰上是机关枪部队，
主力埋伏在山顶，
只有五十人
顺着山路走向大沙河。

深夜，灯火进入了睡乡；
深夜，村落死一般沉寂。

突然，
一声枪响，划破了夜空，

刹那间，
敌人漫山遍野围上来，
机关枪和山炮。
野兽一样吼叫。

敌人前进，
游击队后退，
越往前，

越后退……

退了三小时，
来到小沙河，
敌人
被诱进峡谷中心。

后退的队伍爬上山，
这山响起军号声，
那山响起军号声。
迫击炮，机关枪，
喷吐着火焰，
如暴风雨中的闪电，
如火海中的怒涛。

“冲呀，前进！”
“万岁！”
“万岁！”

手榴弹爆炸声，
哀鸣声……
嚎叫声……

峡谷中，枪声渐渐稀疏，
激烈的战斗，终于结束。

游击队
从屏风般的山巅，站了起来。

刺刀刺着天空，
万岁声
震天动地。

啊，
伟大的胜利！
游击队，
战斗了二十个星霜，
千万敌人，
死在正义的枪刀下。

这个国家的人民啊，
歌唱吧，
震天动地地歌唱吧，
歌唱领袖！

长白山绵绵山岭
染满血痕，
鸭绿江水曲曲弯弯
飘着血迹，
今天的自由朝鲜开遍鲜花
伟大的功绩光芒四射，
啊，敬爱的将军，我们的将军，
啊，光辉的名字，金日成将军！[①]

第十一章

一

四年的光阴流逝了，
这里是清津日铁工厂。

三年前，深秋，
火红的枫叶染红了群山，
野葡萄累累成串。

---

① 金日成将军之歌。

一对青年夫妻——兴洙和顺伊，
根据金将军的指示，
肩负着重大的任务，
深夜偷偷渡过图们江，
穿过茂山密林，
来到清津浦项洞，
找了一间小小的草房住下。

每天进厂做工，
永远是那样亲密，
今天早上，夫妻俩坐在桌旁重又谈起心事。

“今天，
厂里是不是又有人被征入伍？
要多教导他们。”
“不必担心……”

党支部的工作之一——反对征兵，
这是一项重大的任务，
他们日以继夜地坚持工作。

一九四五年八月九日！
历史
终于打开了新的一页。

从渔港遥望海的尽头，
一艘艘的军舰，朝陆地轰击。

海岸阵地倒塌的声音，
天马山炮兵阵地摧毁的声音……

“被强迫征去的朝鲜青年们，

为祖国战斗吧!”
看吧,
兴洙冲开枪林弹雨,
在街道上往来奔跑,拼命呼喊。

十,二十,五十,一百……
被征去的朝鲜青年,
从四面八方集拢来了。

无数的苏联红军,
冲上海岸,
在白沙滩登陆。

“战斗吧,
消灭日本鬼子!”
兴洙率领被征入伍的青年,
勇敢冲入敌军阵地。

二

这里是中国东北,
苏联轰炸机机群
遮满了牡丹江上空。

坦克,
转过苏中边境上的老黑山,
越过一望无际的晖春平原
驰过东宁,冲破敌军死守的阵地,
来到牡丹江平原。

炮声,炸弹爆炸声,
如天崩地裂。

十年如一日
每当筑起一个工事，
千万工人全被害死；
这样严格保密的
几千公里长的防线，
在一个早上，夷成平地。

鬼子四下逃窜，
炸毁了图佳[①]线遂[隧]洞，
炸毁了所有的桥梁和车站。

飞机，一架接一架，
越过国境上的高山，
飞了过来。

银色粉末似的传单，
从每架飞机
撒下。

“朝鲜人民！
苏联，
是全世界弱小民族的解放者，
朝鲜，永远解放了，
自由和幸福属于你们！”

啊，祖国，
永远摆脱了奴隶的枷锁，解放了！

① 图们到佳木斯的铁路。

三

一九四五年八月十五日，
游击队，从中国东北回来了。

渡过了二十个染满白迹的星霜，
民族的旗帜——游击队，回来了！

德甫，
跨过图们江，越过南阳，
奔向南方。

“祖国的群山啊！
祖国的江河啊！”
德甫流着激动的眼泪，
——来到清津。

条条街道是欢迎的鲜花和海洋，
条条街道胜利的旗帜迎风飘扬。

撕碎了的日章旗①，
漂浮在海港深蓝色的波涛里。

“啊，兴洙！顺伊！”
“德甫！”
“哥哥！”
“你们受苦了！”

他们紧紧地拥抱，

① 日本国旗。

流出了热泪。

他们的心，
海阔天空一样爽快，
三个人
走上和他们的心一样宽阔的输城平原。
海风吹动顺伊的裙角，
德甫挥着拳头：
“兴洙同志！
从现在起，我们要拿出所有的力量
建设祖国，
让我们人民的祖国，灿烂光辉地出现在世界！

坚决拥护我们的领袖——
金日成将军，
早日建立人民的国家！”

太阳升起，
照耀着输城平原广阔的胸怀，
照亮了新的历史。

他们走上海堤，
振臂高呼；
“民主朝鲜独立自主万岁！
斯大林大元帅万岁！
金日成将军万岁！”

这呼声在天空中自由飞翔！
啊，伟大的早晨！

尾声

幸福的光芒
普照大地。

祖国,将变成新时代的乐园,
祖国,正用灿烂的建设成就,
写着她那太阳般光辉的日记。

自由的天地啊!
幸福的祖国啊!

北间岛,一百年,
你,在人们最痛恨的日子中生活过来的
图们江啊!

今天,
你们愉快地
环抱着祖国的群山
奔跑,歌唱!

图们江!
你将绕过开遍无穷花[①]的美丽的山脚,
满载花影,
奔流一百年,
奔流一万年!

北间岛!
多么值得骄傲,
今天,你已经成为神圣的地方。

---

① 即槿花,朝鲜过去的国花。

太阳在祖国的天空光辉地照耀着，
曾在你的身上洒下血迹，
骄傲吧，伟大的地方！

啊，
伟大的太阳
光芒万丈，
照耀着祖国，
祖国，永远光辉！

1947.7.17 脱稿
1954.9.10 改写

（原载于韩明泉著《北间岛》，人民文学出版社，1959 年）

湖畔吟

［日本］金子光晴
李芒 译

在我最幸福的时刻，
你们也要把我置于死地。
——皮耶尔·杜·塞南库尔[①]

我闭上眼睛，
悄悄地逃了出来，避开人声。
逃到这湖水之畔，
连指尖都映染得湛青。

湖畔的风物
是峻峭的结晶，

① 法国小说家，1770—1846 年在世。

火热的青春
奔腾在冰冷的岩石之中。

斑驳的积雪
覆盖着背阴的峻岭；
玫瑰的醇酒
点染着向阳的高峰。

不为匆忙的时间所迫，
如同迟迟不燃的柴火熏着青烟；
太阳在缓缓移动，
宛若晶莹的琼瑶漫步云端。

我来踏破这松林中的雪径，
这里斑鸠正在啼鸣；
避开那丧心病狂的人们，
他们正不分昼夜，孤注一掷推行战争。

仿佛在睡梦中跋涉到此，
我伫立在湖水之畔；
这湖水像个失明的孤客，
冰雪日益封住它的容颜。

要把我这强烈反抗的灵魂，
要把我这怕人看见的诗篇，
埋在清净的死亡——永恒的身边，
埋在冰雪下，等待着春天。

我逃到这里来了，
远离那精神的荒原，
也避开那
野蛮的征敛。

告别那懦弱的朋友，

他已忘记应做的批判；
丢开那令人怀念的房屋，
我曾在那里生活多年。

人类的愚蠢忘掉了人类，
这将使一切人化为灰烬；
我这痛苦的呻吟也出于这个原因，
光明远逝，一片骚乱虚若烟云。

高高的树林摇落雪粉，
枯槁的荻花絮语纷纷。
一泓死水吹着洞箫，
在坚厚的冰雪下发出悲吟。

还有那
黑夜的天空绽开缤纷的星花，
是金镶玉嵌，
一片冷漠的豪华。

1948

（原载于《世界反法西斯文学书系·日本卷2》，重庆出版社，1992年）

黄鱼

[新西兰]路易·艾黎

在中国，如今有一条死规定，
卡车，不论商用还是军用，
都不得捎带外来乘客。绝对不许。
卡车寥寥无几，但人们必须来来去去；
于是，正如锁匠锁不住爱情，
老百姓自有办法，

为需要而创造机会。
因此，有一些人下车步行，
温顺地走过每一道检查站，
再装上去拉走。
给这些人取了个名字："黄鱼。"

在一起当"黄鱼"，特别是
经过一周的旅行和各种遭遇，
会产生一种朋友的感情，
"这象不象你们国家？
你们有没有这样的大山？
象我们这样的农民？"
我极目远望
那祁连山高耸入云的山巅。
在起伏的草丛那边，
从片片沼泽到山顶的白雪，
看那牛羊正悠闲地走动——
是的，水泉子村多么象
从卡瑟罗克过去到五河镇、圆丘[①]
和多风的韦米亚平原的景色！
但这里农民的每个屋舍都是一座碉堡。
在南岛，通常有铁丝网防兔子进入。
在这儿，塔顶上放着石头，
准备投向闯入者；
人与人的斗争更近在身边。
在那里，我们把自己的人送往
利比亚、意大利、希腊，
为拥有各自的农舍
和牛羊的权利而损躯。
人们不禁纳闷，为这些东西战斗牺牲
是否永远必需？

---

① 指新西兰南岛，作者幼年在假期去农场劳动的地方。——译者注

正如西戎、月氏、匈奴、唐古特人①、汉人，
为今天这里的一切抛头颅洒热血。
他们的白骨肥沃了永生的草原，
因而黄羊可以在这里吃草……

车到山口，抛锚了，
冰冷的手指在黑暗中不能把它修复。
于是，我们整夜蹲在卡车上
挤在一起互相取暖，
听着宁夏山上野狼的嚎叫。

天亮了，曙光染红了青海山上的积雪。
饥肠辘辘使脾气一触即发。
“谁是娃娃?”说话的是14岁的小马。
“那你要我叫你什么？老汉?”胖商人反问他。
“不要理我。”年轻人说。
“我爱说就说，小王八蛋。”年长者说。
“洗洗你的臭嘴吧，满嘴脏话。”年轻人回答。
“算了，算了。”大家叫嚷，“别说了。”

于是，不论是高兴，还是抑郁，又静下来了。
重新上了路，
一个女孩子，商人的监护者，年轻漂亮，
有两个人为她动心。
一个学生，一个机械工。
那学生多情善感，为靠近她
和不时地接触感到兴奋。
那年纪大点的人需要更实惠的东西，
望着她如饥似渴。
她佯作不知他在朝着她望，
巧妙地显示她那优雅的风姿。

---

① 唐古特人是元代蒙古人对党项人建立的西夏政权的称呼，后来清代也用以泛称青藏地区及藏族诸部，今蒙古语仍称青藏地区及当地藏族为唐古特。——译者注

后来，到了人群熙攘的城市，
一名官吏带着大堆行李，
他命令“把那箱子放上去。……”
我们遵命抬上去放好。
又发出指示，“不对，放到那上边。”
我们委婉地提醒：“会压坏别的东西……”
大人顿时火冒三丈。
“你们胆敢不听！
我说这车走，就走。说停，就停。
我可不是这司机的‘黄鱼’。
谁再说一句，我就命令你们统统下车！”
叭喳一声碎了，箱子压在了发往国外的茶叶货包上。
一切又恢复了平静。

随着一阵拉档声，我们的车向上坡爬行。
我陷入梦境，不经意地望着
矗立在山顶上那俯视乡村的巨石。
它每年接受农民的顶礼膜拜，
他们带来了神吏的肖像，
跪拜在石刻的无言领袖面前，
这领袖不能来到人们中间，
他直挺挺独自留在那里，
只有秃鹫随意在他身上屙屎。

“你昨晚住在哪家客店？
‘民建’还是‘永昌’？
两家一样都尽是臭虫，你碰上臭虫怎么办？”
“哦，我就在上面一滚，碾死它们，
接着睡我的大觉。”那人回答。

小马，觉察到了那漂亮的姑娘，
和男人们爱慕的眼光，
天真地用清脆的童声

唱起了一首古老的甘肃民歌。

“哦，掀起你的盖头来，
让我看你的脸儿，
嗬，嗬，你的脸儿红又圆啊，
象那秋阳下的苹果一般样，
啊，象那秋阳下的苹果一般样。”

“哦，掀起你的盖头来，
让我看你的眉毛，
嗬，嗬，你的眉毛细又长啊，
象那松针透过太阳光。
啊，象那松针透过太阳光。”

“哦，掀起你的盖头来，
让我看你的眼睛，
嗬，嗬，你的眼睛明又亮啊，
象那水上映着的明太阳，
啊，象那水上映着的明太阳。”

姑娘脸红了，把头低下去，
爱慕者局促不安。
年纪最大的老人怀着对青年人
灵活健壮的手脚的艳羡，
高兴地咯咯大笑。

在狭窄的甘肃河西走廊中央，
在两边的大山[①]之间夹着残留的部分长城；
用土垛成的一道可怜的防护墙。
“这样的墙有什么用？
我们从哪一面打敌人？”学生问，

① 指祁连山和龙首山。——译者注

"蛮子是从北面还是南面的大山和草原过来的?"
"他们从北面来,汉人就到南面防卫。
他们从南面来,我们就到北面去。
但由于这里没有水和粮,
我们通常就让这城墙从任何一面保卫自个,
而我们只呆在家里。"年纪最大的"黄鱼"
这样说,又恢复了他的尊严,
直到被一阵对他老伴的抱怨声所打破。
"我坐的下面是空的,就象坐在一口锅上,
下头又冷又空。"
她安慰说,"把你的屁股抬一抬。"
然后拉下一块卡车苫布填在了空处。
开车的助手不同意。
她轻佻地回答说:"好像这苫布
是你痛得死去活来,从肚子里养出来的。"
他不作声了。一阵哄笑。

"大家在这里下车啦!"
开车的助手怜悯地看着我们。
"这地方! 为什么把我们撂在这里?
这城里都是空房子,蠢头蠢脑的乡下人,
最好把他们都赶走,从上海另外弄点人来。"
一时找不出他听得懂的话
我们说了句,"开玩笑呢!"
于是,铺盖卷递了下来,还有零星的东西。
喇叭不耐烦地响着。
"谢谢!"我们喊。
于是,"黄鱼"们走进了沙尘迷漫的黑风之中,
因为他们必须
走完那通往西部的路程。

(作于20世纪40年代,译文摘自艾黎著、路易·艾黎研究室编译《艾黎自传》,甘肃人民出版社,1987年)

告别

[韩国]卢天命

尹海燕 译

昨天曾给我赞美和鲜花
曾给予如雷掌声的人们
今日或目带藐视或漫不经心地
匆匆走过我眼前

我曾经奉献青春的这片土地
今天却把污水泼洒到我头上

让我去远方 哪怕是孤岛——
让我离开此地吧
即便那艄公与我乡音不同

当我远走高飞
我心爱的书桌会有旧货商来背走
我珍爱的书籍会流落集市

曾经的好友 曾经嫉妒我的人们
大家都举杯吧 你们和我之间
这是最后的离别酒 让我们高高举起吧

所谓的友情 所谓的信义
这些究竟在何处
只管扔给那鼷鼠 让它统统吃掉吧

我的姓名竟成了一切的祸端
我要把它撕成碎片丢进大海
让我远远地离开 去某个僻静的孤岛

转过泪痕斑斑的脸庞
我要远远地离开此地
犬吠的村庄
鸡鸣报晓的农家

多珍重啊
星光灿烂
望得见蓝天
只要那是自由不被禁锢的地方——

（原载于诗集《望星空》，1953 年；译文摘自尹海燕编译《韩国现代名诗选读》，民族出版社，2006 年）

阿妈妮（节选）

［朝鲜］洪淳哲
冰蔚 译

序诗

一

人，来到世界上，
第一次接触到的
祖国的怀抱
是阿妈妮[①]散发着香气的乳房。

人，来到世界上，
第一次听到的
热情的歌唱
是阿妈妮慈爱的催眠曲

① “阿妈妮”是朝鲜语“母亲”。

人，来到世界上，
第一次学到的
智慧的言语
是美丽的“阿妈妮”。

在最欢乐的时候
在最悲痛的时候，
人的心，首先想到的
是阿妈妮。

啊，阿妈妮！
你是欢乐的故乡，爱的故乡，
希望和勇气的源泉，
智慧和良心的温床！

不论什么时候，在哪里
像空气、太阳和水
时刻不离开我们，
那么热情，那么高大，那么宽阔，
阿妈妮，阿妈妮！

阿妈妮的爱，
是永远没有尽头的
牺牲的象征。

阿妈妮的愤怒
像严厉的秋霜
像锋利的刀尖。

二

朝鲜的淳朴的阿妈妮，
童年时侍奉父亲，
长大后伴随丈夫，
年老时跟随着儿子。

阿妈妮穿着粗稀的七格[①]布褂，
穿着六幅白布做的长裙，
她是那样诚恳，
永远燃烧着生命的火焰。

阿妈妮的身心，
时刻遭受着鞭打，
时刻背负着沉重的枷锁
经历了艰难的岁月——
漫长的五千年啊，
都是血的历史！

阿妈妮
千年如一日地带着笑容生活，
压抑着眼泪和叹息，
战斗了过来。

三

在壬辰[②]国难时，
她们毫不吝惜地
割下三尺发辫，
献给祖国。

在弥漫的狼烟里，
在滚烫的沸水中，
朝鲜的刚毅的阿妈妮们，
进行了战斗，挡住了敌人。

在"三·一"[③]的火焰中，

① 朝鲜手织棉布的种类，有七格、九格、十二格等，格数越多布越好，七格、九格都是粗布。
② 十六世纪末日本侵略朝鲜的战争，历史上称为"壬辰倭乱"。
③ 一九一九年朝鲜的一次有名的反日运动。

把亲爱的丈夫
宝贵的儿女
慷慨地送到刺刀前的
也是朝鲜的那些明智的阿妈妮。

阿妈妮的丈夫死在日寇的绞架上，
但是她怀着希望
做了十年洗衣活……
做了十年佣工……

阿妈妮把遗腹子
仅有的独子，
像金童银童①般
尽心地抚养大。

朝鲜的阿妈妮，
当她们把孩子送上艰险的战斗道路时，
满脸带着笑容，
站在秋风吹拂下的山岗上。

阿妈妮穿着粗稀的七格布褂，
穿着六幅白布做成的长裙，
她是那样诚恳，
永远燃烧着生命的火焰。

就这样，阿妈妮度过了“壬辰”，
度过了“甲午”②，
度过了“己未”③……

啊，阿妈妮抚育了，

---

① 朝鲜形容珍贵的孩子为“金童”或“银童”。
② 即一八四八年的“甲午农民战争”。
③ 即一九一九年的“三·一”反日运功。

在长白山的密林中高举抗敌火炬的
朝鲜的优秀儿女，
培育了、保卫了
光辉的爱国传统。

四

我把“祖国”和“阿妈妮”
看做同一个名字，
我把火热的心坎里的歌
献给朝鲜的阿妈妮。

抱着五十斤炸药，
钻到敌人坦克底下去的勇士们，
他们都是
淳朴的阿妈妮的儿子。

用热血沸腾的胸膛，
堵住喷着火的枪口的英雄，
他们都是
淳朴的阿妈妮的儿子。

在三年零一月的血火中，
把故乡无垠的土地耕好，
保卫了蜿蜒曲折的千里运输线，
用无比的力量创造了奇迹的
就是朝鲜的阿妈妮！

啊，生育了伟大人民的
英雄朝鲜的
光荣的阿妈妮！
我呼唤祖国的时候
就是呼唤你，

让我尊敬地
把心坎里的纯洁的歌
献给你，阿妈妮！

第一章

一

越过一座山
又是一座山，
走过了重重叠叠的群山，
又是杉树成荫的山路……

山谷中木兰花像片片云朵，
小河岸上开着淡白色的百合花，
在清风吹送香气的六月的深山中，
啄木鸟、布谷鸟不停地啼叫。

在落叶没膝的山路上。
到处长着蕨薇、蔓藤、菟竹、女儿花；
在拳骨般坎坷不平的山路上，
每走一步，都有泥土的芬芳扑进鼻孔。

穿着白衣的阿妈妮到哪儿去呢？
她在清凉如洗的绿荫中走着，
她沿着山腰转弯抹角地走着，
她的袖子染上了草绿。

阿妈妮好像没有看见野花和绿荫，
只是匆匆地奔走在山路上；
阿妈妮好像没有听见布谷鸟的啼叫，
上上下下，一刻不停地奔走着。

二

这里，是兴山沟，
人们把这个偏僻的山村叫做天边上的村子，
阿妈妮晌午从这高峰上的山村动身去水洞，
在天黑之前，她一定要赶完
没有人烟的一百二十里路程。

越过一座山
又是一座山，
走过了重重叠叠的群山，
又是杉树成荫的山路……

夏至开头长长的白昼，
为什么现在是这么短？
一步紧接一步，不停地赶路，
阿妈妮为什么这样匆忙？

路过山巅上的城隍庙
阿妈妮也没有休息，
她飞也似地走着，
太阳，渐渐落到马息岭后面去，

要走的路还很远很远，
峡谷的夕阳落得非常快；
就是这个阿妈妮，她曾再三地忍耐着
生活了六十年。

唉！
什么时候
她也没有像现在这样焦躁，
这样着急。

她左手拄着一根树枝，
右手解下头上的九格白布汗巾，
擦着额上一颗颗的汗水，
苍白的头发比云朵还白。

阿妈妮
仁慈的眼睛里，
喷着火焰……
喷着火焰……

三

十次，二十次……
阿妈妮仔细地反覆地看着，
反复地看着
兴山沟十字路口告示牌上的惊人的词句：

我们勇敢的人民军
打退了敌人的进犯
已经越过三八线
向南进军……

浓雾笼罩着六月的清晨，
三八线上响起了敌人的炮声，
炮声震破了和平的日子，
传到偏僻的山村——兴山沟。

领袖的号召像展翅飞翔的鸟，
飞向朝鲜的各个角落，
敲着每一家的门，
震动着每个人的心。

阿妈妮九格布褂的襟下
燃起了火焰。

这火焰，
是在壬辰年的阿妈妮留下的热灰里燃起的
抵御敌人的战斗火焰。

阿妈妮的眼睛里
也燃起了火焰。
这火焰，
是在雪夜中把儿子送往长白山森林的
朝鲜的阿妈妮眼睛里曾经熄灭了的火焰。

这是对
妄图践踏开遍鲜花的
我的祖国的美丽生活的敌人
所燃起的
憎恨的火焰，
愤怒的火焰！

“八·一五”
使她摆脱了
没有一寸贫瘠的土地、受尽压榨的
沉重而痛苦的日子，
使她摆脱了连糠皮都被掠光的
受尽凌辱的活地狱。

这是真还是梦？——
泥土的芬芳阵阵袭来；
得到了黑油油的肥沃土地；
又处处高唱着新生的颂歌……

在党和领袖的爱护下，
一望无际的广阔土地上
荡漾着谁也休想夺走的
永远幸福的歌。

四

翻过一座岭，又是一座岭，
转过一个弯，又是一个弯，
阿妈妮在长满杉树和白桦的山路上
飞速地走着，要上哪儿去？

为了把忠诚的儿子——哲洙
送到三千里江山的一个地方
——已不是长白山密林——
金日成元帅召唤的祖国前哨，
她要走向哲洙等待着她的家。

为了把儿子哲洙
送到大邱、釜山和南海
送到祖国召唤的光荣的战场，
阿妈妮连夜在险峻的山路上飞速地走着。

阿妈妮，
了解儿子的想法，
了解哲洙的心情，
像了解自己的手纹那样清楚。

银波山[①]战斗中的勇猛战士——哲洙
负伤退伍，
成了他的终身之恨。

他一定会焦急、苦闷，
今天祖国面临着暴风雨，
他又怎能不重返部队，
——这孩子一定要去的……

① 朝鲜解放以后，韩国军队屡次侵犯三八线以北的银波山，均被击退。

好，去吧，快去吧，
虽然你的身体还没有复元。
你的父亲，你的哥哥，也都这样做过，
朝鲜的男儿决不会被疾病征服。

缠在腰间的小包袱
不时地散发药味，
苍术、茯苓、芍药、桔梗……
药味，像散发自阿妈妮的心里。

阿妈妮，
怀着对儿子的热爱，
为了给哲洙弄药
越过崇山峻岭，前往兴山沟亲家家去，
生药的气味不时从她身上散发出来。

五

晌午从天边的村子动身，
走过了五十里没有人烟的路程，
她还要不停地走下去，
这是碑石里，再走就是酒幕里。

阿妈妮喘着气，
两腿不住地发颤，
现在，
她要越过朝皑岭。

朝皑岭是群峰中的高峰
上坡三十里，下坡三十里，
黑压压地高耸入云，
任什么鸟飞过也得歇几次脚。

连小伙子在夜晚也翻不过这座山，
连白天也没有人敢单独翻过这座山，
但在这阴沉沉的黑夜，
阿妈妮却要单身地越过去！

六

起雾了，
朝皑岭深幽的峡谷中
静静地
弥漫着夜雾。

雾，流到树林里，
顺着树干上升；
钻进路人的衣襟，
沾湿路人的袖口。

山高谷深，
世界上的寂静仿佛全都集聚在这里，
峡谷像水底一样寂静，
雾，带着水珠弥漫着，
黄昏不声不响地飘来。

峡谷的黄昏是不羁的旅客，
无声无息地又飘走了，
夜，迅速地袭来，
漆黑的夜，侵袭过来了。

辽阔的夜，深不可测的夜，怕人的夜，
霎时掩没了朝皑岭，
掩没了酒幕里和峡谷，
掩没了山径和路人。

但是，
它却不能掩没
白衣的阿妈妮的脚步声。

啊，黑夜不能掩没为了把儿子送到前线
而急急赶路的阿妈妮的脚步声，
更不能掩没
她眼里的火焰。

在咫尺难辨的艰险的黑夜，
峻岭的路，贴着胸口向上延伸，
脚下的深渊张着口，
阿妈妮的脚步没有停留。

困难越多，就越加镇定，
这是朝鲜的阿妈妮的坚强性格，
她勇敢地冲破了六十年的艰苦岁月，
现在又怀着这颗心，冲上了险峻崎岖的山路。

头顶上是一片树林，
星光暗淡，
肩着沉重的雾，
越过这段崎岖的山路……

阿妈妮的思绪
飞向了久远的年代，
飞向了
对面不见人的大雪。

热爱阿妈妮的朝鲜的儿女们，
请你们暂时到朝皑岭来吧，
看望这走在沉寂的夜路上的阿妈妮，
倾听她那过去的故事……

七

……这是朝鲜的一个边缘，
是通向三水和甲山的路。
盖满白雪的崇山峻岭，
像屏风似地围在左右。

头顶上的天空
像轻飘的衣带，
冰冷的雪花
疯狂地向着封冰的虚川江倾泻。

在路人该敛住脚步的傍晚，
一个面色憔瘁[悴]的女人，
搀着个流鼻涕的孩子，背着个三岁的孩子，
顺着通向甲山的路
一步一步地跨向北方。

“阿妈，冷……”
“这就到了。”
“骗我”
孩子不相信妈妈的话。

转过那个山头就到了……
翻过那座山岭就到了……
这样哄着走了几百里路，
孩子怎么还会相信妈！

是眼圈发热
还是雪花遮住了视线？
过了虚川江就可以望到的甲山，
怎么永远也望不见？

刺骨的寒风
顺着江岸袭来，转过山头袭来，
像不让他们到这里来似的，
顶住他们的胸口。

祖国三千里肥沃的土地，
那样宽广，
为什么竟没有她的容身地？

这个孤独的妇女的漫长的旅途上，
寒风怒吼，
伸手不见五指，
好大的雪啊！

八

头上顶着包裹，
搀着一个孩子，背着一个孩子，
拖着刚刚满月的沉重的身子，
忍着饥饿，走了几百里……

她不断地向前弯下腰去，
一步一颠，
天昏地暗。

“阿妈，我饿！”
“好孩子，到家就吃饭。”
“骗我！”
“不，今天是真的。”

“家怎么在这里？端川才是……
妈，咱们回端川吧……”
孩子也在怀念自己的家乡，
一步一句地吵着要回去。

九

啊，乌烟瘴气的世界，
为了找寻躲在甲山木屋中的丈夫，
她跨过多少条江
翻过多少座山啊！

隐匿在世界上的丈夫——
爱国志士达植——“祖国光复会”[①]的斗士来信说
要在甲山等她，
她冒着大雪走了一千里。

哪怕耳边的头发脱落，
哪怕乌黑的头发变成白丝！
那“青丝”“红丝”和“金丝”——
忠实的丈夫和她订情时的礼物，
却一刻也没有离开过她的身边。

啊，她心中时常想念着他，
想念着他丘陵似的宽厚的胸膛，
把身心交给他
已经十五年了。

像一年一次
在天河上相会的
牛郎织女的悲凉的传说，
比相会更多的日子是别离。

在细雨霏霏的春天的黄昏，
在落叶叩打着窗户的秋夜，
她怀着一颗

① 金日成同志在长白山一带领导抗日游击队时所组织的抗日统一战线组织。

盼望的心。

一天天过去，
独守空房的日子
不知道多少岁月，
而今天，她就要进入他的怀抱，
就要和他生活在一起了……

在严寒彻骨的大雪中，
妻子，像一个处女，
双颊泛起了红晕，
心啊，在嘭嘭直跳。

一〇

雪笼罩着黄昏，雪花落在她身上，
她走过甲山仅有的一条街，
找到了他说过的那座山脚下的木屋，
用颤抖的手拉起门环。

长久离别的怀念，
几百里风雪路途的辛劳……
她忽然心花开放，
眼睛里射出了兴奋的光芒。

她感到她好像正在拥抱着他，
拥抱着
丈夫
拥抱着
孩子的阿爸吉[①]。

① 朝鲜语“父亲”。

在闪闪的灯光下，
站着健壮、高大的身躯，
用粗圆的嗓门说：
“苦了你们了！”
这句话温暖了她的心……

啊，这一刹那，
多么宝贵啊！
在千里风雪的路上，
她心里正是这样想望着啊！

朝鲜的志士们的道路，
是多么崎岖，多么曲折；
志士们妻子的道路，
又是多么艰险！

“甲山工作委员会”[①]地下工作人员达植，
已经肩负着重大的任务离开了这里，
只有一封信，
等候着妻子。

啊，盼望的山峰倒塌了，
脚下的土地陷下去了，
那无时无刻不在荆棘中生活的
十五年的酸楚涌上了心头……

这一刹那，
这一刹那，
肩头多么沉重，
胸口多么疼痛！

---

① 金日成同志在抗日时期所领导的主要地下工作组织之一。

妻子没有哭，
因为哭泣不能消除痛苦；
妻子没有倒下，
因为这不是倒下的时候，
这不是倒下的地方！

如果倒下，
日本鬼子的
铁蹄就会践踏
她的头颅、四肢和胸脯……

妻子咬着嘴唇站了起来。
在饥饿和迫害中度过半生的女人，
忍着饥饿冒着风雪走了千里路程，
不必问这股劲儿是哪里来的！

朝鲜的妇女，
一直是这样生活过来的；
这个国家的妇女，
已经这样战斗了一千年。

看，她眼睛里喷出的火焰，
是憎恨敌人的火焰，
是比刀锋还锐利的愤怒的火焰！

这火焰，
又是献给祖国和丈夫的
忠诚的火焰，爱情的火焰！

妻子，
跟着爱国志士达植——她的丈夫，
度过十五年残酷的日子，

学会了爱和恨，
学会
“革命者的妻子”应当做的重大的事……

忍受下去，为了祖国，
忍受下去，为了孩子，
忍受下去，为了我这无情的丈夫，
只有忍受，才能坚强！

这不只是信，也是丈夫的呼声，
妻子在北国大雪纷飞、狂风怒号的
夜窗下
仔细地诵读着这封信。

——是的，我要忍受，按照你的话……
——我要坚强，像你所教导的那样……
妻子再次地宣誓，
就在这读信的一刹那……

妻子的心像炸裂开来，
泪水冲出了眼眶，
她哭了，哭了一夜
可是，
这并不是悲伤的眼泪！

一一

风雪在呼啸，
这是这个国家的志士们的怒吼，
这是这个国家的妻子们
勇敢地经受生活的考验！

从这天起，

又过了几年。
妻子的心中
仍在不时地回荡着丈夫的话。

险峻的绵延的山脉——
梅德峰……遮日峰……
巍峨的山峰，
一年四季覆盖着白雪。

祖国的江山啊，
你抚育了
多么坚强而美丽的
朝鲜的心！

在艰险的日子里，
在荆棘般的刺人的“盯梢”下，
为了美好的未来，
她偷偷地读着丈夫的信。

耕种着随着流水的冲刷而变窄的田，
耕种着容易磨坏锄尖的瘠地，
艰苦的佃农生活，
麦皮粥充饥的日子，
这些
全都是为了美好的未来。

虚川江封上了厚厚的冰，
不顾十指冻掉，
她在江上替人家洗衣，
这，
也是为了美好的未来。

她翘望着丈夫从监狱中出来，
丈夫的脚把监狱门槛都磨光了[①]，
她那一颗赤诚的心啊，
时时惊恐地望着铁窗。

像家兔咬掉自己胸前的毛去暖着小兔，
她那一颗慈爱的心
抚育着三个孩子——永洙、哲洙、仁顺——三兄妹，
从来没有疏忽过。

像在暖窝中成长的雏鸡，
孩子们一天天长大，
外村和本村家家户户的孩子
死于麻疹和天花，
而他们却像坚硬的宝石，
在溶化的雪水中洗脚，
茁壮地成长了起来。

孩子，
过了十岁，
他就不再跟在别人后面玩了，
和小朋友玩耍的时候，
他做队长
领着他们排成队，在街巷中跑步。

他们高声呼喊着：
“朝鲜独立万岁，万岁！”
“杀，杀！”奔向田野。

邻家小东[②]他奶奶

---

① 表示丈夫经常被捕入狱。
② 原文是“孪生子”，这里是译音。

吓得打开正在做晚饭的厨房的门，
拿着烧火棍跑了出来，
喊道：
“天杀的，警察来啦！”

但是，
阿妈妮轻轻地笑着，心里说：
“他们说出了不能说的话！”

烧火棍赶上去了，
阿妈妮自言自语地说：
“枪刀都压不下去，
一根烧火棍又怎能压得下……”

一二

在雪花中挺立着的花朵
映入阿妈妮的眼帘，
她并不满足于孩子们的聪颖，
——应当把祖国的花朵、祖国的栋梁
抚育成酷爱自由、坚强而英勇的人！

“慈母严父”，
阿妈妮对孩子
从未责骂过，
也从未喋喋不休地教训。

阿妈妮只是以身作则，
用行动教诲，
感染着孩子，
引导着孩子。

可是，阿妈妮曾

狠狠地沉痛地责备了一次永洙，
冰冷的表情，比那年的小寒还冷，
比笞杖还厉害。

阿妈妮患了重感冒，躺在炕上，
浑身发烧，不断呻吟，
永洙忽然从学校回来，
在厨房里弄得锅盆叮当直响。

一会儿，
永洙两手捧着一碗
热气腾腾的药走了进来，
放在阿妈妮枕边：
“阿妈，吃药吧。”

阿妈妮抬起头，
看着永洙和盛药的碗，
忽然坐了起来，
披上衣服。

看到阿妈妮气势汹汹的样子，
年幼的永洙不知所措地站起来，
阿妈妮把孩子拉到膝前，看着他的脸，
用严厉的口吻责问他。

“永洙，哪里来的药？”
“我自己弄来的。”
“哪里来的钱？”
永洙默默地不再说一句话。

阿妈妮慢慢站了起来，
“永洙，快告诉我，你……”

“阿妈妮，阿妈妮，不是……”
“……”

“您不要怪我……”
“好，告诉我，哪里来的钱？”
“我把昨天和今天打来的柴……”
阿妈妮愣了一阵。

“咳！孩子，你真……
对，这才是阿爸吉的好儿子……”
阿妈妮哭了，永洙也抽噎起来，
阿妈妮把永洙的头搂过来，
抱在怀中，
母子抱头痛哭。

“你不能耽误上学……”
阿妈妮挪动脚步，
走进厨房，
深深叹了一口气……

一三

阿妈妮把永洙抚养成了一个
诚实的、勇敢的青年，
他禀性刚毅，眉目清秀，
多么像阿妈妮！

噩耗越来越多，
他听到
阿爸吉被关进监狱的消息，
年轻的心激荡着爱国的血。

这血里，

掺有洪范图[①]独立军义兵们的血，
他们从前曾带着火种
在人们的心中燃起战斗的火焰。

永洙的心
被这个国家的无数先烈
在祖国土地上流下的热血的波浪冲击着；
他心里有
染红了长白山森林的
传统的爱国的脉搏在跳动。

阿妈妮听到他的心在跳，
就像农夫在秋夜中
听到熟透了的庄稼的叶子声，
和稻子的摇摆声。

阿妈妮的心里油然生起无限的爱，
——这是多么正直的爱！
但是，阿妈妮又开始担心，
——孩子将要走上艰险的道路……

在大雪纷飞的一个夜晚，
阿妈妮忽然睁开眼睛。
她看到
打开房门进来的儿子
神情坚毅，目光炯炯。

从前丈夫达植的姿态就是这样，
体魄是那么魁梧，肌肉总是高高鼓起，
但是，阿妈妮的心又是多么紧张——

---

① 一九〇五年日寇强迫朝鲜签订“保护条约”以后，在咸镜道一带领导人民起义（即义兵）进行武装斗争的平民出身的领袖。

孩子走上了艰险的道路……

半夜三更，
整个世界都静静地睡了，
阿妈妮忽然醒来，
在黑暗中仔细倾听，
应有的呼吸声分明没有了。

兄妹三人的面貌不同，
性格不同，呼吸声也不同，
是的，永洙的均匀的呼吸声没有了，
——孩子走上了艰险的道路……

深秋的一天，
阿妈妮清早出去淘米，
她在门前的小溪边
知道了一切。

朝霞映照下的水面
漂浮着煤油，
阿妈妮把视线转向溪流上游的山凹处，
那儿有一个青年在洗手。

咦，那不是我的孩子永洙?!
他去撒了传单!
阿妈妮的眼睛亮了，
但是她装作没有看见他，独自回了家。

过了秋天
阿妈妮到遥远的咸兴监狱探望丈夫达植回来，
怀着兴奋的心情
和永洙对着火盆坐着。

"这回可有脸见你阿爸吉了。"
"怎么?"
"他高兴得流出了眼泪。"
"为什么?"

"我说你做了'煤油商'"
"怎么,'煤油商'?"
"你阿爸吉说——
'煤油商'就是印传单的朋友……"

永洙突然用手紧了一下衣襟:
"阿妈妮怎么知道?"
"孩子做的事
阿妈妮怎会不知道!"

"阿妈妮,那么……"
"对,孩子,
我不能阻拦你走这条路,可是要小心……"
儿子一下抓住了阿妈妮的手。

一会儿阿妈妮又笑起来,
笑声震动了屋子:
"什么时候给阿妈带个媳妇来?"
儿子第一次听到阿妈妮这句话。

看着不知所措的孩子,阿妈妮又说:
"我现在
多么想抱孙子……"
儿子第一次听到阿妈妮这句话。

看着脸红的孩子,阿妈妮又说:

"北青家[1]的顺伊怎么样?"
永洙像姑娘似的,
脸上一阵阵发烧。

"没有出息,
在阿妈面前害什么羞,
阿爸吉听到你的回答也会高兴的。"
啊,即使像猛虎一样勇,也说不出这种话!

房门吱吱响起来,
顺伊走进来,像月亮照进黑洞洞的屋子,
她问候阿妈妮在路上可平安,
但是"鸽子的心在豆田"[2]。

阿妈妮了解青年人的心,
像了解她自己的手纹,
"我出去一趟。"
她轻轻打开门走了出去……

一四

永洙将来是丈夫,
顺伊将来是妻子,
在饥寒交迫中,
他们成长在真挚、温暖的爱情里。

但是,这个国家
一切为了儿女的阿妈妮的心,
却像睡在寒冷的冰上,
从来也不得片刻安静。

---

① 朝鲜习惯以地名称呼人,如某一家原籍在北青,那么这家就叫北青家。
② "醉翁之意不在酒"的意思。

在大陆上，在太平洋上，
不停地玩火的日本鬼子，
现在把火烧到自己身上去了，
火，越烧越大，快把它自己烧毁了。

鬼子强迫人们缴纳葡萄蔓、葛根、松结和铜器，
发出“征兵”“征用”“报国队”等通知，
要抓走阿妈妮心爱的儿女。

这里是大雪纷飞的甲山街，
在这连小狗都不敢出来的深夜，
每个角落里，每条胡同里，
都有夜猫一样的眼睛。

在鬼子打枪的
漆黑的夜里，
一个人，
闪电般地跑过大路。

忽然出现的人影，
忽然又消失了，
电杆上，告示牌上，玻璃窗上，
出现了标语。

——日寇快要灭亡了！
——反对“征兵”！
——反对“征用”和“报国队”！
——反对“供出”①！

这时，在一间朔风吹打着窗纸的木屋里，
阿妈妮和顺伊围坐在火炉旁，

① 即强征粮食。

烧着红色的“征兵”通知，
等候着永洙回来。

在燃烧着的“征兵”通知上，
“大日本帝国”一字字地
烧毁，
一节节地掉到了地下。

村里的雄鸡刚刚叫过第一声，
永洙满头满肩披着雪花
回来了：
“阿妈妮，我……要走了！”

“你还能活着回来吗？”
“阿妈妮，我一定会回来的。”
“你要到什么地方去？”
“到金队长的游击队战斗的长白山……”
“好，去的对！”

借着火光，他望了一下熟睡的哲洙和仁顺，
他抓住在梦中也想念的
新婚的妻子——顺伊的手。

“一切都是鬼子的罪恶，
你好好照看阿妈妮吧。”
“你不要挂念家，
好好保重身体……”

永洙惆怅的心好似受着鞭打，
一只手提着轻便的包袱，
跨出了门，
啊，雪花正疯狂地飞下。

从前，丈夫是从这间木屋走的，
现在，儿子也从这间木屋走了，
这间木屋显得多么空洞，
显得多么冷清！

沉默，沉默，
无限的沉默压在肩头，
阿妈妮，儿媳妇，
失魂似的呆呆坐着。

突然，
哨子声，枪声，
震裂了落雪的天空，
冲破了黑夜。

“妈呀！”
顺伊感到眼前发黑，
心里像吊桶似的，
紧张地瞪着眼睛，脸色苍白。

“不会的，孩子，
永洙不会没有办法！”
相信儿子如相信泰山一样，
阿妈妮镇定地说。

“他大概早已攀上后山了，
这响声是街里的，
是鬼子发现了标语，
惊慌得像见了稻草人而狂吠的狗……”

“把灯熄了。”
阿妈妮躺下了，儿媳妇也躺下了，

漆黑的夜，令人心焦的夜，
永洙的脚步声和呼吸声
仿佛就响在她们面前。

阿妈妮倾听着
儿媳无声地流着的眼泪滴下的声音；
在很久以前，丈夫离开的那一天，
阿妈妮也曾这样哭过。

哭吧，纵情地哭吧，
哭，会使你轻松些，
可是，为了祖国，为了丈夫，
你要忍受，忍受！

为了你腹中的宝贵的生命，
为了光明的未来，
你要忍受，
忍受
就是坚强！

一五

第二天，雪下得小些了，
矮个子跛脚的警察局长
和区长、征兵科长
一拐一拐地走上木屋前的土坡。

“一定是永洙这家伙干的！”
“对，准是他！”
征兵科长哼着鼻子说：
“这回可是罐中之鼠，跑不了他！”

“当然，嘿嘿！”

他们狂言乱语地讲着，
打开了木屋的门，
门，吱嘎嘎地响了一声。

“咦，空的。”
他们咧着嘴说。
屋里有一只小老鼠，见他们进来
吓得钻进了老鼠洞……

“捉！”
区长的耳朵挨了一拳，
征兵科长
赶到老鼠洞旁。

一六

这时候，这个国家刚强而明智的阿妈妮
叫哲洙、仁顺走在前面，
叫儿媳走在后面，
沙沙地踏着雪越过火蚁岭。

大雪呀，这个国家的大军呀，
更猛地下吧，
好掩盖起阿妈妮一家的足迹，
好挡住矮个子跛脚的追击！

听说丰山长土豆，
他们便去烧山开火田[①]，
筑起木屋避风雨，
这时候，儿媳也添了喜。

---

① 在山上用火烧野草开垦出的田叫“火田”。

他们等待着
父亲出狱，永洙回来，
等待着光明的日子，
金队长的游击队正在战斗——
那是多么大的希望！

寒风吹着，
丰山的风为什么这般辛辣，
有多少人呼吸着
这比火田的灰还辣的空气！

一切都没有着落，
田地，生活，
人的心，
都是这样。

但是，有一种东西是坚实的，
这就是——
阿妈妮等候达植的心，
顺伊等候永洙的心，
相信光明的未来的妻子们的心。

阿妈妮的心总是难过的，
但使她最难过、最伤心的
是丈夫——达植死在狱中的消息。

头上的日月暗淡了，
眼前的世界变得一片模糊……
这个国家的阿妈妮啊，
心中永远留下了一条巨大的伤痕！

可是，为了永洙、哲洙和仁顺，

为了儿媳和孙子，
为了幸福，为了光辉灿烂的未来，
为了死在狱中的丈夫——达植，
为了母爱，为了妻子对丈夫的爱，
她应当越过这个悲伤的难关……

阿妈妮的
回忆，
逐渐消失了……

一七

银白色的天河挂在头上，
天河，现在已经不是

翻越火蚁岭的流浪的妻子们流泪时望着的天河了，
这是挂在朝皑岭上——共和国天空上的天河！

为了把儿子哲洙送上前线，
阿妈妮连夜翻越六十里路程的朝皑岭，
头上的天河，
是永远闪耀着希望的天河！

越过了一不小心就会滚下去的悬崖，
又安全地爬过了
这个国家的古代义兵们
躲在后面战斗的巨岩，
现在，雾已弥漫在脚下。

祖国的江山——覆盖着绫罗绸缎的锦绣江山，
千里雾气仿佛给它蒙上了一层白纱，
深山中的歌手——百灵鸟在歌唱，
远山的峰顶上现出了曙光，
阿妈妮的心中也现出了曙光。

第二章

一

在朝鲜的北方，
有无数的山岭，
越过一座
又是一座。

越过重叠的群山，
是杉树成荫的山路，
阿妈妮连夜走过
一百二十里的无人区。

这里是獐岭
最后的一座山，
阿妈妮在这里送走了
第二天的落日。

二

布谷鸟到处啼叫，
阿妈妮走上
开遍木兰花的山岭，
停了下来。

啊，我心爱的村庄，
像装饰起来的新娘的卧房，
到处都是
一片新气象。

在贫瘠的田地上劳作的
旧日的苦难生活哪里去了？
留有叹息和泪痕的

巴掌大的木屋哪里去了？

长满翠绿松树的山麓向南伸延，
瓦房、高大的草房一幢接着一幢，
从新建的学校的玻璃窗口
传来凤仙花实蹦开般明朗的笑声。

白色的公路
和虚川江曲折的清流一起伸延，
田里的水渠像一条条的血管，
稻田，像草绿色的锦缎。

向北，越过梅德岭，
向南，越过遮日峰，
高压电塔流着闪闪的电流，
像农民的意志，奔向兴南①。

想到没能看到光明的今天的丈夫，
阿妈妮的眼眶中噙着泪水，
这忍受了六十年的妻子的泪啊，
是不是可以纵情地流？

不是的，阿妈妮没有哭，
她的眼里没有泪，只有火焰——
憎恨妄图践踏这块美丽土地的敌人的火焰。
在燃烧！

阿妈妮安心地坐到草地上。
连夜走了很长的山路，
现在不用着急了，
因为阿妈妮知道哲洙已经走了。

---

① 在朝鲜东海岸，是朝鲜有名的工业区。

刚刚登上獐岭的山脊，
阿妈妮的眼睛就到处寻找哲洙，
孩子应当在的地方——
稻田、旱田、庭院中都没有。

儿子如果在家，怎能闲着？
他有着永不停歇地劳动的性格，
总是一个人干三个人的活，
尽量不叫阿妈妮和嫂子多受累。

阿妈妮清楚地知道
像烧火棍不在灶边——
作饭的时候儿媳不在厨房，
独自蹲在豆田中，
分明是哲洙走了的缘故！

怀着热爱祖国的
赤诚的、骄傲的青春，
他不愧是阿爸吉的好儿子，
哥哥的好兄弟。

孩子，你在奔向前线的道路时，
同着和你一样怀着忠诚的心的人们
像波涛般前进时，
将会遇到峻岭和水火。

三

阿妈妮先到里委员会，
在那里仔细听完
关于哲洙今天早上离家的事，
怀着一颗火热的心回到家里。

她是多么喜欢听哲洙留下的话，
听十次也听不厌；
哲洙的雄壮的、勇敢的、朝气勃勃的身影
矗立在她的面前……

阿妈妮的心放宽了，
她忘记了走过一夜的山路，
又拿起锄头走到田里，
蹲在土豆的行垅中。

在田垅中衰老的阿妈妮
一拿起锄头，弯着的腰就立刻直起来，
翻起来的泥土气息冲进她的胸房，
她的心乐得开了花。

这里是阿妈妮的战线，
锄掉狼尾草，
拔掉马齿苋……
动作飞快，
把田垅锄得像舐过、洗过一样干净。

赶上儿媳，和儿媳并排前进，
锄头上下飞舞，越锄越快，
儿媳停下手来，
惊奇地望着阿妈妮。

阿妈妮把草堆到一起，
又动手锄起来，
边锄边走，
向前进。

越锄越少，
狼尾草、马齿苋……

把田垅锄得像舐过、洗过一样干净。
儿媳睁大眼睛望着阿妈妮。

“啦啦啦，啦啦啦，奶奶好快哟……”
放学回来的吉男——
宝贝的孙儿嘲弄的歌声
惊醒了祖母。

四

从东海海边
到黄海的丘陵，
像伸展开来的
钢铁的翅膀。

战线不停地
向南方移动，
自由的土地，欢乐的土地，
越来越广。

前方沸腾着，
后方沸腾着，
把儿子送上前线的
阿妈妮们的心沸腾着。

在沸腾着的水洞村，
幽静黄昏降临了，
虚川江上升起薄雾，
阿妈妮停下手，直起了腰。

她从井里打出一桶水，
轻轻地洗净一天的汗水，
换下沾上泥土的衣服，

端坐到收音机旁。

司令部的报道，前线的报道，
像干旱的土壤吸收着水分，
像温柔的女学生在课堂听讲，
每一句话她都不肯放过。

不知什么时候吉男已坐在祖母的膝上，
阿妈妮的家，有人叫它是
“甲山家广播电台”，
因为，阿妈妮是很好的广播员。

东豆川！
德亭！
议政府！
汉城！

啊，这里面有
我儿子哲洙的功劳！
阿妈妮像长高了，
阿妈妮的心更畅亮了。

她从哲洙的书桌里
拿出地图，把它翻开：
这儿是议政府，这儿是汉城，
和儿媳对面坐着，在熟习祖国的地理。

阿妈妮的心已经飞向前线，
飞到哲洙身旁，
和战线一道南移，
冲开炮火前进。

阿妈妮的心不能平静，

她走向民主宣传室。
在这里，前线传来的消息像盛开的花朵。
人们多么喜爱它！

阿妈妮的心不能平静，
她要把解放了哪些地方的消息
告诉
明川家、北青家、马实家……

阿妈妮的心仍然没能平静，
她又从篓子里拿出
哲洙临走时写的信，
再一次阅读起来。

　　我要走的道路，
　　是阿爸吉走过的道路，
　　是哥哥走着的道路，
　　我一定会胜利回来的……

是的，现在
通向这个国家南方去的道路，
就是丈夫用鲜血开辟出来的道路，
就是永洙所走的道路。

现在，哲洙冲开炮火
奔向这条道路；
啊，激动着她的前线，
她也恨不得握紧拳头冲上去。

五

遮日峰上现出白光，
阿妈妮早已在满是露水的土豆田里

愉快地进行了突击——
锄完了两块地，
露水沾湿了她的衣袖。

在家里收拾好东西，
随后赶来的儿媳顺伊，
不声不响地锄起旁边的田垄。

“孩子，你可以到水田里去了。”
“没有什么，这儿的活比那里多，
土豆棵子快掉花了……”
“这块地今天太阳下山以前锄完就行，
我一个人可以锄完，你到水田去吧。”

儿媳没有离开，
因为再加两个人也很难锄完，
但是，即便遮日峰倒塌，
阿妈妮说出的话也不会改变。

阿妈妮每说一句话，
总要反复思量，绝不虚发。
儿媳想到这里，
便拿起除草机走向水田。

六

阿妈妮昨夜坐在炕上，
独自算着算术，
——我们家一天三个工，
一个月九十个工。

哲洙走了以后是六十个工，
要补上三十个工，

一天就要一人做一个半工，
只有这样才能补上。

日子一天天过去了
阿妈妮计算这几天的活，
没有一天做出过一个半工——仍然是一个，
多么糟糕！

不只我们家这样，
全村这样，全国这样，
出去的人留下的活应当补上，
怎么办？

可是，一个半工也不够，
还有支援前线的人力动员——
虽然军属家
可以得到一些照顾。

不能这样。
人民军金哲洙的阿妈妮
不能坐等国家的照顾，
不能安逸地生活！

明天，要把一个工变成两个，
这样，才是人民军的阿妈妮！
古时候——壬辰国难，
不是连乌黑的头发都割下来献给了国家？！

阿妈妮算完这样的算题，
站到领袖像前：
“明天，
我要做两个人的活！”

土豆田是阿妈妮的前线，
一片田地——二十条长垅，
这是今天的战斗目标，
要在太阳下山前锄完。

锄把粗硬，
阿妈妮的手，
起了多少泡！
可是，阿妈妮不管这些，不停地前进。

“哎呀，你这老婆婆，
怎么露水还没干就下地……”
走向水田的北青家奶奶
惊奇地说着，走过地头。
“人手不够，就得多花些时间！”

长长的田垄像一条长蛇，
阿妈妮刚锄到第二道垅头，
太阳就爬上了遮日峰，
——太阳下山前哪能锄完？

阿妈妮心中火起，
“这些恶草活像美国强盗，
这么高！”
她把恶草连头带根，猛地拔出来。

阿妈妮如飞似地前进，
在第二垅的尽头伸了伸腰，
细麻褂子已粘在背上，
眼前冒着金星，腰身像要断掉……

“我们是钢铁的朝鲜人民军……”

吉男唱着在课堂里学到的歌走向学校，
“奶奶，我上学去了！”
“噢，好，钢铁的人民军战士，
消灭了鬼子再回来！”

阿妈妮举着锄头送走了孙儿，
遥望着虚川江畔的稻田；
驾着除草机的儿媳，
冲开大地上升起的热气，
像在烟硝中前进的战士。

顺着虚川江岸
从北向南伸延的公路上——
在这通向前线的公路上，
响起了汽车声、牛车声。

就在这时候，
大概我的勇敢的哲洙，
正摇着军旗，
冲向炮火纷飞的××高地。

七月的太阳照在头顶，
大地也热得呼呼喘息，
阿妈妮动一下就热得喘不过气，
但是一刻也没停止锄地。

虚川江畔的杨柳林中
升起了清凉的薄雾，
在彩画般的暮色里，
阿妈妮战斗的前线升起了胜利的红旗。

黄昏，渐渐遮掩住土豆株，

二十垅田地，锄得多么松软而干净！
像阿妈妮的笑脸一样的土豆花，
被虚川江上送来的清风吹得摆荡不停。

一天做两天的活！
这是阿妈妮的口号，
这是阿妈妮的誓言，
不，这已变成阿妈妮的喜悦！

阿妈妮安心地擦着
劳动了一天的汗，
走到领袖面前：
“今天，我已经履行了誓言。”

七

可是，这喜悦
不仅是阿妈妮的喜悦，
——一天做两天的活，
这个口号传出去了。

一家传一家，
一心传一心，
传遍了全村，
传遍了全郡。

“我年纪虽大，也要这样！”
明川家奶奶也拿起了锄头；
“我虽有病，也可以做！”
四越家阿妈妮从病榻上爬了起来。

“孩子都上了前线，
地怎么种得了？”

以前坐在家里说这样话的赵家婆婆
也下了地。

村子里开会，
奶奶、儿媳、姑娘们都说：
“向甲山家阿妈妮学习，
一天做两天的活！”

（原载于洪淳哲《阿妈妮》，作家出版社，1956 年）

漂流

[日本]秋谷丰
李芒 译

舰队在暴风雨之夜出击，
犹如朵朵壮美的焰火。
鱼雷击中了肚子，
掀起一片黑色的狂波；
喷出百米高的火柱，
钢铁的斜面正在垂直地沉没。

伸出重油污染的面孔，
我被浮着黑油的海水冲走。
紧紧拥抱着军舰的亡灵，
我像一条鲨鱼随水漂流。
我决不想死去，
悲哀的光射出双眸。
然而，在黎明之前
我却被吞进鲨鱼的大口。
——二十年来，

我在黑油的海洋漂流。
把油污的胳膊伸出海面，
嘴里喊着求救。
“现在”，
我依然一直在浓雾中漂流。

1962年

（原载于《世界反法西斯文学书系·日本卷2》，重庆出版社，1992年）

黎明前的告别

［日本］中野重治

李芒 译

我们要工作，
为此就得商量。
然而我们一商量，
警察就要来殴打我们的眼睛和鼻梁。
于是必须随时改换住处，
找好撤走的通道和小巷。

楼下安睡着一对夫妇和一个婴儿。
楼上的六个青年也进入梦乡。
我不知六位青年的经历，
只晓得他们同我怀有共同的志向。
我不知楼下那对夫妇的姓名，
只记得他们愉快地租给我们空房。

黎明就要到来，
我们又许搬进新的空房。

挟着皮包，
我们将进行细致的商量。
我们将迅速地开展工作，
明天夜里，将盖着另一家的棉被进入梦乡。

黎明就要到来，
这狭小的房间哟，
这熏暗的灯泡哟，
这挂在电线上的尿布哟，
这赛璐珞的玩具哟，
这出租的棉被哟，
这跳蚤哟，
我向你们告别。
为了让花儿怒放，
为了让我们的花儿，
让楼下那对夫妇的花儿，
让楼下那婴孩的花儿，
让这一切的花儿
都在一个时辰怒放。

（原载于《世界反法西斯文学书系·日本卷2》，重庆出版社，1992年）

歌

［日本］中野重治
李芒 译

你不要歌唱，
你不要歌唱那红色的花朵，
不要歌唱蜻蜓的翅膀，
你不要歌唱那轻风的絮语，

不要歌唱女人的发香。

一切脆弱的东西，
一切飘渺的东西，
一切悒郁的东西，
你都要把它们抛在一旁。
你要摈弃一切风情，
一心歌唱那正直的心肠，
歌唱那能够果腹的东西，
歌唱那鼓舞斗志的热血胸膛！
你要歌唱那受到打击立刻就发出的反响，
歌唱从屈辱的心底涌起的英勇反抗。
你要放开喉咙，
用严肃的旋律来把这样的歌儿高唱啊，
你要把这样的歌儿
送进无数行人的胸膛。

（原载于《世界反法西斯文学书系·日本卷2》，重庆出版社，1992年）

登在报纸上的照片

［日本］中野重治
李芒 译

请看，看看从这边数第二个男人的像，
他就是您另一个儿子，
我的兄长。
您另一个儿子，
我的兄长，
在这儿摆着这样的架势，
扎着裹腿，

背着饭盒，
腰间缠着沉重的子弹袋，
端着子弹上了膛的步枪，
那刺刀闪闪发光。
他受命在这里，
在上海总工会墙外，
用力站着，
一脸杀人的凶像。
请您看看，我的娘，
看看您的儿子要干什么。
他正要杀人，
毫无理由就杀那些不相识的人。
凡是出现在这堵墙壁前面的人，
马上就被您那另一个和善的儿子，
劐开战抖着的胸膛！
为了更锋利地劐下去，
请看您那儿子的拇指，
正蝮蛇般蜷曲着紧握步枪。
请您再看，
墙壁里面。
在那个建筑物里，
许多房间、走廊、楼梯和地窖，
跟您一样的母亲的儿子们，
正在扭断铁锁，
撬开金库，
捣毁地板和天棚，
一面搜索一面掠抢。
谁要抗拒，
谁要阻挡，
那就一切人的胸膛，
不管是平圆的
也不管是长着乳房，
即便像您一样满是褶子的胸膛，

都会被您儿子一样的士兵，
胡乱刺伤。
请您不要背过脸去，
我的亲娘！
您的儿子已经被充作杀人犯，
请您不要移开视线。
那些杀人犯的姿势和表情，
已经拍成照片登在报上。
请您不要捂住，
请您移开抖颤的手掌。
是谁把您挚爱的儿子夺走了，
还有上千的人的胸膛被铁钉穿透，
他们也都有自己的亲娘。
而您，只不过是其中的一位，
您，我和兄长的亲娘。
在这一切面前，
不要把含泪频眨的老眼闭上。

（原载于《世界反法西斯文学书系·日本卷 2》，重庆出版社，1992 年）

雨中的品川车站

[日本]中野重治
李芒 译

老辛呀，再见！
老金呀，再见！
你们上车，打从这雨中的品川车站。

再见，老李！
再见，另一位老李！

你们要回到自己的祖国去。

你们祖国的河水在寒冷的冬季结冰，
你们叛逆的心脏在分手的瞬间冻僵。

大海在黄昏中咆哮，吼声节节高亢，
鸽子淋湿翅膀从车库的屋顶飞降。

你们淋湿衣裳，想起驱逐你们的日本天皇，
你们淋湿衣裳，想起他那胡子、眼镜和驼背的模样。

潇潇雨声中，绿色的进站信号闪现，
潇潇雨声中，你们的眸光更加明亮。

暮雨淋着石路，落在幽暗的海面，
暮雨消逝在你们灼热的脸膛。

你们的黑影掠过进站口，
你们洁白的裙襟消逝在黑暗的长廊。

出站信号改变了颜色，
你们走进车箱。

你们出发了，
你们驰向远方。

再见，老辛！
再见，老金！
再见，老李！
再见，李大姐！

去吧，去把坚厚、光滑的寒冰打碎，

让那长期被堵塞的河水决堤奔放。
日本无产阶级的后盾和前锋，
再见！直到那复仇的喜悦浮现在我们带泪的脸膛！

（原载于《世界反法西斯文学书系·日本卷2》，重庆出版社，1992年）

高高的窗子

[日本]野山广（西泽隆二）
李芒 译

我站在高高的窗子上，
大年三十在监狱也要打扫牢房。
狱警下令要把蛛网扫净，
这样，我就站在高高的窗子上。

太平洋展现在眼前，
麦金莱总统[①]号正鸣笛启航。
啊，蔚蓝的天空，
蔚蓝的海洋！
阳光灿烂，
细长的烟带迎着浪尖曼舞，
黄色烟囱的汽艇驶向远方。

“下来！下来！”狱警在怒吼，
下去，可就还得给装进牢房。
海上的伙伴哟，
好好干它一场！
你站在桅杆顶巅向我摇手，

① 美国第二十五届总统。——原注

丝毫也不了解我的情况。
港湾深处，你会看到船坞的三座烟囱，
那里就是我干活的工厂。
全厂十三个车间的工人，
个个都斗志昂扬。
我想起七十五天前，
我们九个同志被捕离开工厂，
伙伴们送别的目光火一般灼热，
无产阶级的坚强意志交流在心腔。

我在洞窑中生活过来，
战斗的烈火燃烧在胸膛。
风雨之夜，
浪花汹涌冲击着四面高墙。
仿佛是苍苔丛生的磐石，
我怀着浓烈的火焰经受这重创。

“快，若不就把你拽下来！”
狱警在窗下发狂。
我紧握铁栅栏，
把脸伸向阳光。
啊，不停地扑过来啊，
那太平洋的愤怒波浪！

（原载于《世界反法西斯文学书系·日本卷2》，重庆出版社，1992年）

罩面笼[1]

［日本］野山广（西泽隆二）
李芒 译

入浴戴罩面笼，
放风戴罩面笼，
秋天戴罩面笼，
春季也要戴罩面笼。
在走廊上遇到伙伴，
无奈中间隔着罩面笼，
可憎的罩面笼！
把罩面笼挂在体育场的墙上，
仰望那碎云片片的万里秋空，
六年同监的伙伴们啊！
踏响吧，我们的脚步，
让它发出更大的轰鸣！
激荡着铁窗的秋风，
我们的脚步要发出更大的轰鸣！

（原载于《世界反法西斯文学书系·日本卷 2》，重庆出版社，1992 年）

黎明

［日本］小池章太郎
李芒 译

日本共产党中央委员会建党 40 周年征文入选作品，原载 1962 年 7 月 14 日《赤旗报》。

---

① 日本监狱，战争期间为了防止犯人看到牢房外面的情景和人，叫犯人头上戴的一种罩面笼筐。

一个时期，
他似乎长了虎头钳的牙齿，
有着研磨机的意志，
行动宛如勤恳的时钟那么精密。
他出刊报纸，
同群众联系，
把崇高的秘密深藏在心底，
被关进监狱。

一个时期，
又宛如一只蓝色墨水瓶，
昂首而坐，
迎击着暴风骤雨。
敌人把锐利的笔尖插满它的胸膛，
但这黑暗的袭击，
并未使它倒下去。

一个时期，
他满身伤口
在黎明时分，
遭到虐杀，宛如一只野兽。

我想起，
一个时期，
挨饿，
被剥掉指甲，
就是他的日课。
一个时期，
同心爱的人离别也成为他的职责。
他还印刷宣传画，
散发传单，
挥舞着鸭舌帽打动人们的心灵，

迅速地展开工作。
那时，在他的胸膛里，
难道说，
没有渗透过辛酸的泪水，
没有渴望过牛乳般的温暖，
没有追求过声名和荣誉？
但是，他却满怀喜悦，
脸上闪烁着心平气和的光辉展开工作。
也有大放悲声的懦夫，
也有卖身投敌的叛徒，
有人过分地诚实善良，
有人默默地磨快了匕首，
有人死去了，
而他，却坚持地进行了工作。

他坚持地进行了工作，
目前，和他同样的人们仍在坚持工作。
宛如食品店在加夜班
为的是让面包的香气迎接黎明，
来满足人们的明天。
又宛如铁匠炉的风箱，
吹起红色的火焰，
冶炼钢铁，打出锤镰。
人们哟，
把黎明的地球拨转！
把运载着日本和各个国家的地球拨转！
黎明的人们哟，
把地球拨转，转向明天！

（原载于《世界反法西斯文学书系·日本卷2》，重庆出版社，1992年）

土岐善麿短歌 7 首

[日本]土岐善麿

李芒 译

短歌，日本古典诗歌影响很大的一种形式。只有音数句式的格律，即五、七、五、七、七音，分为五节，但节与节之间的界线并无硬性规定，有时七、五成一节，有时七、五、七成一节，有时还可在中五断节，结构多样，不拘一格。

身居日本国，而用日语言；
余近费所思，此乃一危险。

(1912)

忧郁时代君长成，
不知忧郁是常情，
人比我年轻。

(1938)

近常有所感，巨手指吾瞳；
黑夜中如此，白昼亦相同。

(1938)

深沉夜漫漫，尚有不眠人，
敢是忧邦国，抑为思自身。

(1938)

一问一答正叙谈，
相似处，
言而不及所欲言。

(1939)

望今夕，
恭谨蜗居终日暮，
且冒寒风降国旗。

（1939）

抬望眼，
莹莹绽白楼，
丢尽干戈春日静。

（1946）

（原载于《世界反法西斯文学书系·日本卷2》，重庆出版社，1992年）

近藤芳美短歌23首

[日本]近藤芳美
李芒 译

雾霭中，犹伫望，
别君路上白茫茫，
却似发明光。

垂双手，待亲吻，
表情稚气又单纯。
我心怀热恋，
别来总萦心。

留短发，年轻妻，
悒郁方归去。
换岗哨兵列队过，
隔开我俩意凄凄。

载于歌集《早春歌》

君即出征少交谈，
却言渴望得生还，
社会变迁放眼看。

露腰军裤短，穿惯实难能；
难道从今后，如此了一生。

梦中欲拥抱，娇妻不得亲；
相思宁有际，悠悠碎我心。

并床住一兵，失去脚与手；
同病复相怜，互不谈战斗。

国家要一兵，战斗到最后；
纵然托病体，岂敢有他求。

作于 1936—1945 年间，载于歌集《早春歌》，1948 年

举世同为思想缚，
生而无为终日暮，
至今犹将战争恶。
十年多痛苦，忆起尚凄然；
思想尽伪装，甚而颇习惯。

作于 1945—1947 年间

掠夺烧光杀戮毕，
此处曾为征战地，
洗劫如潮均逝去。

已逝凶残侵略战，曾为一卒得生还。
如今旧地重游日，不啻鬼魂步世间。

红岩早慕名，未得来问津；
街上徒步走，当年日本兵。

告尔中国友，随君几度游；
武汉思往事，唯我记心头。

无际长江岸，骄阳耀眼明；
余生应有幸，旧地望波平。

纷纷齐丧命，犹忆未归人；
寂寂晴光丽，长江系我心。

辛勤运马料，奉命长江行；
侵略战争日，吾曾为一兵。

码头当年迹，俨然刻心底，
久久伫立人，吾今应归去。

漫步街头，悲上心头；
吾妻曾为兵配偶，满地槐花惹梦稠。

已过悠悠四十秋，尔今俯首思悠悠；
一兵旧地重游日，上海依稀记忆稠。

石造楼房脏乱街，
雨中河口均依旧，
悔恨终生无尽头。

众人皆一致，不谈抗日战；
旅途承体贴，却将孤独叹。

载于歌集《圣夜的行列》，1982 年

（原载于《世界反法西斯文学书系·日本卷 2》，重庆出版社，1992 年）

桥本梦道俳句2首

[日本]桥本梦道
李芒 译

挂上罩面笼[①],孰料今年狱壁中,又闻蟋蟀鸣。
泥鳅店主劫余还,小巷又闻叫卖喧。

(原载于《世界反法西斯文学书系·日本卷2》,重庆出版社,1992年)

为了胜利

[韩国]佚名
郭建设 刘淑红 冯海东 译

最后的一阵冲锋号之前,
可爱的中韩儿女们,
加足自己的马力吧!
一九四三年带给我们的,
将是光明而灿烂的阳春!
成千成万的中韩儿女们,
加足我们的马力吧!
我们已经共同坚持了
七个年头的抗战。

我们英勇斗争,
依靠了正义,
不怕任何暴风雨。
我们在铁壁的战壕里,

① "罩面笼",是日本监狱为防止放风时犯人彼此相认,为犯人罩住头部的笼筐。

没有一天离开过炮火，
没有一天放松过战斗。
我们在那反抗的火焰中，
并排的进行了
民族解放的斗争，
用血肉共同保卫着
——人类和正义！

英勇的、伟大的中韩儿女们啊！
我们是创造者和改造者，
我们是真正亚洲和平的柱石！
我们高举胜利的旗帜，
永远紧密地团结在一起。

春天的微笑，
正在柔和的迎接我们。
冲锋号快要响了，
加足马力啊，
为着最后夺取胜利！

［本项目组2023年译，译自崔三龙主编《抗日诗歌集》，民族出版社，2012年］

间岛讨伐歌

佚名

郭建设　刘淑红　冯海东 译

妈妈呀妈妈，你为什么哭泣？
妈妈你一哭，我也想哭，
母子两人相拥而泣。

两个人相互擦拭着泪水，

洙东啊，你可知道父亲他？
他在凛冽风雪中去了支那北间岛。

自从他离开之后直到今天，
甚至一次面也没有再见，
不知不觉，多年过去。

电报带来间岛讨伐队的消息，
他们袭击了我们高丽人的村庄，
我们的同胞没有力量，没有武器。

多么地令人悲痛，
有多少人死于敌人放火刀杀，
你的爸爸他也在其中！

凄凉伴随着家徒四壁，
想起来怎不让人泪眼朦胧？
洙东啊，你是多么地可怜！

虽然至今还在向老天祈祷，
盼望着爸爸能回到我们身边，
无奈何这一切都是虚空！

洙东啊洙东，你快快长大，
为你爸爸报仇雪恨之时，
即使我死了眼睛也能闭上了。

［本项目组 2023 年译，译自崔三龙主编《抗日诗歌集》，民族出版社，2012 年］

民族解放歌

佚名

郭建设　刘淑红　冯海东 译

一手拿枪，帽子压到眉梢，
样子有多么的彪悍，

每当足迹停下，黑黑的衣角，
就在风中飘起，毛骨悚然。

脖子上挂的、衣帽上全是红色，
好汉手持棍棒开始操练。

背上行囊去探险的时候，
高丽的劳苦大众紧随其后。

亚洲东方的三千里锦绣江山，
是拥有五千年历史的我们的家园，

五百年的沉睡中噩梦连连，
我们成了那些外寇的资本销售场。

从事设计和建设等高龄的劳力们，
被关在铁丝网内只能吃咸菜。

我们交出所有反而还要挨耳光，
因为过度激愤嗓子变得嘶哑。

经济和政治干枯，嗓子干渴，
工人农民同盟火花飞溅！

这同盟、这火花是朝着恶毒的敌人的
最后审判的霹雳闪电！

［本项目组 2023 年译，译自崔三龙主编《抗日诗歌集》，民族出版社，2012 年］

民族解放歌

佚名

郭建设　刘淑红　冯海东 译

两千万同胞啊，快快起来吧，
快起来扛起枪握起刀，
把你丢失的自由还有你的权利
从敌人的手中全部夺回来！
为了像全世界人类一样生活，
快快走向抗日的前线战斗！

受到亡国的悲伤委屈的
朝鲜的子孙们啊，快快起来吧！
不论男女老少，
快快投入抗日的战场！
为了像全世界人类一样生活，
快快走向抗日的前线战斗！

沸腾的血浸湿了整座青山，
把朝鲜的疆土染红吧！
把我们的仇敌全部击退，
当解放的自由钟声敲响，
为了像全世界人类一样生活，
快快走向抗日的前线战斗！

［本项目组 2023 年译，译自崔三龙主编《抗日诗歌集》，民族出版社，2012 年］

民族解放歌

佚名

郭建设　刘淑红　冯海东 译

中国的四万万民众啊，
饱受压迫的民族啊，
为了民族的解放，
全民团结一起战斗！

杀人强盗日本帝国，
吞并了满洲大地，
为了民族的解放，
全民团结一起战斗！

日本走狗政府满洲国
压榨中韩民族，
为了民族的解放，
全民团结一起战斗！

狗群国民党军阀，
出卖国家，出卖民族，
为了民族的解放，
全民团结一起战斗！

中韩的狐群狗党，
让国家和民族受屈挨骂，
为了民族的解放，
全民团结一起战斗！

成为他国附庸的民族啊，

没有自由的民族啊，
为了民族的解放，
全民团结一起战斗！

想要摆脱奴隶的地位，
想要找回自由的权利，
为了民族的解放，
全民团结一起战斗！

整个民族快快起来，
走向解放的战线！
为了民族的解放，
全民团结一起战斗！

民族解放的抗日战争
全世界劳动者都支持，
为了民族的解放，
全民团结一起战斗！

中韩民族联合起来，
掀起抗日战争的高潮！
为了民族的解放，
全民团结一起战斗！

中韩民族联合起来，
成立革命政府，
成立民族政府，
全民团结一起战斗！

[本项目组2023年译，译自崔三龙主编《抗日诗歌集》，民族出版社，2012年]

抗日歌

佚名

郭建设　刘淑红　冯海东 译

全满洲的民众啊，可曾记得？
矛盾重重的帝国列强，
在一战的血腥尚未散去之前，
就开始了二战的大屠杀！

日本帝国强盗占领满洲，
所到之处，烧杀抢掠，
接着又继续反革命冒险，
妄图吞并整个中国！

满洲国军阀官僚民生团，
以及改良主义派生主义的狗腿们，
屈服于日本狗强盗，
讨伐农村，随意屠杀民众。

全满洲的民众啊，可曾记得？
在禽兽一般的日本帝国指挥下，
在满洲叫嚣韩人自治的，
韩国的反革命民族主义者。

他们是破坏中韩人民联合阵线，
破坏满洲民众解放阵线，
充当帝国主义进攻苏联的马前卒，
日本帝国主义的狗腿帮凶！

全满洲的民众啊，武装起来吧，

巩固中韩民众联合阵线，
牢固建立全民族的统一战线，
高举民族革命抗日阵线的旗帜！

把日寇赶出满洲，
打倒傀儡满洲国，
消灭民族主义、派系主义民生团，
以及改良主义的狐群狗党！

中韩人民苏维埃是我们的政府，
苏联人民是我们的朋友，
我们都团结在一起，
共同唱响最后胜利的凯歌！

［本项目组2023年译，译自崔三龙主编《抗日诗歌集》，民族出版社，2012年］

抗日战斗歌

佚名

郭建设　刘淑红　冯海东 译

中朝人民活跃在抗日阵线上，
抗日斗士苦苦寻找和平乐园，
日本帝国的势力正在被打倒，
民族革命的成功就在眼前！

敌人垂死挣扎的力量——间岛讨伐队，
每次都使游击区再次扩大，
敌人的一贯的烧杀抢掠，
使全民族抗战一天天高涨！

东北抗日联军一天天壮大，
救国军和森林队总联合，
占领城市并在农村活动，
敌人的势力就要被推翻！

满洲兵和自卫队必然觉醒，
讨厌做亡国奴，讨厌白白送死，
发动兵变迅速行动，
朝着敌人开枪！

敌人找不到躲藏的洞口，
满洲国对未来的路一片茫然，
敌人哭天抹泪不知所措，
可怜可怜又可怜！

同志们，拿出更大的勇气，
勇敢地开展新的斗争，
广泛团结工人和农民，
把中韩人民紧密地联合在一起！

在满洲声势浩大地进行抗战，
在征服走狗政府满洲国之后，
成立人民革命政府，
徜徉在和平的乐园！

［本项目组2023年译，译自崔三龙主编《抗日诗歌集》，民族出版社，2012年］

三月一日歌

佚名
郭建设　刘淑红　冯海东 译

一九一九年三月的某一天，
我们永远忘不了这一天，
被捆住手脚的男女老少，
齐声高呼独立万岁！

千百万忍饥挨冻的群众
在城市和农村集结在一起，
高呼自由的呐喊声
撼动泰山飞跃大海！

仇人拿起屠杀的刀枪，
镇压反抗的人群，
尸体堆积如山，
鲜红的血汇成海洋！

一九一九年三月的某一天，
我们永远忘不了这一天，
那是恶毒的日本帝国主义者，
压榨高丽工农的那一天！

［本项目组2023年译，译自崔三龙主编《抗日诗歌集》，民族出版社，2012年］

自卫团自叹歌

佚名

郭建设　刘淑红　冯海东 译

告别朝鲜来到满洲的时候，
是为了寻找活路而来，
日寇又跟过来，没法生活。

我们父母弟弟一起痛哭，
我很不幸被抽到自卫团，
被仇人逼上死亡之路。

闲暇之时，不分昼夜，
在大门口的炮台接受惩罚，
长官的虐待没完没了。

直到有一天抗日联军，
高喊缴枪并用机关枪扫射，
被吓得魂飞魄散十年难忘，

今天再次来讨伐，扛着令人伤心的枪，
别人在机关枪面前溃败，
却让我走上死亡的悲伤之路。

进入游击区仔细查看，
顿时感到毛骨悚然，
一个人影也没见到。

角落里炒豆般枪声齐响，
敌人残酷地端起机关枪，

切断了我们的撤退路线。

没有被抗日联军打死，
却如此那般都要死，
不分昼夜胆战心惊。

我们的活路只有革命，
赶快发动兵变捉住日帝，
将日寇赶出满洲！

当推翻满洲国的日子到来，
成立新政府，
徜徉在和平的乐园！

[本项目组 2023 年译，译自崔三龙主编《抗日诗歌集》，民族出版社，2012 年]

统一战线歌

佚名

郭建设　刘淑红　冯海东 译

受尽压迫和蹂躏的高丽民族啊，
快快奔向抗日的前线，
到来了，到来了，在我们的社会，
祖国的光复时期到来了！
就像风云一样突起，在农村、工厂、学校，
犹如猛虎一般前冲，向着统一战线的局面！

士兵在先锋战中挥舞着大刀，
老弱也作为后援总动员，
在挥刀切开敌人肚子的最后决战中，
一条心，一个声音向前冲，

就像风云一样突起，在农村、工厂、学校，
犹如猛虎一般前冲，向着统一战线的局面！

把富士山下广袤的平原作舞台，
消灭东京、大阪这些中心城市，
被虐待几十年的亡国之恨，
用三盗贼的血腥罪恶冲刷干净！
就像风云一样突起，在农村、工厂、学校，
犹如猛虎一般前冲，向着统一战线的局面！

向少华宫的黄金塔投掷炸弹，
三千里大地上独立旗帜高高飘扬，
把遭受几十年蹂躏的半岛江山，
建设成木槿花的乐园！

[本项目组2023年译，译自崔三龙主编《抗日诗歌集》，民族出版社，2012年]

抗日战线歌

佚名

郭建设　刘淑红　冯海东 译

遭受压榨的朝鲜民族啊，
快快奔赴抗日的战线，
来到了，来到了，在我们国家，
独立的活动时代已经来到了。

像风云一般举事，在所有地方，
快去吧，奔赴火热的独立战线。

战士们在先锋队中举起大刀吧，
男女老少齐动员，
在消灭敌人的最后决战中，

团结一心凝聚全力。

像风云一般举事，在所有地方，
快去吧，奔赴火热的独立战线。

向少华宫的黄金塔投掷炸弹，
在军阀财阀的巢穴放火，
要把杀害白衣同胞的日寇，
送上断头台报仇雪恨。

像风云一般举事，在所有地方，
快去吧，奔赴火热的独立战线。

向独立军大声敲响自由钟声，
让太极旗在汉阳高高飘扬，
把饱受践踏数十载的木槿花花园，
变成我们祖国的乐园。

像风云一般举事，在所有地方，
快去吧，奔赴火热的独立战线。

［本项目组 2023 年译，译自崔三龙主编《抗日诗歌集》，民族出版社，2012 年］

反对派生歌

佚名

郭建设　刘淑红　冯海东 译

你们听着，中朝劳苦大众，
派生是没有原则的反革命，
日寇的忠实走狗，
是朝鲜的各个派别。

派生分子的头子们，
是民生团狗群的头头，
日帝和派生分子民生团，
都是一样的仇敌！

欺骗工人兄弟，
让他们离开革命道路，
烧杀抢掠为专职，
是破坏革命的恶魔。

派生分子妄图破坏
朝鲜、中国及世界革命，
派生分子妄图破坏
中朝民众的联合阵线。

派生分子妄图破坏
满洲的民族革命的抗日战争。
起来吧，中朝劳苦大众，
用尖锐的斗争消灭派生分子！

［本项目组2023年译，译自崔三龙主编《抗日诗歌集》，民族出版社，2012年］

抗日祖国光复会十大纲领歌[①]

佚名

郭建设　刘淑红　冯海东 译

二千万白衣同胞总联合，
牢固坚守抗日统一战线，
推翻日本侵略者的野蛮统治，

① 又称“朝鲜光复会十大纲领歌”。

成立人民政府是第一条。

与满洲的中国人联合起来，
消灭日满的统治，
成立韩中人民革命政府，
实现韩人自治是第二条。

敌人的陆海空军新式武装，
被我们的双手全部都夺走，
不要犹豫，勇敢向前战斗，
组织我们的军队是第三条。

敌人和狐朋狗党们聚敛的钱，
都是我们同胞留着血汗挣的，
全都夺过来用作军费，
一部分救济同胞是第四条。

不再催促偿还债务和税收，
取消剥削压迫的专卖制度，
用我们的手建立我们的产业，
顺利发展是第五条。

恢复舆论出版结社集会自由，
反对封建势力白色恐怖，
夺回被捕的我们的战士，
驱逐狐朋狗党是第六条。

不分贵贱和男女老少，
一起享受平等和幸福，
不要慢待孱弱的母女，
提高人格地位是第七条。

奴化我们的同化教育及
旨在大战中屠杀我们的军事演习，
我们强烈反对，勇敢站起，
普及我们的文化是第八条。

提高为我们生产用品的
工人的工资和待遇，
给予失业者和患者药和钱，
救助安慰他们是第九条。

与帮助我们的国家民族，
紧密联合，团结如一，
对于与仇人勾结的国家和民族，
一致坚决反对是第十条。

［本项目组2023年译，译自崔三龙主编《抗日诗歌集》，民族出版社，2012年］

革命歌

佚名

郭建设　刘淑红　冯海东 译

风雪交加的满洲大地上，
身穿白衣奔走的人是谁呢？

没有自由，没有钱，身世可怜，
所到之处尽是压迫和剥削。

三千里锦绣江山都被夺去，
家乡的好友各奔东西。

在西伯利亚的寒风中飘摇，

走兽生活、农奴身世好可怜。

一整年流血流汗的收获，
都被吸血鬼设法夺走。

听到父母妻儿可怜的声音，
内心中沸腾的血喷涌而出。

亮起红色的拳头诅咒之时，
禁不住血都停止了流动。

即使开枪撂炸弹，
不团结也摆脱不了农奴的命运！

[本项目组2023年译，译自崔三龙主编《抗日诗歌集》，民族出版社，2012年]

革命曲

佚名

郭建设　刘淑红　冯海东 译

数千百万的中国劳苦大众啊，
在前线英勇战斗的同志们啊，
帝国主义和卖国贼相互勾结，
企图发动侵略苏联的战争。

满洲的数百万劳苦大众啊，
快快起来，拿起武装，
开展英勇的游击战争，
打倒日本帝国和满洲国。

中韩民众成立苏维埃，

经过最后的决死之战，
对于中国南方红军和苏联，
誓死武装保卫他们！

［本项目组 2023 年译，译自崔三龙主编《抗日诗歌集》，民族出版社，2012 年］

劳动革命歌

佚名

郭建设　刘淑红　冯海东 译

用鲜血染红吧，木槿花的三千里，
我们是朝鲜男女劳动部队，
可怜的同志们中弹牺牲，
我们打击敌人为他们报仇！

用鲜血覆盖吧，西伯〚利〛亚〔洲〕广袤的大地，
我们是朝鲜男女劳动部队，
丈夫醒来吧，妇女出来吧，
为了全世界的革命而战斗！

我们并不害怕献出生命，
我们是朝鲜男女劳动部队，
每一天都面临生与死，
像大丈夫，我们是朝鲜男女劳动部队！

［本项目组 2023 年译，译自崔三龙主编《抗日诗歌集》，民族出版社，2012 年］

义勇军颂歌

佚名

郭建设　刘淑红　冯海东 译

木槿花三千里辉煌江山，
三千年悠久历史的我们祖国，
福气久久，坚决保全，
痛快献出生命的是我们的义勇军！

以白头山的原始丛林为家
把广袤的东北原野当作舞台，
朝鲜国家气势如虹无限骄傲，
坚强斗争是我们的义勇军！

告别父母妻儿，离开祖国，
越过万里长城，渡过黄河，
在中国大地上十八年，
抛洒热血的是我们的义勇军！

［本项目组 2023 年译，译自崔三龙主编《抗日诗歌集》，民族出版社，2012 年］

战斗歌

佚名

郭建设　刘淑红　冯海东 译

坚韧有力的勇士们是朝鲜的男女，
快快起来，前去战斗！
高高飘扬的旗帜下号声嘹亮，
出鞘的刀锋寒光闪闪，

我们威风所到之处敌人发抖，
就像秋风中飘落的树叶。

准确和敏捷是朝鲜义勇军的根本，
快快起来，前去战斗！
为了三千万人的自由解放的使命伟大，
毫不犹豫，奋勇战斗！
我们威风所到之处敌人发抖，
就像秋风中飘落的树叶。

［本项目组 2023 年译，译自崔三龙主编《抗日诗歌集》，民族出版社，2012 年］

朝鲜之歌

佚名

郭建设　刘淑红　冯海东 译

白头山绵延的半岛三千里，
木槿花相伴江山历史五千年，
三千万人一代代相传，
好幸福啊，她的名字叫朝鲜！

三千里美丽的我的江山，
亿万年辈辈相传的朝鲜子孙，
拿出所有的积蓄的才能和力量，
创造我们灿烂的明天。

快看啊，花园黎明就要来到，
三千万的你和我一起前往，
一轮红日冉冉升起，
让我们乘兴引吭高歌！

［本项目组 2023 年译，译自崔三龙主编《抗日诗歌集》，民族出版社，2012 年］

朝鲜义勇军歌

佚名

郭建设　刘淑红　冯海东 译

高高耸立的白头山脚下，
祖先灵魂萦绕的广袤平原上，
为了倒下的祖国，我们紧握钢刀，
义愤填膺，那是雄壮的朝鲜义勇军！

跨过黄河，跨过长江，
八年抗战，相互支持，
誓死战斗到底的精神，
气势如虹，那是雄壮的朝鲜义勇军！

［本项目组 2023 年译，译自崔三龙主编《抗日诗歌集》，民族出版社，2012 年］

朝鲜义勇军进行曲

佚名

郭建设　刘淑红　冯海东 译

在中国广阔的大地上，
朝鲜的青年大步前进，
步调一致，勇敢向前，
漫长的黑夜已经过去，
曙光的黎明即将到来。
响亮的革命呐喊声中，
义勇军旗帜高高飘扬！
向前冲啊，热血沸腾的同志，
集合起来，朝鲜的勇士们，

我们紧紧团结在一起，
跨越图们江和鸭绿江，
建设崭新的朝鲜，
前进，前进，向着那光明的道路！

［本项目组 2023 年译，译自崔三龙主编《抗日诗歌集》，民族出版社，2012 年］

八路军和义勇军

佚名

郭建设　刘淑红　冯海东 译

八路军和义勇军都非常棒，
你的，我的，兄弟的，都是一个，
两个人扛枪杀日寇，
日寇哭爹叫娘逃之夭夭。

禽兽般的日寇想来就再来吧，
义勇军展开政治攻势，
八路军展开游击，民兵埋地雷，
日寇战战兢兢挖地雷。

百姓就是我们的母亲
没有百姓，就没有我们，
民拥军来军爱民，
你生产，我战斗，消灭法西斯！

［本项目组 2023 年译，译自崔三龙主编《抗日诗歌集》，民族出版社，2012 年］

友情

佚名

郭建设　刘淑红　冯海东 译

我们反对日本的压榨，
和朝鲜的同志一条心，
与冰雪一起战天斗地，
在战斗中凝结起友谊。

密林是我们的欢乐窝，
油灯下中朝兄弟围坐一起，
引吭高歌，奋斗与希望，
朔风中沸腾的血不会凉。

我们共命运同战斗，
我受伤时你帮助我，
在同一面旗帜下战斗路上，
我们凝结下深厚的友情。

用一片树叶遮雨，
手拉手共同战斗，
背起脚伤的战友前进，
脚踩泥泞奔跑向前。
黑暗的夜空遮挡着路，
我们手拉手摸索前行，
翻越绝壁时如果放手，
吹起口哨再次拉手。

[本项目组 2023 年译，译自崔三龙主编《抗日诗歌集》，民族出版社，2012 年]

中朝民族团结抗日歌

佚名

郭建设　刘淑红　冯海东 译

中朝民族工农大众，
紧密团结联合起来，
誓与日本血战到底，
只有我们
消灭日寇，
才能得到生活自由，
联合起来，中朝民族，
紧紧拉手，勇敢前冲，
誓把鬼子消灭干净！

［本项目组 2023 年译，译自崔三龙主编《抗日诗歌集》，民族出版社，2012 年］

向着抗日前线

佚名

郭建设　刘淑红　冯海东 译

中朝兄弟手拉手勇敢战斗，
土地、房子、生存权都被剥夺，
端起刀枪，砸碎锁链，
冒着炮火，冲向前线。

沿着共产党指引的路线，
快快结成各民族统一战线，
不怕流血牺牲勇敢战斗，
彻底推翻日军和伪满政权！

帝国主义垂死挣扎，
疯狂至极残忍血腥，
中朝两国优秀儿女，
扫荡敌人恢复江山！

［本项目组2023年译，译自崔三龙主编《抗日诗歌集》，民族出版社，2012年］

战歌

佚名

郭建设　刘淑红　冯海东 译

东亚的奴隶们，团结起来！
一起消灭日本军阀，
我们是东亚真正的主人，
同志们，我们都向前！
朝鲜的兄弟，台湾的同胞，
这样的压迫怎么能够忍受？
高高举起革命的旗帜，
同志们，我们都向前！

［本项目组2023年译，译自崔三龙主编《抗日诗歌集》，民族出版社，2012年］

革命军歌

佚名

郭建设　刘淑红　冯海东 译

上天讨厌，
剥夺朝鲜民族自由的日寇，
三千里江山热血沸腾

揭竿而起的是我们的革命军。

上天喜欢，
争取朝鲜民族自由的革命军，
二千万同胞热血沸腾，
勇敢起来的是红色的革命军。

［本项目组2023年译，译自崔三龙主编《抗日诗歌集》，民族出版社，2012年］

桔梗

佚名
郭建设　刘淑红　冯海东 译

桔梗，桔梗，白桔梗，
深山里的白桔梗，
抗日联军将士们，
用白桔梗来当饭，

哎嗨哟，哎嗨哟，哎嗨哟，
哎哟，哎嗨哟，好啊好啊，
我把敌人快速地
全部熔化！

桔梗，桔梗，白桔梗，
深山里的白桔梗，
蒙江山岭白桔梗，
是杨靖宇将军的军粮。

哎嗨哟，哎嗨哟，哎嗨哟，
哎哟，哎嗨哟，好啊好啊，

我把敌人快速地
全部熔化！

桔梗，桔梗，白桔梗，
深山里的白桔梗，
哈里龙江的白桔梗，
是李红光同志的军粮。

哎嗨哟，哎嗨哟，哎嗨哟，
哎哟，哎嗨哟，好啊好啊，
我把敌人快速地
全部熔化！

［本项目组2023年译，译自崔三龙主编《抗日诗歌集》，民族出版社，2012年］

李红光支队之歌

佚名

郭建设　刘淑红　冯海东 译

高高低低的长白山脉当作家，
从高山到平原追击敌人，
为了给穿不暖者衣服今天也战斗，
为了给吃不饱者米饭今天也战斗。

勇敢地开展恶战十二年，
肚子饿了就啃树皮，
为了中华民族的解放献出鲜血，
为了人民而流血无穷无尽！

雄壮啊，革命先辈李红光同志，

他是用沸腾的热血铸成的勇士，
坚决地守卫光荣的胜利道理，
成为全世界解放的坚强柱石！

勇敢地开展恶战十二年，
肚子饿了就啃树皮，
为了中华民族的解放献出鲜血，
为了人民而流血无穷无尽！

[本项目组2023年译，译自崔三龙主编《抗日诗歌集》，民族出版社，2012年]

反强制征兵歌

佚名

郭建设　刘淑红　冯海东 译

在日寇的强迫下踏上离开的末路，
我们被运到太平洋的战场，
集体关在铁窗失去自由，
在日寇的枪棍下被带走。

离家去到南洋群岛何时归？
在釜山港等着我，去去就回，
朝鲜的木槿花在我们手中绽放，
朝鲜的男儿啊，千万不要灰心！

[本项目组2023年译，译自崔三龙主编《抗日诗歌集》，民族出版社，2012年]

独立歌

佚名

郭建设　刘淑红　冯海东 译

三千里江山，
两千万生命，
要回，要回！
独立，独立！
这是我们朝鲜的良心。

［本项目组 2023 年译，译自崔三龙主编《抗日诗歌集》，民族出版社，2012 年］

安重根之歌

佚名

郭建设　刘淑红　冯海东 译

隆熙三年十月二十六日，
安重根勇士挺立在哈尔滨站，
突然牛气的行动、牛气的枪声，
在广袤的满洲大地上响起。

安重根为国家立下功勋，
反被日本凶恶的手抓走，
听说他义正辞严，
我们国家民族，那是当然的事。

英雄重根临死前留下遗言，
不久要在哈尔滨车站赴死，

为了我们的国家再次独立，
请把我灵魂带到锦绣江山。

［本项目组 2023 年译，译自崔三龙主编《抗日诗歌集》，民族出版社，2012 年］

都来投入抗战

佚名

郭建设　刘淑红　冯海东 译

雄壮啊，在满洲的山野，
革命越来越高涨，
残酷的战争在各地开始，
在抗战中死亡的是日寇。

所到之处倒下的帝国主义
狼狈至极迈出狗步，
妄图拼命吞并满洲，
但也阻挡不了革命的气势。

革命面前帝国主义微不足道，
日寇既可笑又凶残，
世界革命高潮你们知道吗？
日寇赶快投降吧。

朝中民族联合紧握刀枪，
高举红旗向前进时，
毒蛇一般的日寇没了精神，
耷拉着双肩一下倒在地上。

［本项目组 2023 年译，译自崔三龙主编《抗日诗歌集》，民族出版社，2012 年］

民族解放歌

佚名

郭建设　刘淑红　冯海东 译

朝中两国民众，受压迫的民族啊，
为了民族解放，全都团结起来战斗！

杀人强盗日寇吞并了满洲大地，
为了民族解放，全都团结起来战斗！

日寇用刀枪伤害朝中民族，
为了民族解放，全都团结起来战斗！

日本走狗满洲国伤害朝中民族，
为了民族解放，全都团结起来战斗！

卖国贼军阀出卖了国家和民族，
为了民族解放，全都团结起来战斗！

凶恶的狐朋狗党要灭亡国家和民族，
为了民族解放，全都团结起来战斗！

屈从于别人的民族，没有自由的民族啊，
为了民族解放，全都团结起来战斗！

不当亡国奴决心找回自由和权利，
为了民族解放，全都团结起来战斗！

全民族起来奔赴解放前线，
为了民族解放，全都团结起来战斗！

全世界帮助民族解放抗战，
为了民族解放，全都团结起来战斗！

中朝民族联合起来加强抗战，
为了民族解放，全都团结起来战斗！

高举民族解放旗帜前进，
为了民族解放，全都团结起来战斗！

[本项目组2023年译，译自崔三龙主编《抗日诗歌集》，民族出版社，2012年]

红色的春天回来了

佚名
郭建设　刘淑红　冯海东 译

当朔风寒冬离去时，
花儿开放红风劲吹。

翻山过平原，全地球
六大洲五大洋全红。

俄罗斯在乌拉尔山中心，
第一个盛开的是月季花。

广袤的三万里中国大地，
红红的玫瑰花张开了口。

寻花的蜂蝶张开了翅膀，
催促着花朵儿快快开放。

除掉要碾压花园的害虫，
一起在花园翩翩起舞。

［本项目组 2023 年译，译自崔三龙主编《抗日诗歌集》，民族出版社，2012 年］

起来，无产大众

佚名

郭建设　刘淑红　冯海东 译

忍饥挨冻的无产大众啊，
拿起武装战斗的同志们，
帝国主义卖国贼相勾结，
疯狂地阻挡革命的气势。

受尽压榨的无产大众啊，
起来，武装起来去战斗，
我们团结一心凝聚力量，
坚决消灭资产阶级统治！

忍饥挨冻的无产大众啊，
我们英勇地开展游击战，
消灭日本帝国腐朽统治，
成立朝鲜人民革命政府！

［本项目组 2023 年译，译自崔三龙主编《抗日诗歌集》，民族出版社，2012 年］

朝鲜人民军革命军

佚名

郭建设　刘淑红　冯海东 译

我们是朝鲜人民革命军，
我们是为革命而战的红色战斗员，
我们的斗争纲领是正义的，
为贯彻纲领战斗到底！

强盗日帝强占朝鲜，
妄图推行殖民统治，
派遣许多陆海空军，
修建无数军事设施。

敌人依靠军事设施和兵力，
杀害无产大众。
让我们赶走敌人陆海空军，
破坏无数的军事设施！

法西斯日帝统治者，
建造无数的监狱，
组织形形色色的伪军，
当作镇压无产大众的工具。

把社会的不平等和压迫民众的真相，
暴露给伪满洲国的官兵，
动员他们放弃亡国奴官兵之差，
奋起发动武装兵变！

日寇非常恶毒又狡猾，

制定了无数的法令，
榨取各种各样的税收，
用作屠杀无产大众的军费。

妄图消灭无产者大众，
到处强推奴化教育。
妄图麻醉人民思想，
强制学习日本语言。

像野兽般疯狂压榨，
我们向群众发出号召，
我们团结一致打碎
日本帝国法西斯统治制度！

[本项目组 2023 年译，译自崔三龙主编《抗日诗歌集》，民族出版社，2012 年]

革命的道路

佚名

郭建设　刘淑红　冯海东 译

流淌的溪水蜿蜒而下，
革命的前途充满曲折，
饿死的人，被枪杀的人，
问问吧，同志，到底有多少？

打击吧，消灭吧，
帝国主义侵略分子，
击溃他们来建设
朝中人民的新政府！

茂密的森林和东北平原上，

浸透着我们的血和汗水，
席草而坐席雪而坐，离别时，
我的爱只有你！

打击吧，消灭吧，
帝国主义侵略分子，
击溃他们来建设
朝中人民的新政府！

天天听到的日寇的枪声，
在拷问着我们的前途，
扎紧腰带向前行进时，
沸腾的血在胸中汹涌。

打击吧，消灭吧，
帝国主义侵略分子，
击溃他们来建设
朝中人民的新政府！

为了自由的朝中同志们，
不要说一路走来的脚步有多么多，
把胜利和失败都当作镜子，
一起投入最后的突击！

打击吧，消灭吧，
帝国主义侵略分子，
击溃他们来建设
朝中人民的新政府！

［本项目组2023年译，译自崔三龙主编《抗日诗歌集》，民族出版社，2012年］

肥料独立军

佚名

郭建设　刘淑红　冯海东 译

这里既然不是我们的国家，
到底为了什么来到这里？
我们独立军将成为子孙的肥料，
虽然没有立身的土地，但我们有希望。

遥望图们江的对岸，
三千里的江山失去了颜色，
我们是鲜活的檀君子孙，
被日寇关押在铁丝网里。

失去了祖国的漂泊的灵魂，
即使是天堂也变成地狱，
如果不忘掉这句话努力奋进，
就会恢复韩半岛的江山。

[本项目组2023年译，译自崔三龙主编《抗日诗歌集》，民族出版社，2012年]

光复军猛进歌

佚名

郭建设　刘淑红　冯海东 译

到了，到了，时候到来了，
光复军向前战斗的时候到了，
三千万同胞啊，快快奋起！
死去的尸体也快快起来！

前进,前进,朝着战场前进,
为了恢复国家和民族,
不顾生死向前进时,
即使原子弹百万大军也不害怕。

无论怎样我们都是死,
为了祖国而献身,
我们高兴起舞拼命战斗,
放心吧,三千万同胞!

[本项目组 2023 年译,译自崔三龙主编《抗日诗歌集》,民族出版社,2012 年]

光复军第一支队歌

佚名

郭建设　刘淑红　冯海东 译

同志们啊,紧紧地团结起来,
生死与共,
无论遭到如何迫害与压迫,
也绝不屈服,坚持到底!
我们是热血沸腾的青年,
我们是光复军第一支队!

面对即将到来的决战,
表现出我们必胜,
没有压迫的自由和独立,
我们要勇敢地争取!
我们是热血沸腾的青年,
我们是光复军第一支队!

[本项目组 2023 年译,译自崔三龙主编《抗日诗歌集》,民族出版社,2012 年]

光复军第二支队歌

佚名

郭建设　刘淑红　冯海东 译

钢枪扛在肩，热血胸中流，
我们是胸怀大志的韩国革命青年，
为了争取民族的自由，
我们坚定了必死的决心，
我们是韩国光复军第二支队！
向着最后的目标前进，
向着最后的目标前进，
为了祖国的独立，
为了我们民族的解放！

［本项目组2023年译，译自崔三龙主编《抗日诗歌集》，民族出版社，2012年］

同志之歌

佚名

郭建设　刘淑红　冯海东 译

亲爱的我们的同胞们，
高高举起太极旗帜，
光复祖国坚定的誓言，
是永远不会改变的，
何时何时自由钟声洪亮地响起？
何时何时自由钟声洪亮地响起？

亲爱的我们的同胞，
敌人虽然强大，

卧薪尝胆斗志坚强，
战斗到最后一刻，
何时何时高唱凯旋之歌？
何时何时高唱凯旋之歌？

亲爱的我们的同胞们，
化解凝聚着鲜血的仇恨，
可想踏上不论清醒睡觉都在思念的
祖国的大地？
何时何时在汉阳再见？
何时何时在汉阳再见？

［本项目组2023年译，译自崔三龙主编《抗日诗歌集》，民族出版社，2012年］

光复军第三支队歌

佚名

郭建设　刘淑红　冯海东 译

祖国的荣誉扛在肩上，
我们团结在太极旗下，
高声呐喊独立万岁，
向前冲，光复军第三支队！

哪怕层层山峦遮掩前方，
哪怕茫茫大洋阻挡道路，
有什么能让我们屈服、犹豫？
向前冲，光复军第三支队！

坚强地战斗，即使流血，
即使刀枪被毁坏，也要用热与力量
消灭敌人，

向前冲,光复军第三支队!

献出涌动的血,沸腾的热情,
消灭不共戴天的敌人,
找回我们的三千里江山,
向前冲,光复军第三支队!

[本项目组2023年译,译自崔三龙主编《抗日诗歌集》,民族出版社,2012年]

光复军地下工作队歌

佚名

郭建设　刘淑红　冯海东 译

为了光复祖国舍生忘死,
无视敌人的警戒网,
大胆无双潜入敌营,
他们是招募爱国同志的地下工作队。

在北京、天津、开封、归德、亳县、鹿邑
济南、青岛、徐州、蚌埠、南京、上海,
在华北、华中、华南大地的所有地方,
都有东奔西走的地下工作队。

以津浦线和京汉线为纵,
以易水、黄河、扬子江为横,
在中国大陆纵横驰骋数万里,
地下工作队驰骋天下神通广大。

说着中国话和日本话,
穿着各种各样的服装,
即使在敌人刀枪面前也保持微笑,

光复军的地下工作队神出鬼没。

［本项目组 2023 年译，译自崔三龙主编《抗日诗歌集》，民族出版社，2012 年］

光复军进行曲[①]

［韩国］李斗山

郭建设　刘淑红　冯海东 译

三千万大众的呐喊之声，
年轻的胸怀红色的血怦怦直跳，
五千年历史上威武的旗帜中，
光复军的旗帜高高飘扬。
按剑而起对敌人切齿仇恨，
在鲜血染红的地方修建永生塔，
光复军的精神像钢铁般坚强，
光复军的使命沉重而伟大，
紧密团结打击敌人。
一心一意勇敢向前，
独立，独立，光复祖国，成立民主国家！

［本项目组 2023 年译，译自崔三龙主编《抗日诗歌集》，民族出版社，2012 年］

旷野的独立军

佚名

郭建设　刘淑红　冯海东 译

男子汉拨开旷野奔跑，
今天在北间岛明天在蒙古，

① 又称“光复军歌”。

人就像浮萍一样飘来飘去，
离开家乡有几载？
身背夕阳奔跑的独立军啊，
男儿人生前行的路上没有留恋。

男子汉骑着白马奔跑，
黑龙江寒风吹拂着前胸，
这里是战场，面带笑容，
飘飞的胡须上挂着霜花，
独立军顶风冒雪向前奔跑，
风餐露宿的艰难之路从不后悔！

［本项目组2023年译，译自崔三龙主编《抗日诗歌集》，民族出版社，2012年］

国耻歌

佚名

郭建设　刘淑红　冯海东 译

我的同胞怀着一样的悲痛心情，
以血和泪水面对面相望，
我们的国家怎会沦落如此？
怎能忘？庚戌年8月29日。

像金块一般的韩半岛，
被敌人夺走，
寒风凛冽的广袤平原上，
怎么会流离漂泊，
怎能忘？庚戌年8月29日。

［本项目组2023年译，译自崔三龙主编《抗日诗歌集》，民族出版社，2012年］

国耻追念歌

佚名

郭建设　刘淑红　冯海东 译

庚戌年秋 8 月 29 日，
是祖国命运转折的日子，
捶胸顿足嚎啕大哭，
心情越来越痛苦。

祖先用鲜血保卫的老家，
在朗朗白日下被别人抢走，
凄凉地流浪在四方，
甩去泪水，我们的祖先。

不论走到哪里世人都
指着我们是亡国奴，
千古耻辱还能更甚？
为了后代子孙，甩去泪水！

现在从梦中醒来之时，
常常饱受痛苦和悲伤，
为报仇紧握刀枪，
去砸碎地狱的铁门！

［本项目组 2023 年译，译自崔三龙主编《抗日诗歌集》，民族出版社，2012 年］

祈死战歌

［韩国］李范奭
郭建设 译

上天憎恨日寇，
他们掠夺了我们朝鲜民族的自由，
三千里江山上热血沸腾，
我们独立军愤然而起！

白头山寒风劲吹肆虐，
图们江中间银月明亮，
从故国飘来血腥气味，
我们同族心疼又痛惜。

打听一下，同胞啊，不仅我有罪，
你也有罪，我们一起前进吧，
以正义之名手中握起刀枪，
为拯救同族贡献生命！

胆小烂肠的愚蠢的家伙，
我们只把寻找自由当作目标，
即使讨厌死亡但为了幸福，
哪怕死亡也要前赴后继！

上苍今后也会让那些
为了万代子孙的幸福，
发誓决心献出生命的人，
成为圣洁的战士！

［本项目组 2023 年译，译自崔三龙主编《抗日诗歌集》，民族出版社，2012 年］

独立军歌

佚名

郭建设　刘淑红　冯海东 译

新大韩国独立军的百万勇士啊，
你们可听到祖国的呼唤？
拯救三千里两千万我们同胞，
就靠我和你！

向前，向前，去战斗，
向前，向前，向前！
在独立门的自由钟声响起之前，
战斗，向前！

如果你活着就成为独立军的勇士，
如果我死了就变成独立军的忠魂，
青年啊，这不是你和我的呼吁，
战斗吧，向前！

向前，向前，去战斗，
向前，向前，向前！
在独立门的自由钟声响起之前，
战斗，向前！

隆隆炮声响彻前山后山之时，
拿出击破敌阵的胆魄，
正义的利刃在光复的那天，
高呼万岁万岁！

向前，向前，去战斗，

向前，向前，向前！
在独立门的自由钟声响起之前，
战斗，向前！

越过鸭绿江和图们江。
我们扫清数千年的敌人，
失去的祖国江山光复的那天，
高呼万岁万岁！

向前，向前，去战斗，
向前，向前，向前！
在独立门的自由钟声响起之前，
战斗，向前！

［本项目组 2023 年译，译自崔三龙主编《抗日诗歌集》，民族出版社，2012 年］

独立军歌[①]

佚名

郭建设　刘淑红　冯海东 译

向前，独立军啊，向前，
等待已久的独立战争回来了，
等待这一时刻已十载，
试验更换的利刃的日子已来到。

向前，大韩民国独立军战士啊，
光复自由独立的日子就在今天，
正义的太极旗帜飘扬的地方，
敌人的军队就像落叶一样倒下。

① 前四节又称“独立军进行曲”。

看到了吗？五千年用血保卫的土地，
到处是被蛮夷马蹄践踏的凄惨景象，
听到了吗？两千万檀君的子孙，
敌人在利刃之下惨叫的声音。

接过杨万春乙支文德的血，
不是李舜臣林敬业的后代吗？
为了国家像鸿毛一般献身，
不是你战斗的祖先的后代？

即使子弹像骤雨般射来，
即使有刀枪横在你面前，
大韩的英勇的独立军战士啊，
向前，向前，再向前！

流尽最后一滴血的日子
你耗尽你最后的骨肉的日子，
日思夜想的祖国再次复活，
日思夜想的自由之花再次开放！

独立军百万勇士奔跑的地方，
鸭绿江的鱼鳖也搭起桥梁，
独立军抛洒鲜红的热血时，
打开白头山坚硬的岩石之路，

独立军挥舞灵活的大刀的日子，
玄海滩的蓝色海水被血染红，
独立军发出霹雳一般的吼声，
富士山的山峰必将轰然倒塌。

前进，独立军啊，在共同号令下，
像疾风，像浪潮一般奔跑，

老天的帮助在我们一边，
引导祖先的神灵到来。

敌军即使像山像云，
在我们脚下也像尘埃一般散去，
光荣的最后胜利一定属于我们，
独立军啊，像疾风一般向前冲！

天空晴朗，大地开阔，
光荣的独立军旗帜高高飘扬，
面对树丛一般的刀枪，
洗刷十年怨恨的血统！

明亮的光线，离别的军装，
是长白山琅琳山长久的标志，
远方传来雷鸣般的万岁呼声，
在汉阳城大胜利的凯旋街。

[本项目组 2023 年译，译自崔三龙主编《抗日诗歌集》，民族出版社，2012 年]

大韩之歌

佚名

郭建设　刘淑红　冯海东 译

白头山绵延流长半岛三千里，
木槿花在花园中历史五千年，
我们三千万同胞代代相传，
有福气啊，她的名字叫大韩。

看吧，美丽江山通宵达旦，
三千万你我一起前进！

聚集培养的才干和力量，
喜悦喜上心头放声歌唱。

三千里如此美丽的江山，
亿万年生生不息的大韩子孙，
迎来光明的清晨之时，
我们的前景坦坦。

［本项目组 2023 年译，译自崔三龙主编《抗日诗歌集》，民族出版社，2012 年］

独立军的奋斗

佚名

郭建设　刘淑红　冯海东 译

西伯利亚满洲平原险山恶水，
我们独立军下定决心在奔走，
千辛万苦我们也感觉到甜蜜，
洒下了多少血和泪水。

蒙古沙漠上刮起凛冽的寒风，
残酷无情仿佛要撕下人的肉，
在山林中卧雪而眠时，
沸腾的血液更加滚烫。

拖着疲惫的双腿向前迈进，
饥饿的身子勒紧腰带聚力，
岁月无情，悄然逝去，
我们的事业何时能完成？

告别父母兄弟和妻儿，
共同生活十余载，

当木槿花春天再次开放，
我们的欢乐无穷无尽。

［本项目组 2023 年译，译自崔三龙主编《抗日诗歌集》，民族出版社，2012 年］

独立军追悼歌

佚名

郭建设　刘淑红　冯海东 译

双拳紧握在胸前在树下，
倒下的独立军啊，
胸口流出的鲜血，
浸漫着绿草。

万里长空斯人孤独，
告别父母妻儿，
独自站在树下，
毫无力气地倒下。

山上飞过的乌鸦啊，
看到尸体不要鸣叫，
身体虽然已经死去，
独立精神永生！

我的挚爱，大韩民国，
想喝很多血吗？
想喝很多血的话，
把我的血也拿去喝了吧！

［本项目组 2023 年译，译自崔三龙主编《抗日诗歌集》，民族出版社，2012 年］

独立军进行曲

[韩国]金佐镇
郭建设　刘淑红　冯海东 译

在鸭绿江、图们江、兴安岭、渤海的月光下，
那时走过的条条道路是多么地思念，
凛冽的寒风呼啸，大大的脚印，
昂首阔步上下奔跑。

向前，战斗，让大胜利的桂冠，
向我们走来，向前，战斗！

亿万面孔青筋凸起，
汩汩沸腾的年轻的血液洋溢，
长白山的月光拔出利刃，
岩石被砍上一刀也会碎掉。

向前，战斗，让大胜利的桂冠，
向我们走来，向前，战斗！

清除天下所有地方的恶势力，
像潮水一般奔涌而来的是什么？
破颜一笑高举铁臂之时，
仙女也会在云端拍手。

向前，战斗，让大胜利的桂冠，
向我们走来，向前，战斗！

[本项目组2023年译，译自崔三龙主编《抗日诗歌集》，民族出版社，2012年]

独立志士之歌

佚名

郭建设　刘淑红　冯海东 译

失去祖国的流浪族，
在数万里外的异域备受委屈，
日落月升血泪斑斑，
每时每刻都不能忘记祖国的光复。

先烈的鲜血不会白流，
四肢沸腾的血液聚在一起，
打下延续亿万年的基础，
祖国神圣历史五千年。

朝鲜的同胞们啊，拿起枪杆，
即使死上几百次也要与敌人战斗，
高唱独立的圣战之歌，
三千里江山前途灿烂。

［本项目组2023年译，译自崔三龙主编《抗日诗歌集》，民族出版社，2012年］

独立志士之歌

佚名

郭建设　刘淑红　冯海东 译

大韩剩下的只有怨恨和愤怒，
告别故国山川来到万里异域，
把孤独和朋友都当作成长的积累，
千难万苦到底是因为什么？

半岛啊，不要悲伤，好好活着，
我们一定要回到你的怀抱。

［本项目组 2023 年译，译自崔三龙主编《抗日诗歌集》，民族出版社，2012 年］

三·一节之歌

佚名

郭建设　刘淑红　冯海东 译

四千二百五十二年三月一日，
是我渡过鸭绿江的日子，
在每一年的这一天回来，
在达到目的之前都不能忘记。

三千里江山是我的家，
告别父母兄弟和所有朋友，
两行热泪渡过鸭绿江，
一口气告别母国。

失去郎君，离开的孤独的我，
所到之处尽是苦难泪水涟涟，
问问吧，同胞们，不仅是我的罪，
也有你的罪，一起走吧！

西伯利亚寒风中在平原上奔跑，
躺在司思儿兰东床，
踏上蒙古利亚沙漠，
漫步在阿拉伯的平原。

［本项目组 2023 年译，译自崔三龙主编《抗日诗歌集》，民族出版社，2012 年］

先锋队歌

［韩国］李斗山

郭建设　刘淑红　冯海东 译

白头山高高耸立绵延无边，
东海水、黄海水环绕周边，
三千万为了取得生存自由，
了不起的铁血在沸腾，
在一面旗帜下紧密团结勇敢向前，
大败向恶魔一般的我们的敌人，
我们是在三千万的大众面前，
大步走向前的先锋队。

［本项目组2023年译，译自崔三龙主编《抗日诗歌集》，民族出版社，2012年］

鸭绿江进行曲

［韩国］朴英万

郭建设　刘淑红　冯海东 译

我们是韩国独立军，
是光复祖国的勇士，
向前，向前！
渡过鸭绿江翻越白头山，
我们珍珠般的国家变成了地狱，
现在都处在水深火热之中。

同胞们正在等待，
快快回到故乡，
快快回到祖国，

我们是韩国光复军，
是光复祖国的勇士，
向前，向前！
渡过鸭绿江翻越白头山！

我们是韩国光复军，
消灭恶魔一般的敌人，
向前，向前！
渡过鸭绿江翻越白头山！
有在油灯下哭泣的兄弟，
有被敌人践踏的花株。

同胞们正在等待，
快快回到故乡，
快快回到祖国，
我们是韩国光复军，
是光复祖国的勇士，
向前，向前！
渡过鸭绿江翻越白头山！

［本项目组 2023 年译，译自崔三龙主编《抗日诗歌集》，民族出版社，2012 年］

伊藤屠杀记

佚名

郭建设　刘淑红　冯海东 译

见到了，见到了，
见到了你这个敌人，
虽然见上你一次，
这是一生的期盼，
但经历千辛万苦，

终于还是寻到踪迹。

为了见到你一次，
水陆历经几万里，
要不轮船，要不火车。
俄罗斯、大清飘忽不定，
无论坐着或站着，
都在仰天祈祷。

妄图把我们两千万同胞，
置于灭亡之境，
妄图把我们三千里锦绣江山，
无声无息地夺去。
饶恕我吧，饶恕我吧，
主耶稣饶恕我吧。

那个家伙穷凶极恶，
今日落入我的手掌，
现在取了你的性命，
你也很冤枉啊，
抹去恩德，恩德再来，
犯下罪行，罪行再来。

今天总算见到你，
不要认为只是你自己，
你的五千万同胞，
从今天开始，
一个两个这样下去，
我都要亲手杀死他们。

[本项目组2023年译，译自崔三龙主编《抗日诗歌集》，民族出版社，2012年]

自由歌

佚名

郭建设　刘淑红　冯海东 译

当人被冠以人这个名称时，
生来拥有同样的自由权利。
如果没有自由权利生如死，
即使失去生命也不能失去自由。

朝鲜的孩子们啊，快快长大，
为了我们的自由而战斗吧，
为了争取自由，即使献出生命，
也要气势十足勇敢战斗。

醒醒吧，即使死去也要变成自由的灵魂，
我不要做别人的奴仆。
仇敌啊，你的力量到底有几分？
在这里还有李舜臣的战法。

正义是什么？就是为了自由啊，
杀死剥夺我们自由的敌人是正义，
高举正义的利刃的那一天，
令人激动的自由就会来到我身边。

［本项目组 2023 年译，译自崔三龙主编《抗日诗歌集》，民族出版社，2012 年］

作队歌

佚名
郭建设　刘淑红　冯海东 译

同胞们啊，站好队向前冲！
恢复我们国权的日子就在今天，
在机智勇敢的我们面前，
独立的旗帜高高飘扬。

一同高呼，万岁，万岁！
高声呐喊，独立，独立！
两千万团结一致向前进，
最后的胜利一定会来临！

我们为了流血争取国权，
英勇地冲向前，向前，
挥起熠熠生辉的太极旗，
猛力地敲响自由之钟声。

一同高呼，万岁，万岁！
高声呐喊，独立，独立！
两千万团结一致向前进，
最后的胜利一定会来临！

冒着硝烟弹雨前进的地方，
热血沸腾凝聚忠诚的地方，
永不停歇前进到尽头之时，
自由和独立一定会到来。

一同高呼，万岁，万岁！
高声呐喊，独立，独立！

两千万团结一致向前进，
最后的胜利一定会来临！

［本项目组2023年译，译自崔三龙主编《抗日诗歌集》，民族出版社，2012年］

革命军进行曲

［韩国］李正浩
郭建设　刘淑红　冯海东 译

我们是为了争取自由
而拼搏的战斗队，
全都拿起刀械兵器，
向前冲去战斗！
把被敌人捆在身上的锁链，
全部都砸碎！
木槿花老花园的荒地，
再次耕耘，
为建设新国家前进，
这是我们的伟大的抱负，
为了实现我的愿望，
我们战斗向前！

［本项目组2023年译，译自崔三龙主编《抗日诗歌集》，民族出版社，2012年］

血诚队歌

佚名
郭建设　刘淑红　冯海东 译

新大韩的爱国青年，
沸腾的血滚烫滚烫，

一心一意奋发图强，
组织起来血诚队，
坚守自己的祖国，
立下坚决誓言。

不要担心，我的祖国，
虽然敌人很强大，
但是有胆量有勇气的
血诚队的青年们，
为了保卫祖国，
坚决站岗放哨。

血诚队的爱国青年，
刻骨铭心，
大山可移，
我们精神不可移，
好样的真坚强，
我们的青年血诚队。

虽然遭遇隆隆炮声，
虽然大刀挡在面前，
血诚队仍朝着敌阵，
长驱直入向前突击，
痛快啊，万战不败，
血诚队的突进能力！

［本项目组 2023 年译，译自崔三龙主编《抗日诗歌集》，民族出版社，2012 年］

流动的那朵云

［韩国］辛德英

郭建设　刘淑红　冯海东 译

越过那座山远远飘过的那朵云，
是来寻找我们的祖国的吗？
虽然来的时候一言不发就来了，
心在燃烧血在沸腾忍无可忍，
走过流浪的路逃亡之路，
终于找到光复祖国的革命之路，
送回来吧，我的心。

越过那座山远远飘过的那朵云，
是来寻找我们的祖国的吗？
虽然分别的时候哭泣着相互分离，
凄雨冷风的黑暗之中，
危险的路，战斗的路弯弯曲曲，
革命家正在踏上告别之路，
送走吧，我的心。

越过那座山远远飘过的那朵云，
是来寻找我们的祖国的吗？
回去吗？不想吗？
我即使化成异国的尘土，
也会精神永存成为我们土地的花草，
为此兴奋，平安过活，
快快告诉这是希望的。

［本项目组2023年译，译自崔三龙主编《抗日诗歌集》，民族出版社，2012年］

密林的历史

［朝鲜］朴世永
李佩纶　杨永骝 译

序诗

在我幼小的童年，
在祖国锦绣的河山，
自由的太阳殒落了，
血泪浸透了山川，
半个世纪像漫长的千年。

敌人窒息了我高亢的自由之歌，
蹂躏了我挥动过的祖国旗帜。

人们啊！
你们还记得卖国贼的可憎面目吗？
当乌云越过大海，
笼罩了朝鲜的蓝天，
祖国被深深烙上难以磨灭的伤痕的时候，
他们却屈膝在日本侵略者的屠刀之下。

“总督府”[①]和日寇军警的血淋淋的魔爪，
扼住了三千万同胞的喉管；
“东拓会社”[②]阴险的獠牙，
撕碎了三千里肥沃的土地。

---

① “总督府”为日本帝国主义 1910 年侵占朝鲜后设置的最高统治机构。

② “东拓会社”是“东洋拓植株式会社”的简称，为日本帝国主义掠夺朝鲜经济的组织，成立于 1908 年。

田野上葱茏的禾苗，
凝聚着百姓的血泪；
工厂烟囱里的浓烟，
燃烧着榨出的膏血。

在这人间地狱里，
我饥寒交迫；
仇恨和斗争哺育我成长，
我从闪烁的红星中寻求希望……

亲爱的祖国河山啊！
日寇践踏着你的疆土，
日甚一日地被弄得乌烟瘴气，
那时，我的心像割裂般地疼痛！

那时，哪怕在梦里向往你的自由，
也变成可怕的罪名；
鬼子们多少次地向我眈眈而视，
甚至要迫害我这普通的生命。

凛冽的寒风，
吹落了铁窗外杨柳的绿叶，
花朵般的雪片，
飘落在像我身世一样干枯的枝头。

那时候，
是谁使我鼓起了不屈的斗志，
使我像保护眼睛一样坚守住刚毅的气节？
是他——

我们民族英雄金日成将军！
他带来了红色曙光，
照亮了我的心头。

在日本刽子手的残酷压迫下，
在难以忍受的贫困里，
我从不知屈服！

宁愿承受饥寒的熬煎，
决不能当敌人的奴隶！
如同祖国清澈的江河，
我光明磊落地生活过来。

只要仰望那北方的天空，
只要一想起他，
我就清晰地看到了
未来的胜利。

啊，漫长的十五个星霜，
他高举着革命的旗帜，
穿过风雪呼啸的密林、峻岭，
把锋利的匕首投向敌人，
奠定了党的基础，
组织了“祖国光复会”①。
今天，这面革命的红旗啊，
像一轮旭日高高升起在祖国的天空！

为了万民的幸福，

---

① “祖国光复会”是1935年5月在金日成同志领导下成立的以共产主义者为领导、以工农联盟为基础的朝鲜反日民族统一战线组织。金日成同志为该会会长。

为了给我们开辟通向共产主义的
光荣的劳动党时代，
他历尽了千辛万苦。

今天，是他让千里马展翅高飞，
直上万里晴空，
震撼了整个祖国的河山；
人们仰望着他，
全世界敬慕着他，
孩子们把他当作慈祥的父亲。

对于他
民族的骄傲、万古的爱国者——
金日成元帅，
我是这样自不量力，
有什么才能把他歌颂！

从波涛滚滚的江河，
到流水潺潺的山溪，
从洋溢着欢乐的华丽的新城市，
到迸射着革新火花的大工厂，
从蕴藏着丰富宝藏的矿山，
到无数的英雄高地，
都在向他齐声高歌！

那响遍山岳和平原的
庞大机器的轰鸣，
也在向他歌唱！
啊，我有什么才能，
写出歌颂的诗章？

他像黑夜里的灯塔，
屹立在茫茫的大海之中，
指明了三千万同胞的前进方向。

是他，使我灵感的翅膀——
长期折断了的翅膀，
今天又在明朗的天空中，
自由地翱翔！

是他，用新太阳的灿烂光辉，
照亮每个人的胸膛，
医治好悲痛和苦难的创伤！

是他，给我这白发苍苍的老人，
点燃起青春的火焰，
打开了歌唱的源泉！

对于他——
万民的恩人，
我的恩人，
我要歌唱！
尽管我缺乏足够的才能，
但我要倾注满腔的热忱……
抛却十年来的犹豫心情，
像决堤的洪流，
我要歌唱！
全体人民向领袖唱起美丽的祝贺之歌，
我要把这六十老人的青春歌声，
汇入万民的大合唱！

第一章

一

光荣充满大地，
霞光红遍天空，
在长白山的深谷里，
在一个无名的山村中，
荟集着三千万人民的心愿，
整个的密林都在沸腾。
早晨，人人脸上饱含着微笑，
一颗颗火热的心在胸中跃动！

人们挖出深藏在地下的稻谷，
在溪谷的清澈的泉水里，
洗呀洗呀，洗个不停；
人们为了烧起新炕，
快快乐乐地劈着木柴。
在哗哗的淘米声里，
在通通的斧头声中，
响着同一个声音：
——光荣！
——光荣！

全体朝鲜人民，
仰望着曙光照耀的白头山，
仰望着英雄的金将军的部队——
民族的红太阳！

消息传来——
游击队在普天堡的高空，
高举起自由、独立的火炬，

霹雳般地粉碎了敌人的堡垒，
在凯旋白头山根据地的道路上，
将要经过这个村庄。
啊，有什么比这更高兴！
啊，有什么比这更光荣！

二

太阳高高地升起，
孩子们欢呼跳跃，
部队越过山岗，
来到了村头上。

佝偻的老人，
还有那衣裙褴褛的妇女，
怀着光复祖国的热望，
洒着激动的眼泪，
他们仿佛看见了
烧尽日帝黑暗统治的普天堡的熊熊火焰！
他们带着三千万人民的共同心意，
迎接了凯旋归来的英雄。

整个村庄都沸腾起来，
像一团燃烧的烈火……
怎能抑制住火热的激情啊！
人们手握着手，
眼睛望着眼睛……

群众怀念已久的战士，
战士怀念已久的群众，
他们早已心心相印，
说什么是初次相逢！

金将军率领部队，
从遥远的东方密林，
转战到长白山岭，
从那一天起，
红色的光复祖国的火炬，
照亮了山村人们的心胸！

革命的人民，
怀着那火炬的光芒，
出入在祖国的北方，
越过多少险峻的高山，
跨过多少大河长江！

他们用破烂的衣襟遮挡寒风，
紧勒着腰带抑制饥肠，
冲过敌人的丛丛枪林，
越过多少个可怕的故障——
要支援亲爱的游击战士，
哪怕是一寸布、一把粮！

长白山有多少红色的英灵，
他们为了救护为祖国而战的游击队员，
从容地献了生命！

我们的人民，
我们的战士，
万众一心，战胜敌人，
不怕困难，不怕牺牲！

一个年轻的战士，
把一把深藏在背包里的泥土，
送给一位拄着拐杖的老人。

这是饱含着祖国希望的泥土，
这是战士离开祖国时，
在佳林川边，
珍藏起来的一把泥土！

老人捧起这把泥土，
仿佛回到亲爱的故乡；
他闻着泥土的气息，
把它紧紧地贴在脸上——
目光炯炯，热泪盈眶。

数十年前，
为了寻找那茫茫的生路，
来到了异国他邦；
死也要埋到安葬祖先白骨的故乡啊！
从这把泥土里，
老人仿佛满足了多年的宿愿，
长久地浸沉在对祖国的怀念中！

战士，群众，
拥抱了，又拥抱，
一股灼热的电流，
在拥抱着的胸膛里滚荡；
队员们的双颊剧烈地颤动，
母亲们的眼睛里凝聚着晶莹的泪珠。

“金日成将军万岁！”
突然，爆发了
震撼大地的欢呼声。

将军亲切地笑了，
笑中饱含着兴奋，

笑中饱含着激情；
将军亲切地笑了，
环视着周围的群众：
“同志们，三千万同胞们！
我向你们致以革命军的祝贺……”

人们说，他一步能跨出千里路程，
今日在西，明日在东，
在一次又一次的战斗里，
在敌人的头顶上，
如熊熊烈火，似霹雳轰鸣！
他，我们传奇式的英雄——
金日成！

“朝鲜还活着！”
是他在祖国的土地上燃起光复的火炬，
给同胞带来胜利的信心，
让敌人颤抖在恐怖之中！
他，我们伟大的爱国者——
金日成！

是他，经过千万次的战斗，
建立了万古不朽的功勋！
但他把一切都归功于人民，
归功于像对待子女一样帮助游击队的群众！
他又一次向人民高声致贺，
啊，人民的将军金日成！

万岁的呼声震撼天空，
高山和森林同声呼应：
“万岁！万岁！
万岁金日成！”

万岁的呼声，
震荡着山谷、大地和天空，
向着无边的远方响动……

三

将军带领着指挥员，
走进对面的丛林，
队员随同群众散去。
山村里石磨的响声像远天的滚雷，
在深山谷里激起回声。

敌人的“扫荡”，
捣碎了群众的锅碗瓢勺，
烧毁了群众的住房，
但为了迎接从祖国胜利归来的英雄，
为了让队员们吃饱吃香，
在隆隆的磨米声中，
凝聚着妇女会员的挚情、衷肠！

参军后，
永春第一次回到故乡；
他和锡哲中队长帮助母亲磨米，
石磨发出更大的声响，
母亲和妇女会员的脸上，
浮现着欢乐的笑容；
锡哲和永春飞快地推着石磨，
满面欢笑像盛开的花朵。

“阿妈尼[①]，您该高兴啦！
永春在战斗中又沉着又勇敢，

① 朝鲜语，即母亲或大娘。

这次参加了普天堡的战斗，
他第一个冲进敌人的兵营，
受到将军的称赞：
说他真像他的父亲——老船工，
跟他的哥哥——著名射手一样勇猛！”

母亲知道，
这位年长的战士，
把永春当作了亲弟弟，
对他安慰自己的话儿，
怎能那么认真！

一年前，
正是这位好心肠的战士，
带来永民牺牲的消息；
永春为了替哥哥报仇，
坚决跟他参了军。

那时，永春还是一个十九岁的孩子，
今天，他继承着父兄的遗志，
成了金日成将军的一名战士。
母亲多么高兴啊！
今天早晨，
她看到了——
在漫长的岁月中，
用痛苦和眼泪养育的儿子，
已经长大成人！

母亲放下石磨的转柄，
恨不得立即跑到将军面前，
表一表自己的心意！

仁淑坐在石磨旁边，
听着锡哲中队长的谈话；
她偷偷望了永春一眼，
又是高兴，又是羞惭。

他们是青梅竹马时的伙伴，
又一起参加过儿童团，
如今他是祖国的优秀战士，
仁淑对他望了一遍又一遍……

这位好强的山村姑娘，
好像比输了一样，
总觉得妇女会员不如游击战士，
一阵阵红晕涌上脸庞。

四

在根据地造过土屋，
在宿营地搭过草房，
游击队员个个手脚敏捷，
干起活来就像冲锋打仗！

太阳还没有过晌，
在葱绿的树荫下，
耸立起整齐的篷房。
这坚实可爱的小房啊，
盛满战士热爱人民的心肠！

母亲家的石磨，
已经磨完粮食，
妇女会员聚集在一起，
筛着雪白细软的面粉。

这时候，将军走来了，
迈着稳健的步伐走来了！

他悄悄跨过小溪，
巡视了整个村庄，
带着满意的微笑，
来到堆满面粉的石磨旁。

“辛苦了！”
将军再也讲不下去，
环视着母亲和妇女会员，
送去问候的目光。

可是人们怎能不知道
将军难过的心情？
他弯腰凝视着——
两扇磨损了的石磨，
他双手抚摩着——
妇女会员用手掌和胸膛
磨细了的磨柄。

母亲第一个站起来了，
全体妇女会员站起来了！
将军举了举手，
请她们坐下继续干活。
接着，他推了推两扇石磨，
询问哪位是永春的母亲。

霎时，
仿佛太阳倾注出全部光芒，
一下照亮了母亲的胸膛；
可是她为什么要流泪呢？

涌泉似的泪水溢满眼眶。
母亲啊,满腹的话儿讲不出口,
又一次向将军施礼问候。

将军向前大跨一步,
久久握住母亲的双手:
“没有早来把您看望,
心中实在不安。”
将军就好像遇见故乡的母亲,
一次次抚摩她粗糙的手腕。

将军什么都知道了,
甚至这石磨的历史:
永春的父亲把它打制出来,
母亲为了支援游击队,
整整围着它转了三年。

将军再一次走近石磨,
双手抓起了磨柄,
好像要把石磨推动,
有力地发出豪言壮语:

“成千上万的石磨声,
响遍祖国的大地;
敌人的末日就在眼前,
我们夺回祖国和幸福的日子,
为时已经不远!”

将军又握了握母亲的手,
向妇女会员打了招呼,
然后带领他属下的指挥员,
迈开步子走向前面。

相逢是这样短暂，
将军的话语句句温暖，
在母亲和妇女会员的心里，
带来比泰山还大的力量，
带来比天空还高的信念！

人民的力量，人民的爱戴啊，
也在将军的心中，
永远火热，永不枯干！

五

太阳沉下狭窄的山谷，
撒下一片金色的霞光；
红霞染遍村庄、密林和溪谷，
集合的军号响彻四方。

嘹亮的军号，
在山谷中荡起回声，
好像对峙的群山遥相呼应；
嘹亮的军号，
激荡着人们的心灵。

队伍要出发了，
将军戎装出现在队伍的最前头——
他背着军用挎包，腰里插着手枪。

将军走了过来，
同母亲紧紧握手告别。
他站立在战士和群众的前面，
向送水送粮的妇女会员，
表示衷心的感谢：

"乡亲们诚意的款待，
就像使我们吃了一顿丰盛的饱餐，
游击队就要启程上路，
请不必为一时的分别伤感。

"不论我们走到哪里，
永远和你们在一起，
今天你们把我们送走，
也永不会同我们分离。
人民群众和游击战士，
就像水和鱼，水和鱼……"

部队启程了，
离开只住了一天的地方——
钟情的故乡。

战士永记着依依难舍的
群众的心意，
攀上山岗，走进丛林。

部队迅速地跨过山岭，
密林的英雄加快脚步，
一切都和祖国血肉相连——
故乡、母亲、爱情和幸福！
为祖国神圣解放而战的英雄，
奔向期待着他们的根据地，
奔向人民期待解放的战场！

第二章

一

一夜穿过一座密林，
一天走完一条峡谷，
游击队回到了根据地，

昨晚行军中派出的尖兵——
永春他们早已在等候。

永春们为了迎接主力部队，
翻越过数十里险山峻岭；
一夜之间召集起附近的游击队员，
胜利地完成了任务。

永春向将军做完汇报，
锡哲站在将军身旁；
他把永春怀中的一支人参，
首先献给了将军：
“师长同志，
这是一支生长了百年的人参！”

队员发出大声的欢呼，
跑上来把那支人参围住，
有的抚摸尖长的参叶，
有的抚摸胡须般的参根。

一位忠厚的游击队员，
拍了拍永春的肩膀：
“永春是长白山人，
山中之宝也认识它的主人，
我们踏遍了险山峻岭，
一次也没碰上过人参！”

将军用惊奇的目光，
看着人参的叶和根；
他今天是多么高兴，
发出了朗朗的笑声。

这里的一草一木，

一山一水，
都饱含着深厚的感情，
循循善诱的将军，
亲切地转向战士：

“只有心地纯洁的人，
才能看到它，
只有真正尽到了心意，
才能得到它！
永春大概没有睡觉，
夜夜都在跪着祷告……”
将军发出愉快的大笑，继续说道：

“谁得到它，
就该归谁享受！
这是白头山老人送来的礼物，
要你吃下它，
好去飞山越谷！”

将军无微不至的关怀，
使永春感到无限幸福；
锡哲把青苔包起的人参交回永春，
永春再一次把它献给将军：

“我不吃人参也是大力士，
应当献给师长同志！”
永春的话，
道出了全体队员的心意。

一张地图，
展现着万水千山，
将军倾注着全部心血，

计划每一场艰巨的作战。
在放着地图的木桌和石桌上，
人参——山中之宝，
像可爱的孩子不时出现！

人参从头到脚，
跟人形模一样；
那绕着百年年轮的肢体，
如同一层层叠起的菜盘；
颈上顶着五片绿叶，
像一把张开的雨伞！

将军拿起人参，
又仔细看了一遍；
指战员们望着他微笑的神态，
热切盼望他偿了自己的心愿。

是他亲自指挥作战和行军，
日以继夜地劳碌伤神，
人们多么希望用这支人参，
把将军的全部疲劳除尽！

人们正在这样庆幸的时刻，
将军缓缓地昂起头来；
他仰望着密林的上空，
注视那一朵浮动的白云。

将军在思念着一个地方——
山那边的一所临时医院，
可爱的战友在那里同枪伤作斗争，
他们是英勇负伤的三个队员。

将军喊来一位联络员，
把人参交到他的手里，
命令他当天打个来回，
务必把人参送到医院。

天空一片蔚蓝，
夺目的阳光照耀着灌木丛林，
密林的山谷容不下将军的无限慈爱，
如今显得那么狭窄！

联络员把人参揣进怀里，
霎时间在密林中消失。
队伍重新在将军面前集合起来，
指挥员、战斗员和永春都全身是劲，
仿佛一个个都吃了人参！
啊，为了将军，
他能把一座座大山连根拔掉……

二

头顶白头山的群峰，
脚踏千里林海，
在这千年的密林里。
太阳发出夺目的光辉。

杉树、杨树、松树、
根据地密密层层的参天大木，
一棵棵像金光闪闪的宝柱。

指挥员和战士代表排起整齐的队伍，
在根据地迎接凯旋归来的将军；
一棵穿天的大杉树下面，
摆上一把战士特制的长椅。

掌声，欢呼声，
军乐般地震撼着密林；
红旗迎风招展，
挺拔、威武的树木，
像千军万马排起的长阵。

那面绣满祖国朝霞的红旗，
是人民用革命的赤心绣成；
它满载着三千万人民的愿望，
在战士们的头顶翻滚着红色波浪。

将军和指挥员，
久久地站在红旗前面；
战士们的眼睛里，
滚热的泪珠亮光闪闪。

在黑瞎子沟根据地里，
从太阳当头的中午开始，
人们在金日成将军身边，
召开了胜利者的庆祝大会。

金将军说话了：
不要满足普天堡的胜利，
继续给敌人以歼灭性的打击！
将军下达了命令：
把这一天定为根据地的胜利节，
大家要尽情跳舞、歌唱，
让革命军的士气直上青苍！

整个密林都在沸腾，
雄壮的歌声响彻云层，
游击队之歌啊！

显得多么纯洁、有力……

人人耸动着肩膀，
互相手拉着手；
指挥员跳进战士的洪流，
到处是一片欢乐的歌舞。
密林为之倾倒，
歌声越唱越高！

白头山的群峰啊，
你用千山万水护卫着抗日战士！
千年的密林啊，
你用宽广的胸膛遮蔽敌人的视线！
啊，今天让我们一起同歌共舞！

长久以来，
我们就等待今天，
在生疏的土地上，
用生命夺取一支支枪杆；
自从打响艰苦的第一仗，
我们经过多么险恶的岁月！

暴风雪覆盖着天地，
连百年的大树都无法生存，
在滴水成冰的夜晚，
在茫茫的大风雪中，
在饥饿难耐的日子里，
我们只有仰望着金将军！
他怀着祖国的春天——
三千里祖国的春天、胜利的春天，
把霹雳投向日本鬼子！

黑瞎子沟啊，
我们和金日成将军一起，
在你的怀抱里召开庆祝大会
这是根据地和游击队员的欢乐！
是祖国的大地和全体人民的欢乐！

人民会永远记住这一天，
将把它永刻在祖国的青史；
一九三七年六月的红色节日，
同金将军的名字一起，
将永世放射光辉！

当金日成将军在三千里江山，
建立起人民的新宫殿的时候，
一定要用这里的林木，
作它的大梁高柱……

三

根据地的夜渐渐深了，
歌舞了一整天的战士，
怀抱着六月的白色的银河，
进入了梦境——幸福的故乡。

在山岗上的司令部里，
在那个彻夜闪烁灯光的窗口，
响着翻阅报纸的声音……
国内传来的每条消息，
都紧紧吸引着将军。

将军每次打开报纸，
思绪像闪电一样飞驰，
如同历数掌中的纹络，

一眼览尽祖国的山河——
直到南海的巨济岛！

敌人把三千里江山，
变成一座大地狱，
在三千万人民的肩头，
套上沉重的枷锁。

但是，美丽而神圣的祖国，
为五千年悠久的历史而自豪，
同倭寇进行着永不屈服的斗争；
今天，高擎着普天堡的火炬，
像爆发的火山熊熊燃烧！

工人更加团结起自己的力量，
在仁川，在兴南……
掀起台风般的罢工浪潮；
农民们高举锄头，
席卷起烈火般的抗租风暴！

在开往日本的“官府”联络船上，
在咸兴的万岁桥头，
在祖国的每一个地方，
张贴着一条条的标语，
每条标语都闪耀着普天堡的火光！

眼红中国大陆的日本鬼子，
为了挽回一落千丈的“大日本帝国”的威信，
向世界进行着虚伪的宣传；
为了扑灭烧到眉睫的火焰，
举着刀枪疯狂地向密林扑来……

将军放下报纸，站起身来，

请来了全体指挥员；
在破晓之前，在窗口的灯光下，
再次打开饱经风霜的地图……

将军和侦察员们，
翻阅着地方组织员送来的数不清的情报，
不住地在地图上划着圆点和红圈。

将军放下手中的铅笔，
叫来锡哲中队长和永春，
向他们下达了新的命令，
把一项工作任务交给他们：

“日本的武士道徒，
在普天堡遭到惨败，
他们举起报复的战刀，
又要向着我们扑来。
你们要弄清敌人的一举一动，
掌握住他们疯狂的企图……”

四

早晨，肩负重任的人出发了，
将军亲自送别亲爱的战士；
他们一直走过远处的岗哨，
将军啊，您要把他们送到哪里？

晨星还在闪闪烁烁，
他是喜爱那蒸气般的蒙蒙晨雾，
还是为了在饱含露珠的绿草丛中，
洗涤自己的双足和心胸？

将军停下脚步，

转身向着锡哲和永春；
他紧紧握住两人的手，
预祝他们工作成功。

将军仿佛蓦地想起什么，
又一次把锡哲叫住：
“下山后要记住告诉区长，
赶快成立一所学校，
校址选在我常提到的芝阳界上……
你要多多帮助他，
完成任务再回来！”
将军从怀中掏出一封信，
把它交到锡哲的手里。

将军温暖的话语，
激动着老战士的心弦，
显得那样地有力！

老战士跟随金将军，
经历了漫长的斗争道路；
将军不只一次地向他交待过任务，
为什么这次却像火块燃烧在心头？

勇敢的永春啊，
飞快地穿行在丛林小道上，
他怎能知道——
不论是夜路茫茫，
还是遍地荆棘，
一往直前的锡哲，
心情为什么这样激动？
双目为什么像闪耀的明星？

这时，锡哲的思绪，
一下飞越过千里路程，
飞越过遥远的东部游击区，
飞越过绿色的群峰，
最后飞到一个山间的村庄中。

将军曾在密林的广场上，
接见了儿童团的孩子们，
亲手为他们弹起风琴，
如今锡哲又仿佛听到琴声和歌声。
那是几个月前的事了：
游击队和人民群众，
遭到敌人的包围，
没有衣服裹身，
没有粮食充饥。

但是，为了让愉快的歌声，
传达出孩子们纯洁的心灵，
将军吩咐执行命令的战士，
一定要弄回一架风琴！

在那天夜里，
展开了一场激烈的战斗，
游击队打进敌人的城市，
锡哲背回一架沉重的风琴。

这架风琴，
胜过千石粮食、万套衣裳，
金将军啊，
您和祖国的儿童当时是多么高兴，
一同把愉快的歌曲弹唱！

尽管面临着决死的战斗，
将军念念不忘建立学校，
战士怀着你烈火般的心愿，
怎能不献出全部的力量！
怎能闯不过重重难关！

将军啊，
哪怕牺牲十次生命，
一定要把您的心意实现！

我们一定要看到那一天——
在祖国的土地上，
建立起千万座学校，
制造出无数架风琴，
让我们祖国的花朵。
永远同您一起愉快地跳舞、歌唱！

第三章

一

白头山天池的水，
直泻鸭绿江，
高岭巉岩下的深谷，
一片夜雾茫茫。
从那团团的浓雾中，
传来“木儿棒阿”[①]的声响。

你在叹息中衰老的“棒阿”，
你盛满着苦难的“棒阿”，
你满身水渍的“棒阿”，
今天你又咥咥地响个不停，

① 朝鲜语音译：“木儿”是水，“棒阿”是臼，这里是指利用水力舂米的臼。

头顶上飞迸着白色的水花。

“棒阿”是区长斗镇制造的，
它专为将军的游击队舂米；
有时候还用它卖工换粮，
为的是给抗日战士补充给养。

敌人霸占了
故乡的肥田沃土，
兄弟们被赶到异国他乡；
土地贫瘠，剥削惨重，
一到秋天便落得两手空空！
到哪里去倾诉哟，这悲惨的生命！

逢年过节吃不上一粒大米，
只得用藤根和树皮充饥。
今天“棒阿”在舂些什么？
那声音格外显得欢乐，
彻夜地、彻夜地响个不息！

为了支援将军的游击队，
人们不怕忍饥受饿；
献出黄金般的谷物，
“棒阿”里盛满了喜悦！
人们背着粮食来来往往，
一袋袋粮食，一阵阵欢歌。

快快地舂呀，使劲地舂呀，
用你的声音大声歌唱普天堡的胜利，
让这声音一直传到山里！
任凭敌人去暴跳、逞凶，
怎能阻挡我献给游击队的心意！

白米在石臼里像闪电飞迸，
木杵旁围坐一群包着头巾的妇女；
其中还有一个中年男人，
他在筛去稻谷的糠皮。

搬运粮食的人们，
背的背，顶的顶，
臼米房里热气腾腾。
这时，突然闯进两个空身人——
一个青年和一个农民，
他们是整天在丛林穿行的锡哲和永春。

“米房的主人在家么？”
锡哲第一个开口询问。
筛糠的男人没有回答，
他站起身来，
使了个“到外面去谈”的眼色。

筛糠的人就是斗镇，
他是日本鬼子信赖的区长，
也是臼米房里的主人。
可是，将军十分了解他，
他又是一个忠诚的光复会会员。

永春已经登上对面的山岗，
站在高处向四面了望；
锡哲和斗镇头靠着头，
传达着将军的指示。

要突破江对岸森严的警戒，
把敌情详详细细地摸透！
尽管任务比战斗还要艰巨，

斗镇在夕阳的光辉中面带笑容，
无限的信心充满锡哲的心头！

战斗、工作，
工作、战斗，
一切遵照将军的指示！
两位战士在将军的领导下，
勇敢、忠诚而又机智！

两个人手拉着手，
从草丛中站起来，
星光在头顶上闪耀——
是智慧的闪光，
还是必胜的信念？

“棒阿”仿佛也听到他们的谈话，
“棒阿”仿佛也了解他们的心情，
欢快地发出啌啌的声响，
舂着最后一臼稻谷。

二

杉树、赤木郁郁葱葱，
森林里拉锯声“嗤咙嗤咙……”，
斧头发出铮铮的鸣响，
在山谷间荡起阵阵回声。

从白天干到深夜，
燃起的篝火亮光闪闪。
为什么这样急啊？
忙过漫长的夏日，
在短暂的夜里继续奋战！

伐木声响遍整个山谷，
再也听不到猫头鹰的悲鸣，
这里顿时变成了
一座伐木场！

锯锋迸发着火花，
人人都像一团火焰；
他们要在黎明之前，
造好两只木筏。

木筏呀，
你快些儿驶往江心去吧！
快快去把敌情侦察！
我们还要把木材卖掉，
要在芝阳界上建起学校！

前村后庄的人们，
个个去找采伐主；
高高兴兴，
出卖一天的劳动。

为了打通惠山的隧道，
日寇需要大量的枕木，
命令人们在天亮之前，
通通替他们完成任务！

伐木人心里全都明白：
不能把枕木都卖给日寇，
马上便要建立学校，
一定要准备好粗梁高柱！

芝阳界的日本巡查部长，

耀武扬威来到伐木场，
大加赞赏“皇国臣民”的“热情”，
不住地拍着采伐主的肩膀。

人们排列起一道长城，
遮挡住敌人的眼睛；
呼着号子伐大树，
锯掉千棵不嫌累，
砍倒万棵不怕重！

鸭绿江岸曲曲弯弯，
敌人的炮楼成百上千，
让它们都变成睁眼瞎子，
白白在那里罚站！

金将军指明了
光复会员的斗争道路，
人们把黑夜变成了白天！
斧头仿佛砍在敌人的头上，
一棵棵大树被拦腰斩断！

三

繁忙的夜过去了，
浓雾笼罩了江面；
对岸传来鸡鸣报晓之声，
可是在宣告祖国的黎明？

年轻人把最后一根木材推下水去，
如同搬去了一座泰山；
他们顾不得揩去脸上的汗珠，
把浮在水面的树干连在一起。

两只紧紧相连的木筏，
从江面上疾速地驶去，
满载着光复会员的赤诚。

站在江岸的光复会员，
用衣袖和衣襟揩着脸上的汗水，
“一路保重吧，一路保重！”
向离去的人谆谆叮咛。

“再见吧，让我们平安地重逢！”
站在木筏上的锡哲、斗镇和永春，
肩负着将军交下的重任，
向着江边依依惜别的弟兄，
举手保证成功！

在树林中长大，
在大江边成人，
长白山的人们啊，
人人都是伐木手，
个个都是驾船工！
斗镇怎能不知道水的深浅？
永春怎能不懂得撑筏的技能？

一放开缆绳，
木筏霎时驶向江心；
斗镇稳掌住舵柄，
永春用力地划着船桨！
永春从小跟随父亲——
一位老船工，
游遍了这两千里长江！
两只木筏像长了翅膀的骏马，
乘风破浪，飞速前进！

木筏在大雾弥漫的江面上前进，
嗳嗨哟，嗳嗨哟，
木筏疾驶在鸭绿江上！
燃烧的心像迎风飘起的红旗，
木筏冲破大雾前进！
嗳嗨哟，嗳嗨哟，
木筏在前进！

木筏在两千里长江上前进，
嗳嗨哟，嗳嗨哟，
满载着将军的伟大意志，
满载着献给祖国的赤心！
木筏破浪前进，
嗳嗨哟，嗳嗨哟，
木筏在前进！

木筏在急流中前进，
嗳嗨哟，嗳嗨哟，
哪管它夜雾茫茫，
木筏在飞箭般地前进！
嗳嗨哟，嗳嗨哟，
木筏在前进！

雾越下越大，
木筏横跨过十里江面，
回到了祖国的岸边。

四

木筏靠岸了，
跳下锡哲和向导员；
他们快步如箭，
消失在茫茫的大雾中。

斗镇、永春和筏工们，
坐在木筏上等待天明。

啊，是什么地方狗在狂吠？
还有鬼子们凶狠的嗥叫声！
哦，是远处隐约可见的炮楼里，
鬼子们驱赶着国境上的人民，
开始一天的累弯腰背的苦役。

天，渐渐亮了，
两人走向晨雾蒙蒙的大街；
斗镇扮成一个身着西服的中年男人，
永春扮成一个青年学生的模样。
他们仿佛是一对亲生父子，
儿子随父亲过江到朝鲜观光。

再一次看到祖国的山河，
永春的心情怎能平静？
再一次听到熟悉的语言，
多么想拥抱那些来来往往的弟兄！

片片的树林都在动荡，
山坡上布满七零八落的烟囱、土房，
仿佛都在倾诉悲惨的遭遇，
怎能不使永春痛心、断肠！

国境线上的市街，
一片乌烟瘴气——
到处是欺骗、掠夺，
到处是倾轧、格斗！

但是今天，

怎么看不到早晨的醉鬼，
也看不到拦路的狂徒？
顾客和店主都那么稳健而庄重；
人们为何都在低声细语，
脸上带着会心的笑容？

可怕的国境线上的大街，
今天你为何这样反常？
人人脸上堆满笑意，
顾客和店主亲如家人一样？

斗镇和永春，
穿过叫卖的杂货摊，
越过摆满陶器、木器的山货行，
当他们走到布匹商场，
才弄清事情的原委。

在布匹商们中间，
坐着一位宽脸堂[膛]的中年，
他一眼认出一个月前见过面的斗镇，
两个人视线对着视线……

“这是多么难得啊！”
斗镇高兴地走上前去，
好像分别十年的老友又相见；
中年人是朝鲜民族解放同盟盟员，
他紧紧握住斗镇的手：
“我们没有死，今天又见面！”

布匹商们望着两个愉快相逢的人，
也许是感到过于惊奇，
也许觉得有些儿意外，

他们一个个在窃窃私语，
诉说着各自的见闻。

三个人，
从对面的布篷里走出来，
他们刚刚饱吃了一顿热早饭。

这时，斗镇和永春，
精神抖擞地走在大街上，
仿佛身上长出了翅膀！
他们怎么不觉得全身轻松？
他们怎么不感到步伐轻快？

将军，在普天堡，
发出的唤起三千万人民的号召，
已经变成民族的巨雷，
唤醒了千万人的良心，
甚至包括那些市场的商人。

全国人民的心啊，
都和将军在一起，
预期着更大的胜利！

祖国人民赤诚的心意啊，
一直深深地埋藏在心底，
如今遇到了锡哲中队长，
在祝福他安全地渡过江，
祝福他顺利回到根据地。

五

一座红色的瓦房，
坐落在江边的山坡上，

那豪华的门窗，
倒映在鸭绿江的水面。
这时，突然出现了两个人，
他们叩起了瓦房的大门。

在树荫覆盖下的房舍，
在木材商人的房间里，
木材商眼看着从江对岸飞来的利润，
从中午起就大摆宴席。

又矮又胖的木材商。
一心要提高自己的威信，
他从举起第一杯酒，
就不停嘴地自我吹嘘：
说他是国境上的第一号木商，
说他最受到官厅的信任，
说他的酒是第一流的名酒，
劝客人开怀畅饮：
“你老兄魁梧、英俊，
今后还望多加帮衬……”

斗镇原本不会喝酒，
而今日的宴席却是一场战斗；
人家能喝自己怎么不能饮？
这次轮到斗镇举杯劝酒！

从中午一直喝到傍晚，
那家伙也并非喝酒的好汉；
斗镇虽说有些头昏目眩，
木材商早已嚼字不清，
只见舌头在嘴里打转。

这时候，一个年轻的巡查，
敲门走进房间，
主人显得越发得意，
忙把客人介绍给
被称作是自己亲戚的巡查。
木材商已喝得酩酊大醉，
斗镇却不禁有些着忙。

好，你们就来吧，
来得越多越好！
要让你们像扑火的灯蛾，
不吐出肚子里的秘密，
一个也休想逃脱！

永春坐在一旁望着斗镇，
斗镇还在举杯劝饮；
从日落到天黑，
从天黑到天明，
人醉席不散，
一直畅饮不停！
主人发出了鼾声，
巡查的舌头已不听使唤，
几杯黄汤下肚，
一片胡语乱言：

“金日成部队攻打了普天堡，
区长和巡查是难兄难弟，
一到天黑就吓得不敢出门，
只好躲在家里。
可是明早讨伐队就要开到，
三天后出发征讨，
只要这次能把命保住，

往后一切都好……”

永春打开本书，
斗镇又打开一瓶酒；
他要一直喝到最后，
直到舌头发硬的时候。

六

斗镇吃过早点，
卖掉木材，
穿着新买的西服，
戴着草帽和眼镜，
不论让谁看去，
都像一个派头十足的绅士。

大街上杀气腾腾，
宪兵、守备队和警察，
像一群恶狗到处乱窜；
斗镇和木材商并肩走过，
仪态十分悠闲。
可是“狗洞”里在开欢迎“讨伐队”的大会？
吵吵嚷嚷闹成一团。

到处张贴着“大日本”的名字，
到处打着“大日本”的腐烂招牌；
那些男男女女的日本鬼子，
横行霸道，狗样地狂吠。

热血沸腾的祖国人民，
怎能眼看可憎的恶魔，
在自己的眼前行凶作恶？
可是，为了更大的胜利，

为了彻底消灭敌人，
要暂忍住满腔的怒火！

蒜头鼻子下面蓄着一撮小胡的鬼子，
只不过是个一枚小星的少尉，
可是两旁的奴才们，
却毕恭毕敬，弯腰施礼。
斗镇站在人群之中，
忍着满腔激愤，怒目而视！

永春的眼睛里，
迸射出枪弹般的憎恶目光，
他真想像在山里战斗那样，
当场把敌人一扫而光！

这时，“讨伐队长”手提战刀走上讲台，
拉开嗓门大声叫嚷：
“碰上大日本帝国的无敌皇军，
金日成共产军必将灭亡……
为了东亚的安全，
为了强化‘内鲜一体’①，
为了提高‘皇国’的国威，
我向天皇陛下宣誓，
向诸位国民保证：
此次讨伐，马到成功！”

鬼子们，你们叫嚷去吧！
消灭你们的霹雳，
要把你们的脑袋炸得粉碎！

---

① 是日本帝国主义侵略朝鲜的口号，意即“日本内地和朝鲜是一个国家”。

第四章

一

是江上升起的彩虹么？
彩虹照亮人们的胸膛；
晚霞映红的鸭绿江——
祖国的江啊，
今天，你在滔滔地奔流，
显得更加欢畅！

前头走着神采奕奕的斗镇，
后面跟着扮成儿子的永春；
“我们是卖木材去的”，
回答和证件都毫无破绽，
警备队的鬼子也没法留难。

两人安全地渡过鸭绿江，
和自己的弟兄相会在江岸；
这满怀胜利喜悦的相逢，
该是多么地短暂！
永春又要踏上遥远而险恶的征途，
出发的时间就在当天夜晚。

“分秒必争，
要尽快掌握到敌情，
这个任务十分重大，
它是我们胜利的保证！”
在离开根据地的时候，
将军曾这样谆谆叮咛。

这时刻，永春仿佛觉得，
将军期待情报的目光，

穿越过林中的羊肠小道，
注视着他所到的地方。

在这短促的夏夜，
永春动身启程，
黎明时分，
他已越过一座座峻岭。
永春进入一个深林，
坐在一段木桩上，
倾听着四周山鸟的啼鸣。

永春揩去汗珠，
在思索着什么；
他是不是在想：
自己怎样单枪匹马，
穿过这险峻密林的夜路？

每座山谷，每条山路，
每个山坡，每处拐角，
师长都告诉得清清楚楚；
是不是将军的话使他万分叹服，
他的心要展翅从胸膛飞出？

此刻回到根据地，
师长该是多么欢欣！
永春一想到这里，
立刻起身，继续前进！

他呼吸着山中的空气，
精神振奋，倍添力量；
他踏着林中的茅草，
健步如飞，浑身轻爽！

黑色的岩石重重叠叠，
永春顺着溪谷前进；
仿佛是绿色绸缎上的刺绣，
可爱的红莓果结满山坡。

永春像童话中描述的孩子，
怔怔地朝山下凝视：
别去采摘它们吧！
又迅速地走进密林。

二

这正是回根据地的路，
永春并没有走错，
可是他为何停下脚步？

“放过大路不走，
为什么钻进深山密林里头？
一定不是种地的农夫！”
从山坡上下来搜索队，
早已在监视永春的行动，
这时他们举起闪光的枪刺，
突然间抵住永春的前胸。

在密林中潜伏了一夜的鬼子队长，
长得活像一只狡猾的山猫，
他呲牙咧嘴地大声咆哮：
“你是干什么的？”
“挖药材的。”
“挖药材的？
一派胡说乱道！”

鬼子摇晃着

仿佛安上去的脑袋，
继续疯狂地喊叫：
“说实话，你是不是金日成的共产军？”
“我是什么共产军？
你不要太过奖吧，
我还没有那种资格！”

鬼子转动着凶狠的眼珠，
露出一副穷凶极恶的面孔：
“住嘴！你是哪里人？”
“十九道沟。”
“不许你再来撒谎，
快快跟着我们走！”

鬼子们
要把永春带到哪里去？
他们走完一条溪谷，
眼前出现一间草房，
敌人一个个探头探脑，
不住地把草房打量。

突然，吓破了胆的鬼子，
就像碰上了游击队，
朝着草房胡乱开枪。
他们又立刻夺下永春背包，
使劲把它抛得远远；
鬼子们只感到草木皆兵，
以为背包里放的全是炸弹。

“你装得倒煞是像样！
我全都知道，
你一定是到根据地去的共产党！”

鬼子队长喘着大气，
气势汹汹：
“搜查他的全身！”
向他的部下发出声号令！

夹裤缝里藏着情报文件，
万一被敌人发现怎么办？
背包里放着刀子一把，
被搜查出来该怎样回答？

鬼子搜遍永春的全身，
什么东西也没有得到；
他捡起扔在一旁的背包，
翻来覆去地细查细找。

在背包的最下面，
鬼子队长拿出一个米团和一把刀，
他得意忘形，冲着永春喊叫：
“怎么样，你还要撒谎？
你是个可怕的共产军，
证据就是这把共军使用的钢刀！”

“我怕在山里碰上野兽，
用它来作防身的武器！”
“胡说，把他绑到树上，
我要把他枪毙！
不，我还给你留下一条活路，
要你供出共产军的根据地！
这样你可以得到大量奖赏，
你还会蒙受帝国的‘皇恩’！”

“我什么也不知道！”
永春的回答，只有一句话！

三

啊，生命，
有战斗就有牺牲。
永春，你不是见过么！
多少战士虽然年纪轻轻，
但他们含着微笑献出生命！

可是，祖国交来的情报，
必须献给将军！
这不是生命能够换来的，
牺牲十次也不能把它代替！
年轻的战士这样想着，
胸中像有一团烈火冲击！

山风摇撼着树林，
鬼子们一个个胆战心惊；
他们像是要在周围布上一道岗哨，
不少鬼子钻进了树丛。

鬼子队长跨前一步：
“你这个傻瓜！
反日游击队算得什么！
虽说他们攻打了普天堡，
如今‘讨伐队’一旦开到，
这座山就是他们的坟墓！”

永春还是没有回答，
鬼子队长立刻拔出手枪；
另外还有两个鬼子，
也举枪摆出射击的模样：
“这是你最后的机会，

只要你说出游击队的根据地，
当场就能活命！”

敌人的手指扣住扳机，
仿佛立刻就要射击，
但是面对死亡的永春，
庄严地挺胸站立！

永春呀，说吧！
你充满希望的
年轻而崇高的生命，
诞生在哪里？

你怒视着敌人，
面对着死亡，
连眼睛都不眨一眨！
年轻的战士啊，
是在用你的心作出了回答：

我是金日成将军的战士，
是他把我这个饥寒交迫、受尽虐待的人，
是他把我这个像路边石子遭人践踏的孩子，
培养成儿童团员！

是金日成将军，
接受我参加游击队，
是金日成将军，
赋予我不屈的精神和勇敢！

在少吃、断粮的时候，
将军自己也在忍饥受饿的时候，
他把仅有的一点粮食，

坚持让给我们年幼的队员。
我就是粉身碎骨，
也忘不了将军的崇高心意！

啊，永春！
你希望的太阳——金将军！
你全部的信赖——金将军！
你意志的支柱——金将军！
在你幼小的心中燃烧的，
是将军不朽的爱国精神！

永春迎着枪口挺起胸膛，
发出震动密林的高呼：
“我是战斗的朝鲜青年，
为了反对帝国主义侵略朝鲜和中国，
我不惜把自己的生命捐献！”

“我是金日成将军的光荣战士，
在普天堡参加了粉碎你们的斗争！
鬼子们，要杀，你们就快快开枪！……”

东方亮了，
阳光照耀着葱郁的丛林；
新的一天开始了，
为密林的历史刻下一道新的年轮。

司令部里还亮着一盏明灯，
仿佛在等待什么人的归来；
将军一夜没闭那双火光般的眼睛，
又一直熬到天色大明。

将军在室内急促地踱步，

他的思绪在探寻什么地方？
那思绪早已展翅越过千里林海，
越过高山峻岭，向天边飞翔！

将军打开房门，
迎接了早晨的阳光；
一只山鸡突然从脚下的丛林中飞起，
好像是谁的脚步声把它惊动。
将军睁大疲劳的眼睛，
注意地探视茂密的树丛，
仿佛气喘吁吁的永春，
就要从那里出现。

多少战士去了又回来，
将军为他们熬过多少不眠之夜！
可是这次和往常不同，
将军却感到分外不宁！

这是一次艰巨的国内工作，
这是一次分秒必争的侦察任务，
特地派出忠诚可信的锡哲和永春，
因为他们平时勇敢而又机警；
由他们去做这项工作，
很难设想会出什么毛病。

可是世上的事情实难预料，
也许是发生了意外的事情？
敌人的警戒像层层的蜘蛛网，
也许遭到叛徒的告密？
也许是落入敌人的手中？

锡哲要同国内同志一道回来，

可能推迟两天起程；
但是永春另有任务，
本应昨晚回到军营！

永春啊！
为了消除将军的悬念，
你高声地呼唤吧！
高声地呼唤将军的英名！
让将军听到你的声音，
让将军知道你的行踪！

将军回忆着
永春笑容明朗的脸庞，
好像骤然想起什么，
立刻叫来第三小队长。

三小队长带领十七名队员，
前去寻找永春；
全副武装的战士出发了，
寻着林海中的足迹前进。

四

战士们呼吸着新鲜的空气，
走在阳光照耀的密林里；
中午来到了一个地方——
长白山工作员联络所，
是一年前按照将军的指示建立的。

屋顶长满了青苔，
枯叶掩饰的窗门，
这座充满回忆的小房，
还留着长白山战士的第一个足迹。

密林中一片寂静，
阵风送来草虫的低鸣，
一个战士仿佛发现了敌情，
悄悄向战友“嘘”了一声。

在这情势紧迫的瞬间，
全体战士作好战斗准备；
机智、敏捷的三小队长，
发出了匍匐前进的命令。

小队长和几个战士绕到房后，
其他战士在杉树下隐蔽；
这时前面传来凶狠的咆哮，
是可爱的小鬼永春落入敌人手里！

意外的事情即将发生，
小队长怎肯放过这紧急的时刻；
他迅速地射出了第一颗子弹，
鬼子队长应声毙命。

战士的枪法百发百中，
四五个惊慌失措的鬼子倒下去了，
两个妄想逃跑的家伙倒下去了，
刹那之间敌人被消灭干净。

小队长和队员们，
喊着永春的名字跑过去；
队长解开他身上的绳子，
人们紧紧地拥抱在一起。

永春仿佛恶梦初醒，
哽咽地喊一声“小队长同志！”

热泪模糊了大伙的眼睛，
激动得再也说不出话语。

永春啊，谁能不明白你的心情？
你从同队员们的握手中，
感到了将军双手的温暖。

密林又恢复了平静，
好像什么事情也没有发生；
只有阵风在习习吹过，
传来山鸟的啼鸣。

队员们拍了拍永春的肩膀，
接着出发返回根据地；
因为将军正在那里翘首企望，
全体队员快步如飞。

第五章

一

将军和指挥员，
打开永春交来的情报，
歼灭敌人的雄伟的构思，
像一支红色的箭头直冲云霄。

这时，一个满身晨露的联络兵，
从根据地营房的了望所里跑来，
敲开司令部的房门向将军报告：
“同江南的人民一道，
锡哲中队长回来了！”

祖国的人民，
跟锡哲中队长一同来了，

这个令人高兴的消息，
立刻从一个中队传到另一个中队；
根据地的每座房屋都在欢跃，
整个的树林也在欢欣地摆动。

将军面带欣慰的笑容，
和队员们一起，
来到山角上的哨所，
亲自把他们欢迎。

锡哲啊，你的面孔多么坚定！
只要一声令下，
你会排除万难、赴汤蹈火把任务完成！
今天，将军在早晨的阳光下，
欢迎你和从祖国来的人民，
——同你们握手，
慰问你们长途跋涉的艰辛。

一群正直而纯洁的青年，
把背包交给了游击队员，
一位满脸皱纹的老人，
走到将军的面前。

他指着一个个的背包，
恭敬地开口说道：
“将军同志，请收下吧，
这是我们的保证，
是我们诚挚的心意！”

将军紧握住那双长满老茧的大手，
温和的目光，
亲切地端详着老人的脸庞：

日寇的残酷压迫和剥削，
使老人脸上的条条皱纹，
深深烙下贫穷和痛苦的创伤，
但是，在他失去光彩的眼睛里，
如今又燃烧起闪闪的火光！

老人久久地注视着将军，
啊，朝鲜的统帅金日成将军！
尽管您渡江涉水来到密林，
但您使远在千里之外的人民，
只要仰望一下这里的夜空和繁星，
就会产生无穷的力量和信心！
您的名字尽管像传说一样崇高，
但您对群众该是多么谦逊！

将军和老人，
紧紧握着手，
久久地不分！
游击队员和群众，
汇集起一股火热的情感，
充溢着整个密林！

二

密林的太阳，
渐渐向西山转移，
又一批人民群众，
来到了根据地。

她们是仁淑和妇女会员，
来自永春故乡的村庄；
上次游击队从那儿路过，
她们总觉得没有尽到心意，

如今背着、顶着表示赤诚的礼品，
通过远而险阻的路途，
一直寻找到这里。

傍晚的夕阳，
把丛林染得红光一片，
今天是游击队招待群众，
绿色的草坪上摆着菜饭。

草坪就是饭桌，
人们团团围坐；
虽说碗里只有大麦粥，
那冒着腾腾热气的饭碗啊，
碗碗都盛满着战士对祖国人民的情谊！

坐在老人身边的将军，
举起饭勺，环视大家：
“这是游击队简单的饭食，
请大家不必客气。”

但是，不论对于群众，还是战士，
难道有比这更好的饭菜？
难道有比这更快乐的宴席？

南征北战的将军啊，
为光复我们的祖国，
为了建立人民的乐园，
您常常用草根和树叶充饥；
哪怕只有一升炒面，
您也要分到每个队员手里！
今天您为大家准备下这样的食物，
人们怎能把它看作普通的饮食！

我们要把吃下的这碗麦粥，
变成心中永不熄灭的火焰，
永远地跟随将军前进！
哪怕是在忍饥受饿的时候，
我们会常常想到这碗麦粥，
永远支援抗日游击队！

人们捧着粥碗，
久久地不肯放下；
这是游击队的珍贵礼品，
胜过那丰盛的山珍海味！

三

晚饭后，
永春和仁淑，
并肩走在夕阳斜照的密林里，
就像上次在故乡分别的时候……

天黑以后，
仁淑就要回去了，
可是他们还一直向前走着，
走向杉树丛丛的密林深处。

从离别到相逢，
才不过几天的时间，
永春又看见了
她被阳光晒黑的面孔，
她那星光般闪烁的眼睛，
她那粗长的发辫，
还有她那迎风飘动的衣带；
永春望着她一如往昔的姿态，
竟疑心是在遥远的国外。

仁淑在一棵树下停住脚步，
她的声音充满无比坚定的信心：
“我这次回去，
要永远地战斗，
像一名女游击队员！”

“仁淑，
在江边，在农村，
到处都在进行光复祖国的斗争！
这是将军的教导，
我们永远要记在心中！”

夕阳的红光斜照在两人的背上，
仿佛他们全身都充满光辉的希望；
两人肩并肩，迈着同一的步伐，
不知不觉越过了山岗。

两人的身影渐渐变长，
时间却是那么地短暂；
于是两人掉转了脚步，
又走向游击队的营盘。

在他们红扑扑的脸上，
盛开着新的、战斗的花朵，
两颗赤诚、沸腾的心，
拥抱着亲爱的祖国！

四

夜色笼罩着根据地的重重山峦，
皎洁的明月照遍林海；
在这游击队根据地之夜，
万籁俱寂，一片沉静。

山坡上有一座小小的土房，
深夜里闪着一盏明亮的红灯。
将军刚刚握手送别了众位乡亲，
如今一个人留在司令部中。

将军仿佛想到什么，
放下铅笔站起身来；
接着打开司令部的房门，
好像整个江山都投入胸怀……

清爽的初夏之夜，
夜莺在林间啼鸣；
将军浴着月光走下山岗，
前去探视战士的帐篷。

月光透过帐篷的缝隙，
照射着沉沉睡去的战士；
将军深怕惊醒他们的甜梦，
小心翼翼地在帐篷里巡视。

一个战士蹬掉了盖着的毛毯，
将军的脚步停在他的身边；
他把毛毯从地上捡起，
轻轻地盖住年轻战士的两肩。

多么深厚的慈爱！
多么亲切的关怀！
在将军怀抱中成长的红色勇士，
怎会突不破重重难关！
怎会登不上胜利的高峰！

从沉睡的队员们的呼吸声中，

将军清晰地看到了——
勇冠天下的英雄气概，
荡尽敌人的巨大力量，
在有力地、有力地升腾！

战士们睡过一觉，
集合的军号响了；
清脆的军号声，
撼动着密林的月影。

密林的军号声，
唤醒了睡梦中的战士，
召唤他们踏上杀敌的征途；
动人心弦的军号声，
鼓舞着忠诚勇敢的战士，
将军的意志在每个战士的心中跃动！

月光照耀下的密林，
顿时沸腾起来，
如同一片汹涌的大海；
一队队的游击战士，
迈着雄壮的步伐奔赴战场！

将军腰挎手枪，
站在一块高大的岩石上，
检阅着步伐整齐的队伍；
联络兵像一名魁梧的旗手，
高举火炬走在最前头！

光荣的祖国的武装啊！
一个中队接着一个中队，
从将军的面前走过，

显示出无比的勇敢和忠诚！
这是一支钢铁的队伍，
这是一支战无不胜的大军！

只要我们举起铁拳，
就得把敌人的头颅打碎……
深夜里队伍和千山万岳一同醒来，
时刻牢记着将军的伟大号召！
他们高举起寒光闪闪的枪刺去迎击敌人，
前进！前进！奋勇地前进！

惊天动地的伟大战斗又将开始，
敌人逃不脱灭亡的命运；
红色的解放的曙光，
将普照祖国的天空……

第六章

一

敌人在普天堡遭到致命的打击，
如今又想收拾一落千丈的威信；
他们到处调兵遣将收罗“讨伐队”，
已经渡过江来，摆成一字长蛇阵。

江岸的大路上，
鬼子吵吵嚷嚷；
前头打着膏药旗，
在滚滚黄尘中挣扎行军，

在东北的辽阔的原野上，
在无数的深山峻岭中，
鬼子曾经成堆地送了命，
今天似乎又把教训忘得干干净净。

山路越走越险，
畜生仿佛也有死亡的预感，
战马翘足不敢前进，
狼狗汪汪地叫成一团。

一个大胡子的鬼子队长，
骑马跟在一队鬼子的后头，
他问一个挂着勋章的年轻参谋：
“这儿是什么地方？”

那家伙举起胸前的望远镜，
窥视着丛林中的峡谷和山峰，
随即发出一道命令，
要队伍立刻停止前行。

鬼子队长跳下马来，
参谋在一棵杉树下打开地图；
他仔细地观察地图上的丛林和溪川，
他从上到下地察看悬崖和峡谷。

鬼子队长猛地划出一道绿线，
那绿线直奔西江高原；
敌人用他自己的手，
预先圈定了送命的地点。

二

在西江高原的林海上，
间三峰的三座高峰像三座海岛，
今天为什么显得这么气势磅礴，
冲破浓雾直冲云霄？

光荣属于间三峰的第一峰，

这里来了人民的将军金日成；
他霹雳闪电般地到处消灭敌人，
他是万世不朽的爱国民族英雄！

将军举起望远镜，
俯视着浓雾弥漫的林海，
目光像两把锐利的短剑，
注视着蜂拥而来的敌人。

鬼子们大吹大擂，
自称是“最精锐”的日本“皇军”，
他们的目标是间三峰，
蚁群般彻夜地涌来。

敌人的企图是要偷袭，
将军早已看透他们的阴谋诡计，
布下了天罗地网，
要他们像鱼儿上钩，自己找死。

在丛林中，
一堆堆的钢盔在蠕动，
在丛林中，
一排排的刺刀耀眼明。

——鬼子们，要来就来吧！
死亡在等着你们……
每个山头和山坡都埋伏着抗日英雄，
只等将军一声令下去迎击敌兵！

在高地的埋伏所里，
永春紧紧扣住扳机；
他望着靠在岩石上的锡哲中队长，

脸上洋溢着充满信心的微笑。

密林的英雄有一颗共同的红心，
把每一座高地变成铜墙铁壁；
他们向祖国发出豪壮的誓言：
一定保证战斗的胜利！

——鬼子们，要来就来吧！
这里的一棵树、一块石头，
都是消灭你们的炮弹和地雷……
鬼子们，要来就来吧！
要你们尝一尝将军的铁拳……

三

千里树海环抱着间三峰，
峰峰和树林遥相呼应；
枪声如雷鸣般地响起，
决战的火花四处飞腾。

战斗打响了，
这场将永载抗日游击队青史的战斗，
一定要消灭敌人，决一胜负！

敌人迷信他们的数量优势，
妄想一举把游击队消灭干净；
他们凭借着重机枪和炮弹的掩护，
蚁群般地向山坡丛林里爬行。

在雾蒙蒙的第一高峰上，
将军和指挥员注视着敌情；
一个杀敌的计划在胸中形成，
他放下望远镜，唤来联络兵：

“告诉埋伏所的锡哲中队长：
只要敌人发出第一个信号弹，
要他把同样颜色的信号弹射向天空，
打乱敌人的攻击信号，使他们分辨不清。”

联络兵完成任务回来了，
敌人果然发出绿色的信号弹，
仿佛是宣告他们死亡的彗星，
在黎明的天空划出一道曲线。

接着，从对面丛林的埋伏所里，
升起了同样的信号弹，
敌人以为是自己的进攻命令，
到处发射出信号，
全部暴露了他们的隐蔽点。

敌人倾倒出进攻的火焰，
枪声震动着山谷；
鬼子们一个个举枪扑来，
疯狂奔向游击队的第一道哨兵线。

但是敌人做梦也没有想到，
他们已经变成瓮中之鳖，
已经陷入将军布下的天罗地网；
每个山头都喷射出火舌，
每一山坡都倾泻出灭敌的霹雳闪电！
啊，一棵树，一块岩石，
都变成复仇的枪刺和火焰！

万恶的野兽！
要让你们尝一尝抗日英雄的正义枪弹！
这枪弹带着朝鲜人民的深仇大恨，

要把你们这些侵略者的胸膛射穿！

三千万同胞啊，高呼吧！
三千里江山啊，歌唱吧！
云雾变成熊熊的火团在敌人的头上燃烧，
朝鲜的炮弹在敌人的脚下炸开，
无处不是爆发的火山！

每个山坡和峡谷都成了敌人的地狱，
到处都传来敌人垂死的悲鸣；
“大日本皇军”成堆地倒下，
武士道们一个个地送了命！

太阳已经西斜，
雨在不停地下着；
敌人像落水的狗群，
疯狂地猛扑上来。

锡哲猛地举起手枪，
飞虎般地迎向前去，
“要一枪撂倒两个敌人！”
他的呼声响彻入云！

游击队员紧随着中队长前进，
永春注视着山下的鬼子；
他发现蠕动的钢盔在向我军阵地接近，
一颗颗长了眼睛的子弹射向敌群！

从早到晚，整整一天，
激烈的战斗连续不断；
有时同敌人面对面地射击，
打退了鬼子无数次的进犯！

自称天下无敌的“皇军”，
抛下成百成千的尸体，
始终登不上山峰一步，
抗日的英雄夺取了胜利！

每座山都在翩翩起舞，
到处都是胜利的呼声；
呼声响亮，震动山河，
激起祖国群山的共鸣。

在枪声停息的山谷里，
大风驱散了弥漫的硝烟；
红旗象征着战士坚强的心，
在胜利的山岗上迎风招展！

啊，那响亮的胜利的欢呼，
在祖国遥远的山峰上激起了回声！

祖国向将军欢呼：
“将军啊，
我们英明的将军！
普天堡升起的火炬，
焚烧着三千里祖国的黑暗，
间三峰上的胜利呼声，
响遍祖国的江山！
从老人到儿童，
全体同胞仰望着北方的天空，
增强了伟大胜利的信心！

“将军啊，
我们举起你胜利的旗帜，
我们举起你‘十大纲领’的火炬，

决不会有任何犹豫！

“传单在天空中飞舞：
‘全世界无产者联合起来！’
‘提高我们的工资！’
前进的无产阶级——
高举拳头、满腔怒火的矿工，
使船只瘫痪、云集在码头的海员，
还有举着铁耙和镰刀袭击派出所的农民，
赤手空拳和警察骑队搏斗的学生，
以及那些有良心的商人，
全体同胞仰望着升起的曙光，
高呼着您的名字！
他们钢铁般地团结在您的周围，
高高举起了斗争的火炬！

“您带来了光明，
照亮了人们的眼睛，
您高举的旗帜，
在祖国的江山飘扬！
为了祖国解放，
在您的领导下，
全国同胞，一心一德，
燃起战斗的烈火……”

将军回答了：
“祖国，
我的祖国啊！
再也不能眼看你，
日甚一日地遭受蹂躏！
每当想起被敌人榨尽膏血的兄弟，
每当想起啼饥号寒的儿童和老人，

就像万把钢刀刺在胸膛！

“我们战胜了死亡，
我们粉碎了敌人，
我们战胜了阻挡前进的障碍！
这力量来自可爱的祖国，
这力量来自三千万战斗的兄弟！”

“同胞兄弟啊，
让我们钢铁般地团结起来，
团结起劳动人民的力量！
朝鲜要永世长存，
我们一定要解放！

“让火山爆发吧！
更高地举起斗争的火炬！
枪刀会在团结面前黯然失色，
团结就是我们的胜利！”

四

游击队回营了，
高奏着胜利的凯歌；
穿过雾腾腾的密林，
翻过一座座的山坡。

游击队经过一夜的行军，
开始坐下来休息；
他们遥望着祖国的江山，
遥望着火红的太阳冉冉升起！

金将军庄严地站立在巨岩上，
游击队员聚集在他的周围；

他们的疲劳仿佛一下全部消失，
眼睛里放射出喜悦的光辉。

他们看到了
在祖国巍峨的山峰上，
充满生命力的太阳，
像一团烈火冲向天空。

在这充溢着阳光的早晨，
从挥舞着白发的白头山，
直到三千里江山的尽头，
金银宝藏在地下召唤，
熟透的五谷在田野翻腾，
鱼儿成群地在海底游荡。
可是，我们同胞兄弟，
为什么生存在世看不见太阳？
为什么终日为生命担忧？
为什么闻着五谷的香味，
却要强忍着饥饿的肚肠？
啊，我们的水上人家，
为什么只有眼泪和悲伤？

我们怀着火一样的热情，
走在为祖国而斗争的道路上；
密林就是我们甜蜜的家，
白雪就是我们温暖的被褥，
我们在漫长的岁月里打击着敌人，
我们永远高举革命的大旗！

啊，太阳，永恒的火炬！
如同你那永不消失的光热，
祖国的力量无穷无尽！

谁能够遮住你的光芒！
谁能够挫折我们的意志！

在深藏在怀中的一把泥土里，
我们听见祖国的脉搏在跳动。
啊，为了在可爱的三千里江山，
升起自由的太阳，
尽情地享受祖国的爱抚，
我们一定要打回祖国，
哪管它高山挡路！

民族的英雄金日成将军，
庄严地屹立在岩石上，
在他的周围，
是欢笑的游击队员！
啊，这是一幅排除万难
为祖国自由而战的英雄群像！

队伍向着北方前进，
又踏上战胜敌人的征途。
祖国，我们的母亲！
等着吧！
游击队将高唱胜利的凯歌，
重新回到您的怀抱！

1962年2月5日

（原载于朴世永《密林的历史》，作家出版社，1965年）

编后记

夜幕暗沉，静且深邃，莫名的思绪开始在月色中摇曳，平静且翻腾，我奇怪这两种情感的对撞、融合，却实实在在。袅袅的咖啡香气里，目光落在诗行上，行行断肠，情感被激烈拉扯，眼前便有了画面，耳边便有了声响，是属于那个年代的，悲歌吼处，气贯长虹。

民族存亡之际，诗人们“国破山河在”的生命体验，悲怆苍凉，他们以笔为旗，发出了沉痛的心灵呐喊。无论对征程中苦难民族的历史铭记，还是日常个体经验的沉郁抒情，无论是兼具抒情叙事的抗日长诗，还是短小精悍的啼血呐喊，时而低沉缓慢，时而雄壮高亢，时而沉默失声，时而尖厉碰撞，都似插入精神记忆中的一个个碎片，引导着我们与那段悲壮的抗日历史狭路相逢。

布罗茨基曾说，诗歌是对人类记忆的表达。朝鲜半岛沦为日本殖民地后，对其来华流亡志士来说，中国既是其生存空间，更是其开展抗日活动、争取民族独立的政治空间。当黑色的死亡、冰冷的白骨和鲜红的热血掺杂在一起，他们以诗歌作为号角，为民族和国家建立起历史文字的纪念碑，让我们在这一瞬间抵达历史真实。黄玹悲愤下泣血而成的“鸟兽哀鸣海岳颦，槿花世界已沉沦”、沈南一的“蛮弟若未扫平尽，一死沙场誓不归”、安重根的“丈夫处世兮，其志大矣。时造英雄兮，英雄造时”、申圭植的“英雄一怒奸雄毙，独立三呼祖国生”、李范晋的“国雠未报生何益，一剑横腔亦快然”，这些滚烫的诗句，无一不彰显着“壮士击渊愤，精忠报国恩”的忠贞、为祖国存亡而奋斗的决心。而韩龙云的“我把离别的悲痛化作希望之光”“就算马蹄纷乱，就算已成蹄下落花，我也会拼尽全力护你周全”，更是在当时的殖民语境下，以“沉默”作为独特的隐喻及象征载体，投影了其抵抗策略和革命话语。历经时间沉淀的，或铿锵或隐晦的诗歌表达，它们不断流淌、渗入、凝固，那轰鸣的炮声、心痛的呻吟、冲杀的呐喊以及亡灵的游荡，共同交织的不正是历史的回声？我如此近距离地旁观着、共感着。

辅车相依，唇亡齿寒，中国的爱国志士们呼吁着、忧心着，“哀哀箕子祀，恻恻黍离诗”“天地变兮风景殊，一朝寒到唇亡齿，不禁悲来兔死狐”“早知弱肉强为食，深恐唇亡齿亦寒”，如此先知，为命运相怜的东亚共同抗日吹响了号角，东亚各族也共同谱写了反对日本帝国主义侵略的激昂篇章，不同的语言抒写着那段风雨如磐、可歌可泣的悲怆岁月，其精神力量无比强大，胜于千军万马。诸如“我闻当日安重根，震动全球亦如此”“报韩志士屡椎秦，忍泪狂歌肝胆真”“彼其之子鹿地亘，踏歌而来何峥嵘”等对抗日志士的讴歌，又或者“蒙汉青年团结起来，我们是朋友兄弟，不是冤家仇敌”“朋友！你生长在海外的东瀛，为何死在中华民国的西京？”“蹶起呀，中朝民族！万不要再酣梦”“斯大林的神鹰队和战士们，高高地举起你的战旗吧”，这些是合作抗日希望的火焰，每一声呐喊，都汇聚成了力量，它创造了东亚各族在当时历史语境之下彼此对话与共生的空间，东亚人民携手傲视苍穹，唤英雄叱咤，壮士骁骁。

岁月流转，烽火已熄，故国已复，家园正旺，不禁垂泪，试问英灵安在？朦胧中，先烈们微笑的剪影，那是守望民族、守望和平、守望幸福的点点微光。

东亚抗日诗歌作为东亚抗日文学、抗日叙事的一个重要部分，堪为时代的号角、记忆的缩影，是历史的回声与纪念丰碑。久经历史沉淀，抗日诗歌还需反思、辨析与梳理，那是历史的绝唱，那是时代思想的担当，是波澜壮阔峥嵘岁月的投射，其历史价值也值得再解读、再认识、再评价。

铭记历史，缅怀先烈！

王延红

2024.11.11